古代歷史文化研究輯刊

二三編

王明蓀 主編

第1冊

《二三編》總目

編輯部編

漢代宮廷音樂活動及其教化意涵研究

謝芳著

國家圖書館出版品預行編目資料

漢代宮廷音樂活動及其教化意涵研究／謝芳 著 — 初版 — 新
北市：花木蘭文化事業有限公司，2020〔民 109〕
目 4+254 面；19×26 公分
（古代歷史文化研究輯刊 二三編；第 1 冊）
ISBN 978-986-518-026-3（精裝）
1. 宮廷樂舞 2. 樂器 3. 漢代
618   109000457

ISBN-978-986-518-026-3

9 789865 180263

古代歷史文化研究輯刊
二三編 第 一 冊   ISBN：978-986-518-026-3

漢代宮廷音樂活動及其教化意涵研究

作　者　謝芳
主　編　王明蓀
總 編 輯　杜潔祥
副總編輯　楊嘉樂
編　輯　許郁翎、張雅淋　美術編輯　陳逸婷
出　版　花木蘭文化事業有限公司
發 行 人　高小娟
聯絡地址　235 新北市中和區中安街七二號十三樓
　　　　　電話：02-2923-1455／傳眞：02-2923-1452
網　址　http://www.huamulan.tw 信箱 hml810518@gmail.com
印　刷　普羅文化出版廣告事業
初　版　2020 年 3 月
全書字數　230154 字
定　價　二三編 21 冊（精裝）台幣 55,000 元

《二三編》總目

編輯部　編

《古代歷史文化研究輯刊》
二三編　書目

漢代歷史文化研究專輯

《古代歷史文化研究輯刊》二三編
各書作者簡介・提要・目錄

第一冊　漢代宮廷音樂活動及其教化意涵研究

作者簡介

　　謝芳（1984.06～）女，漢族，湖北洪湖人，現爲莆田學院音樂學院教師。2001～2009 年就讀華中師範大學，先後獲文學學士學位與音樂學碩士學位，2011～2015 年就讀西南大學，獲博士學位，皆師從李方元教授，研究方向爲中國音樂（教育）史。公開發表學術論文數篇，如《關於「專業性」音樂教育中「教育」意涵的討論——我國教育角度的歷時考察及其思考》，《中國音樂學》（2014.01）；《論 1900～1920 年間我國學校音樂教育的觀念與實踐》，《音樂研究》（2014.06）；《周代「樂節」「節樂」考析——兼論周「樂」的社會規定性及其歷史性質的衍變》，《上海音樂學院學報》（2015.06）；《論宮廷音樂的社會性質——從西周禮樂制度與宮廷音樂的關係談起》，《貴州大學學報》（2017.02）；《漢代宮廷鼓吹樂的政治功能述論》，《安徽史學》（2017.04）等。

提　要

　　本文以「漢代宮廷音樂活動」爲研究對象，討論「宮廷音樂」、「儀式」與「教化」及其相關問題。本文的研究包括三大部分。第一部分，通過對歷史上周代宮廷音樂活動的梳理與研究，討論漢代宮廷音樂活動的歷史淵源。第二部分，對漢代宮廷音樂活動的綜合性特徵進行多個角度的考察與探究。第三部分是結論。繼續討論漢代宮廷音樂教化內涵的特別之處及其獨特的時

代性。通過研究，本文得出如下三點基本認識：一、漢代宮廷音樂活動，本質上講是一種社會政治活動，具有濃重的教化內涵；二、漢代統治者爲了強化與鞏固「大一統」的社會政治結構，需要一套與之相適應的政治倫理規範，由此，對周代的「教化」觀念有所改造，將西周「教化」重「德」「親」「孝」，轉變爲重「威」與「忠」。「威」與「忠」之所以成爲漢代宮廷音樂活動教化意涵的核心，有著深層的社會政治原因。三、漢代宮廷音樂活動作爲統治者貫徹落實政治倫理規範的重要途徑之一，藉由各種禮儀場所，音樂中的樂舞、樂曲、樂儀、樂章等活動要素的調整，並借其教化的意涵，共同參與到政治「大一統」的建構之中。漢代宮廷音樂活動對於漢代「大一統」的政治建構的作用是難以替代的。

目　次

第二冊　《抱朴子‧內篇》成仙藥物之研究

作者簡介

胡玉珍，1971 年生於高雄市，國立高雄師範大學國文所文學博士，現任空軍航空技術學院通識中心人文組專任助理教授。曾任國際商工高職國文科專任教師、空軍航空技術學院通識中心人文組文職講師。主要研究方向為古典文學、道教文學、道教醫學以及養生學。著作有《《抱朴子‧內篇》道教醫學之研究》。

提　要

本論文以《抱朴子‧內篇》成仙藥物為文本，一共分成五章，第一章緒論說明研究動機、目的與理論。葛洪獨特的「藥物養身」醫療觀，以服食中下藥進行醫身「形」的養護，屬於「服天氣」的術數醫療，來自「天地人一體」的宇宙觀，以此來維持人與「自然」的和諧。以服食成仙藥物進行醫心「神」的修煉，屬於「通神明」的宗教醫療，來自「人鬼神一體」的宇宙觀，以此來維持人與「超自然」的和諧。第二章《抱朴子‧內篇》金丹仙藥之探析，葛洪認為服食金丹大藥，始可使人達到「定無窮」的「長生境界」。金丹本身是一種物質化了的「道」，葛洪認為它是成仙的方便法門；所以「金丹」被視為醫術的一種，成為道教專有的「長生醫術」。

第三章《抱朴子‧內篇》五芝仙藥之探析，服食五芝的「特殊療效」中，有許多靈性的內容，是道教醫學中的靈性醫療——「生命長生不死」的藥物養身醫療觀，屬於道教醫療的宗教理想。充分體現了凡人以心靈作為主宰的生命體驗，追究存有的神聖性與不朽性，其目的在於「仙人」的靈性實踐上，完成永恆不朽的生命價值追求。第四章《抱朴子‧內篇》上品仙藥之探析，〈仙藥〉篇較諸〈金丹〉、〈黃白〉篇，尤具巫術特色。這些能成仙的上品仙藥，屬於道教用藥，藥效的發現，引自《仙經》或仙方，經常使用「援物比類」聯想法的思維方式，來解釋藥效，具有宗教文化的社會性。葛洪一再強調將藥品定出高下之說，因此《抱朴子‧內篇‧仙藥》雖已及於平常的本草植物等，卻仍然偏重於奇特的藥類介紹。依據巫術性思考原則，運用於藥物的探

集、服食與療效。

第五章結論說明研究的成果與價值，服食成仙藥物，來自「通天」宇宙觀的肯定。肯定天地間有超自然的靈體存在，人的存在可以交感鬼神，以此維持與「超自然」的和諧。葛洪博采眾長，對於各類服食方法，大都有實踐經歷，自成一套完整的天人對應體系。這些都是長期以來有關生命存有的經驗與對應技術，立足於民族深層的思維模式與心理結構。

目 次

第三冊　唐代航海史研究

作者簡介

　　周運中，男，1984 年生於江蘇濱海縣。南京大學海洋研究中心特約研究員。南京大學學士，復旦大學博士，中國海外交通史研究會理事、中國百越民族史研究會理事。曾任廈門大學歷史學系助理教授、中國南海研究協同創新中心兼職研究員。著有《鄭和下西洋新考》（中國社會科學出版社 2013 年）、《中國南洋古代交通史》（廈門大學出版社 2015 年）、《中國文明起源新考》（花木蘭文化事業有限公司 2015 年）、《正說臺灣古史》（廈門大學出版社 2016 年）、《濱海史考》（江蘇鳳凰科學技術出版社 2016 年）、《九州考源》（花木蘭文化事業有限公司 2019 年）、《秦漢歷史地理考辨》（花木蘭文化事業有限公司 2019 年）、《鄭和下西洋續考》（花木蘭文化事業有限公司 2019 年）等，發表論文百餘篇。

提　要

　　本書研究唐代航海史及相關問題，包括隋唐五代中國近海港口和航線、唐代揚州道造船征高麗史、杜環記載的非洲地理、金代航海史、漢代揚州與嶺南海路貿易史、唐代揚州的波斯人和商品、長沙窯瓷器到揚州出口的航線、鑒眞東渡航線、揚州與嶺南海運史、港口體系變遷與唐宋揚州興衰史、唐宋楚州漕運與海運史、唐代高麗人移民江淮史、南唐航海交通契丹史、唐代潮州海上貿易史、托勒密記載的東方地名、唐代天威徑開鑿史、唐代廣西沿海和南洋貿易史、唐代水仙從嶺南到內陸貿易史等。

目　次

第四冊　宋史論文稿（修訂版）

作者簡介

　　王明蓀，生於 1947 年。中國文化大學國家文學博士，曾任教於淡江、佛光、中興等大學，並曾兼任系所主任、教務長等職。現任中國文化大學史學系兼任教授。發表學術論著七十餘篇，專書十餘種。

目　次

自　序

第五冊　遼金元史論文稿（修訂版）

作者簡介

　　王明蓀，生於 1947 年。中國文化大學國家文學博士，曾任教於淡江、佛光、中興等大學，並曾兼任系所主任、教務長等職。現任中國文化大學史學系兼任教授。發表學術論著七十餘篇，專書十餘種。

目　次

自　序

第六冊　遼金元史學與思想論稿（修訂版）

作者簡介

　　王明蓀，生於 1947 年。中國文化大學國家文學博士，曾任教於淡江、佛光、中興等大學，並曾兼任系所主任、教務長等職。現任中國文化大學史學系兼任教授。發表學術論著七十餘篇，專書十餘種。

目　次

第七冊　元明清時期滇東北彝族土司研究

作者簡介

　　顧霞，雲南曲靖人，法學博士。雲南民族大學圖書館副研究館員。主要從事西南民族史、少數民族文獻及地方史志研究，先後主持雲南省社科基金項目《明清雲南土司城遺址研究》、《明清時期雲南書院與邊疆教育發展研究》，雲南省教廳項目《西南少數民族文獻數位化共用共建研究》等課題；參與國家級課題《中國彝族通史》、《民國時期雲南彝族上層家族口述史》等；發表論文 10 多篇。

提　要

　　土司制度是元明清時期中央王朝在西南少數民族地區實施的一項民族政策，任命西南少數民族地區的民族首領爲土司，皆可世襲，由土司統轄當地的少數民族，不改變其生產生活方式，達到中央王朝對西南地區的治理。元、明、清時期中央王朝在滇東北地區推行土司制度，對該地區的少數民族進行了卓有成效的治理，使滇東北地區納入到中央王朝的管理體系，推動了多民族統一的中央集權國家的鞏固與發展，歷代大一統思想得以在滇東北地區實踐並最終形成。本書以滇東北地區彝族土司的設置、發展、完善以及改土歸流爲主線，對滇東北彝族土司進行個案研究。以元明清三朝中央王朝對滇東北地區的治理爲背景，滇東北彝族土司的設置、承襲、貢賦及與中央王朝的關係等方面進行深

入研究，探討滇東北彝族土司的發展歷程，滇東北地區的社會經濟形態及土司政治對轄區內各少數民族的文化變遷與民族關係的影響。

目　次

第八、九冊　明清天津駐軍研究（1368～1840）

作者簡介

　　李鵬飛，男，1979 年 8 月生，山西省芮城縣人，2002 年 6 月畢業於解放

軍理工大學機械指揮專業，後於解放軍 63872 部隊服役，2010 年 7 月畢業於山西大學中國古代史專業，獲碩士學位，2013 年 6 月畢業於南開大學中國古代史專業，獲博士學位，2016 年 2 月進入河南大學中國史博士後流動站學習，現為周口師範學院講師。主持國家社會科學基金一般項目「明代軍政條例研究」（17BZS054），獨力點校乾隆《陳州府志》（中州古籍出版社，2019 年），發表學術論文十餘篇。

提　要

　　天津北依燕山，南達華北平原腹地，西連京津走廊，東臨渤海灣，地理環境得天獨厚。明、清兩朝均建都北京，天津作為京師門戶，其戰略地位極端重要。明、清時期天津地區均駐守了大量兵力，與之相伴，天津地區人口開始增加，各種機構逐步設立。明、清時期天津地區的軍隊承擔著防守、作戰、屯田、漕運、修城、治河等各項任務，這一方面保障了地方的和平安寧，另一方面又為天津地區的社會發展做出了積極貢獻，天津的社會、文化事業逐步發展，至清代乾隆、嘉慶時期天津已發展成為具有重要軍事、經濟地位的大都會。駐軍對明、清時期天津地區的發展具有重要作用，值得我們認真總結。

　　全書分上、下兩編，共十一章，加上緒論、結論共十三部分。緒論首先介紹本書的選題緣由、研究對象，然後對相關研究成果進行學術史回顧。鑒於明、清兩代軍事制度的巨大差異，本書分上、下兩編分別對明、清兩代天津地區駐軍的軍事建置、軍隊人數、承擔任務、武器裝備、軍事工程、軍餉供應等進行研究，由於鴉片戰爭前，清代天津軍事地位的下降，所以本書下編的篇幅明顯少於上編。結論部分對明、清時期天津地區軍事變化進行總結，展現明、清時期天津軍事發展、變化的全貌，並揭示其內在的歷史動因，以為今天天津的發展提供歷史借鑒。

目　次

上　冊

第十冊　清代兩湖茶業研究

作者簡介

　　杜七紅，女，1969 年生，湖北省咸寧人。曾獲武漢大學歷史學學士學位、碩士學位、博士學位，現為武漢科技大學副教授，擔任中國近代史等課程的教學工作。先後在《史學月刊》、《中國史研究》(韓國)、《江漢論壇》、《人文論叢》、《浙江社會科學》等學術期刊發表專題論文多篇，參與教育部人文社會科學重點研究基地重大專案多項，以及參與多部學術著作的撰寫。尤其是，對明清時期兩湖地區的茶業及相關文化領域進行了專題性研究，並取得了一定的成果。

提　要

　　作為中國傳統的茶產區，兩湖茶業自唐宋以降，經歷了曲折的發展歷程。清代，兩湖茶業進入穩步增長階段。適宜的自然環境為兩湖茶業的發展創造了良好條件，諸多州縣成為重要茶區。其中，湖南安化、湖北羊樓洞堪稱兩湖茶業的樣板之區。前者的紅茶，後者的磚茶，均成為清代兩湖茶業的大宗商品。清代，兩湖茶葉品種齊全。其中，紅茶、磚茶在晚清異軍突起，成為

左右兩湖茶業的兩大支柱性產品。

在商品流通領域，清代前期的邊茶貿易和後期的對外貿易，均是推動兩湖茶業持續增長的重要因素。漢口關爲通商口岸，是兩湖茶業發展的轉捩點。漢口一躍而爲全國最大茶市。職是之故，茶葉成爲漢口進出口貿易的最大宗商品。與此同時，兩湖地區形成了以漢口爲中心的茶葉流通體系。茶稅是傳統雜稅之一種。宋代實行茶引制，元明清各朝沿用之。清代，湖南、湖北均頒引課稅。咸豐朝因軍需所迫，驟興釐金，兩湖是產茶大區，以故茶釐是重中之重。

因茶務之盛，兩湖茶商雲集，既有省內外之分，也有國內外之別。漢口洋行數以百計，晉商、粵商、徽商互較短長。不僅如此，躋身兩湖的中外茶商也擁有相當的茶業資本。清末，華茶在國際市場受挫，連累兩湖茶業。加之傳統茶業的痼疾，益發雪上加霜。鑒於此，時任湖廣總督的張之洞提出了一系列切合實際的措施。

目　次

第十一冊　中緬玉石貿易的研究：開採、交易與運輸之探討（1790～1946）

作者簡介

　　呂侃達，1991 年出生，成長於臺灣新竹城隍廟周邊。大學畢業於國立臺中教育大學區域與社會發展學系歷史地理組、碩士畢業於國立暨南國際大學歷史學系碩士班。研究興趣包括東南亞史、中國近代史、近代中緬貿易史、中緬玉石貿易、臺灣各地鄉土文化等。2013 年至 2016 年擔任《暨南史學》第 17 至 19 號責任編輯，2018 年獲得「臺灣東南亞學會碩士論文獎」第二名。先後曾於國立竹東高中、新竹市立竹光國中教授歷史。

提　要

　　十九世紀以前，中緬間的玉石貿易雖已發展許久，但由於華人尚無法克服緬甸克欽山區的瘴氣，以及對當地土著的恐懼，華人只敢於八莫一帶購買由當地土著運至的玉石。

　　十八世紀後期清軍在克欽山區的軍事行動，間接地促使華人自十九世紀起逐漸深入至猛拱地區採購玉石。1856 年至 1873 年間的雲南回變，迫使華人離開原鄉，克服恐懼，進一步深入至霧露河採掘玉石。爾後，隨著 1894 年《中英續議滇緬界務商務條款》的簽訂、1898 年緬甸縱貫鐵路延伸至密支那，以及 1902 年騰越的開埠，更促使更多的華人赴霧露河挖掘玉石。至二十世紀前期，華人已成為霧露河玉石礦工中的主力，華人在霧露河流域採掘玉石的方式的相關紀載也已十分詳細。

　　上述的歷史事件，也使得中緬玉石貿易的運輸途徑發生變遷。1790 年後，中國方面的文獻開始有緬甸玉石經由海路運至廣州販售的紀載，但在十九世紀中葉以前，中緬間的玉石貿易主要還是以陸路途徑為主。1856 年至 1873 年間的雲南回變，使滇緬間的交通路線顯得危險，同一時期，英國積極地開發緬甸伊洛瓦底江航運及建設鐵路，使得緬甸南北間的交通變得便利，中緬間的玉石貿易路徑，因此在 1870 年後逐漸以海路為主。透過 1870 年至 1946 年間中國海關資料中洋貨玉石的進口量分析，可以證明十九世後期至二十世紀前期，緬甸玉石大部分是透過海路運輸至中國沿海各埠販售，經由陸路運至騰越已是少數。

目　次

第十二冊　先驅者之聲：晚清三大女報女權意識主體的考古學研究

作者簡介

　　呂俊賢，1982 年生，高雄人。大學就讀臺師大地理系，同時修習歷史學分，畢業時取得地理科與歷史科的教師證，之後考取國中教師，主要教授地理。因為大學有修習歷史的經驗，因而研究所進修轉向文史方面的領域，取得高師大國文碩士與成大中文博士學位，研究主題主要以後現代理論為題

材，探究晚清社會文化的現代性、女權運動與當代女性主義等相關議題的發展。

提　要

傅柯的《知識考古學》指出，傳統歷史研究採取直線觀照，無法呈現歷史事件全貌，因此轉向歷史事件的斷裂面向，挖掘被忽略與隱藏的論述運作。

本文從「考古學」觀點，以《中國女報》、《中國新女界雜誌》、《天義報》為文本，梳理晚清女權論對於女性主體的建構視角與歷程。男性知識分子為了國家建設的需求，將婦女塑造為「國民之母」的形象，以拯救國家的衰弱；但三大女報的論述主張卻是跳脫「國民之母」的軸線，分別提出「盡與男子一樣義務」、「國民新角色的探索」、「跳脫國家的無政府視角」。西方思想在晚清社會的傳播，受到國家存亡危機意識與當下歷史情境的雙重影響，在詮釋理論的過程中，配合國家民族的需要，轉換理論原本的面貌。婦女解放與啟蒙的主體，因應國家民族需要的大前提下，不同的女權話語路線，不斷變換自身形象與實踐位置。

透過「考古學」分析，顯示晚清婦女形象的建構與國家現代性的發展有密切的互動關係。婦女形象是隨著社會變化被不斷建構的，呈現一幅變動中的歷史圖景；婦女解放運動的論述演變，不僅是婦女社會地位的轉變，在文化符碼的轉變中，也是知識分子在社會變動中的自我認同，意味性別形象的變化蘊藏多元複雜的社會實踐內涵。

目　次

第十三、十四冊　東周手書書體研究

作者簡介

鄭禮勳，彰化師大國文系博士班畢。曾任彰化師大國文系兼任講師，研究方向爲古文字學、書法、史傳文學。

研究、教學之餘，喜好書法創作。作品曾獲中央美展、新莊美展、桃源美展、苗栗美展、大墩美展、台中美展、中部美展、礦溪美展、玉山美展、國軍文藝金像獎、青溪美展書法類首獎；全省美展第三名；台灣區國語文競賽、教育部交通安全全國書法比賽、全國春聯書法比賽、金鴻獎、觀音杯、至聖杯、國泰杯等全國書法比賽第一名。

著作：

論文：《楚帛書文字研究》，（嘉義：國立中正大學中文研究所碩士論文，2007年6月）。

專書：《古典詩歌任我行》（三民書局）、《論孟分類解密》（三民書局）

會議或期刊論文：

〈侯馬盟書文字與古隸比較及其用筆研究〉，（彰化：國立彰化師範大學國文學系，《國文經緯》第十二期論文，2016 年 4 月）。

〈郭店竹簡的用筆、結構及章法特徵〉，（臺中：靜宜大學，《第二十四屆中國文字學國際學術研討會論文》，2013 年 5 月 3 日）。

〈楚帛書文字形構的演化與文字風格特徵〉，（臺中：靜宜大學，《第九次中區文字學座談會論文》，2007 年 6 月 2 日）。

〈馬王堆〈戰國縱橫家書〉文字研究〉，（嘉義：國立中正大學中文所《第四屆碩班論文期刊》，2006 年 1 月）。

提　要

本論文之研究目的，在於對東周以來至秦漢之際的手書墨跡作一全面性的介紹、分析、考察，期能對古文字之手書墨跡有所瞭解，探查東周時的文化，進而反映出中國先秦古文明，奠定研究漢字發展史的良好基礎。

本論文共分六章：

第一章「緒論」，說明研究動機與目的、前人研究成果探討、研究材料概述及採用的研究方法。

第二章「秦漢以前的文字書寫概述」，概述史前至秦漢之際六個階段的書寫發展，以闡明東周手書在文字發展上的關鍵地位。

第三章「秦系簡牘的書寫」，說明秦系手書文字的沿革，近年秦簡牘的出土概況，最後對秦系書風作分析。

第四章「楚系簡帛的書寫」，說明楚系手書文字的沿革，近年楚簡帛的出土概況，並分析楚系書風。

第五章「晉系盟書的書寫」，介紹晉系手書文字的概況，晉系盟書的出土，並分析晉系書風。

第六章「結論」，說明東周手書書體的價值，以及東周手書書體對文字演變的啓示。

目　次

第十五冊　論明代雅集圖、高士圖和園林圖的文化情懷

作者簡介

　　張高元（1982～），女，湖北襄陽人，文學博士，廣西師範大學美術學院

教師，致力於對明代圖像進行圖像學、符號學和敘事學等交叉研究，發掘其文化內涵。先後對雅集圖、高士圖、花鳥畫的文化內涵進行了深入研究，並發表《唐寅的高士圖》、《圖像、文本、意識形態》、《明代京官雅集圖的文化學解讀》、《明代京官送別雅集圖的文化學解讀》等文章。

提　要

　　明代圖像的總體特色是主題突出，思想性強。由於不同藝術群體所處的社會地位、文化教養、特定藝術活動的不同目的，明代藝術家大致循著山林和廟堂兩條線，遵循不同的話語修辭，不僅在縱向上闡揚古今藝術形態的互動，而且在橫向上實現了山林與廟堂的交融，全面、多元彰顯著明代不同時期知識分子的人生情懷。

　　本文分廟堂與山林兩條線索，選取雅集圖、高士圖，園林圖三類圖像，探索它們表現的理想人格，提倡的人生志意，使用的文化資源，展示不同時期文人情懷。此情懷建立在明代藝術家對文化生活的體驗、認識和思考中，使用了特殊的表意手段。主要展示的情懷有翰林的朝服儀範，山居隱士的閒適體驗；高士們剛健不息、仁德古雅的氣象，志士堅守華夏文明的忠孝氣節；致仕大臣對園林文化的建構，遊藝大臣在山水與朝堂之間對理想園居環境的藝術化重構。主要使用的表意手段集中在敘述方法，修辭格，文體上，以敘事視角、人稱、鋪敘、直敘、比喻、興寄、情景交融、互文、典故、隱喻、銘、賦等為主，既擴充了明代藝術圖像的表現內涵，又實現了圖像、文學在意義與形式層面的融合發展。

目　次

第十六冊　康有為書畫理論的現代轉型

作者簡介

　　江雅慧，民國 57 年 6 月 28 日，出生於彰化縣，民國 100 年畢業於明道大學國學所，獲碩士學位。民國 106 年取得國立成功大學中國文學博士學位。目前服務於彰化縣立員林國民中學，擔任國文科專任教師。

　　天生有著不安份的藝術細胞，公暇之餘，喜愛舞文弄墨，烹飪、樂器、舞蹈、瑜珈、書法……，那些閃耀著美的輝光的事物，無不牽動我的神經，於是忙忙碌碌，只在追尋著剎那的、永恆的璀璨。而用力最深的便是廣漠無邊、浩如煙海的中國書法，碩士論文論題為：書家晚期風格探析；博士論文題為：康有為書畫理論的現代轉型。還有幾篇小論發表於學報與學刊。除了理論的探索，琵琶演奏、書法比賽，曾得過縣賽及全國賽獎項。總之，我是熱愛藝術的人。

提　要

　　中國幾千年來的鎖國政策，在十九世紀下半葉被西方列強強行敲開了大門，變革的氛圍迫使晚清知識分子開始審視中國文化的現實處境及未來發展。

　　整體而言，晚清之文化藝術領域逐漸走上中西融合的道路，而中國文化核心的核心——書法，是一門中國特有的藝術，西方藝術門類中是無可借鑒的，書法藝術如何轉型與世界接軌，走向現代化，是個難題。於是，康有為《廣藝舟雙楫》從形而上的層次將書法從傳統「心學」的概念轉為「形學」，並提出「碑學」作為具體改革的方向。而從康有為僅存的畫作看來，雖仍屬傳統的描繪，然而，在其《萬木草堂藏畫目》中，卻系統論述了繪畫哲學、

繪畫史觀、習畫方法。貶抑傳統中國畫崇尚「寫意」的方式，轉向崇尚「寫實」，並提出具體改革方案，兼取西方畫學寫實技巧，以及中國傳統的院體畫。

　　晚清書畫的變革舉目皆是，但康有爲卻能將之系統化、理論化，書法方面更落實其理念，做出變革與創新，理論與實踐都完成了傳統的改革，走向現代化，實爲中國書畫現代轉型的濫觴。儘管當代許多學者對於康有爲的書畫理論與創作多所批評，然而，肯定或者抨擊，研究中國書畫，尤其是中國近現代書法與繪畫，康有爲是無法繞道而行的高峰！

目　次

第十七、十八冊　歷史的佛教——從吠陀《奧義書》到大乘佛經

作者簡介

　　王傳龍（1980～），山東諸城人。清華大學理學學士，北京大學文學博士，廈門大學人文學院助理教授、碩士生導師。目前主要研究領域爲古典文獻學（側重版本學及古籍整理）、古代哲學（側重宋明理學及佛學）。已出版《陽明心學流衍考》等 3 部著作，整理出版《陳邦彥詩文集校注》等 6 種古籍，並在《文學遺產》《孔子研究》《文獻》等刊物發表學術論文幾十篇。

提　要

　　本書將現存的古印度《吠陀》文獻、《阿含經》及原始單行佛經、歷代《大藏經》及藏外佛經均放在佛教文獻演變史的鏈條中進行考察，摒棄了佛教典籍中的神秘化成分，以哲學、歷史的眼光來重新審視佛教，借助於具體的文本比較與文獻考證，以闡釋佛教思想與相關文獻的起源、形成與演變的歷史，同時還探討了佛教傳入中國的早期狀態與傳播策略，並剖析了佛教中國化的關鍵環節。具體而言，本書主要涉及四個方面的內容：第一，原始佛教《阿含經》對於《吠陀》文獻的世界觀改造，以及對解脫思想的繼承與創新。第二，佛教部派分裂的歷史文獻考證，以及《本生經》等文獻對釋迦牟尼的神格化塑造。第三，佛教沿絲綢之路、海上絲綢之路傳入中國的過程，以及在中國的生存與發展狀況。第四，中國高僧對佛經的判教、翻譯，以及佛教漢化演變的最終完成。

目　次

上　冊

第十九冊　西域絲綢之路新考

作者簡介

　　周運中，男，1984 年生於江蘇濱海縣。南京大學海洋研究中心特約研究員。南京大學學士，復旦大學博士，中國海外交通史研究會理事、中國百越民族史研究會理事。曾任廈門大學歷史學系助理教授、中國南海研究協同創

新中心兼職研究員。著有《鄭和下西洋新考》（中國社會科學出版社 2013 年）、《中國南洋古代交通史》（廈門大學出版社 2015 年）、《中國文明起源新考》（花木蘭文化事業有限公司 2015 年）、《正說臺灣古史》（廈門大學出版社 2016 年）、《濱海史考》（江蘇鳳凰科學技術出版社 2016 年）、《九州考源》（花木蘭文化事業有限公司 2019 年）、《秦漢歷史地理考辨》（花木蘭文化事業有限公司 2019 年）、《鄭和下西洋續考》（花木蘭文化事業有限公司 2019 年）等，發表論文百餘篇。

提　要

　　本書研究漢代到元代的西域絲綢之路，包括漢設河西四郡史、漢代西域各國的位置、中國到西方各國的交通路線變化、馬可波羅在中國行程等。提出的重要新觀點有：大秦源自希臘語的西方 desen，海西是希臘，烏丹是雅典，驪分是特洛伊，五船道是五泉道，塞爾柱王朝人記載的西域到契丹道路經過居延澤、陰山到遼的南京（今北京），馬可波羅記載的金雞堡故事在《金史》有記載，Cuncun 是鞏昌，白石城是西和州，襄陽獻炮是揚州獻炮之誤。

目　次

第二十、二一冊　道士開闢海上絲綢之路

作者簡介

周運中，男，1984 年生於江蘇濱海縣。南京大學海洋研究中心特約研究員。南京大學學士，復旦大學博士，中國海外交通史研究會理事、中國百越民族史研究會理事。曾任廈門大學歷史學系助理教授、中國南海研究協同創新中心兼職研究員。著有《鄭和下西洋新考》（中國社會科學出版社 2013 年）、《中國南洋古代交通史》（廈門大學出版社 2015 年）、《中國文明起源新考》（花木蘭文化事業有限公司 2015 年）、《正說臺灣古史》（廈門大學出版社 2016 年）、《濱海史考》（江蘇鳳凰科學技術出版社 2016 年）、《九州考源》（花木蘭文化事業有限公司 2019 年）、《秦漢歷史地理考辨》（花木蘭文化事業有限公司 2019 年）、《鄭和下西洋續考》（花木蘭文化事業有限公司 2019 年）等，發表論文百餘篇。

提　要

本書研究上古、秦漢、六朝道士航海史，燕齊方士積極航海，蓬萊是呂宋島，方壺是澎湖島，瀛洲是臺灣島，員嶠是屋久島，岱輿是九州島。秦皇漢武派出很多方士航海，積累了大量海外地理資料。漢魏六朝道士編寫的《漢武帝別國洞冥記》、《神異經》、《拾遺記》、《博物志》、《南方草木狀》、《太清金液神丹經》、《十洲記》等書中有很多珍貴的中外關係料，很多道士從海外販賣珠寶、引進珍奇生物。洞天福地形成於六朝東南，浙東最多，很多浙閩沿海的洞天福地是道士航海的基地。崑崙、蓬萊、瀛洲、方丈、滄浪、白山、八停等六朝的海外洞天被唐代人刪除，反映了唐代道教的內陸轉向。六朝道士為了獲取臺灣的硫磺，積極航海去臺灣，記載了臺灣海峽地理。道士往來於中國的南北海域之間，道教通過海路傳播。東晉大量山東人南遷到浙東，所以舟山群島的主要地名源自山東，這為道教徒孫恩起兵奠定基礎。道士服食的珍品也有不少來自海外，本文考證了其中部分食品。

目　次

上　冊

漢代宮廷音樂活動及其教化意涵研究

謝芳　著

作者簡介

謝芳（1984.06～）女，漢族，湖北洪湖人，現為莆田學院音樂學院教師。2001～2009 年就讀華中師範大學，先後獲文學學士學位與音樂學碩士學位，2011～2015 年就讀西南大學，獲博士學位，皆師從李方元教授，研究方向為中國音樂（教育）史。公開發表學術論文數篇，如《關於「專業性」音樂教育中「教育」意涵的討論——我國教育角度的歷時考察及其思考》，《中國音樂學》（2014.01）；《論 1900～1920 年間我國學校音樂教育的觀念與實踐》，《音樂研究》（2014.06）；《周代「樂節」「節樂」考析——兼論周「樂」的社會規定性及其歷史性質的衍變》，《上海音樂學院學報》（2015.06）；《論宮廷音樂的社會性質——從西周禮樂制度與宮廷音樂的關係談起》，《貴州大學學報》（2017.02）；《漢代宮廷鼓吹樂的政治功能述論》，《安徽史學》（2017.04）等。

提　　要

　　本文以「漢代宮廷音樂活動」為研究對象，討論「宮廷音樂」、「儀式」與「教化」及其相關問題。本文的研究包括三大部分。第一部分，通過對歷史上周代宮廷音樂活動的梳理與研究，討論漢代宮廷音樂活動的歷史淵源。第二部分，對漢代宮廷音樂活動的綜合性特徵進行多個角度的考察與探究。第三部分是結論。繼續討論漢代宮廷音樂教化內涵的特別之處及其獨特的時代性。通過研究，本文得出如下三點基本認識：一、漢代宮廷音樂活動，本質上講是一種社會政治活動，具有濃重的教化內涵；二、漢代統治者為了強化與鞏固「大一統」的社會政治結構，需要一套與之相適應的政治倫理規範，由此，對周代的「教化」觀念有所改造，將西周「教化」重「德」「親」「孝」，轉變為重「威」與「忠」。「威」與「忠」之所以成為漢代宮廷音樂活動教化意涵的核心，有著深層的社會政治原因。三、漢代宮廷音樂活動作為統治者貫徹落實政治倫理規範的重要途徑之一，藉由各種禮儀場所，音樂中的樂舞、樂曲、樂儀、樂章等活動要素的調整，並借其教化的意涵，共同參與到政治「大一統」的建構之中。漢代宮廷音樂活動對於漢代「大一統」的政治建構的作用是難以替代的。

目

次

緒　論

一、問題提出

　　教育，是人類社會的一項重要活動。在今天，教育的主體是學校教育，而在古代，除了學校教育之外，還有諸多非學校形式的教育。非學校的教育形態多樣，內容不一，廣泛存在於社會和生活的方方面面。在中國的古代社會，宮廷禮儀中的音樂活動就是其中之一。從文獻記載看，完整意義上中國古代的宮廷音樂活動，出現在西周初期，即與周公的「制禮作樂」有關。周代禮樂制度的建立，奠定了宮廷音樂活動的基礎和獨特性質，從教育角度講，其教育價值亦具有它的獨特性，值得加以研究。

　　在中國古代社會，宮廷音樂活動本質上講是一種社會政治活動，其獨特性在於：宮廷，是一個政治單元，而禮儀活動則是一種社會活動；宮廷音樂活動是以宮廷爲中心並與禮儀相伴隨的音樂活動。古代中國，宮廷，是社會政治的中心，作爲一種實體和作爲一種想像，它無處不在；宮廷禮儀活動如郊祀、宗廟、宴饗等，作爲社會文化的重要表徵，它與宮廷相伴隨亦無處不在；宮廷音樂活動同樣與宮廷禮儀活動如影隨形，它亦隨處可見。這種宮廷音樂活動，就其社會取向而言，一直存有獨特的教育價值，其教育意義十分鮮明。《禮記・禮運》中一段話可爲其說明：「陳其犧牲，備其鼎俎，列其琴瑟、管磬、鐘鼓，修其祝嘏。以降上神與其先祖，以正君臣，以篤父子，以睦兄弟，以齊上下。」〔註1〕在祭祀這類禮儀活動中，用於降神的琴瑟、管磬、

〔註 1〕《禮記正義》卷二一《禮運》，北京：中華書局（阮元刻《十三經注疏》），1980年，第 1416 頁。

鐘鼓之樂，具有明確的教育指向，即「正君臣，篤父子，睦兄弟」，教人「明人倫」，養成秩序認同感。可見，這種以宮廷為中心並伴隨禮儀的音樂活動，不僅其表現形式獨特，且其社會功能也十分鮮明，就其教育性質講，其教育特點表現於濃重的「教化」意涵。這種「教化」意涵自然也形成了有別於其他教育方式和教育活動包括學校教育活動的獨有特點。

由此可見，宮廷音樂活動因這樣的背景而形成了自身的諸多特點。這些特點表現為：1.宮廷音樂不是一個獨立的活動；2.宮廷音樂與禮儀活動緊密相聯繫；3.音樂活動是宮廷政治平臺上的展示；4.宮廷音樂內含其獨有的教育指向，其教育價值也是獨特的。這四個特點，構成了宮廷音樂的特殊性，由此決定了宮廷音樂的獨特性質。然而，中國古代宮廷音樂的這種特殊性質，在以往的教育史研究中並未受到充分的關注和應該有的重視，甚至也沒有認真地去關注宮廷音樂所具有的那些特殊的教育品質。在有關音樂的研究中，教育還主要是被視為「音樂」的而不是社會政教的某種「功能」，還只是將音樂審美視為實現這種教育功能的主要途徑；〔註2〕在以往的音樂教育史研究中，對宮廷音樂教育也只是從抽象的角度去加以理解，視樂舞、樂曲、樂器、樂律等獨立存在的音樂實體為其教育研究的主要對象，將音樂教育理解為以樂舞、樂曲等音樂知識技能的傳授為基礎的單一的活動。〔註3〕這種簡單的、標籤式的、未能考慮到宮廷音樂因時、因地不同情況的宮廷音樂研究，這種未能從特定的社會政治文化角度出發的宮廷音樂研究，既不能反映中國宮廷音樂的多樣性和特殊性，也不能有效地揭示中國宮廷音樂教育的獨特的內涵。面對這種情況，不能不說是一種遺憾。本文選取宮廷音樂活動作為研究對象，這是其原因之一。

關注中國宮廷音樂及其特點，我們不得不把目光投向中國早期社會建立的禮樂制度。

〔註2〕 如美育思想史研究中有關古代樂教的討論，具代表性著作有蘇志宏著《秦漢禮樂教化論》、祁海文著《先秦美育——禮樂教化思想研究》等。

〔註3〕 陳其偉等合著《中國音樂教育史略》一書討論「漢代的雅樂教育」時，將雅樂教育界定為樂人的音樂技能學習。「叔孫通讓他的一百多弟子充當學習雅樂的學員」、「在漢武帝劉徹宣導雅樂和雅樂教育的同時，由於他本人內心愛好的還是俗樂……漢武帝讓太樂官對樂工們進行這種雅樂的教育，其實只不過是擺個樣子而已」、「（漢武帝）下令製造二十五弦瑟和箜篌琴，並增加樂工，讓他們學習彈奏，進行禮樂教育中的器樂教育。」北京：中國文學出版社，1993年，第219～221頁。

如前所述，中國的禮樂制度，建立於西周之初。伴隨西周禮樂制度的建立，宮廷中「樂」與「禮」不可分割，融爲一體。正如《通志・樂略・樂府總序》所言：「禮樂相須以爲用，禮非樂不行，樂非禮不舉」。〔註4〕樂與禮的一體性，在實踐層面主要表現爲「分樂而序之」，即按照禮制的要求確定用樂的秩序。如：祭祀天神，「奏黃鍾，歌大呂，舞《雲門》」；祭祀地祇，「奏太簇，歌應鍾，舞《咸池》」〔註5〕等等。由此可知，作爲禮樂制度組成部分的宮廷音樂，並非獨立存在的音樂事物，而是依附於特定禮儀場合，用於彰顯禮的規定性的一種複合體。進而言之，宮廷音樂絕非孤立的音樂存在，而是與儀式緊密結合，呈現出宮廷儀式樂的面貌。

在「禮樂」背景下，宮廷音樂不僅與儀式融爲一體，同時，與教化也呈現出密不可分的共生狀態。《尚書・舜典》：「帝曰：『夔！命汝典樂，教胄子。直而溫，寬而栗，剛而無虐，簡而無傲。』」〔註6〕《禮記・樂記》：「是故先王之制禮樂也，非以極口腹耳目之欲也，將以教民平好惡，而反人道之正也。」〔註7〕《禮記・文王世子》：「凡三王教世子，必以禮樂。樂所以修內也，禮所以修外也。禮樂交錯於中，發形於外，是故其成也懌，恭敬而溫文。」〔註8〕《史記・樂書》：「正教者皆始於音，音正而行正。故音樂者，所以動盪血脈，通流精神而和正心也。」〔註9〕等等。其中，「典樂教胄子」、「制禮樂教民平好惡」、「教世子必以禮樂」、「正教始於音」之類的言論，在古代文獻中比比皆是。

由此可見，自西周制禮作樂始，宮廷音樂、儀式、教化三者已經呈現出文化事象整體性的特徵。宮廷音樂在儀式場合中的具體運用，不同場合使用不同音樂。與此同時，宮廷音樂又因禮所承載的倫理道德規範與社會等級秩序而被賦予並踐行著教化意義。也就是說，宮廷音樂活動中的教育，既不是

〔註4〕（宋）鄭樵撰：《通志二十略》，北京：中華書局，1995年，第883頁。

〔註5〕《周禮注疏》卷二二《大司樂》，北京：中華書局（阮元刻《十三經注疏》），1980年，第788～789頁。

〔註6〕《尚書正義》卷三《舜典》，北京：中華書局（阮元刻《十三經注疏》），1980年，第131頁。

〔註7〕《禮記正義》卷三七《樂記》，北京：中華書局（阮元刻《十三經注疏》），1980年，第1528頁。

〔註8〕《禮記正義》卷二十《文王世子》，北京：中華書局（阮元刻《十三經注疏》），1980年，第1406頁。

〔註9〕（漢）司馬遷撰：《史記》，北京：中華書局，1959年，第1236頁。

純粹的「審美」之教,更不是「知識技能」之教。

此外,「宮廷」作爲政治範疇的重要概念,使宮廷音樂與政治具有密切關係。古代教化更是政教合一的具體體現。宮廷音樂與教化,二者都與政治緊密聯繫,具有明確的政治目的——鞏固政權統治與穩定社會秩序,與政治體制緊密聯繫。因此,考察宮廷音樂與教化的關係,政治維度不可或缺。

伴隨著中央集權王朝的建立,先秦至秦漢社會結構與政治體制發生了重大轉變,這種轉變的一個重大特點是:從血緣維繫的宗法封建制轉變爲地緣維繫的大一統郡縣制。作者感興趣的是,中國宮廷音樂從出現之時起,就是政治文化的產物,面對政治文化生態的重大轉變,宮廷音樂會出現怎樣的變化與適應?宮廷音樂與教化會呈現怎樣的轉變?或者說,宮廷音樂的音樂樣貌及其教化內涵是怎樣或在什麼意義上形塑著漢代的社會政治樣態。社會政治與音樂文化的互動,顯然不能脫離開即時的政治和社會文化維度的影響。本研究選取漢代爲研究時段,正是緣於這種思考。

二、相關概念

在中國古代音樂中,宮廷音樂是與民間音樂、文人音樂、宗教音樂相併列的音樂門類。與其他三類相較而言,宮廷音樂在其性質、特徵與內涵上十分獨特,同時它作爲中國古代社會音樂的主流形態,其社會和文化價值十分重要。本文所討論的「宮廷音樂活動」,有四個相關的概念十分顯要,即「宮廷」、「儀式」、「教化」和「宮廷音樂活動」,值得認眞的清理和簡要的闡釋。

1. 宮廷音樂

在中國古代音樂中,宮廷音樂是與民間音樂、文人音樂、宗教音樂相併列的音樂門類。與其他三類相較而言,宮廷音樂的性質、特徵與內涵,集中體現於「宮廷」一語。

「宮廷」,作爲合成詞被使用之前,多分而用之。「宮」、「廷」二字最初只是房屋、居室、堂前空地的通稱,如《易・困》「入於其宮,不見其妻,不詳也」〔註10〕、《詩・唐風・山有樞》「子有廷內,弗灑弗埽」〔註11〕。戰國

〔註10〕《周易正義》卷五《困》,北京:中華書局(阮元刻《十三經注疏》),1980年,第59頁。

〔註11〕《毛詩正義》卷六,北京:中華書局(阮元刻《十三經注疏》),1980年,第362頁(上)。

以降，「宮」、「廷」逐漸衍伸爲政治場所的代名詞。如《呂氏春秋・愼勢》「古之王者，擇天下之中而立國，擇國之中而立宮，擇宮之中而立廟」〔註12〕、《莊子・漁夫》「廷無忠臣，國家昏亂」〔註13〕、《墨子・號令》「符傳疑，若無符，皆詣縣廷言，請問其所使……」〔註14〕。

「宮廷」一語，初見於《史記・秦始皇本紀》：「於是始皇以爲咸陽人多，先王之宮廷小……乃營作朝宮渭南上林苑中。」〔註15〕這裡，「宮廷」是皇帝住所的專稱，是具有鮮明政治屬性的空間概念：「宮廷」是指皇室成員的活動空間，意味著王權與統治。由此言之，宮廷音樂是音樂與政治相結合的產物。

宮廷音樂出現很早，就音樂與宮廷的聯繫來說，它伴隨中國王朝的產生而出現，其淵源可上溯至夏王朝。〔註16〕但是，被後世歷代努力傚仿並產生極爲深遠之影響的宮廷音樂，則始於西周宮廷音樂。西周禮樂制度使宮廷音樂禮制化、儀式化，並賦予了宮廷音樂極爲重要的教化內涵。宮廷音樂在後世兩千年的歷史發展過程中，曾因不同歷史時期呈現出不同特點，但其禮制化、儀式化及其教化旨意卻不曾消失，只是伴隨社會政治結構的轉變而發生不同程度的變化。

2. 儀式

古代很早就有「儀式」一語的記載，如《詩・周頌・我將》：「儀式刑文王之典，日靖四方。」〔註17〕據《漢語大詞典》，「儀式」有「取法」、「典禮

〔註12〕　（戰國）呂不韋撰，陳奇猷校釋：《呂氏春秋新校釋》卷十七《審分覽》，上海：上海古籍出版社，2002 年，第 1119 頁。

〔註13〕　（戰國）莊周撰：《莊子》，《四部叢刊》，景明世德唐刊本，第 218 頁。

〔註14〕　（清）孫詒讓撰：《墨子閒詁》卷十五，北京：中華書局，2001 年，第 600～601 頁。

〔註15〕　（漢）司馬遷撰：《史記》卷六，北京：中華書局，1959 年，第 256 頁。

〔註16〕　《山海經・大荒西經》：「開上三嬪於天，得《九辯》與《九歌》以下。此天穆之野，高二千仞，開焉得始歌《九招》。」袁珂校注：《山海經校注》，上海古籍出版社，1980 年，第 414 頁。《墨子・非樂上》：「啓乃淫溢康樂，野於飲食，將將銘，莧磬以方，湛濁於酒，渝食於野。萬舞翼翼，章聞於天，天用弗式。」吉聯抗譯注：《墨子・非樂》，北京：人民音樂出版社，1962 年，第 16 頁。《管子・輕重甲》：「昔者桀之時，女樂三萬人，端噪晨樂，聞於三衢，是無不服文繡衣裳者。」黎翔鳳撰：《管子校注》卷二三，北京：中華書局，2004 年，第 1398 頁。

〔註17〕　《毛詩正義》卷十九，北京：中華書局（阮元刻《十三經注疏》），1980 年，第 588 頁。

的程序」及「儀態」三層本義。〔註18〕第一,「取法」之義是「儀」與「式」的「標準、準則」含義的反應,它是人們行爲處事的標準規範的依據,凸顯了儀式自身所具有的規定性、約束性與強制性。《詩・周頌・我將》「儀式刑文王之典,日靖四方」朱熹集傳曰:「儀、式、刑,皆法也。」〔註19〕第二,「典禮的程序」之義是「儀」的「程序」含義的反應,強調人們在典禮中的行爲動作具有時間連續性。《三國志・魏志・張既傳》「令既之武都」裴松之注引晉魚豢《魏略》:「楚爲人短小而大聲,自爲吏,初不朝覲,被詔登階,不知儀式。」〔註20〕第三,「儀態」之義是「儀」的「容貌、外表」含義的反應,強調典禮中人與物的空間性。王粲《瑪瑙勒賦》:「御世嗣之駿服兮,表騄驪之儀。」〔註21〕「容貌、外表」作爲內涵、意義外化的表現,又凸顯出儀式所具有的象徵性。

上述三層含義,呈現出「儀式」的四種屬性,規範性、時間性、空間性與象徵性。〔註22〕首先,儀式是規範性的體現。不僅儀式自身遵循著某種準則與標準,儀式還是規範它事、它物的標準。繼而,儀式作爲一種行爲,體現了行爲自身的時間性。與此同時,儀式中的人與物,其存在方式又具有空間性。無論是典禮中行爲舉止的時間性,還是存在方式的空間性,都是標準、規範的具體體現。儀式的象徵性主要通過規範性、時間性與空間性予以體現。

在古代宮廷中,儀式所具有的規範性,能有效地發揮王權專治統治。君王通過各種儀式,使臣民在儀式活動中踐行一套共同的行爲標準。在儀式中,藉由行爲流程的規範性與空間位置的象徵性,將體現君王意志的行爲標準內化至臣民心中。

〔註18〕 《漢語大詞典》,上海:上海辭書出版社,1986 年,第 1700 頁。

〔註19〕 (宋)朱熹集注:《詩集傳》卷十九,北京:中華書局,1958 年,第 225 頁。

〔註20〕 (晉)陳壽撰:《三國志》卷十五,北京:中華書局,1959 年,第 474 頁。

〔註21〕 (宋)李昉撰:《太平御覽》卷三五八,上海:上海古籍出版社,2004 年,第892～292 頁。

〔註22〕 中國古代「儀式」概念的四種屬性,與西方人類學對儀式的界定有相似之處。如《簡明文化人類學詞典》説,儀式「是指按一定的文化傳統將一系列具有象徵意義的行爲集中起來的安排或程序。任何具有象徵意義的人爲安排或程序,均可稱之爲儀式。」陳國強主編,杭州:浙江人民出版社,1990 年,第135 頁。人類學家維克多・特納探討非洲儀式時,認爲「儀式是一個連續性活動的基型,包含著在一個特定的場合中形體、語言、器物等的展演,以達到行爲者在儀式中設計的某種超自然的影響和目標」。轉引自彭兆榮《人類學儀式的理論與實踐》,北京:民族出版社,2007 年,第 15 頁。

3. 教化

何謂「教化」？《說文解字》云：「教，上所施下所效也。化，教行也。」段玉裁注曰：「教成於上，則化成於下。」〔註23〕《管子・七法》釋「化」云：「漸也，順也，靡也，久也，服也，習也，謂之化。」〔註24〕王先謙《荀子集解》曰：「化謂遷善也」、「馴至於善謂之化」。〔註25〕

由上述釋義可知，「教化」概念中有三點至關重要：第一，「教」中有「化」，「化」中有「教」，且「教」與「化」互爲因果關係。「教」是「上施下效」，「化」是「教成於上而易俗於下」，《說文》釋「化」爲「化，教行也」，「行」作爲「教」與「化」的連接，言下之意是，「教」這種行爲的發生及其結果，就是「化」。也就是說，「教」是「化」的前提，「化」是「教」的結果。第二，「教」與「化」的行爲主體，分別對應於施事者與受事者。不僅如此，「教化」中的施事者與受事者之間，存有明確的「上」「下」關係。例如：「教」是「上施下效」，「化」是「化成於下」；「教」是「成於上」，「化」是「易俗於下」。

值得注意的是，這種「上」「下」關係，在中國古代政教語境中，無疑包含著鮮明的權力關係並與社會統治直接關聯。在「上」之君王作爲施事者，出於維護鞏固政權的需要，借助各種有效手段，在社會中推行一系列政治倫理觀念；在「下」之臣民作爲受事者，長期浸潤在統治者營造的各種行爲環境的薰陶中，逐漸產生對政治倫理觀念及社會秩序的親切認同感。這個過程具有「漸」、「久」等特徵。此外，「化」字中「服」、「順」等義，直接點明了「教」的結果：在「下」之臣民對在「上」之帝王的臣服之義。宮廷音樂活動作爲統治者維護鞏固政權的有效措施之一，活動本身就是在「君」與「臣」這種「上」「下」關係之間發生，活動目的也是強化君臣之間的統治與臣服關係。

第三，「教」與「化」都關乎道德養成之事。尤其是「化」，特別強調受事者道德意識的變化，如「遷善」、「馴至於善」之類。宮廷音樂活動的教化，都是圍繞有利於政權統治的道理倫理觀念而展開。

相對「教化」而言，「教育」一語則因「育」「化」之別而有所不同。「育」，有「生」、「養」、「生長」、「成長」、「撫育」之義。〔註26〕從字義出發進行理

〔註23〕（漢）許慎撰，段玉裁注：《說文解字注》第三篇下，鄭州：中州古籍出版社，2006 年，第 127 頁。
〔註24〕黎翔鳳撰：《管子校注》卷二，北京：中華書局，2004 年，第 106 頁。
〔註25〕（清）王先謙撰：《荀子集解》，北京：中華書局，1988 年，第 46 頁。
〔註26〕宗福邦等主編：《故訓匯纂》，北京：商務印書館，2003 年，第 1851 頁。

解，「教育」中的主要行為與目的是通過施教者的培養和撫育，使受教者更好的成長，不僅施教者與受教者之間無明確的「上」「下」關係，而且培養和撫育的過程也並非完全是施教者主觀意志的體現。

此外，學科意義上的「教育」概念中還含有另一個極為重要的概念，即「學」。〔註27〕對於具體的教育活動而言，有「教」必有「學」，「教」與「學」是「教育」活動中不可或缺的兩個要素。「學」，被古人釋為「效、覺、悟、受教、習、識、修性、大學、國學」等。〔註28〕可知，「學」首先是指傚仿、受教、學習、覺悟等行為。「學」還指大學、國學等學習場所（教育場所）。在諸子百家的教育思想中，「學」主要包括四個方面。其一，具體的教學內容。「子有四教：文、行、忠、信。」〔註29〕其二，教學方法：「循循然善誘人」、「誨人不倦」、「教學相長」、「雖不扣必鳴」以及藏息相輔、講解法、問答法、練習法等；其三，學習：「深造自得」、「盈科而進」、「專心致志」；其四，學校，如官學、私學等，其中又包含學制、學規等具體內容。總而言之，「學」作為教育活動中不可或缺的概念，是指受教育者的行為。這種行為可能是主動的，也可能是被動的。「學」的內容既包含精神道德方面，也包含知識技能方面。「學」的目的既有「德」的養成也有「智」的培養。

綜上所述，本研究使用「教化」而非「教育」概念，主要基於以下認識。首先，宮廷音樂活動中的教化，並無類似「學校」之類的固定場所，而是一系列的儀式場所；其次，宮廷音樂活動中的教化，內容以宣揚與灌輸某些倫理道德觀念為主，並非傳授具體的音樂技能知識；再次，宮廷音樂活動中的施事者與受事者，具有明確的政治隸屬關係。此外，宮廷音樂活動的教化，與受事者的成長或培養無涉，而是以施事者傳達某些觀念、受事者認同這些觀念為目的。

4. 宮廷音樂活動

宮廷音樂活動，不僅是音樂活動，也是儀式活動，同時還是教化活動。在宮廷音樂活動中，既有音樂，也有儀式，還有教化。三者在活動中同時存在，同步進行，呈現出三維一體的特徵。結合芬蘭心理學家恩格姆斯特與美

〔註27〕孫培青著：《中國教育史》（修訂版），上海：華東師範大學出版社，2000年，第29～98頁。

〔註28〕宗福邦等主編：《故訓匯纂》，北京：商務印書館，2003年，第961～962頁。

〔註29〕宗福邦等主編：《故訓匯纂》，北京：商務印書館，2003年，第554頁。

國社會學家帕森斯分別對活動及社會活動的界定可知，活動由活動者、活動
目的、活動手段、活動規範等基本要素組成，以實現預定目的爲特徵，由一
系列動作構成並完成一定社會職能。宮廷音樂活動中，音樂、儀式與教化分
別對應著活動各要素。教化是活動目的，音樂與儀式既是活動的具體表現，
也是活動運用的手段，同時儀式還以規範性方式體現出活動的性質。由此，
教化、音樂與儀式共同構成的宮廷音樂活動，承擔著構建並維護社會秩序與
政治結構的社會職能。

　　（1）儀式體現活動規範：音樂在儀式中進行，儀式規範統整音樂規範

　　宮廷音樂的發生與儀式是緊密結合的，音樂總是依附各種儀式而呈現。
宮廷音樂產生之初，這種情況就已存在。《呂氏春秋·古樂篇》：「帝顓頊好其
音，乃令飛龍作效八風之音，命之曰《承雲》，以祭上帝。」〔註30〕《尙書·
益稷》：「夔曰：『戛吉鳴球，搏拊琴瑟以詠，祖考來格。』」〔註31〕顓頊令飛
龍作《承雲》是爲祭上帝；益稷令夔擊琴詠歌是爲祭先祖。可知，宮廷音樂
的產生，實源於儀式之需。

　　自西周禮樂制度的建立，宮廷音樂與儀式的聯繫更爲密切。二者間的依
附關係繼續存在，如西周宮廷樂舞、樂曲以及樂器等藉由祭祀或饗宴儀式予
以呈現，更爲重要的是，因禮樂的制度化，使儀式成爲統一音樂規範的標準。
儀式因自身特定的程式化行爲與過程而具有規範性，儀式的規範性規定著音
樂的使用與呈現。據《周禮》、《儀禮》記載，儀式種類、祭祀對象、儀式參
與者的等級與身份、儀式進程等方面，都制約並規範著音樂的使用與呈現。
如西周吉禮用樂與嘉禮用樂均不互換，呈現出祭祀用樂與非祭祀用樂二分的
特徵；吉禮每種場合因祭祀對象不同而配以不同樂曲、樂舞、樂律與樂器組
合〔註32〕；儀式參與者的等級與身份不同，使用音樂相應不同〔註33〕；儀式

〔註30〕　（戰國）呂不韋撰，陳奇猷校釋：《呂氏春秋新校釋》卷五，上海：上海古籍
　　　　　出版社，2002年，第288頁。

〔註31〕　《尙書正義》卷五，北京：中華書局（阮元刻《十三經注疏》），1980年，第144
　　　　　頁。

〔註32〕　《周禮·春官·大司樂》：「乃奏黃鍾，歌大呂，舞《雲門》，以祀天神。乃奏
　　　　　大蔟，歌應鍾，舞《咸池》，以祭地示。乃奏姑洗，歌南呂，舞《大韶》，以
　　　　　祀四望。乃奏蕤賓，歌函鍾，舞《大夏》，以祭山川。乃奏夷則，歌小呂，舞
　　　　　《大濩》，以享先妣。乃奏無射，歌夾鍾，舞《大武》，以享先祖。」《周禮注
　　　　　疏》卷二二，北京：中華書局（阮元刻《十三經注疏》），1980年，第788～
　　　　　789頁。

進程決定音樂進程〔註34〕。由此可知，宮廷音樂活動中，音樂與儀式不僅同時存在，同步進行。並且，儀式制約與規範著音樂的使用與呈現。由此可知，儀式是宮廷音樂活動的規範，對活動各方面起著重要的約束作用。

（2）教化是活動目的：教化在音樂與儀式中展開，是音樂與儀式的一致目的

教化，廣義來說，可理解為「禮」內化為人之心性的種種途徑，人們遵循禮，便得益於教化之功。狹義來說，是指「在『下』者經過在『上』者的價值施予與導向，致使其內在的人格精神發生變化」。宮廷中的音樂活動，不僅是禮的實踐，而且活動者之間具有明確的「上」「下」之分。

「宮廷」是一個政治概念，與王權相聯繫，意味著宮廷內的所有組織、行為、活動都以服務王權為目的，皇帝是王權的集中體現。也就是說，宮廷音樂活動是體現皇帝意志、服務王權的活動。皇帝舉行宮廷音樂活動，將臣僚齊聚一堂，藉由儀式與音樂，向臣僚傳達或強化某些觀念與規範。皇帝向臣僚宣揚某些觀念與規範的過程，就是皇帝（在上者）教導與規訓臣僚（在下者）的活動，即教化活動。

宮廷音樂活動中，音樂與儀式的指向十分明確，即教化。音樂一方面通過歌辭直接宣揚倫理道德觀念，如西周郊廟祭祀樂歌《詩經》之《大雅》、《周頌》諸篇，以頌揚先祖美德與功績為中心內容，推崇與灌輸「德」觀念；〔註35〕漢代宗廟祭祖樂歌《安世房中樂》以宣揚「孝」「德」為主題，開篇即言「大孝備矣，休德昭清」。與此同時，象徵身份與權力的樂舞、樂器組合以及樂人的行為舉止等方面，都在象徵性地傳遞與強化著某些規範與觀念。例如：體現儀式參與者身份的樂舞、樂曲或樂懸，向活動者灌輸等級與秩序觀念；天子

〔註33〕祀天儀式中「王出入，則令奏《王夏》。尸出入，則令奏《肆夏》。牲出入，則令奏《昭夏》。」《周禮注疏》卷二二《大司樂》，北京：中華書局（阮元刻《十三經注疏》），1980年，第790頁。

〔註34〕大射儀式中「王出入，令奏《王夏》；及射，令奏《騶虞》」，《周禮·春官·大司樂》，《周禮注疏》卷二二《大司樂》，北京：中華書局（阮元刻《十三經注疏》），1980年，第791頁。再如，漢代宗廟祭儀，大祝於廟門迎神，奏《嘉至》；皇帝入廟門，奏《永至》；奉祭品，表演登歌；登歌表演結束，奏《休成》；皇帝就酒東廂，奏《永安》，則禮成。（漢）班固撰：《漢書》卷二二《禮樂志》，北京：中華書局，1964年，第1043頁。

〔註35〕《禮記·文王世子》曰：「下管《象》，舞《大武》，大合眾以事。達有神，與有德也。」《禮記正義》卷二十，北京：中華書局（阮元刻《十三經注疏》），1980年，第1410頁。

之樂的專享性象徵天子的至尊權力，建立並強化臣屬的忠君尊君意識。

　　儀式通過時間、場所、參與者、儀程以及各種用具的嚴格規定，並藉由具體儀節如向位之儀、跪拜之儀、進退之儀、盥洗之儀、授受之儀、迎送之儀以及讚頌之辭、儀式空間等要素，或間接或直接地傳達社會規範與倫理觀念。

　　關於宮廷音樂活動中音樂、儀式和教化三位一體現象十分普遍，其典型事例還可用周代音樂術語「樂節」來加以說明。《周禮・春官・樂師》云：「教樂儀，行以《肆夏》，趨以《采薺》，車亦如之，環拜以鐘鼓爲節。」〔註36〕《禮記・玉藻》「趨以《采薺》，行以《肆夏》」鄭玄注云：「（《采薺》）路門外之樂節也」「（《肆夏》）登堂之樂節。」孔穎達疏曰：「路寢門外至應門謂之『趨』，於此趨時歌《采薺》爲節。……路寢門內至堂謂之『行』，於行之時則歌《肆夏》之樂。」〔註37〕在這裡，音樂活動與儀式活動取得了一致。禮儀中的各種行進，必須配以相關的音樂。此處的「樂節」，當指儀式中的行樂之儀：即用《采薺》、《肆夏》等樂之節律對路門外之「趨」和登堂時之「行」一類儀式行爲進行規範與約束。也就是說，此「樂節」之「節」，其「規範」之義不指向音樂自身，而指向人行儀的行爲。與此同時，將音樂與儀式相聯繫的目的在於用「樂節」規範人們的行爲，以達到政治教化的目的。這樣的例子很多。如：《周禮・天官・內宰》「詔其禮樂之儀」賈公彥疏：「後之行禮之時，皆合於樂節，各當其威儀，……使依於法度。天子之禮，薦時歌《清廟》，及徹歌《雝》，是薦、徹皆有樂節。」〔註38〕《周禮・春官・籥師》「祭祀則鼓羽籥之舞」賈公彥疏：「祭祀先作樂下神，……鼓動以羽籥之舞，與樂節相應，使不相奪倫。」〔註39〕在這裡，「樂節」直接等同於「法度」，具有強制的規範性和普遍的約束力，以「不相奪倫」爲目的，其社會意義清晰可見。

　　至漢代，體現音樂社會意義的「樂節」術語，仍然被使用。如《新語・道基》云：「設鐘鼓歌舞之樂，以節奢侈，正風俗，通文雅。」〔註40〕《淮

〔註36〕《周禮注疏》卷二三，北京：中華書局（阮元刻《十三經注疏》），1980年，第793頁。

〔註37〕《禮記正義》卷三十，北京：中華書局（阮元刻《十三經注疏》），1980年，第1482頁。

〔註38〕《周禮注疏》卷七，北京：中華書局（阮元刻《十三經注疏》），1980年，第685頁。

〔註39〕《周禮注疏》卷二四，北京：中華書局（阮元刻《十三經注疏》），1980年，第801頁。

〔註40〕王利器撰：《新語校注》卷上，北京：中華書局，1986年，第18頁。

南子‧本經訓》篇云：「夫人相樂，無所發洩，故聖人爲之作樂以和節之。」〔註41〕《白虎通義‧禮樂》篇云：「王者所以盛禮樂何？節文之喜怒。」〔註42〕這裡明確指出，鐘鼓歌舞之樂，並非滿足享樂之需，而是以「節奢侈」爲目的，強調的仍然是音樂對人的規範與約束；聖王制禮樂以「節文之哀怒」，表明，漢代宮廷音樂的「禮樂」性質仍然十分濃厚，教化指向仍然十分清晰。

由此可知，宮廷音樂活動就是教化活動，教化在音樂與儀式中展開，音樂與儀式都是實現活動目的（教化）的工具與手段。

三、研究現狀

本研究的考察對象是漢代宮廷音樂活動及其教化意涵，主要涉及四方面內容：漢代宮廷音樂、漢代宮廷儀式、漢代教化觀念、音樂與儀式中表現出的教化意涵。由於宮廷音樂活動出現在西周，故西周宮廷音樂、宮廷儀式以及二者表現出的主要教化意涵也是本文的考察對象。就目前來看，與上述內容相關的研究，主要集中於宮廷音樂、宮廷儀式、教化觀念三者的獨立研究，音樂與教化的關係以及禮儀與教化的關係，主要出現在禮樂教化的相關研究中。下文對以上四方面的研究現狀展開述評。

（一）西周及漢代宮廷音樂研究

中國音樂史的幾部重要著作中，都有西周及漢代宮廷音樂的論述。楊蔭瀏《中國古代音樂史稿》、李純一《先秦音樂史》、許之衡《中國音樂小史》、廖輔叔《中國古代音樂簡史》、孫繼楠《中國音樂通史簡編》、劉再生《中國古代音樂史》等，從樂舞、使用場合、音樂機構、音樂教育、樂律、樂器等方面對西周及漢代宮廷音樂的整體面貌進行梳理與呈現。此類研究在規模及領域方面，對西周宮廷音樂的內容及其方方面面都有涉及，有助於我們全面瞭解西周宮廷音樂大致面貌，爲我們從各個角度對西周宮廷音樂的有關問題進行進一步思考和研究奠定了基礎。但需指出的是，由於歷史時間跨度較大，涉及內容較多，因而不可能對西周宮廷音樂的每一個問題進行深入細緻的研究，這也就給後來的研究留下了較大空間。

〔註41〕 張雙棣撰：《淮南子校釋》卷八，北京：北京大學出版社，1997 年，第 878 頁。

〔註42〕 （清）陳立撰：《白虎通疏證》卷三，北京：中華書局，1994 年，第 93 頁。

　　集中討論西周或漢代宮廷音樂的專著並不多見。在倪永震《周樂之研究》、許兆昌《先秦樂文化考論》、王清雷《西周樂懸制度的音樂考古學研究》、馮建志《漢代音樂文化研究》、蕭亢達著《漢代樂舞百戲藝術研究》、張永鑫《漢樂府研究》等專著中，部分涉及西周宮廷音樂之樂器、樂舞、樂曲、樂章、樂儀、樂律、鼓吹、樂隊、樂教、樂官、音樂機構及演出場地等方面的考察與討論。參與這些討論的論文頗多，主要有李方元《周代宮廷雅樂的歷史淵源及成因》及其《周代宮廷雅樂面貌及其特徵》、王秀臣《「三禮」雅樂的藝術構成》、周芳《先秦食舉樂考探》、劉國芳《〈詩經〉宴飲詩中的「燕禮」儀節探析》、曹貞華博士論文《西周至唐宮廷雅樂研究》、張玉琴碩士論文《鄭玄「三禮注」釋樂考釋》、栗建偉碩士論文《周代五禮樂儀考》及其博士論文《周代樂儀研究》、杜鵑博士論文《漢代樂舞研究》、許繼起的博士論文《秦漢樂府制度研究》、尚麗新的《西漢上林樂府所在地考》、尚麗新《漢代食舉樂考》、陳殿《漢代禮樂中的鍾磬樂》、孫雲《鼓吹樂溯流探源及實名之辯》、宋新《漢代鼓吹樂的淵源》、韓寧《〈樂府詩集〉「鼓吹曲辭」、「橫吹曲辭」研究》、劉懷榮《漢魏以來北方鼓吹樂橫吹樂及其南傳考論》、孫尚勇《黃門鼓吹考》及其《論漢代鼓吹的類別及流變》、王運熙先生《說黃門鼓吹樂》、臺靜農《兩漢樂舞考》、徐興無《西漢武、宣兩朝的國家祀典與樂府的造作》、付林鵬《雅俗之爭與漢代音樂機構之變遷》、陳維昭《漢代散樂、百戲與漢代俗樂運動》、王福利的《漢郊祀歌中「鄒子樂」的含義及其相關問題》、龍文玲《漢〈郊祀歌〉十九章作者辯證》、徐春燕《論漢〈郊祀歌十九章〉》、許倩《漢〈郊祀歌〉與漢武帝時期的郊祀》、王子初《珠海郭氏藏西漢宗廟編磬研究》及《洛莊漢墓出土樂器述略》、郭學智《漢代鞀鼓的圖像學研究》、李榮有《漢畫中的鐘鼓樂懸綜考》等等。

　　上述研究一方面反映出西周或漢代宮廷音樂的內容與形式極為豐富，同時也能夠看出已有研究的特徵與侷限。上述研究所採用的研究角度，既有歷史學與考古，也有文學與圖像學，試圖從多個側面呈現出西周或漢代宮廷音樂的樣貌，如制度的、儀式的、觀念的、組織機構的、教育的等等方面。從本研究的問題思考出發，則發現已有研究所反映出的共通侷限性：「宮廷」作為一個政治單元，其賦予宮廷音樂的獨特性並未得到充分關注，西周或漢代宮廷音樂的社會功能與政治屬性，還有進一步深入的研究空間。

（二）西周及漢代宮廷儀式研究

關於西周或漢代宮廷儀式的研究專著，主要出現在禮制研究中，如陳戍國《先秦禮制研究》及《中國禮制史·秦漢卷》、丁進《周禮考論：周禮與中國文學》、張鶴泉《周代祭祀研究》、錢玄《三禮通論》、彭林《中國古代禮儀文明》、王柏中《神靈世界：秩序的建構與儀式的象徵——兩漢國家祭祀制度研究》、曹勝高《漢賦與漢代制度：以都城、校獵、禮儀為例》、郭善兵《中國古代帝王宗廟禮制研究》、楊英《祈望和諧：周秦兩漢王朝祭禮的演進及規律》、甘懷眞《皇權、禮儀與經典闡釋：中國古代政治史研究》、楊志剛《中國禮儀制度研究》、楊寬《中國古代陵寢制度研究》等。此類研究側重制度的梳理與考辨，部分成果具通史性質。其特點在於資料詳實，內容全面，為全面把握西周或漢代宮廷儀式的種類及具體情況提供了詳實的資料基礎。

除此之外，還有大量集中考察某種或某類禮儀制度或儀式，此類研究也有專著，但以論文居多。如陳漢平著《西周冊命制度研究》、陳惠玲博士論文《兩漢祀權思想研究》、蓋金偉博士論文《漢唐官學學禮研究》、李俊方博士論文《漢代皇帝施政禮儀研究》、舒榮碩士論文《上古賓禮研究》、張亮碩士論文《周代聘禮研究》、韓婷《周代宴饗禮儀考論》、馬金亮碩士論文《周代冠禮探研》、楊娟碩士論文《漢代祭祖典禮考述》、張鶴泉《東漢明堂祭祀考略》及《周代郊天之祭初探》、楊天宇《西周郊天禮考辨二題》及《周人祭天以祖配天考》、楊英《東漢郊祀考》、張鶴泉《東漢五郊迎氣祭祀考》、黎虎《漢代朝禮交聘功能的發展》、李欣《東漢「上陵」之禮考述》、王柏中《兩漢明堂考實》、王健《漢代祈農與籍田儀式及其重農精神》、陳二峰《論漢代的籍田禮》等。

上述成果以專題研究為主，主要圍繞禮儀的具體方面展開討論，既有制度層面的梳理與考辨，也有操作層面的要素呈現，對於本文對儀式的把握提供了借鑒。但不得不指出，古代禮儀與音樂向來是「禮樂相須為用，禮非樂不行，樂非禮不舉」，既然如此，考察古代禮儀時倘若缺失音樂的視角，似有缺憾之嫌。

（三）西周及漢代教化觀念研究

古代教化是教育史研究的重要組成部分，故相關研究成果頗為豐富。涉及西周或漢代教化觀念的研究專著，具代表性的主要有五部。張惠芬、謝長法編《中國古代教化史》、黃書光主編《中國社會教化的傳統與變革》、卞孝

宣主編《政治與道德教化》、李景林著《教化的哲學──儒家思想的一種新詮釋》、李世萍著《漢代教化的多維研究》。

　　以上五部著作各具特色。張惠芬、謝長法編《中國古代教化史》從教育史的角度，循時間順序，對先秦至明清的教化思想、教化政策、教化實踐等進行了較爲深入的分析和說明。論及西周教化時，考察了教化思想（「以德配天」「敬德保民」）與教化實踐（學校教育與社會教育）兩方面內容；春秋戰國時期，則圍繞教化與人性，教化與政治、經濟的關係等方面對管子、孔子、孟子、荀子等人的教化思想進行討論。該書從整體上對先秦教化的方方面面進行考察，無論是廣度還是深度，都爲進一步瞭解和研究這一歷史階段的教化問題提供了很好的基礎，指明了研究方向，提供了思考空間。黃書光主編《中國社會教化的傳統與變革》的關注焦點是中國古代的社會教化，該書圍繞先秦教化思想、漢魏以降的社會教化政策、歷代教化場所「學校」、社會教化的形式與媒介（家規族法、鄉約、日常讀物、通俗文學）、開展社會教化的群體（地方士紳）、宗教的教化作用以及近代中國轉型期的社會教化問題等方面展開。其中，先秦教化思想研究從「教化」概念出發，「在下者經過在上者的價值施予與導向，致使其內在的人格精神發生深刻變化」，對儒、墨、道、法各派的教化思想進行梳理與考察，認爲各學派教化思想的不同主要在於教化目的的不同。卞孝宣主編《政治與道德教化》一書，以辨析中國古代道德政治爲切入點，一方面對古代政治的本質特徵及形成原因進行考察，另一方面對與政治相關的道德教化內涵及實施方式進行解讀，繼而探討政治與道德教化的關係。李景林《教化的哲學──儒家思想的一種新詮釋》一書則從哲學的角度出發，提出儒學的核心「乃是一種『教化』」這一重要命題。作者強調，禮樂教化是儒家教化的核心，儒家（學）重視禮樂教化的原因、推行禮樂教化的方式都與人的普通社會生活密切相關，因爲「禮」或「禮樂」就是「歷史傳統之延續而形成的一種普泛的社會生活形式」。李世萍著《漢代教化的多維研究》充分挖掘了漢代文學作品、史學及經學中所體現的教化觀念，極大擴展了教化的研究內容。與此同時，李著還結合「獨尊儒術」時代背景，關注到漢代教化在獨尊儒術的文化背景下通過學術思想與史學、文學和經學的互動中的深化所呈現出的時代特徵。

　　總體來看，上述專著既有「教化」之「史」，也有「教化」之「論」。就「史」而言，古代教化思想得以系統梳理與闡述，對本文把握教化思想奠定

了堅實的基礎；就「論」而言，始終圍繞「教化」是什麼展開討論。李景林著作中關於「儒學」與教化的關係討論，將教化與人性、與社會、與生活緊密關聯，有助於本文從根本上理解古代教化的本質。

除上述代表性專著外，還有一系列考察教化概念的內涵、先秦或漢代思想家的教化觀念的研究，以論文爲主。如唐文勝《論儒家教化思想》、張力紅《孔子道德教育思想研究》、程賽傑《論荀子的教化思想》、李福光《曾子孝道觀研究》、張巍《〈易傳〉人文教化思想研究》、王漢苗《儒家恕道思想研究》、黃文兵《荀子道德教化思想研究》、李樹琴《孟子的道德教化思想探微》、何平先生《孝的觀念及其制度化研究》、肖忠明《孝與中國文化》、朱嵐《西周孝觀念的確立及其基本特徵》、康學偉《先秦孝道研究》、王長坤《先秦儒家孝道研究》、楊洪娥《文王之「德」內涵再探》、陳靜熔《西周至漢「德治」思想解析》、王瀟《〈詩經〉中的倫理關係研究》、高微、王俊傑的《探析儒家樂教思想的教化意義》、楊宗元《以孝治天下》、孫筱《漢代「孝」的觀念的變化》、劉厚琴的《漢代倫理行爲的功利化——以漢代倫理與制度整合、互動爲考察中心》等等。

（四）禮樂教化研究

禮樂與教化的聯繫，中國古代典籍中早有論及，《尙書・虞書》：「帝曰：『夔，命汝典樂，教冑子。直而溫，寬而栗，剛而無虐，簡而無傲。詩言志，歌永言，聲依永，律和聲，八音克諧，無相奪倫，神人以和。』」〔註43〕重視禮樂的教化作用是古已有之的事情。先秦諸子以及秦漢時期的儒者如賈誼、董仲舒、王充、揚雄等人，也都有論及禮樂教化的文字與言論，因此，今人對先秦及秦漢禮樂教化的研究主要側重於思想史層面的討論，其研究策略爲考察思想的緣起及來龍去脈、對思想內涵進行解讀與分析、關注思想發生的變化與特徵等。主要代表著作有蘇志宏《秦漢禮樂教化觀》、祁海文《先秦美育——禮樂教化思想研究》以及張蕙慧《中國古代樂教思想論集》。

以上三部專著各有特點。祁著從美育思想史的角度對先秦的禮樂教化觀念進行考察，揭示了禮樂教化的美育功能從多重社會功能中逐漸分化並獨立出來的過程。顯然，在作者看來，禮樂教化的中介是「審美」，即通過作用於人的情感進而潛移默化地達到人格修養、陶冶個體的目的。蘇著側重秦漢時

〔註43〕《尙書正義》卷三，北京：中華書局（阮元刻《十三經注疏》），1980年，第131頁。

期禮樂教化理論的解讀，作者認爲，「他們（秦漢時期的思想家）都強調道德規範一定要與人的自然血緣親情相符，教化的方式既不能靠外在的強制，也不可成爲聲色犬馬的腐化享樂，而必須將其限制在只能激起人們的『中和』美感的『古樂』或『大樂』的範圍之內，使人在傾心賞美中樂於受教，這裡的道德教育與美感娛悅已融爲一體，此乃禮樂教化能否成功的關鍵所在。」〔註44〕儘管蘇著與祁著的關注點有所不同，但二者的出發點卻是一致的，都立足於審美的角度，對古代禮樂教化觀念進行分析。張著則是從教育的角度對音樂思想進行闡釋與解讀，如「孔子的樂教思想」一章中，作者從「太師論樂」、「《關雎》評價」、「《韶》《武》美善」、「評鄭聲淫」、「論先王制樂」等「樂教的討論」專題以及「表裏一致」、「與人爲善」、「心磬合一」、「教術多端」等「樂教的實施」專題討論了孔子的樂教思想。

　　本文以爲，上述研究存在兩方面的侷限性：其一，側重思想史層面的梳理與闡釋。此一研究模式的長處在於，通過梳理可以弄清思想言論的來龍去脈，通過闡釋可以弄清思想言論本身的涵義。但音樂教化具體如何實踐才能實現對人的教化？音樂教化實踐過程的獨特性何在？此類問題並未得到充分關注。其二，對於禮樂教化之「禮樂」而言，宮廷音樂是重要的組成部分。而宮廷音樂作爲政治與音樂相結合的產物，它是政治平臺上的展示，其主要目的和功能是意圖通過禮樂文化的操演來象徵並調整當下的社會秩序。宮廷音樂的這些屬性，意味著其自身的實用功能格外突出，而審美功能、娛樂功能則相對弱化。既然如此，僅從「審美」維度出發來討論宮廷音樂與教化的關係，這種研究進路無疑有待商榷。

　　綜上所述可知，現有研究呈現出如下特徵：首先，研究對象方面的特徵。上述研究的研究對象可分爲四類：音樂研究、儀式研究、音樂與教化研究、儀式與教化研究。其中，音樂研究與儀式研究側重具體形式的梳理與考辨。音樂與教化的關係研究，主要從思想史層面展開，缺乏實踐的維度。儀式與教化的研究，重點關注的是禮儀制度的教化功能與意義，也有圍繞儀式實踐考察其教化內涵，較少關涉與考量音樂的部分。對音樂教化的研究，實踐層面的關注並不充分，並且音樂與儀式各自獨立，並未結合。我們以爲，只有充分認識「宮廷音樂」的獨特性，才能更好地避免宮廷音樂、儀式、教化三者各自爲陣的研究範式。因爲：宮廷音樂是「宮廷」的，與政治密切相關；

〔註44〕蘇志宏著：《秦漢禮樂教化論》，成都：四川人民出版社，1991年，第447頁。

宮廷音樂是「禮樂」，與儀式不可分割；「宮廷」與「禮樂」賦予了宮廷音樂獨特的「教化」意涵。

四、研究意義

本文的研究意義主要體現在如下兩個方面：

對於音樂史研究而言。漢代宮廷音樂的研究，屬於音樂史的研究範疇。目前的音樂史研究，側重對藝術與形式的考察與探討，從社會層面與文化層面關注歷史音樂的研究並不多。但，歷史音樂的「歷史」性，凸顯與強調的恰恰就是音樂與社會、文化的關係。也就是說，從社會層面與文化層面研究音樂應是音樂史研究的核心命題。本文選取漢代宮廷音樂活動及其教化意涵爲考察對象，將教化內涵與儀式屬性視爲宮廷音樂的社會意義的具體體現，討論社會轉型之際宮廷音樂活動及其教化意涵所呈現出的特徵，並從社會、文化層面考察宮廷音樂教化內涵的生發基礎。這一社會史的研究視角對音樂史研究具有重要的理論意義。

對於教化史研究而言。目前與音樂有關的教化史研究，以禮樂教化、古代樂教、古代美育等方面的教化研究成果頗多。這些研究大多依據思想資料，重在梳理與解讀教化思想的內涵。而實踐層面的考察，以禮儀研究爲主，音樂與教化的關係仍然停留在思想層面的靜態研究。尤須指出的是，古代美育史研究將「審美」視爲音樂與教化發生關係的首要媒介，這種做法並不完全適合「宮廷音樂」與教化的關係研究。基於此，本文緊扣宮廷音樂的政治屬性，將宮廷音樂活動視爲漢王朝建構大一統社會秩序的重要策略，將宮廷音樂活動視爲社會轉型之際統治者推行新的政治倫理規範的重要舉措。

第一章　周代禮樂與宮廷音樂活動

　　中國古代的宮廷音樂活動，其源頭在西周。西周創立禮樂制度，正式確立了被後世仿傚的宮廷音樂的雛形。《禮記‧明堂位》：「六年，（周公）朝諸侯於明堂，制禮作樂，頒度量，而天下大服。」〔註1〕西周禮樂制度，在國家層面，是典章大法，以維護新型國家體制下的宗法等級制爲目的，《禮記‧樂記》：「禮樂刑政，其極一也，所以同民心而出治道也。」〔註2〕在社會層面，是一切社會行爲的準則，以教化民衆和管理社會爲目的，《周禮‧地官‧大司徒》：「以五禮防萬民之僞，而教之中。以六樂防萬民之情，而教之和。」〔註3〕禮樂制度自創設始，就與政治、社會及教化有著密切關聯。這種關聯持續了幾千年，直至清代才結束。

　　宮廷音樂是禮樂制度的具體體現之一。西周禮樂制度，使宮廷音樂的社會性質有了特殊的規定——一種與政治制度、社會管理、民衆教化等緊密聯繫的音樂實體。也就是說，宮廷音樂的社會性質是西周禮樂制度所賦予的。既然如此，考察宮廷音樂這一文化現象，應首先回溯西周禮樂制度建立的有關問題。本章圍繞禮樂制度的建立緣起、禮樂制度的建立對宮廷音樂的意義等方面進行梳理，以求對宮廷音樂這一文化現象有一個更爲充分的認識。

〔註1〕　《禮記正義》卷三一，北京：中華書局（阮元刻《十三經注疏》），1980 年，第 1488 頁。

〔註2〕　《禮記正義》卷三七，北京：中華書局（阮元刻《十三經注疏》），1980 年，第 1527 頁。

〔註3〕　《周禮注疏》卷十，北京：中華書局（阮元刻《十三經注疏》），1980 年，第 708 頁。

第一節　周代禮樂制度的建立

中國古代，禮、樂二物由來已久。《禮記・禮運》：「夫禮之初，始諸飲食。其燔黍捭豚，汙尊而抔飲，蕢桴而土鼓，猶若可以致其敬於鬼神。」〔註4〕古禮源於原始初民的飲食，與祭祀相關，且禮、樂並行。夏商時期，殷墟甲骨卜辭中已出現關於祀典及其祭法的名稱，表明商代已有系統的祭祀禮儀。儘管如此，夏人「尊命」、殷人「尊神」的宗教信仰並未催生出具政治意義的「禮樂制度」。至西周，周人將古代宗教禮樂文化加以擴展，推廣到人事領域，「經國家，定社稷，序人民，利後嗣」之禮樂才得以形成。西周禮樂，不再只是祀祖祭神的宗教儀式，而是被注入了政治內容而轉化為周王朝的政治性的禮樂制度。

一、周公「制禮作樂」與西周禮樂制度

史籍多載周公制禮作樂之事。《逸周書・明堂解》云：「周公攝政，君天下弭亂，六年而天下大治。……制禮作樂，頒度量，而天下大服，萬國各致其方賄。」〔註5〕《尚書大傳》云：「周公攝政，一年救亂，二年伐殷，……六年制禮作樂，七年致政成王。」〔註6〕《左傳・文公十八年》云：「先君周公制周禮曰：『則以觀德，德以處事，事以度功，功以食民。』」〔註7〕儘管如此，後世學者對周公制禮作樂之事仍有爭議。清人陳澧《東塾讀書記・禮記》中說，周公制禮僅「舉其大綱」，「若細微之事，皆為撰定，則畢世不能成矣」。〔註8〕邵懿辰《禮經通論・論孔子定禮樂》云：「禮本非一時一世而成，積久服習，漸次修整，而後臻於大備。旁皇周浹而曲得其次序，大體固周公為之也，其愈久而增多，則非盡周公為之也。」此類折衷之說大致認為，周公確有制禮作樂之舉，但周代禮樂制度並非盡出周公之手。馬銀琴著《兩周詩史》結合周代歷史實際，梳理考證兩周儀式樂歌、詩歌的創作與使用，

〔註4〕《禮記正義》卷二一，北京：中華書局（阮元刻《十三經注疏》），1980年，第1415頁。

〔註5〕（晉）皇甫謐撰，（清）宋翔鳳等輯：《逸周書》卷六，瀋陽：遼寧出版社，1997年，第52～53頁。

〔註6〕（唐）魏徵等撰：《隋書》卷四二引《尚書大傳》，北京：中華書局，1973年，第1195頁。

〔註7〕《春秋左傳正義》卷二十，北京：中華書局（阮元刻《十三經注疏》），1980年，第1861頁。

〔註8〕（清）陳澧撰：《東塾讀書記》卷九，上海：世界書局，1936年，第91頁。

認爲周公制禮作樂具有「歷史事實性」，但「只是周代禮樂制度形成過程的一個開始」。〔註9〕

綜而觀之，本文以爲，周公制禮作樂作爲周代禮樂制度形成的開端，是指周公對古代禮樂進行了新的定義與規範，使之更符合西周政權統治的需要，之前的禮樂在周公制禮作樂後發生了重大轉向。

其一，西周禮樂制度自周公制禮作樂始，就奠定了其基本出發點，即西周賴以立國的封建制度與宗法政治。換而言之，西周禮樂制度的建立與鞏固政權的目的密不可分。

周初，王朝鞏固政權的重要舉措有二，宗法制與分封制。對於周人而言，血緣關係是族群的核心凝聚力。宗法制即藉由血緣關係構建政權關係的一種制度。嫡長子繼承制從宗族血緣關係上保障了嫡長子家族的政治地位世代不受僭越，由此構成周天子及其同姓貴族之間法定不移的等級名分關係。〔註10〕統治權力法定化後，爲有效控制大片殷商故土，周人以宗法制爲基礎制定了分封制，將新征服的土地與人民授予周室親屬子弟、功臣及先王聖賢後裔。分封國中，以周族親戚子弟爲主，「立七十一國，姬姓獨居五十三人」〔註11〕，以達到「封建親戚以藩屏周」的目的。由此可知，通過宗法分封制，周天子與封國諸侯間因血緣關係而凝固爲大宗對小宗的統屬關係，使封國世代置於周天子的族權控制之下，周天子以君主及宗族大家長的身份對封國諸侯進行雙重控制。

宗法分封制使周朝統治集團形成「金字塔」式政治體制，在此層級系統下，周天子位於塔頂，血緣關係成爲維繫整個系統的紐帶，形成了社會等級、親疏關係十分鮮明的龐大國家整體。

其二，因宗法分封制應運而生的禮樂制度，首先是一種政治制度，主要內容包括：其一，依據幾服制，圍繞祭祀、朝饗、征戰等具體事務明確諸侯國的責任與義務。「夫先王之制：邦內甸服，邦外侯服，侯、衛賓服，蠻、夷

〔註9〕　馬銀琴著：《兩周詩史》，北京：社會科學文獻出版社，2006年，第102頁。
〔註10〕　《呂氏春秋·慎勢》曰：「故先王之法，立天子不使諸侯疑焉，立諸侯不使大夫疑焉，立嫡子不使庶孽疑焉。疑生爭，爭生亂。」（戰國）呂不韋著，陳奇猷校釋：《呂氏春秋新校釋》卷十七，上海：上海古籍出版社，2002年，第1120頁。
〔註11〕　《荀子·儒效篇》，（清）王先謙撰：《荀子集解》卷四，北京：中華書局，1988年，第114頁。

要服，戎、狄荒服。甸服者祭，侯服者祀，賓服者享，要服者貢，荒服者王。日祭、月祀、時享、歲貢、終王，先王之訓也。」〔註12〕其二，依據身份等級，圍繞居住宮室、器皿用具、車旗服飾、鍾鼎舞佾、祭享婚喪等社會生活的方方面面制定嚴格規定。如「天子七廟……諸侯五廟……大夫三廟……士一廟」〔註13〕、「是故昔者天子爲籍千畝……諸侯爲籍百畝」〔註14〕、「天子之堂九尺，諸侯七尺，大夫五尺，士三尺」〔註15〕、「王宮懸，諸侯軒懸，卿大夫判懸，士特懸」〔註16〕等，以致「天下見其服而知其貴賤，望其章而知其勢，使人定其心，各著其目。」〔註17〕顯然，禮樂制度被周王朝視爲「君之大柄」〔註18〕，一種治理國家與社會的根本工具。這種工具是用一套以等級性爲內容、以形式性爲特徵的制度—文化體系來組織一個嚴密有序的社會。

其三，禮樂制度不僅是政治制度，更是一套社會行爲規範。禮樂制度的各項規定，最終藉由各種儀式得以落實。在禮樂實踐中，通過一套具有象徵意義的儀式行爲及程序結構規範，將制度規定滲透至人們各個生活領域。無論是重大的國家典禮，還是日常生活中的禮儀，都必須遵守嚴格的操作程序，如行禮時間、場所、人選、服飾、站位、辭令、行進路線、行禮順序、奏樂等。這些要素作爲禮樂實踐的外在形態，具有強烈的規範性。

其四，作爲社會行爲規範，禮樂制度的實踐過程，就是將制度內化爲人的道德觀念的過程，即「德化」。宗法制是禮樂制度的基礎，整個周代政治結構和王族、公族都具有宗法構成性，故而以「親親」、「尊尊」爲核心的宗法倫理滲入在禮樂制度中，承擔著調節周代王族及侯國貴族內部的關係。《禮

〔註12〕（戰國）左丘明撰：《國語》卷一《周語》，上海：上海古籍出版社，1978 年，第 4 頁。
〔註13〕《禮記・王制》，《禮記正義》卷十二，北京：中華書局（阮元刻《十三經注疏》），1980 年，第 1335 頁。
〔註14〕《禮記・祭義》，《禮記正義》卷四八，北京：中華書局（阮元刻《十三經注疏》），1980 年，第 1597 頁。
〔註15〕《禮記・禮器》，《禮記正義》卷二三，北京：中華書局（阮元刻《十三經注疏》），1980 年，第 1433 頁。
〔註16〕《周禮・春官・小胥》，《周禮注疏》卷二三，北京：中華書局（阮元刻《十三經注疏》），1980 年，第 795 頁。
〔註17〕《新書・服疑》，（漢）賈誼撰，閻振益等校注：《新書校注》卷一，北京：中華書局，2000 年，第 53 頁。
〔註18〕《禮記・禮運》，《禮記正義》卷二一，北京：中華書局（阮元刻《十三經注疏》），1980 年，第 1418 頁。

記・大傳》：「親親故尊祖，尊祖故敬宗，敬宗故收族，收族故宗廟嚴，宗廟嚴故重社稷，重社稷故愛百姓，愛百姓則刑法中，刑法中故庶民安，庶民安故財用足，財用足故百志成，百志成故禮俗刑，禮俗刑然後樂。」〔註19〕這裡提到，周人相信尊尊、親親、長長不僅可以收到尊祖敬宗的效果，促進宗族的凝聚力和向心力，而且必然會使生活在宗族共同體的人重社稷，愛百姓，民間百姓的習俗也由此得以形塑。關於祭禮以及其他諸多禮儀，也有明確的教化指向。如「修宗廟，敬祀事，教民追孝也」〔註20〕、「（先王）崇立上帝明神而敬事之……以教民事君」〔註21〕、「食三老五更於大學，所以教諸侯之弟也……耕籍，所以教諸侯之養也。朝覲，所以教諸侯之臣也」〔註22〕等等。可知，從婚喪嫁娶到迎來送往以及容貌體態，都在禮樂制度的指導範圍之內，並受到禮樂制度的約束，充分體現了禮樂制度的教化意涵。

　　綜上所述可知，周代禮樂制度的建立，一方面適應了制度文化的重大變革，爲周王朝鞏固政權發揮了重要作用；同時也體現了周統治者在「以德受命」觀念下踐行「德治」的舉措，強調通過禮樂教化的方式約束社會成員。由此可以看出，禮樂制度與政治、社會教化間的密切關聯。

二、周代禮樂制度的建立與宮廷音樂

　　宮廷音樂是中國古代音樂的重要組成部分之一，是音樂與宮廷相結合的產物。就音樂與宮廷的聯繫來說，宮廷音樂出現很早，伴隨中國王朝的產生而出現，並與政治聯繫緊密，其淵源甚至可上溯至夏王朝。〔註23〕儘管如此，被後

〔註19〕《禮記正義》卷三四，北京：中華書局（阮元刻《十三經注疏》），1980年，第1508頁。

〔註20〕《禮記・坊記》，《禮記正義》卷五一，北京：中華書局（阮元刻《十三經注疏》），1980年，第1620頁。

〔註21〕（戰國）左丘明撰：《國語》卷一《周語》，上海：上海古籍出版社，1978年，第37頁。

〔註22〕《禮記・祭義》，《禮記正義》卷四八，北京：中華書局（阮元刻《十三經注疏》），1980年，第1600頁。

〔註23〕《山海經・大荒西經》：「開上三嬪於天，得《九辯》與《九歌》以下。此天穆之野，高二千仞，開焉得始歌《九招》。」袁珂校注，《山海經校注》，上海：上海古籍出版社，1980年，第414頁。《墨子・非樂上》：「啓乃淫溢康樂，野於飲食，將將銘，筦磬以方，湛濁於酒，渝食於野。萬舞翼翼，章聞於天，天用弗式。」吉聯抗譯注：《墨子・非樂》，北京：人民音樂出版社，1962年，第16頁。《管子・輕重甲》：「昔者桀之時，女樂三萬人，端噪晨樂，聞於三衢，是無不服文繡衣裳者。」黎翔鳳撰：《管子校注》卷二三，北京：中華書局，2004年，第1398頁。

世歷代努力傚仿並產生極為深遠之影響的宮廷音樂，則始於西周宮廷音樂。西周禮樂制度使宮廷音樂禮制化、儀式化，並賦予了宮廷音樂極為重要的教化內涵。宮廷音樂在後世兩千年的歷史發展過程中，曾因不同歷史時期呈現出不同特點，但其禮制化、儀式化及其教化旨意卻不曾消失。下文主要圍繞禮制化、儀式化與教化旨意三個方面討論西周禮樂制度與宮廷音樂的關係。

1. 宮廷音樂的禮制化

在禮樂制度的背景下，宮廷音樂被賦予禮的性質，使宮廷音樂呈現出明顯有別於前朝的重要屬性。在周人看來，殷商二朝的宮廷音樂只是縱情聲色並以滿足感官愉悅享受為目的的「侈樂」。《呂氏春秋・侈樂篇》：「夏桀、殷紂作為侈樂，大鼓鍾磬管簫之音，以鉅為美，以眾為觀。」〔註 24〕這種「侈樂」與周人期冀維護政權、規範行為的宮廷音樂完全背道而馳。正是西周制禮作樂，使宮廷音樂禮制化，賦予其全新的屬性與內涵。

西周宮廷音樂是一種與政治制度緊密聯繫、具有制度規範性的音樂實體。具體表現在如下方面：宮廷音樂有特定的音樂品種與表演形式，有特定職官對其進行管理與使用；宮廷音樂服務於特定的宮廷活動，一般都與國家祭祀、典禮等重大活動有關；宮廷音樂的創制有特定的規範與標準，如律制；宮廷音樂的使用嚴密對應於社會等級制度，如樂懸制度「王宮懸，諸侯軒懸，卿大夫判懸，士特懸」〔註 25〕、舞隊制度「天子八佾，諸公六佾，諸侯四佾」〔註 26〕；在周朝六官分布中，樂官隸屬禮官，宮廷樂人的作樂之事以履行禮官職責為根本，正如蔣孔陽所說：「行什麼樣的禮，奏什麼樣的樂；樂工多少人，樂器多少種，樂工怎樣出場，怎樣入座，唱什麼歌，演奏什麼樂器，都是按照禮的規定來進行。」〔註 27〕體現出宮廷音樂對禮具有較強依附性。

可知，西周禮樂制度使宮廷音樂呈現出與以往極大的不同，它有了更大規模的組織機構，形成了高度規模化的用樂制度，體現著獨特的社會含義。

〔註24〕（戰國）呂不韋撰，陳奇猷校釋：《呂氏春秋新校釋》卷五，上海：上海古籍出版社，2002 年，第 269 頁。

〔註25〕《周禮・春官・小胥》，《周禮注疏》卷二三，北京：中華書局（阮元刻《十三經注疏》），1980 年，第 795 頁。

〔註26〕《春秋穀梁傳・隱公五年》，《春秋穀梁傳注疏》卷二，北京：中華書局（阮元刻《十三經注疏》），1980 年，第 2369 頁。

〔註27〕蔣孔陽著：《先秦音樂美學思想論稿》，北京：人民文學出版社，1986 年，第 63 頁。

2. 宮廷音樂的儀式化

西周禮樂制度從本質上決定了宮廷音樂是西周社會政治的特殊產物，是為禮樂制度服務的儀式音樂。具體表現在如下方面：其一，宮廷音樂的發生與儀式緊密結合。如祭天「奏黃鍾，歌大呂，舞《雲門》」，祭地「奏大蔟，歌應鍾，舞《咸池》」；祀四望「奏姑洗，歌南呂，舞《大韶》」；祭山川「奏蕤賓，歌函鍾，舞《大夏》」；享先妣「奏夷則，歌小呂，舞《大濩》」；享先祖「奏無射，歌夾鍾，舞《大武》」；〔註28〕大射禮「王出入，令奏《王夏》；及射，令奏《騶虞》」〔註29〕。

其二，儀式音樂須遵循特定之儀程。迎送賓客、宴飲、祭祀、射禮等儀式場合都奏音樂，且奏樂有一定之順序。西周宮廷音樂按儀式先後順序，依次有金奏迎賓、升歌、笙奏、間歌、合樂、無算樂、金奏送賓七項。

金奏是迎賓樂，奏鍾、鏄、鼓、磬以迎賓。《儀禮・燕禮》：「若以樂納賓，則賓及庭，奏《肆夏》。」鄭玄注曰：「《肆夏》，樂章也，今亡。以鍾鏄播之，鼓磬應之，所謂金奏也。」〔註30〕金奏所用樂章有《九夏》。《九夏》有曲無辭，奏其樂調。《周禮・春官・鍾師》：「凡樂事，以鍾鼓奏《九夏》：《王夏》、《肆夏》、《昭夏》、《納夏》、《章夏》、《齊夏》、《族夏》、《誠夏》、《驁夏》。」〔註31〕

升歌是飲酒獻酬禮畢後的奏樂。與金奏在堂下演奏不同，升歌由瑟者、歌者升堂演奏。歌《詩》之雅、頌，瑟者伴奏。《禮記・祭統》：「夫大嘗禘，升歌《清廟》，下而管《象》。」〔註32〕

升歌畢，笙奏在堂下縣中（懸掛編鍾、編磬之處），吹奏《小雅》諸曲。《儀禮・燕禮》：「笙入，立於縣中，奏《南陔》、《白華》、《華黍》。」〔註33〕

〔註28〕《周禮・春官・大司樂》，《周禮注疏》卷二二，北京：中華書局（阮元刻《十三經注疏》），1980年，第788～789頁。

〔註29〕《周禮・春官・大司樂》，《周禮注疏》卷二二，北京：中華書局（阮元刻《十三經注疏》），1980年，第791頁。

〔註30〕《儀禮・燕禮》，《儀禮注疏》卷十五，北京：中華書局（阮元刻《十三經注疏》），1980年，第1024頁。

〔註31〕《周禮注疏》卷二四，北京：中華書局（阮元刻《十三經注疏》），1980年，第800頁。

〔註32〕《禮記正義》卷四九，北京：中華書局（阮元刻《十三經注疏》），1980年，第1607頁。

〔註33〕《儀禮注疏》卷十五，北京：中華書局（阮元刻《十三經注疏》），1980年，第1021頁。

笙奏畢，間歌。即堂上升歌，堂下笙奏，輪流而作。《儀禮·鄉飲酒禮》：「乃間歌《魚麗》，笙《由庚》；歌《南有嘉魚》，笙《崇丘》；歌《南山有臺》，笙《由儀》。」鄭玄注曰：「間，代也，謂一歌則一吹。」〔註34〕

間歌畢，合樂。即堂上升歌與堂下笙奏同時歌奏。《儀禮·鄉射禮》：「工四人二瑟，……升自西階北面東上。……笙入，立於縣中西面。乃合樂。《周南》：《關雎》、《葛覃》、《卷耳》；《召南》：《鵲巢》、《采蘩》、《采蘋》。」〔註35〕

合樂後，行旅酬禮，伴隨「無算爵」同時行「無算樂」。《儀禮·鄉飲酒禮》：「（旅酬後）脫屨揖讓，如初升坐。乃羞，無算爵，無算樂。」鄭玄注：「算，數也。賓主宴飲，爵行無數，醉而止也。……燕樂亦無數，或間或合，盡歡而止也。」〔註36〕

最後是送賓奏樂。鐘鼓送賓時的金奏，天子、諸侯用鐘鼓，大夫士僅用鼓。諸侯、士大夫金奏送賓，奏《陔夏》。天子奏《肆夏》。《儀禮·大射儀》：「賓醉，北面坐，取其薦脯以降，奏《陔》」〔註37〕

由此而知，西周宮廷音樂在儀式中呈現，隨儀式進程而推進。而且，音樂諸要素在儀式中都有相應規範，如樂章使用、樂人席位、樂器使用等。

3. 宮廷音樂的教化旨意

教化是禮樂制度的核心旨意，也是禮樂制度實現其維護、鞏固宗周統治之最終目的的關鍵。宮廷音樂作為禮樂制度的重要組成部分，承載著極為重要的教化功能。《禮記·樂記》：「是故先王之制禮樂也，非以極口腹耳目之欲也，將以教民平好惡，而反人道之正也。」〔註38〕

宮廷音樂踐行禮樂制度教化功能的主要途徑是，以教導的方式在行禮過程中藉由音樂的展演將禮的規範灌注進人們心中。例如：行禮者須依樂節行禮，行禮過程中，音樂的主要作用是對行禮者的儀式行為進行規範與約束，

〔註34〕 《儀禮注疏》卷九，北京：中華書局（阮元刻《十三經注疏》），1980年，第986頁。

〔註35〕 《儀禮注疏》卷十一，北京：中華書局（阮元刻《十三經注疏》），1980年，第995～996頁。

〔註36〕 《儀禮注疏》卷十，北京：中華書局（阮元刻《十三經注疏》），1980年，第989頁。

〔註37〕 《儀禮注疏》卷十八，北京：中華書局（阮元刻《十三經注疏》），1980年，第1044頁。

〔註38〕 《禮記正義》卷三七，北京：中華書局（阮元刻《十三經注疏》），1980年，第1528頁。

調節儀式者行為與儀式性質相一致，即「作樂以節之」。正如清人陸世儀所云：「禮、樂不相離。樂者所以節禮也，故古人行禮必聽樂節，升車則聞和鸞，行路則聞佩王，又曰『趨以《采薺》，行以《肆夏》』，皆此物此志也。」〔註39〕再如：禮儀活動中，樂歌演唱是極其重要的音樂表演形式，歌辭內容是直接傳達與灌輸教化旨意的途徑與手段。行禮之人不僅身體受到樂節之約束與規範，更因樂歌演唱之內容而沉浸在儀式氛圍中，歌辭所蘊含的教化觀念則無形之中被內化。

　　綜上所述可知，宮廷音樂自西周始，就因禮樂制度而呈現出禮制化、儀式化的特徵，並被賦予了豐富的教化意涵。

第二節　周代宮廷音樂活動的構成及內容

　　宮廷音樂活動，首先是指宮廷音樂在宮廷儀式中的運用。周代宮廷音樂活動既是宮廷音樂的呈現方式，也是禮樂制度的實踐方式。周代宮廷音樂作為我國歷史上第一個較明確、完備的宮廷音樂體系，不僅對各種宮廷活動制定了配套使用的專屬音樂，而且嚴格限定了各等級的音樂使用。此外，活動中音樂各要素也依據禮制而有固定規範與程序。可知，周代宮廷音樂活動，通過音樂與禮儀的配合，不僅彰顯了禮樂制度的等級內涵，在踐行各種規範的同時也實現了禮樂教化的最終目的。下文主要圍繞周代宮廷音樂的種類及內容、宮廷儀式的種類及其與音樂的關係、活動的教化意涵三個方面，對周代宮廷音樂活動進行考察。

一、周代宮廷音樂的種類及曲目

（一）周代宮廷音樂的種類

　　周代宮廷音樂的種類，主要載於《周禮》。《儀禮》《禮記》也有零星記載。《周禮》是記述典章制度的文本，該文本對宮廷音樂的分類是以管理者為標準而進行的。下文遵照《周禮》文本的分類方式，逐次考察周代宮廷音樂的種類。討論的先後順序，依據《周禮》、《儀禮》、《禮記》的章節順序進行。

〔註39〕　（清）陸世儀撰：《陸桴亭思辨錄輯要》（第一冊），上海：商務印書館，1936年，第13頁。

1. 「六樂」

「六樂」，周天子祭天地、祭祖先的專用音樂，主要由大司樂掌管。《周禮·春官·大司樂》：「以樂舞教國子：舞《雲門》、《大卷》、《大咸》、《大磬》、《大夏》、《大濩》、《大武》。……舞《雲門》，以祀天神。……舞《咸池》，以祭地示。……舞《大韶》，以祀四望。……舞《大夏》，以祭山川。……舞《大濩》，以享先妣。……舞《大武》，以享先祖。」〔註40〕此外，大司徒、保氏、大胥與小師等樂官也承擔與有關「六樂」的職務。〔註41〕這些帶史詩性質的古典樂舞，都是先王之樂，內容是頌揚各個時代的最高統治者。

2. 「愷樂」

「愷樂」，慶祝作戰勝利凱旋歸來的軍樂，由樂師掌管。《周禮·春官·樂師》「凡軍大獻，教愷歌，遂倡之。」〔註42〕此外，大司樂、鎛師與大司馬之職中也包含奏愷樂之事。〔註43〕戰勝獻俘之時也奏愷樂。《周禮·春官·視瞭》「鼖、愷獻，亦如之」鄭玄注曰：「愷獻，謂戰勝獻俘之時作愷樂。」〔註44〕

3. 「縵樂」、「燕樂」

「縵樂」與「燕樂」，都歸磬師掌教。《周禮·春官·磬師》：「教縵樂、燕樂之鍾磬。」〔註45〕鍾師、笙師、旄人等樂官則參與「縵樂」與「燕樂」的表演。

〔註40〕《周禮注疏》卷二二，北京：中華書局（阮元刻《十三經注疏》），1980年，第787～789頁。

〔註41〕《周禮》「大司徒」職：「以六樂防萬民之情，而教之和」。《周禮注疏》卷十，第708頁。保氏職「養國子以道，乃教之六藝：一曰五禮，二曰六樂……」。《周禮注疏》卷十四，第731頁。「大胥」職「以六樂之會正舞位」與「小師」職「掌六樂聲音之節與其和。」《周禮注疏》卷二三，第794、797頁。

〔註42〕《周禮注疏》卷二三，北京：中華書局（阮元刻《十三經注疏》），1980年，第794頁。

〔註43〕《周禮·春官·大司樂》：「王師大獻，則令奏愷樂。」鄭玄注：「愷樂，獻功之樂。」《周禮注疏》卷二二，第791頁。《周禮·春官·鎛師》：「軍大獻，則鼓其愷樂。」《周禮注疏》卷二四，第801頁。《周禮·夏官·大司馬》：「若師有功，則左執律，右秉鉞，以先愷樂獻於社。」《周禮注疏》卷二九，第839頁。

〔註44〕《周禮注疏》卷二三，北京：中華書局（阮元刻《十三經注疏》），1980年，第797頁。

〔註45〕《周禮注疏》卷二四，北京：中華書局（阮元刻《十三經注疏》），1980年，第800頁。

「縵樂」因其緩慢單調的特點，主要用於祭祀時「和正樂」。《周禮·春官·磬師》：「凡祭祀，奏縵樂」。鄭玄注：「縵，讀爲縵錦之縵，謂雜聲之和樂者也。」〔註46〕關於鄭玄提及「雜聲之和樂」，清人孫詒讓據此將「縵樂」所奏之曲定性爲「非雅樂聲曲」：「雜聲者，謂其非雅樂聲曲，散雜不名一調，而可以和正樂，故曰雜聲和樂。雜之云者，異於雅正之謂。雜聲雖非正樂，然尚非淫過凶慢之聲，則亦禮所不廢。」〔註47〕

「燕樂」，「燕通作宴」〔註48〕，饗宴、宴飲時所設之樂。《周禮·春官》載：

> 《鍾師》「凡祭祀、饗食，奏燕樂」賈公彥疏曰：「饗食，謂與諸侯行饗食之禮。在廟，故與祭祀同樂，故連言之。」〔註49〕

> 《笙師》「凡祭祀、饗射，共其鍾笙之樂，燕樂亦如之」賈公彥疏曰：「言亦如之者，謂作燕樂，亦如上共其鍾笙之樂也。」〔註50〕

> 《旄人》「凡祭祀、賓客，舞其燕樂」賈公彥疏曰：「賓客亦謂饗燕時『舞其燕樂』，謂作燕樂時，使四方舞士舞之以夷樂。」〔註51〕

「燕樂」主要用於饗食、饗射、饗燕等場合。至於上述引文中提及的祭祀奏燕樂，是指祭祀禮畢的饗食環節奏燕樂。秦蕙田《五禮通考》卷七一：「《周禮·春官·鍾師》『凡祭祀，奏燕樂。』……此燕樂是祭畢燕於寢時所作之樂。」〔註52〕「祭畢燕於寢，則『樂具入奏』，蓋即鍾師所掌、旄人所舞之燕樂也。」〔註53〕

〔註46〕《周禮注疏》卷二四，北京：中華書局（阮元刻《十三經注疏》），1980年，第800頁。

〔註47〕（清）孫詒讓撰：《周禮正義》卷四六，北京：中華書局，1987年，第1883頁。

〔註48〕何楷曰：「燕通作宴，宴之爲言安也，飲以合歡安之意也。」引自（清）秦蕙田《五禮通考》卷八九，《文津閣四庫全書》132冊，第642頁。

〔註49〕《周禮注疏》卷二四，北京：中華書局（阮元刻《十三經注疏》），1980年，第800頁。

〔註50〕《周禮注疏》卷二四，北京：中華書局（阮元刻《十三經注疏》），1980年，第801頁。

〔註51〕《周禮注疏》卷二四，北京：中華書局（阮元刻《十三經注疏》），1980年，第801頁。

〔註52〕（清）秦蕙田撰：《五禮通考》卷七一，《文津閣四庫全書》132冊，第130頁。

〔註53〕（清）秦蕙田撰：《五禮通考》卷七一，《文津閣四庫全書》132冊，第138頁。

4.「祴樂」

「祴樂」，行禮時節禮之樂，由笙師掌管。《周禮・春官・笙師》「掌教吹竽、笙、塤、籥、簫、篪、笛、管，舂牘、應、雅，以教祴樂。」鄭玄注曰：「賓醉而出，奏《祴夏》，以此三器築地，爲之行節，明不失禮。」賈公彥疏曰：「三器言舂，舂是向下之稱，是其築地，與《祴樂》連文，明與《祴樂》爲節可知也。」〔註54〕

5.「靺樂」、「散樂」、「夷樂」、「四夷之樂」

「靺樂」乃「夷樂」之一，「夷樂」即「四夷之樂」，「夷樂」與「散樂」都歸旄人掌教。鄭玄注《周禮・春官・旄人》「掌教舞散樂，舞夷樂」曰：「夷樂，四夷之樂，亦皆有聲歌及舞。」〔註55〕「夷樂」之一「靺樂」由靺師掌教，「靺師掌教靺樂」〔註56〕。鞮鞻氏則「掌四夷之樂，與其聲歌」〔註57〕。

儘管掌管「靺樂」、「散樂」、「夷樂」或「四夷之樂」的樂官有所交叉，但此類音樂的使用場合是一致的，主要用於饗食、宴飲等場合，也包括祭祀禮畢後的燕饗。

> 《周禮・春官・靺師》：「（靺樂）祭祀，則帥其屬而舞之；大饗，亦如之。」〔註58〕

> 《周禮・春官・鞮鞻氏》：「（四夷之樂）祭祀，則吹而歌之；燕，亦如之。」〔註59〕

> 《宋》王與之《周官訂義》卷四一引黃氏曰：「靺樂，祭祀賓饗，必舞之散樂、夷樂。」〔註60〕

〔註54〕《周禮注疏》卷二四，北京：中華書局（阮元刻《十三經注疏》），1980年，第801頁。

〔註55〕《周禮注疏》卷二四，北京：中華書局（阮元刻《十三經注疏》），1980年，第801頁。

〔註56〕《周禮注疏》卷二四，北京：中華書局（阮元刻《十三經注疏》），1980年，第801頁。

〔註57〕《周禮注疏》卷二四，北京：中華書局（阮元刻《十三經注疏》），1980年，第802頁。

〔註58〕《周禮注疏》卷二四，北京：中華書局（阮元刻《十三經注疏》），1980年，第801頁。

〔註59〕《周禮注疏》卷二四，北京：中華書局（阮元刻《十三經注疏》），1980年，第802頁。

〔註60〕（宋）王與之撰：《周官訂義》，《文淵閣四庫全書》本，第1605頁。

值得注意的是，夷樂用於祭祀禮畢後的燕饗環節時，只能在門外表演。「凡舞夷樂，皆門外為之。」〔註61〕

「四夷之樂」具體指東夷之樂，南夷之樂，西夷之樂，北夷之樂。鄭玄注《周禮・春官・鞮鞻氏》「掌四夷之樂，與其聲歌」曰：「四夷之樂，東方曰《韎》，南方曰《任》，西方曰《株離》，北方曰《禁》。」〔註62〕

6.「房中樂」

「房中樂」，即「房中之樂」。「房中樂」之名，與活動場所「房中」密切相關。〔註63〕周代房中樂既用於賓客宴饗，也用於祭祀。賓客宴饗奏房中樂的文獻記載，十分明確。《儀禮・燕禮》：「若與四方之賓燕……有房中之樂」。祭祀奏房中樂，則是唐賈公彥針對鄭玄注中存在的前後矛盾之說作出的解釋。

鄭玄注《周禮・春官・磬師》「教縵樂，燕樂之鍾磬」時說，「燕樂，房中之樂，所謂陰聲也。二樂皆教其鍾磬。」〔註64〕但鄭注《儀禮・燕禮》時又說：「有房中之樂。絃歌《周南》、《召南》之詩，而不用鍾磬之節也。」〔註65〕這裡，鄭注兩次提及房中樂所用樂器，說法前後矛盾：一說「不用鍾磬之節」，二說「皆教其鍾磬」。對此，唐賈公彥疏有如下解說：

> 知「不用鍾磬」者，以其此《二南》本後、夫人侍御於君子用樂，師是本無鍾磬。……案《磬師》云：「教縵樂、燕樂之鍾磬。」注云：「燕樂、房中之樂，所謂陰聲也。二樂皆教其鍾磬。」房中樂得有鍾磬者，彼據教房中樂，待祭祀而用之，故有鍾磬也。房中及燕，則無鍾磬也。〔註66〕

〔註61〕《周禮・春官・韎師》「掌教韎樂，祭祀則帥其屬而舞之」賈公彥疏，《周禮注疏》卷二四，北京：中華書局（阮元刻《十三經注疏》），1980年，第801頁。

〔註62〕《周禮注疏》卷二四，北京：中華書局（阮元刻《十三經注疏》），1980年，第802頁。

〔註63〕關於「房中」所指為何，以及「房中」所在何處等問題，後世學者頗有爭議。詳見李婷婷《周代房中之樂考論》，《中國文化研究》2012年2期；王福利《房中樂、房中歌名義新探》，《音樂研究》2006年3期。

〔註64〕《周禮注疏》卷二四，北京：中華書局（阮元刻《十三經注疏》），1980年，第800頁。

〔註65〕《儀禮注疏》卷十五，北京：中華書局（阮元刻《十三經注疏》），1980年，第1025頁。

〔註66〕《儀禮注疏》卷十五，北京：中華書局（阮元刻《十三經注疏》），1980年，第1025頁。

　　　　既名房中之樂用鐘鼓奏之者，諸侯、卿、大夫燕、饗亦得用之，

　　故用鐘鼓。婦人用之，乃不用鐘鼓，則謂之房中之樂也。〔註67〕

上述引文說，房中樂作爲王后、夫人侍御君子時的諷誦之曲，則不用鍾磬；
用於祭祀或諸侯、卿、大夫燕饗時，則用鍾磬。

7.「鄉樂」

　　「鄉樂」，《儀禮》之《鄉飲酒禮》、《鄉射禮》與《燕禮》諸篇多有記載，
如「鄉樂唯欲」〔註68〕、「遂歌鄉樂」〔註69〕、「遂合鄉樂」〔註70〕等。「鄉樂」
的使用場合頗多，既用於鄉飲酒禮與鄉射禮，也用於后、夫人之房中，還用
於天子、諸侯燕群臣及聘問之賓燕、國君與其臣下及四方之賓燕〔註71〕。

8.「無筭樂」

　　「無筭樂」，用於周代饗宴活動中，配合賓主宴飲、爵行無數、唯醉乃止
的「無算爵」而演奏的音樂。

　　　　《儀禮・鄉飲酒禮》「無筭爵。無筭樂」鄭玄注：「筭，數也。

　　賓主燕飲，爵行無數，醉而止也。……燕樂亦無數，或間或合，盡

　　歡而止也。」〔註72〕

　　無筭樂的演奏方式較隨意，不僅絃歌、笙奏或下管、間歌、合奏兼俱，而
且無固定順序，或絃歌、或笙奏、或間歌、或合樂，隨賓主所好而任意爲之，
演奏次數一般也無限制，「合鄉樂無次數」、「論酒行樂作無次數之節」，故被視
爲「非正樂也」。鄭玄注《儀禮・鄉射禮》「樂正告於賓」曰「樂正降者，堂上
正樂畢也。」賈公彥疏曰：「云正樂者，對後無筭樂非正樂也。」〔註73〕

〔註67〕（宋）魏了翁撰：《儀禮要義》卷九，《文津閣四庫全書》99 冊，第 411 頁。

〔註68〕《儀禮注疏》卷十，北京：中華書局（阮元刻《十三經注疏》），1980 年，第
　　　　990、1009 頁。

〔註69〕《儀禮注疏》卷十五，北京：中華書局（阮元刻《十三經注疏》），1980 年，
　　　　第 1021 頁。

〔註70〕《儀禮注疏》卷十五，北京：中華書局（阮元刻《十三經注疏》），1980 年，
　　　　第 1025 頁。

〔註71〕《小大雅譜》：「天子、諸侯燕群臣及聘問之賓，皆歌《鹿鳴》，合鄉樂。」《毛
　　　　詩正義》卷九，北京：中華書局（阮元刻《十三經注疏》），1980 年，第 402
　　　　頁。

〔註72〕《儀禮注疏》卷十，北京：中華書局（阮元刻《十三經注疏》），1980 年，第
　　　　989 頁。

〔註73〕《儀禮注疏》卷十一，北京：中華書局（阮元刻《十三經注疏》），1980 年，
　　　　第 996 頁。

9. 「食舉樂」

周王每日進餐時所奏的樂曲，稱「食舉樂」。《周禮・天官・膳夫》：「王日一舉，鼎十有二，物皆有俎，以樂侑食。」〔註74〕《周禮・春官・大司樂》：「王大食，三侑，皆令奏鐘鼓。」〔註75〕《禮記・王制》：「然後天子食，日舉以樂。」〔註76〕

食舉樂用於周王日常飲食，若是「大食」，朔月、月半之日的食舉樂，則在日常食舉樂的基礎上增設鐘鼓。鄭玄注「王大食，三侑」曰：「大食，朔日月半以樂侑食時也。」賈公彥疏曰：「既言大食令奏，若凡常日食，則大司樂不令奏鐘鼓，亦有樂侑食矣。知日食有樂者，案《膳夫》云『以樂侑食』，是常食也。」

（二）周代宮廷音樂的曲目

經由上文的考察可看出，《周禮》等文本關於宮廷音樂品類的記述是依據職官與音樂使用情況而展開。若僅考量使用情況，可將周代宮廷音樂歸為如下四類：以「六樂」為代表的祭祀音樂、以「愷樂」為代表的凱旋獻俘音樂、以「燕樂」為代表宴饗音樂、以「祴樂」為代表的節禮音樂。其中，「愷樂」曲目文獻暫無考，下文主要考察其餘三類的曲目。

1. 祭祀音樂之樂舞與樂曲

（1）樂舞曲目

樂舞曲目以「六樂」為代表，也稱「大舞」，包括黃帝時期的《雲門大卷》、唐堯時期的《咸池》、虞舜時期的《大韶》、夏禹時期的《大夏》、商湯時期的《大濩》及西周當朝的《大武》。《周禮・春官・大司樂》：

> 以樂舞教國子，舞《雲門大卷》、《大咸》、《大韶》、《大夏》、《大濩》、《大武》。鄭玄注曰「此周所存六代之樂。」孔穎達疏「此大司樂所教是大舞。」〔註77〕

〔註74〕《周禮注疏》卷四，北京：中華書局（阮元刻《十三經注疏》），1980年，第660頁。

〔註75〕《周禮注疏》卷二二，北京：中華書局（阮元刻《十三經注疏》），1980年，第791頁。

〔註76〕《禮記正義》卷十二，北京：中華書局（阮元刻《十三經注疏》），1980年，第1334頁。

〔註77〕《周禮注疏》卷二二，北京：中華書局（阮元刻《十三經注疏》），1980年，第787頁。

除「大舞」外，周代宮廷祭祀樂舞還有小舞，由屬於下大夫等級的樂師負責教授的舞蹈，主要包括《帗舞》、《羽舞》、《皇舞》、《旄舞》、《干舞》、《人舞》，以及《籥》舞。

樂師掌國學之政，以教國子小舞。凡舞，有帗舞，有羽舞，有皇舞，有旄舞，有干舞，有人舞。〔註78〕

……籥師掌教國子舞羽歙籥。祭祀，則鼓羽籥之舞，賓客饗食，則亦如之。鄭玄注曰：「文舞有持羽吹籥者，所謂籥舞也。」〔註79〕

另外，祭祀樂舞還有《雩》舞與《儺》舞。前者是天旱求雨所用之舞，《周禮‧地官‧舞師》曰：「教皇舞，帥而舞旱暵之事。」鄭玄注曰「旱暵之事，謂雩也。」〔註80〕後者是驅除瘟疫所用之舞，《禮記‧月令》：「（季春之月）命國儺，九門磔禳，以畢春氣。」〔註81〕「（仲秋之月）天子乃儺，以達秋氣。」〔註82〕「（季冬之月）命有司，大儺旁磔，出土牛，以送寒氣。」〔註83〕

除上述樂舞外，周代宮廷祭祀樂舞還有《象》舞、《勺》舞、《萬》舞等。其中，《象》傳爲文王之舞，武王所製，象用兵刺伐之舞。《玉海》卷一百七載：

文王時有擊刺之法，武王作樂象而爲舞，號其樂曰《象》舞。

周公成王之時，用而奏之於廟，春秋之時，季札觀樂，尚見舞《象》。

《象》舞不列於六樂，蓋大合諸樂乃爲此舞，或祈告所用。〔註84〕

《勺》之大意在言「酌取先祖之道」，傳爲周公所作。《冊府元龜》：「周公居攝，既成雒邑，朝諸侯帥以祀文王，作清廟之詩以歌焉，又作《勺》。」〔註85〕

〔註78〕 《周禮‧春官‧樂師》，《周禮注疏》卷二三，北京：中華書局（阮元刻《十三經注疏》），1980年，第793頁。

〔註79〕 《周禮‧春官‧籥師》，《周禮注疏》卷二四，北京：中華書局（阮元刻《十三經注疏》），1980年，第801頁。

〔註80〕 《周禮注疏》卷十二，北京：中華書局（阮元刻《十三經注疏》），1980年，第721頁。

〔註81〕 《禮記正義》卷十五，北京：中華書局（阮元刻《十三經注疏》），1980年，第1364頁。

〔註82〕 《禮記正義》卷十六，北京：中華書局（阮元刻《十三經注疏》），1980年，第1374頁。

〔註83〕 《禮記正義》卷十七，北京：中華書局（阮元刻《十三經注疏》），1980年，第1383頁。

〔註84〕 （南宋）王應麟編：《玉海》卷一百七，揚州：廣陵書社，2003年，第1960頁。

〔註85〕 （宋）王欽若撰：《冊府元龜》卷五六五，北京：中華書局，1960年，第6783頁。

關於《萬》舞，《逸周書·世俘解》記載，在武王滅商後舉行的祭祀活動中，除《武》舞外還有《萬》舞等其他樂舞。「甲寅，謁戎殷於牧野。王佩赤白旂。龠人奏《武》。王入，進《萬》，獻《明明》三終。乙卯，龠人奏《崇禹》、《生開》三終，王定。」〔註86〕

（2）樂曲曲目

本文所謂「樂曲」，既包括歌曲（即樂歌），也包括器樂所奏之曲（即器樂曲）。祭祀所用樂曲大多取自《詩經·周頌》篇。具體包括：

《清廟》、《維天》、《維清》篇。《詩經·周頌·清廟》：「《清廟》，祀文王也。周公既成洛邑，朝諸侯，率以祀文王焉。」〔註87〕《維天之命》：「太平告文王也。」〔註88〕《禮記·祭統》「夫大嘗禘，升歌《清廟》」〔註89〕。賈公彥疏解《周禮·春官·大師》「大祭祀，帥瞽登歌」曰：「謂下神合樂，皆升歌《清廟》」〔註90〕。

《象》。《禮記·祭統》：「夫大嘗禘，升歌《清廟》，下而管《象》，朱干玉戚以舞《大武》，八佾以舞《大夏》，此天子之樂也。」〔註91〕

《烈文》。《詩經·周頌·烈文》：「成王即政，諸侯助祭也。」鄭玄箋曰：「新王即政，必以朝享之禮祭於祖考，告嗣位也。」〔註92〕

《天作》。《詩經·周頌·天作》：「祀先王先公也。」鄭玄箋曰：「先王，謂大王已下。先公，諸盩至不窋。」〔註93〕

〔註86〕（晉）皇甫謐撰，（清）宋翔鳳等輯：《逸周書》卷四，瀋陽：遼寧出版社，1997年，第32頁。

〔註87〕《毛詩正義》卷十九，北京：中華書局（阮元刻《十三經注疏》），1980年，第583頁。

〔註88〕《毛詩正義》卷十九，北京：中華書局（阮元刻《十三經注疏》），1980年，第583頁。

〔註89〕《禮記正義》卷四九，北京：中華書局（阮元刻《十三經注疏》），1980年，第1607頁。

〔註90〕《周禮注疏》卷二三，北京：中華書局（阮元刻《十三經注疏》），1980年，第796頁。

〔註91〕《禮記正義》卷四九，北京：中華書局（阮元刻《十三經注疏》），1980年，第1607頁。

〔註92〕《毛詩正義》卷十九，北京：中華書局（阮元刻《十三經注疏》），1980年，第584頁。

〔註93〕《毛詩正義》卷十九，北京：中華書局（阮元刻《十三經注疏》），1980年，第585頁。

《昊天有成命》。《詩經・周頌・昊天有成命》:「郊祀天地也。」〔註94〕

《我將》。《詩經・周頌・我將》:「祀文王於明堂也。」〔註95〕

《時邁》。《詩經・周頌・時邁》:「巡守告祭柴望也。」鄭玄箋曰:「巡守告祭者,天子巡行邦國,至於方岳之下而封禪也。」〔註96〕

《執競》。《詩經・周頌・執競》:「祀武王也。」〔註97〕

《思文》。《詩經・周頌・思文》:「后稷配天也。」〔註98〕

《臣工》。《詩經・周頌・臣工》:「諸侯助祭遣於廟也。」〔註99〕

《噫嘻》。《詩經・周頌・噫嘻》:「春夏祈穀於上帝也。」〔註100〕

《振鷺》。《詩經・周頌・噫嘻》:「二王之後來助祭也。」〔註101〕

《有瞽》。《詩經・周頌・有瞽》:「始作樂而合乎祖也。」鄭玄箋曰:「王者治定制禮,功成作樂。合者,大合諸樂而奏之。」〔註102〕

《潛》。《詩經・周頌・有瞽》:「季冬薦魚,春獻鮪也。」鄭玄箋曰:「冬魚之性定,春鮪新來,薦獻之者,謂於宗廟也。」〔註103〕

《雝》。《詩經・周頌・雍》:「禘大祖也。」鄭玄箋曰:「禘,大祭也。大於四時而小於祫。大祖,謂文王。」〔註 104〕《周禮・春官・大祝》「既

〔註94〕《毛詩正義》卷十九,北京:中華書局(阮元刻《十三經注疏》),1980 年,第 587 頁。

〔註95〕《毛詩正義》卷十九,北京:中華書局(阮元刻《十三經注疏》),1980 年,第 588 頁。

〔註96〕《毛詩正義》卷十九,北京:中華書局(阮元刻《十三經注疏》),1980 年,第 588 頁。

〔註97〕《毛詩正義》卷十九,北京:中華書局(阮元刻《十三經注疏》),1980 年,第 589 頁。

〔註98〕《毛詩正義》卷十九,北京:中華書局(阮元刻《十三經注疏》),1980 年,第 590 頁。

〔註99〕《毛詩正義》卷十九,北京:中華書局(阮元刻《十三經注疏》),1980 年,第 590 頁。

〔註100〕《毛詩正義》卷十九,北京:中華書局(阮元刻《十三經注疏》),1980 年,第 591 頁。

〔註101〕《毛詩正義》卷十九,北京:中華書局(阮元刻《十三經注疏》),1980 年,第 594 頁。

〔註102〕《毛詩正義》卷十九,北京:中華書局(阮元刻《十三經注疏》),1980 年,第 594 頁。

〔註103〕《毛詩正義》卷十九,北京:中華書局(阮元刻《十三經注疏》),1980 年,第 595 頁。

〔註104〕《毛詩正義》卷十九,北京:中華書局(阮元刻《十三經注疏》),1980 年,第 595 頁。

祭，令徹。」〔註105〕鄭玄注《周禮‧春官‧小師》「撤歌」云：「於有司徹而歌《雍》。」賈公彥疏曰：「是天子之祭，則徹器用徹詩，故云歌《雍》也。」〔註106〕

《載見》。《詩經‧周頌‧載見》：「諸侯始見乎武王廟也。」賈公彥疏曰：「《載見》詩者，諸侯始見武王廟之樂歌也。謂周公居攝七年，而歸政成王。成王即政，諸侯來朝，於是率之以祭武王之廟。」〔註107〕

《有客》。《詩經‧周頌‧有客》：「微子來見祖廟也。」鄭玄箋曰：「成王既黜殷命，殺武庚，命微子代殷後。既受命，來朝而見也。」〔註108〕

《載芟》。《詩經‧周頌‧載芟》：「春籍田而祈社稷也。」〔註109〕

《良耜》。《詩經‧周頌‧良耜》：「秋報社稷也。」〔註110〕

《絲衣》。《詩經‧周頌‧絲衣》：「繹賓尸也。」高子曰：『靈星之尸也。』」鄭玄箋曰：「繹，又祭也。天子諸侯曰繹，以祭之明日。卿大夫曰賓尸，與祭同日。周曰繹，商謂之肜。」〔註111〕

《酌》。《詩經‧周頌‧酌》：「告成《大武》也。言能酌先祖之道，以養天下也。」鄭玄箋曰：「周公居攝六年，制禮作樂，歸政成王，乃後祭於廟而奏之。其始成告之而已。」〔註112〕

《般》。《詩經‧周頌‧般》：「巡守而祀四嶽河海也。」〔註113〕

〔註105〕《周禮注疏》卷二五，北京：中華書局（阮元刻《十三經注疏》），1980年，第811頁。

〔註106〕《周禮注疏》卷二三，北京：中華書局（阮元刻《十三經注疏》），1980年，第797頁。

〔註107〕《毛詩正義》卷十九，北京：中華書局（阮元刻《十三經注疏》），1980年，第596頁。

〔註108〕《毛詩正義》卷十九，北京：中華書局（阮元刻《十三經注疏》），1980年，第597頁。

〔註109〕《毛詩正義》卷十九，北京：中華書局（阮元刻《十三經注疏》），1980年，第601頁。

〔註110〕《毛詩正義》卷十九，北京：中華書局（阮元刻《十三經注疏》），1980年，第602頁。

〔註111〕《毛詩正義》卷十九，北京：中華書局（阮元刻《十三經注疏》），1980年，第603頁。

〔註112〕《毛詩正義》卷十九，北京：中華書局（阮元刻《十三經注疏》），1980年，第604頁。

〔註113〕《毛詩正義》卷十九，北京：中華書局（阮元刻《十三經注疏》），1980年，第605頁。

2. 宴饗音樂之樂舞與樂曲

（1）樂舞曲目

宴饗樂舞主要包括四夷樂舞與散樂。具體有東夷之樂《侏離》、南夷之樂《兜》《南任》）、西夷之樂《禁》以及北夷之樂《昧》。《周禮‧春官‧鞮鞻氏》：

> 鞮鞻氏掌四夷之樂，與其聲歌。鄭玄注曰：「四夷之樂，東方曰《韎》，南方曰《任》，西方曰《株離》，北方曰《禁》。」〔註114〕

散樂是指施用於宮廷的民間樂舞。《周禮‧春官‧旄人》「掌教舞散樂、舞夷樂」鄭玄注曰：「散樂，野人之爲樂之善者，若今黃門倡矣，自有舞。」賈公彥疏曰：「以其不在官之員內，謂之『散』，故以爲野人爲樂善者也。」〔註115〕

（2）樂曲曲目

宴饗樂曲大多取自《詩經‧小雅》諸篇。具體包括《鹿鳴》、《四牡》、《皇皇者華》、《魚麗》、《南有嘉魚》、《南山有臺》等曲目。《儀禮‧燕禮》：「工歌《鹿鳴》、《四牡》、《皇皇者華》。……笙入，立於縣中。奏《南陔》、《白華》、《華黍》。……間歌《魚麗》，笙《由庚》；歌《南有嘉魚》，笙《崇丘》；歌《南山有臺》，笙《由儀》。」〔註116〕

此外，宴饗樂曲還包括《詩經‧國風》之「二南」諸篇，具體包括《關雎》、《鵲巢》、《葛覃》、《采蘩》、《卷耳》、《采蘋》等。《儀禮‧燕禮》：「遂歌鄉樂，《周南》：《關雎》、《葛覃》、《卷耳》；《召南》：《鵲巢》、《采蘩》、《采蘋》。」〔註117〕

值得注意的是，「二南」作爲《詩經‧國風》篇，被普遍用於宴饗場合，既是「鄉樂」所用曲目，也是「房中樂」所用曲目〔註118〕，其原因在於「二

〔註114〕《周禮注疏》卷二四，北京：中華書局（阮元刻《十三經注疏》），1980年，第802頁。

〔註115〕《周禮注疏》卷二四，北京：中華書局（阮元刻《十三經注疏》），1980年，第801頁。

〔註116〕《儀禮正義》卷十五，北京：中華書局（阮元刻《十三經注疏》），1980年，第1021頁。

〔註117〕《儀禮正義》卷十五，北京：中華書局（阮元刻《十三經注疏》），1980年，第1021頁。

〔註118〕《儀禮‧鄉飲酒禮》「乃合樂《周南》」鄭玄注曰：「《周南》、《召南》，《國風》篇也。王后、國君夫人房中之樂歌也。」《儀禮正義》卷九，第986頁。《詩‧周南》「風之始也，所以風化天下而正夫婦焉，故用之鄉人焉，用之邦國焉」鄭玄箋曰：「或謂之房中之樂者，后妃、夫人侍御於其君子，女史歌之，以節義序故耳。」《毛詩正義》卷一，第269頁。《禮儀‧燕禮》「有房中之樂」鄭玄注：「謂之房中者，后、夫人之所諷誦，以事其君子。」《儀禮正義》卷十五，第1025頁。

南」承載著極其重要的「風化」之職。〔註119〕鄭玄注《禮儀‧鄉射禮》「乃合樂」曰：

> 《周南》、《召南》之風，鄉樂也，不可略其正也。昔大王、王季、文王始居岐山之陽，躬行《召南》之教，以成王業，至三分天下，乃宣《周南》、《召南》之化，本其德之初，「刑于寡妻，至于兄弟，以御于家邦」，故謂之鄉樂。用之房中以及朝廷饗燕、鄉射、飲酒，此六篇其風化之原也。〔註120〕

其中，王后、夫人侍御君子的房中樂演奏「二南」，正是為了實現「風化天下而正夫婦」的教化目的。

3. 節禮音樂之樂曲

節禮音樂，即行禮時的節禮之樂。這類音樂在《周禮》中被稱爲「樂儀」。《周禮‧春官‧樂師》「教樂儀，行以《肆夏》，趨以《采薺》，車亦如之，環拜以鐘鼓爲節。」〔註121〕儘管鄭玄認爲是「教王以樂出入於大寢朝廷之儀」〔註122〕，其實諸侯、卿大夫、士等所有禮儀參與者之儀都要受到此類音樂的「節制」。

周代宮廷音樂中，此類音樂主要是指《王夏》、《肆夏》、《昭夏》、《納夏》、《章夏》、《齊夏》、《族夏》、《誡夏》、《驁夏》、《陔夏》、《騶虞》、《狸首》。此類音樂的具體應用，文獻部分記載如下：

《王夏》	王出入則令奏《王夏》	《周禮‧春官‧大司樂》
《齊夏》	後出入則令奏《齊夏》	《周禮‧春官‧鍾師》
《肆夏》	尸出入則令奏《肆夏》	《周禮‧春官‧大司樂》
	若以樂納賓，則賓及庭，奏《肆夏》	《儀禮‧燕禮》、《儀禮‧大射禮》
	公拜受爵而奏《肆夏》	《禮記‧文王世子》
《昭夏》	牲出入則令奏《昭夏》	《周禮‧春官‧大司樂》

〔註119〕關於《二南》的風化政教之功，彭林《說鄉樂、房中之樂與無算樂：評〈周代鄉樂考論〉》一文有詳細討論，載《中國文化研究》2007年秋之卷，第201頁。

〔註120〕《儀禮正義》卷十一，北京：中華書局（阮元刻《十三經注疏》），1980年，第996頁。

〔註121〕《周禮注疏》卷二三，北京：中華書局（阮元刻《十三經注疏》），1980年，第793頁。

〔註122〕《周禮注疏》卷二三，北京：中華書局（阮元刻《十三經注疏》），1980年，第793頁。

《陔夏》	賓出，奏《陔》	《儀禮‧鄉飲酒禮》、《儀禮‧鄉射禮》《儀禮‧燕禮》、《儀禮‧大射禮》
《騶虞》	王以《騶虞》九節	《儀禮‧射人》
《貍首》	諸侯以《貍首》七節	《儀禮‧射人》
《驁夏》	公入，《驁》	《儀禮‧大射禮》

需要強調的是，周代宮廷音樂中，以「祴樂」爲代表的節禮用樂集中體現了周代宮廷音樂與儀式的關係。後文詳述之。

二、周代宮廷用樂儀式的種類

宮廷音樂隨儀式活動而發生，依附於一定禮儀場合，以滿足儀式的需要爲其存在的前提。儀式不僅爲宮廷音樂活動提供場合、制定規範，儀式所具有的特定功能，更是賦予了宮廷音樂活動以社會功能性。討論音樂與儀式的互動之前，有必要大致梳理周代宮廷用樂儀式的有關情況。周代宮廷用樂儀式種類十分豐富。按儀式功能，可分爲溝通人神之祭祀用樂儀式與人際交流之非祭祀用樂儀式兩大類。

（一）祭祀用樂儀式種類敘例

在周代國家事務中，隆重且繁多的祭祀活動佔有非常重要的地位，《禮記‧祭統》云：「凡治人之道，莫急於禮。禮有五經，莫重於祭。」〔註123〕《左傳‧成公十三年》云：「國之大事，在祀與戎。」〔註124〕據《周禮》、《禮記》、《儀禮》及《五禮通考》記載，周代宮廷祭祀儀式共 19 種，祀天、雩祭、享明堂、祭五帝、祭日月、祠靈星、風師雨師諸星、祭地（后土）、祭社稷、祭山川、五祀、禋六宗、高禖、臘祭、儺、廟祭、釋奠（祀先聖）、籍田享先農、親桑享先蠶。其中，用樂儀式 14 種，依次是祀天、雩祭、享明堂、祭五帝、祭日月、靈星、風師雨師諸星、祭地（后土）、祭社稷、祭山川、臘祭、儺、天子宗廟、釋奠（祀先聖）。據祭祀對象，上述祭禮可依次歸入天神、地祇、人鬼三大系統，下文分此三大類逐次對周代祭祀用樂儀式進行考察。

〔註123〕《禮記正義》卷四九，北京：中華書局（阮元刻《十三經注疏》），1980 年，第 1602 頁。

〔註124〕《春秋左傳注疏》卷二七，北京：中華書局（阮元刻《十三經注疏》），1980年，第 1911 年。

1. 對天神系統神祇的祭祀

（1）郊天之祭

在西周，天是人們崇拜的至上神，文獻中又稱其為上帝。由於天具有至上神的特徵，所以在天的神性中，表現出對社會和自然的巨大制約力，正因如此，祭天被周朝最高統治者作為其專門的祭祀活動。《禮記・曲禮》曰：「天子祭天。」〔註125〕天子通過壟斷祭天的專屬權力，表明政權存在的合法性，並藉此彰顯其威儀。因而，祭天在周王朝祭祀活動中佔據突出地位，祭祀規格與等級最高，為「大祀」。《周禮・春官・肆師》「立大祀，用玉帛牲牷；立次祀，用牲幣；立小祀，用牲」鄭玄注：「大祀，天地。次祀，日月。小祀，司命。」〔註126〕

周天子對天的正祭儀式每年舉行兩次。一次是冬至日於南郊圜丘舉行的祭天儀式，《周禮・春官・大司樂》云：「冬日至，於地上之圜丘奏之，若樂六變，則天神皆降，可得而禮矣。」〔註127〕《孝經說》曰：「祭天南郊，就陽位。」〔註128〕還有一次是春季正月舉行的以祈穀為目的的祭天活動。《禮記・月令》「天子，乃以元日，祈穀於上帝」鄭玄注：「謂以上辛郊祭天地也。」〔註129〕除正祭之外，還有一些與重大政治活動相關聯的告祭形式。諸如巡狩告祭、出師告祭、建都告祭、國家為除災患告祭等。由於告祭多出於臨時的事件而舉行，故禮儀的詳略程度及規模皆不如天子的正祭。

周代祭天禮已形成一套嚴格的規範化程序。清人秦蕙田據《禮記》、《周禮》文獻記載對周天子的郊祀禮儀進行考證，指出從準備階段至最終完成，儀式包括卜日、警戒擇士、齋戒、戒具陳設、省牲、呼旦警戒、除道警蹕、祭日陳設省牲、聽祭報、出郊、燔柴、作樂降神、迎尸、迎牲殺牲、薦血腥、祝號、享牲、薦熟、薦黍稷、嘏、送尸、徹、告事畢等二十多個儀節。周代

〔註125〕《禮記正義》卷五，北京：中華書局（阮元刻《十三經注疏》），1980年，第1268頁。

〔註126〕《周禮注疏》卷十九，北京：中華書局（阮元刻《十三經注疏》），1980年，第768頁。

〔註127〕《周禮注疏》卷二二，北京：中華書局（阮元刻《十三經注疏》），1980年，第789頁。

〔註128〕《周禮・春官・大司樂》注引《孝經說》，《周禮注疏》卷二二，北京：中華書局（阮元刻《十三經注疏》），1980年，第790頁。

〔註129〕《禮記正義》卷十四，北京：中華書局（阮元刻《十三經注疏》），1980年，第1356頁。

的郊祀禮儀從許多方面彰顯出其超越其他祭祀禮儀的至上性，如祭服、車輿、旗、器、音樂、用牲等，從而表徵周天子奉天承運的政權合法性及其至高無上的權威。正如《禮記‧禮運》所云：「故祭帝於郊，所以定天位也。」孔穎達疏曰：「天子至尊，而猶祭於郊，以行臣禮而事天也，欲使嚴上之禮達於下。天高在上，故云定天位也。」〔註130〕《禮記‧禮器》云：「祀帝於郊，敬之至也。」〔註131〕

（2）雩祭

雩祭是古代社會為祈雨而舉行的祭祀。《禮記‧祭法》云「雩宗，祭水旱也。」〔註132〕因祭祀時有舞、樂，故又稱「舞雩」。《周禮‧春官‧司巫》：「司巫，掌群巫之政令。若國大旱，則帥巫而舞雩。」〔註133〕

在西周，都城南郊設有專用雩壇，稱「雩禜」。雩祭有兩種：「常雩」與「因旱而雩」。「常雩」又稱「正雩」，是天子所行之祀，在孟夏四月舉行。每年孟夏四月，無論是否乾旱都要例行祭儀。「因旱而雩」則無定時，遇旱則行，且一般多在五月至七月。二者的祭儀區別，主要體現在音樂的使用方面。《禮記‧月令》：「是月也（仲夏之月），命樂師修鞉鞞鼓，均琴瑟管簫，執干戚戈羽，調竽笙簹簧，飭鍾磬柷敔，命有司為民祈祀山川百源，大雩帝，用盛樂，乃命百縣雩祀百辟卿士有益於民者，以祈穀實。」鄭玄注曰：「自鞉鞞至柷敔皆作，曰盛樂。凡他雩，用歌舞而已。」〔註134〕其中「大雩帝」即「常雩」，「他雩」則指「因旱而雩」。前者使用「盛樂」，而後者只有歌舞表演。所謂「盛樂」是指各種樂器合奏，如鞉鞞鼓、琴瑟管簫、竽笙簹簧、鍾磬柷敔以及干戚戈羽之舞。「因旱而雩」的歌舞表演，則以「舞、號」為特徵。《爾雅‧釋訓》：「舞號，雩也。」孫炎云：「雩之祭，有舞有號。」〔註135〕《周禮‧地

〔註130〕《禮記正義》卷二二，北京：中華書局（阮元刻《十三經注疏》），1980年，第1425頁。

〔註131〕《禮記正義》卷二四，北京：中華書局（阮元刻《十三經注疏》），1980年，第1442頁。

〔註132〕《禮記正義》卷四六，北京：中華書局（阮元刻《十三經注疏》），1980年，第1588頁。

〔註133〕《周禮注疏》卷二六，北京：中華書局（阮元刻《十三經注疏》），1980年，第816頁。

〔註134〕《禮記正義》卷十六，北京：中華書局（阮元刻《十三經注疏》），1980年，第1369頁。

〔註135〕《爾雅注疏》卷四，北京：中華書局（阮元刻《十三經注疏》），1980年，第2591頁。

官・舞師》職曰：「教皇舞，帥而舞旱暵之事。」〔註136〕《周禮・春官・司巫》職曰：「若國大旱，則帥巫而舞雩。」〔註137〕

（3）祭五帝

在西周，大宰、大司徒、小宗伯、大司寇等都有「祀五帝」之職，但「五帝」具體所指，《周禮》並未明言。鄭玄注《周禮・春官・小宗伯》「兆五帝於四郊」中，「五帝」指五色帝，祭祀時以五方帝配食。「兆爲壇之營域。五帝：蒼曰靈威仰，太昊食焉；赤曰赤熛怒，炎帝食焉；黃曰含樞紐，黃帝食焉；白曰白招拒，少昊食焉：黑曰汁光紀，顓頊食焉。」〔註138〕

祭五帝之禮，與祀天之禮大略一致，但也有諸多差異，如祭祀場所、祭祀時間、祭祀所用牲幣之色等。《五禮通考》卷三一載曰：「祀五帝，禮物、樂章大略當與郊祀同，而亦有不同者。如小宗伯兆五帝於四郊，乃祀五帝之位。月令四立之祭，乃祀五帝之時。大宗伯以青圭禮東方、以赤璋禮南方之類，乃禮五帝之玉，大宗伯牲幣各放其器之色，大司徒奉牛牲之類，皆祀五帝之禮。大司樂乃奏黃鍾，歌大呂，舞雲門，以祀天神。鄭注云神謂五帝及日月星辰則祀五帝之樂也。……祭五天帝以五人神配食。」〔註139〕

（4）祭日月

在西周，日、月作爲重要神祇，在國家祭祀中佔有重要地位。《國語・周語上》：「古者，先王既有天下，又崇立於上帝、明神而敬事之，於是乎有朝日、夕月以教民事君。」〔註140〕其中，祭日成爲周天子的專屬祭祀活動。並且，日月祭祀逐漸與天子的政治統治密切結合起來。「王者朝日，故雖爲天子，必有尊也。貴爲諸侯，必有長也。故天子朝日，諸侯朝朔。」〔註141〕「是故天子大采朝日，與三公、九卿祖識地德，日中考政，與百官之政事，師尹惟

〔註136〕《周禮注疏》卷十二，北京：中華書局（阮元刻《十三經注疏》），1980年，第721頁。

〔註137〕《周禮注疏》卷二六，北京：中華書局（阮元刻《十三經注疏》），1980年，第816頁。

〔註138〕《周禮注疏》卷十九，北京：中華書局（阮元刻《十三經注疏》），1980年，第766頁。

〔註139〕（清）秦蕙田撰：《五禮通考》卷三一，《文津閣四庫全書》130冊，第727頁。

〔註140〕（戰國）左丘明撰：《國語》卷一《周語》，上海：上海古籍出版社，1978年，第37頁。

〔註141〕《左傳・莊公十八年》，《春秋穀梁傳注疏》卷五，北京：中華書局（阮元刻《十三經注疏》），1980年，第2384頁。

旅、牧、相宣序民事；少采夕月，與大史、師載糾虔天刑；日入監九御，使潔奉禘、郊之粢盛，而後即安。」〔註142〕

西周的日月祭祀，大致可分爲正祭、配祭與因事而祭三種方式。所謂正祭，即常祭，定期舉行的祭祀。《大戴禮・保傅篇》：「三代之禮，天子春朝朝日，秋暮夕月，……所以明有別也。」〔註143〕由於日月的正祭與天子施政密切相關，因而在祭祀禮儀上有嚴格規定。《禮記・祭義》：「祭日於壇，祭月於坎，以別幽明，以制上下。祭日於東，祭月於西，以別外內，以端其位。」〔註144〕《禮記・祭法》：「王宮，祭日也；夜明，祭月也。」鄭玄注曰：「王宮，日壇，王君也。日稱君宮。壇，營域也。夜明，亦謂月壇也。」〔註145〕天子的日月之祭存在壇、坎之分，表明相關祭祀也存在一定區別。壇、坎的設置以及日月祭祀的不同時間，則進一步表明周天子的日月正祭有明確、規範的一套禮儀。

配祭是指周天子在舉行圜丘祀天時，將日、月視爲從屬神進行配祭。《逸周書・作雒篇》曰：「（周公）即將致政，作大邑成周於土中。……乃設丘兆於南郊以祀上帝，配以后稷，日月星辰，先王皆與食。」〔註146〕在配祭中，日月只是郊天祭祀的組成部分，因事而祭是指臨時舉行的日月祭祀活動。諸如天子舉行覲禮時〔註147〕，國家遭遇自然災害時〔註148〕等。這種因事而祭有明確的目的性，即試圖通過獻祭求得日、月神靈對人類社會活動的保祐。

〔註142〕（戰國）左丘明撰：《國語》卷五《魯語下》，上海：上海古籍出版社，1978年，第205頁。

〔註143〕（漢）戴德撰：《大戴禮記》卷三，上海：商務印書館，1937年，第30頁。

〔註144〕《禮記正義》卷四七，北京：中華書局（阮元刻《十三經注疏》），1980年，第1595頁。

〔註145〕《禮記正義》卷四，北京：中華書局（阮元刻《十三經注疏》），1980年，第1588頁。

〔註146〕（晉）皇甫謐撰，（清）宋翔鳳等輯：《逸周書》卷五《商誓解》，瀋陽：遼寧出版社，1997年，第40～41頁。

〔註147〕《儀禮注疏》卷二七《覲禮》：「天子乘龍，載大旂，象日月，升龍降龍，出拜日於東門外。反祀方明，禮日於南門外，禮月與四瀆於北門外。」北京：中華書局（阮元刻《十三經注疏》），1980年，第1093頁。

〔註148〕《左傳・昭公元年》：「日、月、星辰之神，則雪霜風雨之不時，於是乎榮之。」《春秋左傳注疏》卷四一，北京：中華書局（阮元刻《十三經注疏》），1980年，第2024頁。

（5）祭靈星

靈星，又稱農星，司農業之神，在西周星辰祭祀中占重要地位。按西周制度，仲秋之月，祭靈星於國之東南。《通典》卷四四載曰：「周制，仲秋之月，祭靈星於國之東南。」注：「東南祭之，就歲星之位也。歲星為星之始，最尊，故就其位。王者所以復祭靈星者，為人祈時，以種五穀，故別報其功也。」〔註149〕

祭祀之時，周王親祭，有「立尸」之儀。「靈星之尸，言祭靈星之時，以人為尸。」〔註150〕「靈星為立尸，故云絲衣。其紆載弁俅俅，言王者祭靈星，公尸所服也。」〔註151〕

（6）祭風師雨師諸星

在周代，天神系統中的星辰祭祀，作為國家祭祀規定中的內容，佔有重要地位。《禮記・祭法》云：「幽宗，祭星也。」〔註152〕據文獻記載，被納入國家祀典的特殊星神主要有司中、司命、箕星、畢星、司民、司祿、靈星、馬祖等。《周禮・春官・大宗伯》「以槱燎祀司中、司命、風師、雨師」鄭玄注：「風師，箕也。雨師，畢也。……司中、司命，文昌第五第四星。」〔註153〕《周禮・秋官・小司寇》「孟冬祀司民，獻民數於王，王拜受之」鄭玄注云：「司民，星名，謂軒轅角也。」〔註154〕《周禮・春官・天府》「若祭天之司民、司祿，而獻民數穀數，則受而藏之。」〔註155〕《詩・小雅・吉日》「吉日維戊，既伯既禱」鄭玄注曰：「伯，馬祖也。」孔穎達疏曰：「鄭云：『馬祖，天駟。』釋天云：『天駟，房也。』孫炎曰：『龍為天馬，故房

〔註149〕（唐）杜佑撰：《通典》卷四四，北京：中華書局，1988年，第1240頁。

〔註150〕孔穎達疏《詩・周頌・絲衣》序「絲衣，繹賓尸也。高子曰：『靈星之尸也。』」《毛詩注疏》卷十九，北京：中華書局（阮元刻《十三經注疏》），1980年，第603頁。

〔註151〕（清）秦蕙田撰：《五禮通考》卷三五引《五經通義》，《文津閣四庫全書》131冊，第42頁。

〔註152〕《禮記正義》卷四六，北京：中華書局（阮元刻《十三經注疏》），1980年，第1588頁。

〔註153〕《周禮注疏》卷十八，北京：中華書局（阮元刻《十三經注疏》），1980年，第757頁。

〔註154〕《周禮注疏》卷三五，北京：中華書局（阮元刻《十三經注疏》），1980年，第874頁。

〔註155〕《周禮注疏》卷二十，北京：中華書局（阮元刻《十三經注疏》），1980年，第776頁。

四星謂之天駟。』」〔註156〕

以上星辰祭祀採用的是分祭形式，除這種分祭特殊星神的形式之外，有周時期還有合祭眾星的祭祀方式。《爾雅・釋天》云：「祭星曰布。」郭璞注曰：「布，散祭於地。」〔註157〕

2.祭地祇系統神祇的祭祀

（1）祭地

在西周，地與天都是天子專享的祭祀對象。《禮記・曲禮》曰：「天子祭天地。」孔穎達疏曰：「天地有覆載大功，天子主有四海，故得總祭天地以報其功。」〔註158〕與祭天禮相同，祭地禮的規格與等級也屬於「大祀」。鄭玄注《周禮・春官・肆師》「立大祀」云：「大祀，天地。」〔註159〕周天子對地的正祭儀式每年舉行一次，即夏至日在北郊澤中方丘壇舉行。

祭地儀節的程序與圜丘祀天禮基本一致，以示「均其尊也」。除處理玉幣犧牲的方式及降神樂舞的使用有所區別之外，從卜日、誓戒、陳設、省視至迎尸、迎牲殺牲到薦獻乃至送尸、徹、告事畢等儀節的終始之序，皆與圜丘祀天禮相同。在玉幣犧牲的處理方面，方澤祭地採用瘞埋而非燔燎；在降神樂舞的使用方面，方丘祭地為「奏太簇，歌應鍾，舞《咸池》」。除正祭外，祭地禮還有后土告祭的形式。《周禮・春官・大宗伯》：「王大封，則先告后土。」〔註160〕

（2）祭社稷

社是土地神，稷是五穀神。在周代，社與稷通常連用，稱社稷。周代祭社神時，以稷神配祭。《周禮・春官・大宗伯》：「以血祭祭社稷、五祀、五嶽。」鄭玄注：「社、稷，土、穀之神。」〔註161〕

〔註156〕《毛詩注疏》卷十，北京：中華書局（阮元刻《十三經注疏》），1980年，第429頁。

〔註157〕《爾雅注疏》卷六，北京：中華書局（阮元刻《十三經注疏》），1980年，第2609頁。

〔註158〕《禮記正義》卷五，北京：中華書局（阮元刻《十三經注疏》），1980年，第1268頁。

〔註159〕《周禮注疏》卷十九，北京：中華書局（阮元刻《十三經注疏》），1980年，第768頁。

〔註160〕《周禮注疏》卷十八，北京：中華書局（阮元刻《十三經注疏》），1980年，第764頁。

〔註161〕《周禮注疏》卷十八，北京：中華書局（阮元刻《十三經注疏》），1980年，第758頁。

關於社稷的設置，體現的是周代的等級制。在格局方面，無論是天子還是諸侯，都需遵守「左祖右社」的設置方式。《周禮·春官·小宗伯》：「掌建國之神位，右社稷，左宗廟。」〔註162〕在社稷壇的大小方面，諸侯必須小於天子。蔡邕《獨斷》：「天子社稷，土壇廣五丈，諸侯半之。」〔註163〕另外，諸侯社稷壇土需以天子社稷壇土作為建壇之基，以此表現諸侯對天子的臣屬關係。《逸周書·作雒篇》：「將建諸侯，鑿取其方一面之土，苞以黃土，苴以白茅，以為土封，故曰授列土於周室。」〔註164〕除天子與諸侯外，大夫、士及庶人都可置社，《禮記·祭法》：「大夫以下成群立社曰置社。」鄭玄注：「大夫以下，謂下至庶人也。大夫不得特立社與民族居，百家以上則共立一社，今時里社是也。」〔註165〕

關於社稷祭祀的形式，主要有七種。其一，定期舉行的祈祭，多於春分時節舉行。《詩·周頌·載芟序》：「春籍田而祈社稷也。」〔註166〕天子、諸侯通過向社稷神靈的祈祭，求助神靈保祐一年的生產、社會活動。《白虎通·社稷篇》：「王者所以有社稷何？為天下求福報功。」〔註167〕其二，定期舉行的報祭，《詩·周頌·良耜序》：「秋報社稷也。」〔註168〕報祭與祈祭相同，都是與農業生產相聯繫的祭祀活動；與祈祭不同的是，報祭主要以感恩的方式表達對社稷神靈所帶來的收穫的報答。其三，宜祭，主要在軍事行動前舉行。《周禮·春官·大祝》：「大師宜於社，造於祖。」〔註169〕《爾雅·釋天》：「起大師，動大眾，必先有事乎社而後出，謂之宜。」〔註170〕其四，祓祭，是轉為除惡而舉行的祭祀。《左傳·定公四年》：「且夫祝，社稷之常隸也。社稷不動，

〔註162〕《周禮注疏》卷十九，北京：中華書局（阮元刻《十三經注疏》），1980年，第766頁。

〔註163〕（漢）蔡邕《獨斷》，上海：上海古籍出版社，1990年，第7頁。

〔註164〕（晉）皇甫謐撰，（清）宋翔鳳等輯：《逸周書》卷五，瀋陽：遼寧出版社，1997年，第41頁。

〔註165〕《禮記正義》卷四六，北京：中華書局（阮元刻《十三經注疏》），1980年，第1589頁。

〔註166〕《毛詩正義》卷十九，北京：中華書局（阮元刻《十三經注疏》），1980年，第601頁。

〔註167〕（清）陳立撰：《白虎通疏證》卷三，北京：中華書局，1994年，第103頁。

〔註168〕《毛詩正義》卷十九，北京：中華書局（阮元刻《十三經注疏》），1980年，第602頁。

〔註169〕《周禮注疏》卷二五，北京：中華書局（阮元刻《十三經注疏》），1980年，第811頁。

〔註170〕《爾雅注疏》卷六，北京：中華書局（阮元刻《十三經注疏》），1980年，第2610頁。

祝不出竟，官之制也。君以軍行，被社釁鼓，祝奉以從。」〔註171〕《說文》：
「被，除惡祭也。」〔註172〕其五，禜祭，以禳除水旱之災爲目的的祭祀。《左傳・昭公十八年》：「大爲社，被禳於四方，振除火災。」〔註173〕清人金鶚《求古錄禮說》卷六《禜祭》曰：「禜祭亦及社稷。《大祝》職曰：『國有大故天災，彌祀社稷禱祠。』」〔註174〕其六，營祭，爲救日而舉行的祭祀活動。《左傳・莊公二十五年》：「六月，辛未，朔，日有食之，鼓用牲於社。」〔註175〕

　　總而言之，在西周，社稷主要被視爲地方守護神。因而，凡與國土、地域相關的社會活動，諸如分封、建國、都邑落成、喪失國土、諸侯國受封立社等，都要舉行稟告社稷神靈的祭祀活動。此外，周人認爲社稷神靈能夠保護國家政治、軍事等方面的活動，故周天子即位時，有時會在社前舉行典禮。如《逸周書・克殷解》：「王入，即位於社，大卒之左，群臣畢從。毛叔鄭奉明水，衛叔傳禮……。」〔註176〕周天子巡狩時，將出「宜乎社」，諸侯朝天子也要「宜乎社」，命祝史，「告於社稷，宗廟山川」。再有，周人還認爲社稷神靈能夠驅除人間自然災害，因而面臨水災、火災的威脅乃至日食現象時，一定會舉行祭社的活動。周人也以爲社稷神靈能夠保祐農業生產，故春秋時節，會舉行社稷祭祀，向社稷神靈祈求保祐與報答祐護的願望。

（3）祭山川

　　所謂「四望」，特指山川中的五嶽、四鎮、四瀆。「四望」的祭祀等級位於「社稷」之下，「山川」之上。鄭玄注《周禮・春官・大司樂》「以祀四望」曰：「四望，五嶽、四鎮、四瀆。」孔穎達疏曰：「云『四望，五嶽、四鎮、四瀆』者，以《大宗伯》五嶽在社稷下，山川上。」〔註177〕

〔註171〕《春秋左傳正義》卷五四，北京：中華書局（阮元刻《十三經注疏》），1980年，第 2134 頁。

〔註172〕（漢）許慎撰，段玉裁注：《說文解字注》第一篇上，鄭州：中州古籍出版社，2006 年，第 6 頁。

〔註173〕《春秋左傳正義》卷四八，北京：中華書局（阮元刻《十三經注疏》），1980年，第 2086 頁。

〔註174〕（清）金鶚《求古錄禮說》卷六，濟南：山東友誼書社，1992 年，第 387 頁。

〔註175〕《春秋左傳正義》卷十，北京：中華書局（阮元刻《十三經注疏》），1980 年，第 1780 頁。

〔註176〕（晉）皇甫謐撰，（清）宋翔鳳等輯：《逸周書》卷四，瀋陽：遼寧出版社，1997 年，第 27 頁。

〔註177〕《周禮注疏》卷二二，北京：中華書局（阮元刻《十三經注疏》），1980 年，第 789 頁。

在周代，隨著山、川神性的社會化增強，其作為地域保護神的特徵逐漸增強。在此基礎上，山川祭祀的控制權逐漸成為鞏固等級分封制的手段。這種變化主要體現在：山川祭祀被賦予領土所有權的象徵意義，並與等級制緊密聯繫。「天子祭天下名山大川，五嶽視三公，四瀆視諸侯。諸侯祭名山大川之在其地者。」〔註178〕「天子有方望之事，無所不通。諸侯山川有不在其封內者，則不祭也。」〔註179〕山川祭祀的規定與周代的等級制度具有一致性。「溥天之下莫非王土」，周天子理應享有祭天下所有山川的權力，而受封諸侯只能將封國境內的山川作為祭祀對象。

與周代政治統治密切關聯的山川祭祀，有一套規範的祭祀禮儀，祭祀形式也較為多樣。主要祭祀方式有望祀、祈祀、告祭等。其中，望祀作為一種象徵性的祭祀方式，祭祀者不需親臨山川舉行祭禮。《史記・五帝本紀》張守節《正義》曰：「望者，遙望而祭山川也。」有周時期除專門的山川望祭之外，在舉行重要的祭祀與重大的政治活動時，也常有望祀之事。如郊祀之後〔註180〕、天子巡狩時〔註181〕、軍事活動前〔註182〕等等。其目的是為了祈求山川神祇的保祐。祈祀則主要是指通過對山川的祭祀，乞求神靈消除疾病、災害。〔註183〕告祭是指國家有重大政治活動，為此稟告山川之神而舉行的祭祀活動。如諸侯朝見天子時〔註184〕、諸侯間舉行會盟時〔註185〕、出

〔註178〕《禮記正義》卷十二《王制》，北京：中華書局（阮元刻《十三經注疏》），1980年，第1336頁。

〔註179〕《春秋公羊傳注疏》卷十二，北京：中華書局（阮元刻《十三經注疏》），1980年，第2263頁。

〔註180〕《左傳・僖公三十一年》：「夏四月，四卜郊不從，乃免牲，非禮也，猶三望。」《春秋左傳正義》卷十七，北京：中華書局（阮元刻《十三經注疏》），1980年，第1831頁。

〔註181〕《詩・周頌・時邁序》：「時邁，巡狩告祭柴望也。」《毛詩正義》卷十九，北京：中華書局（阮元刻《十三經注疏》），1980年，第588頁。

〔註182〕《周禮・春官・小宗伯》「有司將事於四望。」《周禮注疏》卷十九，北京：中華書局（阮元刻《十三經注疏》），1980年，第767頁。

〔註183〕《左傳・僖公十九年》：「於是衛大旱，卜有事於山川，不吉。」《春秋左傳正義》卷十四，北京：中華書局（阮元刻《十三經注疏》），1980年，第1810頁。《左傳・昭公元年》：「山川之神，則水旱疾疫之災，於是乎禜之。」《春秋左傳正義》卷四一，北京：中華書局（阮元刻《十三經注疏》），1980年，第2024頁。

〔註184〕《禮記・曾子問》：「諸侯適天子……命祝史告於社稷、宗廟、山川。……凡告用牲幣，反亦如之。」《禮記正義》卷十八，北京：中華書局（阮元刻《十三經注疏》），1980年，第1389頁。

師之前〔註186〕、克敵之後〔註187〕等。告祭不同於望祀，多採用直接臨山、川舉行祭祀儀式。

（4）蠟祭

蠟祭是指與農事有關的動、植物的祭祀活動的統稱。在重視農業生產的周代社會，與農耕密切相關的蠟祭被納入到國家祀典之中。《禮記‧郊特牲》云：「天子大蠟八，伊耆氏始為蠟。蠟也者，索也。歲十二月，合聚萬物而索饗之也。蠟之祭也，主先嗇而祭司嗇也。祭百種以報嗇也。享農，及郵表畷、禽獸，仁之至，義之盡也。古之君子，使之必報之。迎貓，謂其食田鼠也。迎虎，謂其食田豕也。迎而祭之也。祭坊與水庸，事也。」〔註188〕

儘管祭禮規定「八蠟」為天子專享，但舉行蠟祭時，參加的社會階層是廣泛的。《禮記‧雜記》曰：「子貢觀於蠟。孔子曰：賜也，樂乎！對曰：一國之人皆若狂。賜未知其樂也。子曰：『百日之蠟，一日之澤，非爾所知也。』」〔註189〕據此可知，天子舉行蠟祭時，貴族乃至廣大庶人都可以參加。因此，這種蠟祭可謂是全民性的祭祀活動。

3. 對人鬼系統神祇的祭祀

（1）宗廟祭祖

在周代，宗廟祭祖與祭天地同為祭祀等級中的「大祀」。《周禮‧春官‧肆師》「立大祀」鄭司農云「大祀，天地」，鄭玄補注云「大祀又有宗廟」。〔註190〕作為最高等級的祭祀活動之一，宗廟祭祖在國家政治活動中佔據重要地位，

〔註185〕《禮記‧曾子問》：「諸侯相見，……命祝史告於五廟，所過山川，亦命國家五官，道而出，反必親告於祖禰。乃命祝史，告至於前所告者。」《禮記正義》卷十八，北京：中華書局（阮元刻《十三經注疏》），1980年，第1389～1390頁。

〔註186〕《左傳‧昭公十七年》：「九月丁卯，晉荀吳帥師，涉自棘津，使祭史先用牲於洛。」《春秋左傳正義》卷四八，北京：中華書局（阮元刻《十三經注疏》），1980年，第2084頁。

〔註187〕《左傳‧宣公十二年》載楚莊王敗晉師於邲，「祀於河」，「告成事而還」。《春秋左傳正義》卷二三，北京：中華書局（阮元刻《十三經注疏》），1980年，第1883頁。

〔註188〕《禮記正義》卷二六，北京：中華書局（阮元刻《十三經注疏》），1980年，第1453頁。

〔註189〕《禮記正義》卷四三，北京：中華書局（阮元刻《十三經注疏》），1980年，第1567頁。

〔註190〕《周禮注疏》卷十九，北京：中華書局（阮元刻《十三經注疏》），1980年，第768頁。

從廟數制到宗廟祭儀的規格，都嚴格遵循與體現著等級制度。《禮記・禮器》曰：「禮有以多爲貴者，天子七廟，諸侯五，大夫三，士一。」〔註191〕周天子作爲最高統治者，其「貴爲天子」的獨尊地位不僅體現在宗廟的數量上，祭禮的次數、追祭先祖的遠近、祭祀用「尸」的政治地位以及一系列具體儀節的規範方面都能有所反映。〔註192〕

　　周天子的祭祖禮在王宮左邊的宗廟內舉行。《周禮・春官・小宗伯》：「掌建國之神位，右社稷，左宗廟。」〔註193〕有周時期的宗廟祭禮分定期祭祀與告廟兩大類。關於定期祭祀，主要是指四時祭與祫祭。四時祭是指每年四時定期舉行的宗廟祭祖禮。《爾雅・釋天》：「春祭日祠，夏祭日礿，秋祭日嘗，冬祭日蒸。」〔註194〕四時祭，上至天子，下至士都可舉行，其祭儀區別在於，「天子礿礿，祫禘，祫嘗，祫烝。諸侯礿則不禘，禘則不嘗，嘗則不烝，烝則不礿。諸侯礿礿，禘一，礿一祫，嘗祫，烝祫。」〔註195〕意思是說，天子與諸侯的四時祭，區別在於天子祫祭的次數多於諸侯。相應地，天子的時祭禮儀也要高於諸侯以及大夫與士。《公羊傳・桓公八年》何休注曰：「天子四祭四薦，諸侯三祭三薦，大夫、士再祭再薦。」〔註196〕祫祭是指宗廟祭祀中的大祭。《公羊傳・文公二年》：「大事者何？大祫也。大祫者何？合祭也。其祫祭奈何？毀廟之主，陳於太祖，未毀廟之主，皆升祫食於太祖。」〔註197〕周朝對舉行宗廟祫祭禮儀的許可權有嚴格限制。《禮記・大傳》曰：「禮，不王不禘，王者禘其祖之所自出，以其祖配之。諸侯及其大祖，大夫士有大事，省於其君，干祫其高祖。」〔註198〕顯然，僅周天子和諸侯國君才能正式舉行

〔註191〕《禮記正義》卷二三，北京：中華書局（阮元刻《十三經注疏》），1980年，第1431頁。

〔註192〕參見張鶴泉著：《周代祭祀研究》，臺北：文津出版社，1993年，第133～165頁。

〔註193〕《周禮注疏》卷十九，北京：中華書局（阮元刻《十三經注疏》），1980年，第766頁。

〔註194〕《爾雅注疏》卷六，北京：中華書局（阮元刻《十三經注疏》），1980年，第2609頁。

〔註195〕《禮記正義》卷十二《王制》，北京：中華書局（阮元刻《十三經注疏》），1980年，第1336頁。

〔註196〕《春秋公羊傳注疏》卷五，北京：中華書局（阮元刻《十三經注疏》），1980年，第2218頁。

〔註197〕《春秋公羊傳注疏》卷十三，北京：中華書局（阮元刻《十三經注疏》），1980年，第2267頁。

〔註198〕《禮記正義》卷三四，北京：中華書局（阮元刻《十三經注疏》），1980年，第1506頁。

宗廟祫祭禮。天子與諸侯舉行祫祭的時間，也有明確規定。《周禮・春官・司尊彝》：「凡四時之間祀，追享、朝享，祼用虎彝、蜼彝，皆有舟，其朝踐用兩大尊。」鄭玄注引鄭司農：「追享、朝享，謂禘祫也。在四時之間，故日間祀。」〔註199〕《禮記・王制》鄭玄注：「三年一祫，五年一禘。」〔註200〕天子、國君的祫祭禮儀也極為隆重。《禮記・曾子問》：「祫祭於祖，則祝迎四廟之主，主出廟入廟，必蹕。」〔註201〕祫祭時的祭品十分豐盛，故而又被稱為「大饗之禮」〔註202〕。

關於告廟，是指對宗廟的臨時祭祀。有周時期的臨時告廟主要包括天子巡狩告廟〔註203〕、諸侯朝天子出行前及返回時的告廟〔註204〕、諸侯相會出行前及返回時的告廟〔註205〕、天子（諸侯）出師前及返回時的告廟〔註206〕、行冠禮時的告廟〔註207〕、行婚禮時的告廟〔註208〕等。此外，受到祖先可以祐護

〔註199〕《周禮注疏》卷二十，北京：中華書局（阮元刻《十三經注疏》），1980年，第773頁。

〔註200〕《禮記正義》卷十二，北京：中華書局（阮元刻《十三經注疏》），1980年，第1336頁。

〔註201〕《禮記正義》卷十八，北京：中華書局（阮元刻《十三經注疏》），1980年，第1393頁。

〔註202〕《禮記・樂記》「大饗之禮」鄭玄注：「大饗之禮，謂祫祭宗廟也。」《禮記正義》卷三七，北京：中華書局（阮元刻《十三經注疏》），1980年，第1528頁。

〔註203〕《禮記・王制》：「北巡狩，至於北嶽，如西巡狩之禮，歸假於祖禰，用特。」鄭玄注：「祖下及禰皆一牛。」《禮記正義》卷十一，北京：中華書局（阮元刻《十三經注疏》），1980年，第1328頁。

〔註204〕《禮記・曾子問》：「諸侯適天子，必告於祖，奠於禰。」《禮記正義》卷十八，北京：中華書局（阮元刻《十三經注疏》），1980年，第1389頁。

〔註205〕《禮記・曾子問》：「諸侯相見，必告於禰，朝服而出視朝。命祝史，告於五廟，所過山川，亦命國家五官，道而出，反必親告於祖禰。」《禮記正義》卷十八，北京：中華書局（阮元刻《十三經注疏》），1980年，第1389～1390頁。

〔註206〕《禮記・王制》：「天子將出征，類乎上帝，宜乎社，造乎禰。」《禮記正義》卷十二，北京：中華書局（阮元刻《十三經注疏》），1980年，第1332頁。

〔註207〕《禮記・冠義》：「是故古者重冠，重冠故行之於廟。行之於廟者，所以尊重事。尊重事，而不敢擅重事，所以自卑而尊先祖也。」《禮記正義》卷六一，北京：中華書局（阮元刻《十三經注疏》），1980年，第1680頁。

〔註208〕《禮記・昏義》：「昏禮者，將合二姓之好，上以事宗廟，而下以繼後世也。故君子重之。是以昏禮……皆主人筵几於廟，而拜迎於門外，入揖讓而升，聽命於廟，所以敬慎重正昏禮也。」《禮記正義》卷六一，北京：中華書局（阮元刻《十三經注疏》），1980年，第1680頁。

後人社會活動的觀念支配，周代宗廟不僅是祭祀祖先的場所，還是天子、諸侯施政的活動場所。如天子的繼位典禮〔註209〕、告朔〔註210〕等，都需在宗廟中舉行。

　　綜合以上可知，有周時期，完備、嚴密的宗法制得以建立，原本屬於祖先崇拜的宗廟祭祖被納入周代宗法的範疇，宗廟之祭不僅是爲了祈求祖先福祐，還具有敬宗睦族、弘揚孝道的內涵。此外，與等級制相結合的宗廟制度，還被賦予了維護社會統治秩序的意義與功能。

　　（2）明堂祭祖以配上帝

　　在西周，「享明堂」專指宗祀文王以配上帝的祭祀活動。《孝經・聖治章》云：「昔者周公郊祀后稷以配天，宗祀文王於明堂以配上帝。是以四海之內，各以其職來祭。」〔註211〕「享明堂」祭祀活動，定於季秋時節舉行。祭祀活動的目的主要是宣揚孝道。「季秋……是月，大饗帝。」〔註212〕「祀乎明堂，而民知孝。」〔註213〕「祀乎明堂所以教諸侯之孝也」鄭玄注曰：「祀乎明堂，宗祀文王。」〔註214〕「享明堂」祭祀活動的具體儀節，文獻並無記載。據「宗祀文王以配上帝」以及「祀乎明堂而民知孝」可知，明堂內的祭祀活動應該以祭祀祖先爲主，因而，「享明堂」祭儀應與宗廟祭祖禮大致相似。

　　（3）釋奠（祀先聖）

　　在周代，舉行先聖先師之祭禮的情況大致有兩類：其一，四時之祭；其二，立學之祭。關於四時之祭，《禮記・文王世子》云：「凡學，春官釋奠於

〔註209〕《尚書・顧命》：「太史秉書，由賓階隮，御王冊命……乃受同瑁。王三宿，三祭，三吒。……太保降，收，諸侯出廟門矣。」《尚書正義》卷十八，北京：中華書局（阮元刻《十三經注疏》），1980年，第240～241頁。

〔註210〕《周禮纂訓》卷十：「謂天子告朔於明堂，因即朝享。朝享即《祭法》謂之月祭。……天子告朔於明堂，則是天子受政於明堂。而云受政於廟者，謂告朔。」（清）李鍾倫撰，文淵閣四庫全書本，第631頁。

〔註211〕《孝經注疏》卷五，北京：中華書局（阮元刻《十三經注疏》），1980年，第2553頁。

〔註212〕《禮記正義》卷十七《月令》，北京：中華書局（阮元刻《十三經注疏》），1980年，第1379頁。

〔註213〕《禮記正義》卷三九《樂記》，北京：中華書局（阮元刻《十三經注疏》），1980年，第1543頁。

〔註214〕《禮記正義》卷四八《祭義》，北京：中華書局（阮元刻《十三經注疏》），1980年，第1600頁。

其先師，秋冬亦如之。」孔穎達疏曰：「凡學者，謂《禮》、《樂》、《詩》、《書》之學，於春夏之時，所教之官各釋奠於其先師。秋冬之時，所教之官亦各釋奠於其先師，故云『秋冬亦如之』。」〔註215〕四時之祭是指春夏秋冬四時，《禮》、《樂》、《詩》、《書》的教官向先師行釋奠之禮，四時之祭包括「若春誦夏弦，則大師釋奠也。教干戈，則小樂正、樂師等釋奠也」。〔註216〕此外，鄭玄將周代「祭樂祖於瞽宗」也視為先師祭禮。鄭玄注曰：「官謂《禮》、《樂》、《詩》《書》之官，《周禮》曰：『凡有道者有德者，使教焉。死則以為樂祖，祭於瞽宗。』此之謂先師之類也。」〔註217〕立學之祭則指天子或諸侯在立學之時舉行的釋奠祭禮。「凡始立學者，必釋奠於先聖先師。及行事必以幣」孔穎達疏曰：「此明諸侯之國，天子命之使立學者，必釋奠於先聖先師，及行事之時，必用幣而行禮。諸侯言始立學，必釋奠於先聖先師，則天子始立學，亦釋奠於先聖先師也。」〔註218〕四時之祭與立學之祭的區別在於，「天子云四時釋奠於先師，不及於先聖者，則諸侯四時釋奠亦不及先聖也。始立學云必用幣，則四時常奠不用幣也。」〔註219〕

祭先聖先師之禮有釋奠、釋菜等祭儀。釋奠禮有舞蹈，釋菜則無。《禮記・文王世子》：「始立學者，既興器用幣，然後釋菜，不舞不授器；乃退，儐於東序，一獻，無介語可也。」鄭玄注曰：「告先聖先師以器成有時，將用也。」「（不舞，不授器）釋菜禮輕也。釋奠則舞，舞則授器。司馬之屬司兵、司戈、司盾祭祀授舞者，兵也。」孔穎達疏曰：「凡釋奠禮重，故作樂時須舞，乃授舞者所執干戈之器。今其釋菜之時，雖作樂不為舞也，亦既不舞，故不授舞者之器，乃退儐於東序，釋菜虞庠既畢，乃從虞庠而退。」〔註220〕

〔註215〕《禮記正義》卷二十，北京：中華書局（阮元刻《十三經注疏》），1980年，第1405頁。

〔註216〕《禮記正義》卷二十《文王世子》孔穎達疏，北京：中華書局（阮元刻《十三經注疏》），1980年，第1405頁。

〔註217〕《禮記正義》卷二十《文王世子》鄭玄注，北京：中華書局（阮元刻《十三經注疏》），1980年，第1405頁。

〔註218〕《禮記正義》卷二十《文王世子》孔穎達疏，北京：中華書局（阮元刻《十三經注疏》），1980年，第1406頁。

〔註219〕《禮記正義》卷二十《文王世子》孔穎達疏，北京：中華書局（阮元刻《十三經注疏》），1980年，第1406頁。

〔註220〕《禮記正義》卷二十，北京：中華書局（阮元刻《十三經注疏》），1980年，第1406頁。

（4）儺

「儺」，《說文・人部》段玉裁注曰：「驅疫字本作難，自假儺爲驅疫字，而儺之本義廢矣。」〔註221〕《廣韻・歌韻》：「儺，驅疫。」〔註222〕古代將驅逐疫鬼、祓除不詳的儀式稱之爲「儺」。在周代，每年舉行三次儺祭。《禮記・月令》載曰：「（季春）命國難，九門磔攘，以畢春氣。……（仲秋）天子乃難，以達秋氣。……（季冬）命有司大難旁磔，出土牛，以送寒氣。」〔註223〕第一次爲「國儺」，是指「惟天子、諸侯有國者令難。」第二次爲天子專屬之儺，「此通達秋氣，此月難陽氣，故惟天子得難」。第三次爲「大儺」，是指「從天子下至庶人皆得難」。

儺祭儀式由「方相氏」主持，《周禮・夏官・方相氏》：「方相氏掌蒙熊皮，黃金四目，玄衣朱裳，執戈揚盾，帥百隸而時難，以索室毆疫。」〔註224〕儺儀包括兩部分：一是執武器驅鬼，二是在各方城門使用磔碎的牲體祭祀四方之神，以祈求驅除癘疫邪穢。

（二）非祭祀用樂儀式種類敘例

周代非祭祀用樂儀式中，奏樂之儀主要依附於饗燕儀程中，具代表性的主要有朝聘饗燕、射禮饗燕、養老饗燕、籍田饗燕等。

1. 朝聘之饗燕

朝聘饗燕，爲外交活動，最普遍之目的在於「合兩國之好」。《周禮・春官・大宗伯》「以饗燕之禮親四方之賓客」。〔註225〕根據主賓關係之不同，朝聘饗燕可分爲五類：王饗燕諸侯、王饗燕諸侯卿士、諸侯饗燕諸侯、諸侯饗燕卿大夫、卿大夫饗燕卿大夫。下文主要論述第一種與第三種饗燕禮。

（1）王饗燕諸侯

《毛詩・小雅・湛露序》「湛露，天子燕諸侯也。」鄭玄注：「燕，謂與

〔註221〕（漢）許慎撰，（清）段玉裁注：《說文解字注》，鄭州：中州古籍出版社，2006年，第368頁。

〔註222〕（宋）陳彭年撰：《宋本廣韻》卷二，北京：中國建築工業出版社，1982年，第141頁。

〔註223〕《禮記正義》卷十五、十六、十七，北京：中華書局（阮元刻《十三經注疏》），1980年，第1364、1374、1383頁。

〔註224〕《周禮注疏》卷三一，北京：中華書局（阮元刻《十三經注疏》），1980年，第851頁。

〔註225〕《周禮注疏》卷十八，北京：中華書局（阮元刻《十三經注疏》），1980年，第760頁。

之燕飲酒也。諸侯朝覲、會同，天子與之燕，所以示慈惠。」〔註226〕王饗燕諸侯，有諸侯朝見王之饗燕與王會同諸侯之饗燕兩種。

諸侯朝見天子之饗燕。周代，有諸侯依四時朝覲天子之制，分別是「春見曰朝，夏見曰宗，秋見曰覲，冬見曰遇」。其主要儀節有郊勞、賜館舍、告覲期、覲見、饗燕、述職請罪、賜諸侯車服。其中，饗燕之儀以獻酒禮爲主。獻酒禮依「爵命」之不同，有九獻、七獻與五獻之分。天子以酒禮招待諸侯，其意在告誡諸侯勿忘本，「王之覲群后，始則行饗禮，先置醴酒，示不忘古。飲宴則命以幣物。」〔註227〕

王會同諸侯之饗燕。天子與諸侯間的會同禮，是指「時見曰會，殷見曰同」，鄭玄注曰「時見者，言無常期」，意即此禮爲「無常期」之禮。金鶚《求古錄禮說・會同考》歸納了王會同諸侯的四種情況：一，「王將有征討，會一方之諸侯」；二，「王巡狩諸侯，會於方岳」；三，「王不巡狩，四方諸侯皆會京師」；四，「王不巡狩，而殷國諸侯，畢會於近畿」。〔註228〕前二種與後二種的區別在於天子所會諸侯人數之不同。金鶚《求古錄禮說・會同考》曰：「『時見』、『時巡』，所會皆止一方諸侯，是會同之小者也；『殷見』、『殷國』，所會則四方六服，諸侯畢至，故曰殷，是會同之大者也。」〔註229〕其中，會一方諸侯之饗燕與諸侯四時朝覲天子之饗燕同，依爵命行獻酒禮，多方諸侯同時來朝見天子之饗燕則不以五等爵位爲據，而是以十二太牢之盛禮予以招待，《周禮・秋官・掌客》：「王合諸侯，而饗禮則具十有二牢，庶具百物備，諸侯長，十有再獻。」〔註230〕

（2）諸侯饗燕諸侯

諸侯饗燕諸侯，又稱「大饗」。《禮記・郊特牲》：「大饗，君三重席而酢焉。」鄭注云：「言諸侯相饗，獻酢禮讁也。」孔疏云：「此大饗謂諸侯相朝，

〔註226〕《毛詩正義》卷十，北京：中華書局（阮元刻《十三經注疏》），1980年，第420頁。

〔註227〕《春秋左傳正義》卷九孔穎達疏，北京：中華書局（阮元刻《十三經注疏》），1980年，第1772頁。

〔註228〕（清）金鶚撰：《求古錄禮說》卷十三，濟南：山東友誼出版社，1992年，第928～929頁。

〔註229〕（清）金鶚：《求古錄禮說》卷十三，濟南：山東友誼出版社，1992年，第930頁。

〔註230〕《周禮注疏》卷三八，北京：中華書局（阮元刻《十三經注疏》），1980年，第900頁。

主君給賓，賓主禮讌，故主君設三重之席而受酢焉。」〔註231〕其儀節大致有準備、途中預演聘禮、主國郊勞使者、正式聘私、私覿、燕饗、送賓七個階段。

　　春秋戰國時代，因列強紛爭，邦國之間外交活動至爲頻繁，各國國君爲延續與強大本國，堅定邦交，通過彼此酬庸等活動傳達本國之意向，在饗燕活動中賓客亦有相應儀節，於觥籌交錯中完成各項使命。由此可知，維繫邦國之生存與強大，是朝聘饗燕的重要功能。

　　2.射禮之饗燕

　　射禮有大射、賓射、燕射與鄉射四種。大射，將祭擇士之射，天子、諸侯在舉行大祭祀前爲選助祭之人而與其臣下舉行的射禮。因其禮盛於賓射、燕射與饗射，故稱「大射」。鄭玄《三禮目錄》云：「名曰『大射』者，諸侯將有祭祀之事，與其群臣射，以觀其禮，數中者得與於祭，不數中者不得與於祭。」賈公彥云：「不言禮而言儀者，以射禮盛，威儀多，故以儀言之。」〔註232〕大射的儀程主要包括戒賓、陳設、速賓、燕飲作樂（獻酢樂賓）、三番射、旅酬、徹俎、復射、無算爵、送賓等儀節。

　　賓射，又稱饗射，天子諸侯饗來朝之賓，而因與之射，亦謂之饗射。饗禮在廟，故服鷩冕，諸侯饗聘賓，亦與之射，《左傳》士鞅「來聘」，「公享之」，「射者三耦」是也，今其禮並存。《司几筵》云：「凡大朝覲、大饗射，凡封國命諸侯，王位設黼依，依前南鄉。」〔註233〕《司服》云：「享先王而袞冕，享先公饗射，則鷩冕。」〔註234〕《笙師》云：「凡祭祀、饗射，共其鍾笙之樂。」〔註235〕饗射與朝覲、祭祀等連言，或者因饗射與祭祀、朝覲之禮有關。饗朝聘之賓而與之射，無擇賢之意，取樂而已，《左傳》襄公二十九年，士鞅聘於魯，答謝魯助晉國城杞之事，魯公饗之而後射，此即取樂饗射。至於與祭祀

〔註231〕《禮記正義》卷二五，北京：中華書局（阮元刻《十三經注疏》），1980 年，第 1446 頁。

〔註232〕《儀禮注疏》卷十六，北京：中華書局（阮元刻《十三經注疏》），1980 年，第 1027 頁。

〔註233〕《周禮注疏》卷二十，北京：中華書局（阮元刻《十三經注疏》），1980 年，第 774 頁。

〔註234〕《周禮注疏》卷二一，北京：中華書局（阮元刻《十三經注疏》），1980 年，第 781 頁。

〔註235〕《周禮注疏》卷二四，北京：中華書局（阮元刻《十三經注疏》），1980 年，第 801 頁。

的關係，蓋以饗禮主敬，於君臣、尊卑之分，不減燕禮，以饗射則與祭者，亦不失爲一法，然而不能無疑，蓋擇賢與祭，則參與射禮者人數必眾，人眾而又以盛禮，一一爲之具簠簋、庶羞、酒醴、籩豆，無乃過於侈費，而達『訓恭儉』之意乎？

燕射，天子諸侯燕其臣子或四方之賓，而因與之射；大夫士燕其賓客，亦得行之。《燕禮》云「若射」，「則如饗射之禮」，此諸侯燕射之可見者也。又《禮記・射義》云：「古者，諸侯之射也，必先行燕禮。……燕禮者，所以明君臣之義也。」孔穎達曰：「《儀禮・大射》在未旅之前，燕初似饗，即是先行饗禮，而云『先行燕禮』者，燕初似饗，正謂其行禮似饗，其餘則燕。故禮，其牲狗及設折俎，行一獻，此等皆燕之法也，故云先行燕禮也。」〔註236〕合二者之說，蓋能明君臣之義，及射而數中者乃得與祭，此射前行燕之故。此外，燕射亦有爲取樂而行者，此燕射另一目的。

鄉射，鄉大夫三年大比舉士後，或州長每年春秋二季與其眾庶在州序中舉行的射禮，《周禮・地官・州長》「春秋，以禮會民，而射於州序。」〔註237〕或鄉居的鄉大夫、士等低級貴族舉行鄉飲酒禮時而舉行的射禮。《鄉大夫》：「三年則大比，考其德行道藝……退而以鄉射之禮五物詢眾庶……。」〔註238〕鄉射的主持者稱「主人」，即各鄉的鄉大夫或州長，參賽者由主人定，或是大夫、公、處士。鄉射禮通常在州序或鄉學庠中舉行，其儀程有射前戒備、飲酒禮、三番射、旅酬燕飲、隔日善後禮五個部分。

由此可知，四種射禮中都有饗燕儀節，或射前，或射後，且不同射禮的饗燕之目的各有不同，或分尊卑，或爲取樂，或示隆重，當以行射之目的而定。

3. 養老饗燕

周天子於學宮視學後常舉行養三老五更之禮。養老禮由天子親率三公、九卿、諸侯、大夫等人舉行。儀式開始之前，首先需設席與陳設器具牲勞，並由天子親視滌具。繼而，天子親自迎群老於門外，並入門奏樂，儀式正式開始。待奏樂結束，群老相繼論說父子、君臣、長幼、尊卑、上下之義，並

〔註236〕《禮記正義》卷六二，北京：中華書局（阮元刻《十三經注疏》），1980年，第1686頁。

〔註237〕《周禮注疏》卷十二，北京：中華書局（阮元刻《十三經注疏》），1980年，第717頁。

〔註238〕《周禮注疏》卷十二，北京：中華書局（阮元刻《十三經注疏》），1980年，第716頁。

合唱《清廟》以讚美文王之德，成天子養老之義。堂下則有樂人表演《大武》，通過歌頌文王承天受命的功德，正君臣之位、貴賤之別，以此教化諸侯子弟。《禮記・祭義》：「食三老五更於大學，所以教諸侯之弟也。……食三老五更於大學，天子袒而割牲，執醬而饋。」〔註239〕

　　養老禮中，饗燕是重要儀節。《禮記・王制》云：「凡養老，有虞氏以燕禮，夏后氏以饗禮，殷人以食禮，周人脩而兼用之。」〔註240〕饗燕對於養老的意義，劉敞《四代養老論》論曰：「養老蓋以盡孝慈也。……所謂養老者，養其體者也，故擇其柔嘉，選其馨香，潔其酒醴，品其豆籩，脩其簠簋，奉其犧象，謹其祓除，於是乎體解折節而共飲食之，又爲折俎加豆，是以惠豐而德洽，民之見者以爲盡心也，莫不加愛焉，故莫善於燕。夫饗，所以訓恭儉也，而養老所以充氣體也，修其物，篤其意，而不得躬之，酒盈而不飲，肉乾而不食，設幾而不倚，一獻而百拜，惡在其惠也？故莫不善於饗，是有虞氏所以不從也。……故周人通其道，達其意，修而兼用之。兼之，是謂大備，不可改矣。孝之道達，則子咸若；悌之道達，則幼咸若；登歌〈清廟〉，則君咸若；下管〈象〉、〈武〉，則臣咸若。所以慮之以大，受之以廣，行之以禮，修之以孝，紀之以義，終之以仁。一事舉而眾美具焉，孔子曰：『鬱鬱乎文哉，吾從周。』此之謂也。」〔註241〕可知，周天子通過養老禮，以身示範重老尊賢之道，令參與儀式活動的諸侯及大夫各返其國後率行養老之禮，廣推仁義孝道。

4. 籍田饗燕

　　籍田者，天子、諸侯於劃定之農地，躬持農具而耕，以示重農。《國語・周語》云：「夫民之大事在農。」〔註242〕周宣王欲廢除此禮，虢文公力勸不可，於勸諫中陳述此禮之大概，「天子籍田，以供上帝之粢盛，所以先百姓而致孝敬也。」

〔註239〕《禮記正義》卷四八，北京：中華書局（阮元刻《十三經注疏》），1980年，第1600頁。

〔註240〕《禮記正義》卷十三，北京：中華書局（阮元刻《十三經注疏》），1980年，第1345頁。

〔註241〕（宋）劉敞撰：《公是集》下冊，上海：商務印書館，1937年，第456～457頁。

〔註242〕（戰國）左丘明撰：《國語》卷一《周語》，上海：上海古籍出版社，1978年，第10頁。

籍田禮亦行饗燕之事。據《國語‧周語》載，籍田禮包括五個儀程，禮前準備、行饗禮、始耕儀式、禮畢宴會。籍田始耕之前的饗燕，其文曰：「先時五日，瞽告有協風至，王即齋宮，百官御事，各即其齋三日。王乃淳濯饗醴。及朝，鬱人薦鬯，犧人薦醴，王裸鬯，饗醴乃行，百蟲、庶民畢從。乃籍……。」〔註243〕籍田之後的饗燕：「王耕一墢，班三之，庶民終於千畝，其后稷省功，太史監之；司徒省民，太師監之；畢，宰夫陳饗，膳宰監之。膳夫贊王，王歆大牢，班嘗之，庶人終食。」〔註244〕籍田禮結束回宮之後，在大寢舉行叫做「勞酒」的宴飲活動，三公、九卿、諸侯、大夫全部參與陪侍。《禮書》卷二十九言：「則王歆太牢，班嘗之，庶人終食。反，執爵於大寢，公卿、諸侯、大夫皆御，命曰：『勞酒』，此春耕之終事也。」饗禮行於籍田前後，所以別貴賤、班秩序，且以酬勞事者，示天子重農之意。

三、周代宮廷音樂活動中音樂與儀式的配合

音樂與儀式的配合是禮樂制度基本原則的具體體現。周代禮樂制度的基本原則是禮樂結合為用，即《通志‧樂略‧樂府總序》所謂「禮樂相須為用，禮非樂不行，樂非禮不舉。」〔註245〕禮與樂結合的基本方式是按禮制要求來確定用樂的秩序，即《周禮‧大司樂》所說的「分樂而序之」。〔註246〕正如蔣孔陽先生指出：「行什麼樣的禮，奏什麼樣的樂；樂工多少人，樂器多少種；樂工怎樣出場，怎樣入座，唱什麼歌，演奏什麼樂器，都是按照禮的規定來進行。」〔註247〕在宮廷音樂活動，這種結合方式表現為音樂與儀式的配合。音樂與儀式的配合主要體現在三個方面：音樂要素與儀式的配合、用樂規格與儀式的配合、奏樂程序與儀式的配合。

〔註243〕（戰國）左丘明撰：《國語》卷一《周語》，上海：上海古籍出版社，1978年，第12頁。

〔註244〕（戰國）左丘明撰：《國語》卷一《周語》，上海：上海古籍出版社，1978年，第12頁。

〔註245〕（宋）鄭樵撰：《通志》，北京：中華書局，1987年，第883頁。

〔註246〕王小盾：《中國音樂學史上的「樂」「音」「聲」三分》，收錄于氏著《王小盾音樂學術文集：隋唐音樂及其周邊》，上海：上海音樂學院出版社，2012年，第26頁。

〔註247〕蔣孔陽著：《先秦音樂美學思想論稿》，北京：人民文學出版社，1986年，第63頁。

1. 音樂要素與儀式的配合

音樂要素與儀式的配合主要體現在樂舞、樂曲、樂律及樂器使用場合的規定中。第一，在祭祀儀式中，祭祀對象不同，樂舞及樂律使用各不相同。

祭祀對象	樂舞使用	樂律使用	備註
天	《雲門》	奏黃鍾，歌大呂	材料據《周禮》
地	《咸池》	奏太簇，歌應鍾	
四望	《大韶》	奏姑洗，歌南呂	
山川	《大夏》	奏蕤賓，歌函鍾	
先妣	《大濩》	奏夷則，歌小呂	
先祖	《大舞》	奏無射，歌夾鍾	

第二，不同儀式場合，樂器、樂舞使用不同。如天地祭禮的專用樂器，不見於其他場合。《周禮·地官·鼓人》：「以雷鼓鼓神祀；以靈鼓鼓社祭；以路鼓鼓鬼享」。鄭玄注：「雷鼓，八面鼓。神祀，祀天神也。……靈鼓，六面鼓。社祭，祭地祇也。……路鼓，四面鼓也。鬼享，享宗廟也。」〔註248〕再如小舞表演場合的規定，「社稷以帗，宗廟以羽，四方以皇，辟雍以旄，兵事以干，星辰以人舞。」〔註249〕

2. 用樂規格與儀式的配合

音樂活動的用樂等級主要依據主禮者的身份等級而定，在各方面均有所呈現，如使用樂器的特權和限制、樂工人數之多少、舞者之數量等，不同等級均有不同規制。如《左傳·隱公五年》：「天子用八，諸侯用六，大夫四，士二。」杜預注：「八八，六十四人；六六，三十六人。」〔註250〕再如參與者身份等級不同，使用樂曲各不相同。大射禮中，「凡射，王以《騶虞》為節，諸侯以《狸首》為節，大夫以《采蘋》為節，士以《采蘩》為節。」〔註251〕

〔註248〕《周禮注疏》卷十二，北京：中華書局（阮元刻《十三經注疏》），1980年，第 720 頁。

〔註249〕《周禮·春官·樂師》「凡舞，有帗舞，有羽舞，有皇舞，有旄舞，有干舞，有人舞」鄭玄注，《周禮注疏》卷二三，北京：中華書局（阮元刻《十三經注疏》），1980年，第 793 頁。

〔註250〕《春秋左傳正義》卷三，北京：中華書局（阮元刻《十三經注疏》），1980年，第 1727〜1728 頁。

〔註251〕《周禮·春官·樂師》，《周禮注疏》卷二三，北京：中華書局（阮元刻《十三經注疏》），1980年，第 793 頁。

宴饗禮中，天子饗燕國君「合《大雅》」，饗燕諸侯「合《小雅》」，饗燕大夫士「合鄉樂無鍾磬」。

此外，舞者的年齡長幼之序也與樂舞相匹配。國子的學習內容依次是「十有三年，學樂誦詩，舞《勺》。成童舞《象》，學射御。二十而冠，始學禮，可以衣裘帛，舞《大夏》。」〔註252〕據鄭玄注，「成童」是 15 歲。〔註253〕這反應了社會中由年齡所規定的地位差異與樂舞等級的聯繫。

3. 奏樂程序與儀式的配合

奏樂程序與儀式的配合，具體表現爲按儀式先後順序制定歌、舞、樂的演奏順序。儀式不同，用樂階段不同；儀式階段不同，奏樂內容有所不同。下文將圍繞文獻介紹較爲詳細的用樂儀式進行說明。

（1）祭天地、先祖儀式用樂由祭祀與宴饗兩部分組成。

祭祀用樂分八個階段：①迎賓奏樂：迎王奏《王夏》，迎王后奏《齊夏》，迎尸奏《肆夏》；②降神奏樂：歌《清廟》、《維天》、《維清》三篇，舞《雲門》或《咸池》或《大韶》；③迎牲奏樂：奏《昭夏》，並伴有「歌舞牲」表演；④獻神饗食奏樂：第一、第二獻（祼禮）時「下管」，第三、第四獻（朝薦禮）時「間歌」；⑤行饋孰禮奏樂：合樂表演，即堂上歌、堂下奏；⑥薦獻禮畢興舞：舞《大夏》與《大武》舞；⑦送賓奏樂：王出奏《王夏》，王後出奏《齊夏》，尸出奏《肆夏》；⑧撤祭器奏樂：歌《雝》。〔註254〕

宴饗用樂以表演燕樂爲主，如四夷之樂、散樂等樂舞。

（2）大射禮儀式用樂分六個階段：

①迎賓、獻酒奏樂：奏《肆夏》；②洗爵、拜受爵奏樂：再奏《肆夏》；②宴飲樂賓奏樂：歌《鹿鳴》三章；管吹《新宮》三章；③三番射奏樂：奏《狸首》；④無算爵奏樂：奏「無算樂」；⑤賓出奏樂：奏《陔》；⑥公入奏樂：奏《鷲》。〔註255〕

〔註252〕《禮記正義》卷二八，北京：中華書局（阮元刻《十三經注疏》），1980 年，第 1471 頁。

〔註253〕《禮記正義》卷二八，北京：中華書局（阮元刻《十三經注疏》），1980 年，第 1471 頁。

〔註254〕參見栗建偉：《周代五禮樂儀考》，華中師範大學碩士論文，2008 年，第 55～68 頁。

〔註255〕參見栗建偉：《周代五禮樂儀考》，華中師範大學碩士論文，2008 年，第 85～92 頁。

（3）養老儀式用樂分兩個階段：

①天子出門迎老奏樂：奏《肆夏》；②天子獻酒群老後奏樂：歌《清廟》，笙吹《象》，「間歌」、「合樂」，舞《大武》。〔註256〕

（4）朝聘儀式用樂分五個階段：

①天子出廟迎賓奏樂：奏《王夏》或《肆夏》；②獻禮畢後樂賓奏樂：歌《頌》或《清廟》諸篇，管吹《象》，「間歌」與「合樂」《小雅》篇章，興舞；③宴會奏樂：奏「無算樂」、投壺或燕射奏《狸首》；④賓出奏樂：奏《王夏》；⑤徹器奏樂：歌《振鷺》。〔註257〕

（5）巡狩儀式用樂分兩部分，望祀山川與采詩同律。

望祀山川用樂分五個階段：①迎尸奏樂：奏《王夏》等；②降神奏樂：歌《頌》篇，管吹《象》，舞《大韶》及小舞。采詩同律，是天子命典禮之官糾正諸侯境內律呂之數與鐘鼓之樂。〔註258〕

（6）校閱儀式用樂，主要集中於檢閱進兵與退兵兩個階段。

①進兵行進奏樂：中將擊鼙鼓令鼓人擊鼓；擊金鐲，鼓聲繼續，鳴鐲節鼓；鼓人擊鼓三次，司馬振鐸。②退兵行進奏樂：鼓人擊鼓，卒長聞鼓聲而鳴鐃。〔註259〕

（7）田獵儀式用樂，分狩獵奏樂與凱旋奏樂兩部分。狩獵奏樂與校閱儀式用樂相同，凱旋奏樂與親征用樂相同。〔註260〕

（8）親征儀式用樂，由出發前辨吉凶用樂、行軍途中奏樂、交戰階段奏樂、凱旋奏樂四部分組成。

①出發前辨吉凶：樂師依據將帥呼聲所合之律，判斷出師吉凶；②行軍途中奏樂：鳴鐘鼓、丁寧、錞于、振鐸；③交戰階段奏樂：與校閱用樂相同；④凱旋奏樂：視瞭、鎛師奏鐘鼓樂，大司馬左手執律、右手執鉞奏凱樂。〔註261〕

〔註256〕參見栗建偉：《周代五禮樂儀考》，華中師範大學碩士論文，2008年，第93～94頁。

〔註257〕參見栗建偉：《周代五禮樂儀考》，華中師範大學碩士論文，2008年，第97～106頁。

〔註258〕參見栗建偉：《周代五禮樂儀考》，華中師範大學碩士論文，2008年，第107頁。

〔註259〕參見栗建偉：《周代五禮樂儀考》，華中師範大學碩士論文，2008年，第112～113頁。

〔註260〕參見栗建偉：《周代五禮樂儀考》，華中師範大學碩士論文，2008年，第114頁。

〔註261〕參見栗建偉：《周代五禮樂儀考》，華中師範大學碩士論文，2008年，第114～116頁。

綜上所述，周代音樂活動中，音樂與儀式配合極爲密切，從音樂要素的使用、用樂規格的制定到奏樂順序的安排，都圍繞儀式而進行，形成了一套固定、嚴格的規範。

需要補充的是，在上文所述音樂與儀式配合的三個方面中，第三方面尤其值得關注。這一方面既彰顯了周代宮廷音樂的儀式性功能，而這種儀式性功能又是周代宮廷音樂活動實現教化目的的重要途徑之一。本文稱這種儀式性功能爲「節儀」功能，是指通過音樂節制用樂和節制禮儀參與者的行爲，使其符合禮制要求，進而在行禮過程中對人進行規範、訓誡與教化。周代「樂節」就是凸顯這種功能的一個關鍵概念。下文簡要論之。

「樂節」，又有「（行爲）之樂節」與「以樂節之」兩種表達。《周禮・春官・樂師》云：「教樂儀，行以《肆夏》，趨以《采薺》，車亦如之，環拜以鐘鼓爲節。」〔註262〕《禮記・玉藻》「趨以《采薺》，行以《肆夏》」鄭玄注曰：「（《采薺》）路門外之樂節也。……（《肆夏》）登堂之樂節。」孔穎達疏曰：「路寢門外至應門謂之『趨』，於此趨時，歌《采薺》爲節；路寢門內至堂，謂之『行』，於行之時則歌《肆夏》之樂。」〔註263〕

以上二種表達的區別在句法結構，但內涵一致，其基本意思在「節」（即「調節」），用以使人之行爲符合規範。顯然「樂節」一詞，社會屬性濃重，而音樂屬性次之，常見作爲物之「樂」對他物（人）的規導與節制。

在周代，「樂節」規範行爲的例子很多，如：《周禮・天官・內宰》「詔其禮樂之儀」賈公彥疏：「后之行禮之時，皆合於樂節，各當其威儀，……使依於法度。天子之禮，薦時歌《清廟》，及徹歌《雝》，是薦徹皆有樂節。」〔註264〕《周禮・春官・籥師》「祭祀，則鼓羽籥之舞」賈公彥疏：「祭祀先作樂下神，……鼓動以羽籥之舞，與樂節相應，使不相奪倫。」〔註265〕在這裡，「樂節」直接等同於「法度」，具有強制的規範性和普遍的約束力，以「不相奪倫」爲目的，其社會意義清晰可見。

〔註262〕《周禮注疏》卷二三，北京：中華書局（阮元刻《十三經注疏》），1980 年，第 793 頁。

〔註263〕《禮記正義》卷三十，北京：中華書局（阮元刻《十三經注疏》），1980 年，第 1482 頁。

〔註264〕《周禮注疏》卷七，北京：中華書局（阮元刻《十三經注疏》），1980 年，第 685 頁。

〔註265〕《周禮注疏》卷二四，北京：中華書局（阮元刻《十三經注疏》），1980 年，第 801 頁。

「以樂節之」同樣將「樂」視爲手段，但更直接呈現對行儀人行爲的規範。《左傳・昭公元年》：「先王之樂，所以節百事也。……君子之近琴瑟，以儀節也，非以慆心也。」〔註266〕

無論是「（行爲）之樂節」還是「以樂節之」，都集中彰顯了周代「樂節」概念的社會教化意義。這一歷史事實從一個側面反映了我國早期古樂的「音樂性」特質。這種所謂的「音樂性」，與今天的理解並不一致，它實質上是工具性的，注重社會建構的意義，以及注重各級社會人等身份定位的意義。

四、周代宮廷音樂活動的主要教化意涵

周初是古代教化觀念的萌芽時期。〔註267〕西周統治集團吸取殷商崇尙天命、刑罰治國滅亡的教訓，極力強調「敬德」，〔註268〕在「以德配天」的指導觀念下提出了「明德愼罰」、「敬德保民」、「以德化民」思想，「德」逐漸成爲周朝統治者反覆強調的行爲規範。與此同時，伴隨宗法制的確立，以血緣「親親」之情爲基礎的「孝」逐漸成爲維護宗法等級秩序的倫理規範。自此，「德」與「孝」成爲集中體現周代宗法制度與宗法秩序的核心倫理價值。倫理價值作爲內在觀念形態，其外在表現形式即各種貴族宗法倫理規範的「禮樂」等「道德之器械」的國家典章制度。圍繞「德」與「孝」，其他一系列教化觀念逐漸產生，如「和」、「恭」、「敬」、「順」、「慈」、「悌」、「友」、「節」、「仁」、「義」等等。〔註269〕

周代宮廷音樂活動是禮樂教化具體實施的重要途徑，禮樂制度的教化指向使宮廷音樂活動諸要素與環節都充滿了教化意涵，如藉由樂歌歌辭與樂舞主題、向位之儀與行爲容止的規範等傳達統治集團宣導與推崇的教化觀念。在宮廷音樂活動中，反覆被強調的教化觀念主要有「德」、「孝」、「和」等。

〔註266〕《春秋左傳正義》卷四一，北京：中華書局（阮元刻《十三經注疏》），1980年，第2024～2025頁。
〔註267〕張惠芬，謝長法主編：《中國古代教化史・前言》，太原：山西教育出版社，2009年，第1頁。
〔註268〕《尚書・召誥》：「王其疾敬德……王敬作所，不可不敬德。」《尚書正義》卷十五，北京：中華書局（阮元刻《十三經注疏》），1980年，第212～213頁。
〔註269〕《周禮・地官・大司徒》：「以祀禮教敬……以陽禮教讓……以陰禮教親……以樂禮教和……以儀辨等……以俗教安……以刑教中……以誓教恤……以度教節……」「以鄉三物教萬民，而賓興之：一曰六德，知、仁、聖、義、忠、和；二曰六行，孝、友、睦、姻、任、恤」。《周禮注疏》卷十，北京：中華書局（阮元刻《十三經注疏》），1980年，第703、707頁。《禮記・王制》：「養耆老以致孝」。《禮記正義》卷十三，北京：中華書局（阮元刻《十三經注疏》），1980年，第1342頁。

1. 「德」

在周人「天命靡常」、「惟德是輔」的觀念下，「天」、「德」、「民」三者結合，使「德」在宗教色彩之外，賦予了「德」某種倫理規範的意義。「德」逐漸成爲遵天、從天、順天的一種政行，成爲約束受天命之周王的行爲規範。

「德」作爲周代的核心教化觀念，在《詩經》、《尚書》等文獻及周代青銅器銘文中頻繁出現。周人言「德」，既指天德、王德與臣德，也指「中、和、祇、庸、孝、友」等一般德性。其中，「王德」使用更爲普遍。〔註270〕因爲，「王德」強調王因「德」受天命的同時，也凸顯了王對「德」的所有權限。〔註271〕並且，周人觀念中的王德，多指先王之德、祖先之德，周人十分崇拜祖先之德。

郊廟樂歌歌辭中，有大量弘揚王德爲主題的內容。祭祀文王的頌歌中，「德」反覆出現。如《清廟》「濟濟多士，秉文之德」〔註272〕；《維天之命》「文王之德之純」〔註273〕；《維清》「文王之典（德）」〔註274〕；《我將》「維天其右之」王肅曰「維天乃大文王之德」〔註275〕；《大雅·文王》「無念爾祖。聿修厥德」〔註276〕；《大明》「乃及王季，維德之行」、「厥德不回，以受方國」〔註277〕；《皇矣》「比于文王，其德靡悔」、「帝謂文王，予懷明德」〔註278〕；

〔註270〕周人對「王德」的強調，從《周書》中「德」的使用可看出。據統計，《周書》出現「德」122次，指「王德」高達50次。參考陳晨捷《先秦諸子「德」論研究》，山東大學碩士論文，2006年，第16頁。

〔註271〕李玄伯先生認爲，德最初應爲同一氏族的全體成員所共有，後因權力的集中，德逐漸成爲部落或部落聯盟首領所獨有。見氏著《中國古代社會新研》，上海：上海文藝出版社，1988年，第184頁。

〔註272〕《詩經·周頌·清廟》：「《清廟》，祀文王也。周公既成洛邑，朝諸侯，率以祀文王焉。」《毛詩正義》卷十九，北京：中華書局（阮元刻《十三經注疏》），1980年，第583頁。

〔註273〕《詩經·周頌·維天之命》：「太平告文王也。」《毛詩正義》卷十九，北京：中華書局（阮元刻《十三經注疏》），1980年，第583頁。

〔註274〕高亨先生據西周早期文獻中「德」與「典」往往互訓而認爲，「文王之典」當讀爲「文王之德」。見氏著《詩經今注》，上海：上海古籍出版社，1980年，第477頁。

〔註275〕《毛詩正義》卷十九，北京：中華書局（阮元刻《十三經注疏》），1980年，第588頁。

〔註276〕《毛詩正義》卷十六，北京：中華書局（阮元刻《十三經注疏》），1980年，第505頁。

〔註277〕《毛詩正義》卷十六，北京：中華書局（阮元刻《十三經注疏》），1980年，第507頁。

〔註278〕《毛詩正義》卷十六，北京：中華書局（阮元刻《十三經注疏》），1980年，第519～521頁。

毛傳釋「帝遷明德」云「徙就文王之德也」〔註279〕等。周武王興師「不期而會盟津者八百諸侯」〔註280〕滅商定天下，歌頌這種美德功績也是祭祀武王詩篇中的重要主題，如《執競》、《武》等詩篇，「執競武王，無競維烈」〔註281〕、「勝殷遏劉，耆定爾功」〔註282〕。

　　其他祭祀樂章，「德」也屢次出現。如成王即政時，諸侯助祭祖考所唱樂歌《烈文》「烈文辟公」馬瑞辰《通釋》：「烈文二字平列，烈言其功，文言其德也」〔註283〕；武王周公巡狩祭山川百神所唱之歌《時邁》，「我求懿德」〔註284〕；周公祀周始祖后稷所唱之歌《思文》，「莫匪爾極」，「德之至也」〔註285〕；祀太王樂章《天作》，兼言及文王賡繼大王之德；《昊天有成命》祀文武，並兼言及成王追步先王之德。

　　除祭祀音樂活動宣揚「德」觀念，宴饗時也通過歌頌先王之德的樂歌演唱教化子孫與臣民。鄭箋《小雅·裳裳者華》曰：「惟我先人有是二德，故先王使之世祿，子孫嗣之。」〔註286〕《小雅·鹿鳴》「我有嘉賓，德音孔昭。視民不恌，君子是則是傚。」鄭玄注曰：「是則是傚，言可法效也。……先王德教甚明，可以示天下之民使之不愉於禮義，是乃君子所法效。」孔穎達疏曰：「旅酬之時，語先王道德之音甚明，以此嘉賓所語示民，民皆象之，不愉薄於禮義。」〔註287〕

　　樂歌演唱通過語言表述與傳達教化觀念，樂舞則用舞容訴諸人們的視覺，通過舞蹈者的形體動作及舞蹈列隊的變化來表現音樂的主題，傳達教化旨意。如周代《大武》舞，該舞主題是頌揚周武王之德。「《大武》，武王樂也，武王伐

〔註279〕《詩經·大雅·皇矣》「帝遷明德」。《毛詩正義》卷十六，北京：中華書局（阮元刻《十三經注疏》），1980年，第519頁。

〔註280〕（漢）司馬遷撰：《史記》卷四《周本紀》，北京：中華書局，1959年，第120頁。

〔註281〕《詩經·周頌·執競》，《毛詩正義》卷十九，北京：中華書局（阮元刻《十三經注疏》），1980年，第589頁。

〔註282〕《詩經·周頌·武》，《毛詩正義》卷十九，北京：中華書局（阮元刻《十三經注疏》），1980年，第597頁。

〔註283〕（清）馬瑞辰撰：《毛詩傳箋通釋》，北京：中華書局，1989年，第1048頁。

〔註284〕《毛詩正義》卷十九，北京：中華書局（阮元刻《十三經注疏》），1980年，第589頁。

〔註285〕（宋）朱熹集注：《詩集傳》，北京：中華書局，1958年，第227頁。

〔註286〕《詩經·小雅·裳裳者華》鄭玄注，《毛詩正義》卷十四，北京：中華書局（阮元刻《十三經注疏》），1980年，第480頁。

〔註287〕《毛詩正義》卷九，北京：中華書局（阮元刻《十三經注疏》），1980年，第406頁。

紂，以除其害，言其德能成武功。」〔註288〕舞蹈將武王伐紂的過程與情節完整再現，通過「夾振而駟伐」等舞蹈動作來表現「發揚蹈厲」的氣勢，讓觀者直觀感受武王之「德」。不僅如此，祭天地與先祖時的《大武》舞表演，周天子率與祭諸侯親臨舞位參與舞群之中。「祭時，天子、諸侯親在舞位，以樂皇尸也。」〔註289〕天子與諸侯「現身說法」，用舞蹈動作向與祭者頌揚與推崇武王之「德」。

先王之德的備受推崇，與周人的祖先崇拜觀念密切相關。在周人看來，文王是因懷「德」才得天命，《大雅‧皇矣》：「維此王季，帝度其心。貊其德音，其德克明。克明克類，克長克君。王此大邦，克順克比。比于文王，其德靡悔。既受帝祉，施于孫子。」〔註290〕文王因有美德，才得到上帝的讚賞，文王繼承祖訓，才得到天命。故周人認為，修文王之德是延續天命的依據，只要遵循、發揚先王之德，天就不會收回所受之命，也就是說，天命以先王之德為依據。

2. 孝

孝，在周人的觀念中，其主要內涵是尊祖敬宗，施孝的方式主要是祭祀。〔註291〕祭祀與享獻這一宗教儀式是「孝」的表現形態。《禮記‧祭統》：「祭者，所以追養繼孝也」；〔註292〕又云「是故孝子之事親也，有三道焉：生則養，沒則喪，喪畢則祭……盡此三道者，孝子之行也」〔註293〕。

〔註288〕《周禮‧春官‧大司樂》「以樂舞教國子……《大武》」鄭玄注。《周禮注疏》卷二二，北京：中華書局（阮元刻《十三經注疏》），1980年，第787頁。

〔註289〕《禮記‧祭統》「及入舞，君執干戚就舞位。君為東上，冕而總干，率其群臣，以樂皇尸」孔穎達疏。《禮記正義》卷四九，北京：中華書局（阮元刻《十三經注疏》），1980年，第1604頁。

〔註290〕《毛詩正義》卷十六，北京：中華書局（阮元刻《十三經注疏》），1980年，第520頁。

〔註291〕在周人的文獻與金銘中屢見「追孝」、「享孝」、「孝享」、「孝祀」等概念。如《國語‧周語下》「言孝必及神」、「昭神能孝」；《克鼎》銘「天子明德，孝於中」等。關於周人「孝」觀念的祭祀性質，今人多有論述，如舒大剛《〈周易〉、金文「孝享」釋義》文指出：「與《周易》一樣成書較早的《詩經》，也用『孝』字表示祭祀，甚至也有『孝享』的相同用法。全部《詩經》305篇，『孝』字見於《小雅》、《大雅》、《周頌》、《魯頌》之詩。《雅》、《頌》之詩，本是在各種慶典和活動中所奏，『孝』字頻繁出現在《雅》、《頌》，而不見於《國風》中，這本身也說明『孝』的祭祀性質。」《周易研究》2002年第4期，第58頁。

〔註292〕《禮記正義》卷四九，北京：中華書局（阮元刻《十三經注疏》），1980年，第1602頁。

〔註293〕《禮記正義》卷四九，北京：中華書局（阮元刻《十三經注疏》），1980年，第1603頁。

　　周人將「孝」這一倫理觀念寄託在最普遍的宗廟祭祀儀式上，「孝」觀念是以禘祖的祭祀形式存在的。〔註294〕因此，頌揚「孝」觀念成爲周人祭祖樂章的重要主題。在祭祀樂歌中，襃揚王者孝行的樂章很多。如《大雅‧下武》歌頌武王「永言孝思，孝思維則」〔註295〕；《周頌‧閔予小子》歌頌成王「於乎皇考，永世克孝」〔註296〕；《大雅‧既醉》讚頌王公貴族「威儀孔時，君子有孝子。孝子不匱，永錫爾類」〔註297〕；《大雅‧文王有聲》「築城伊淢，作豐伊匹，匪棘其欲，遹追來孝」〔註298〕歌頌文王築城池、建豐邑並非逞私欲之舉，而是爲繼承先君遺志，以深致孝子之思；《小雅‧楚茨》「祖賚孝孫，苾芬孝祀」〔註299〕；《小雅‧天保》「吉蠲爲饎，是用孝享」〔註300〕等等。

　　宗廟祭祀中的昭孝，除了尊祖之義外，還有「敬宗」之內涵。「敬宗」主要藉由宗廟之祭中的嫡庶之分予以體現。在西周宗法制度下，無論天子、諸侯、卿大夫或士，其續統法都必須遵守父死子繼之原則，即嫡長子（宗子）始尊。宗廟祭祀中，僅嫡長子（宗子）有主祭之權力，其他兒子僅有貢納祭品的義務而無廟祭先祖的權力。對於周王而言，主祭權等同於王權、族長權，故宗廟祭祀時，周王的主祭身份無疑在向與祭者昭告自己的身份地位與權力。宗廟祭祀中，尊祖盡孝之事，對於大宗而言，是主祭始祖；對於小宗而言，則是崇敬大宗。由此可知，宗廟祭祀既是周王向先祖祭祀以昭孝的活動，也是強化周王權力，讓小宗崇敬大宗的活動。

　　除祭祖禮，周人昭孝的音樂活動還有冠禮、養老禮及宴饗禮等。周人行冠禮，須在宗廟中進行，並要祭告祖先。《禮記‧冠義》：「是故古者重冠，

〔註294〕「夫祀，昭孝也。各致齋敬於其皇祖，昭孝之至也。」《國語》卷四《魯語》上，（戰國）左丘明撰，上海：上海古籍出版社，2015年，第115頁。

〔註295〕《毛詩正義》卷十六，北京：中華書局（阮元刻《十三經注疏》），1980年，第525頁。

〔註296〕《毛詩正義》卷十九，北京：中華書局（阮元刻《十三經注疏》），1980年，第598頁。

〔註297〕《毛詩正義》卷十七，北京：中華書局（阮元刻《十三經注疏》），1980年，第536頁。

〔註298〕《毛詩正義》卷十六，北京：中華書局（阮元刻《十三經注疏》），1980年，第526頁。

〔註299〕《毛詩正義》卷十三，北京：中華書局（阮元刻《十三經注疏》），1980年，第469頁。

〔註300〕《毛詩正義》卷九，北京：中華書局（阮元刻《十三經注疏》），1980年，第412頁。

重冠故行之於廟。行之於廟者，所以尊重事，尊重事而不敢擅重事，不敢擅重事，所以自卑而尊先祖也。」〔註 301〕宗廟內行冠禮之時「以金石之樂節之」〔註 302〕，通過金石之樂節制行禮之人的行爲舉止，使其在祖先神靈面前畢恭畢敬，教導其謹遵先祖遺願，灌輸孝敬之心。養老禮是王者「教天下之孝」的另一重要禮儀。天子出門迎群老、獻酒奏樂，「遂發詠焉，退修之，以孝養也」〔註 303〕；獻酒禮畢，天子與群老就席，「登歌《清廟》，既歌而語，以成之也。言父子君臣長幼之道」〔註 304〕。天子通過親行養老，教化世人克盡孝道。宴饗禮中，藉宴樂營造出溫暖的親情交流場景，與此同時還通過演唱感人至深的親情歌詩感化人們牢記父母養育之恩，謹遵孝道。如《小雅‧蓼莪》篇中，常年行役在外之人返鄉時父母已逝，不由感歎「父兮生我，母兮鞠我。拊我畜我，長我育我，顧我復我，出入腹我。欲報之德，昊天罔極」〔註 305〕，如泣如訴之詩句，不由讓聽者對父母肅然起敬，生發孝敬之心。

3. 「親」與「和」

「親親」是周人維繫宗法制的重要紐帶，也是宗法倫理原則的核心內容。《禮記‧中庸》：「親親爲大」。〔註 306〕「和」與「親」有相近之義，如「睦親」、「和睦」等。周代禮樂文化崇尚和諧，在周人的觀念中，「和」與樂是不可分的兩個概念。如《禮記‧樂記》：「禮義立則貴賤等矣，樂文同則上下和矣」〔註 307〕、「大樂與天地同和。……樂者，天地之和也」〔註 308〕、「樂者敦和，率神而從

〔註 301〕《禮記正義》卷六一，北京：中華書局（阮元刻《十三經注疏》），1980 年，第 1680 頁。

〔註 302〕《春秋左傳正義》卷三十，北京：中華書局（阮元刻《十三經注疏》），1980 年，第 1943 頁。

〔註 303〕《禮記‧文王世子》，《禮記正義》卷二十，北京：中華書局（阮元刻《十三經注疏》），1980 年，第 1410 頁。

〔註 304〕《禮記正義》卷二十，北京：中華書局（阮元刻《十三經注疏》），1980 年，第 1410 頁。

〔註 305〕《毛詩正義》卷十三，北京：中華書局（阮元刻《十三經注疏》），1980 年，第 460 頁。

〔註 306〕《禮記正義》卷五二，北京：中華書局（阮元刻《十三經注疏》），1980 年，第 1629 頁。

〔註 307〕《禮記正義》卷三七，北京：中華書局（阮元刻《十三經注疏》），1980 年，第 1529 頁。

〔註 308〕《禮記正義》卷三七，北京：中華書局（阮元刻《十三經注疏》），1980 年，第 1530 頁。

天」〔註 309〕、「故樂行而倫清，耳目聰明，血氣和平」〔註 310〕、「樂極和，禮極順，內和而外順」〔註 311〕、「是故樂在宗廟之中，君臣上下同聽之，則莫不和敬；在族長鄉里之中，長幼同聽之，則莫不和順；在閨門之內，父子兄弟同聽之，則莫不和親。故樂者，審一以定和，比物以飾節，節奏合以成文，所以合和父子君臣，附親萬民也」〔註 312〕等等。

　　周代眾多禮儀中，有五禮之分，弘揚「親親」觀念的禮儀占較大比例。《周禮·春官·大宗伯》：「以賓禮親邦國……以嘉禮親萬民，以飲食之禮，親宗族兄弟；以昏冠之禮，親成男女；以賓射之禮，親故舊朋友；以饗燕之禮，親四方之賓客；以脈膰之禮，親兄弟之國；以賀慶之禮，親異姓之國。」〔註 313〕就賓禮而言，在宗法社會中，天子與諸侯間大多有親戚關係。爲聯絡感情、彼此親附，故設定期的禮節性會見。就嘉禮而言，既有國君通過賓射、宴饗之禮，與族內兄弟、地方賓客飲酒聚食，聯絡並加深感情；有成年男女用婚禮使之恩愛相親；有射禮通過立賓主之位，爲親近舊知新友；有天子通過宴饗的方式接待四方前來朝聘之諸侯，與之相親；有祭祀結束後，通過將脈膰分給兄弟之國藉此增進感情；通過贈送禮物慶賀婚姻甥舅關係的異性之國的喜慶之事，與之相親。可知，周代以「人際交流」爲目的賓禮、軍禮、嘉禮三類禮儀之中，兩類都與「親親」有關。周人重視「親親」觀念的程度可見一斑。在上述各種與「親親」相關的禮儀中，大多包含宴饗音樂活動。而宴饗音樂活動中，不僅傳遞著「親親」觀念，「和」的精神與情感也摻雜其間。而且，諸多宮廷音樂活動中，宴饗音樂活動的目的正是爲了營造宗法等級制下的和樂氛圍。《禮記·樂記》云：「獻酬酳酢也，所以官序貴賤，各得其宜也，所以示後世有尊卑長幼之序也。」〔註 314〕這裡，宴饗之「和」即是

〔註 309〕《禮記正義》卷三七，北京：中華書局（阮元刻《十三經注疏》），1980 年，第 1531 頁。

〔註 310〕《禮記正義》卷三八，北京：中華書局（阮元刻《十三經注疏》），1980 年，第 1536 頁。

〔註 311〕《禮記正義》卷三九，北京：中華書局（阮元刻《十三經注疏》），1980 年，第 1544 頁。

〔註 312〕《禮記正義》卷三九，北京：中華書局（阮元刻《十三經注疏》），1980 年，第 1545 頁。

〔註 313〕《周禮注疏》卷十八，北京：中華書局（阮元刻《十三經注疏》），1980 年，第 759 頁～761 頁。

〔註 314〕《禮記正義》卷三九，北京：中華書局（阮元刻《十三經注疏》），1980 年，第 1541 頁。

尊卑貴賤長幼各得其所得的人倫之「和」。

宴饗音樂活動所用樂曲多出自《詩經・小雅》諸篇，如周王大宴群臣賓客之《鹿鳴》，君主慰勞使臣勤於王事之《四牡》，王者親宗族之《常棣》，宴朋友親戚故舊之《伐木》，宴飲賓客之《魚麗》、《南有嘉魚》、《南山有臺》、《菁菁者莪》，周王宴飲來朝諸侯之《蓼蕭》，宗室族人夜宴之《湛露》，周王歡宴有功諸侯之《彤弓》，周王田獵宴賓之《吉日》等篇。這些樂曲集中體現了「親」族、「和」睦的精神意旨。如《小雅・鹿鳴》之「我有嘉賓，鼓瑟鼓琴。鼓瑟鼓琴，和樂且湛」〔註315〕描繪出政治性宴饗活動中「和樂」之情的傳遞與渲染；《小雅・伐木》之「於粲洒埽，陳饋八簋」〔註316〕的慷慨施予之舉，傳達出構建兄弟甥舅和睦關係的希望，表達了對親族間和睦關係的讚美與弘揚；《小雅・常棣》之「儐爾籩豆，飲酒之飫。兄弟既具，和樂且孺」〔註317〕教導人們兄弟宜相親，故「陳列爾王之籩豆，為飲酒之飫禮，以聚兄弟宗族為好」〔註318〕；「宜爾家室，樂爾妻帑」則告誡人們「族人和，則得保樂其家中之大小」〔註319〕，同時再次強調周王饗宴宗族的用意，即「既宗族須和若是，不可不親焉，王所以燕之也」〔註320〕；《小雅・南有嘉魚》之「君子有酒，嘉賓式燕綏之」〔註321〕歌頌宴飲的人倫之和等等。

由上可知，周代宴饗音樂活動承載著傳遞、灌輸「親」、「和」觀念的教化功能。

〔註315〕《毛詩正義》卷九，北京：中華書局（阮元刻《十三經注疏》），1980年，第406頁。

〔註316〕《毛詩正義》卷九，北京：中華書局（阮元刻《十三經注疏》），1980年，第411頁。

〔註317〕《毛詩正義》卷九，北京：中華書局（阮元刻《十三經注疏》），1980年，第408頁。

〔註318〕《詩經・小雅・常棣》「兄弟既具，和樂且孺」賈公彥疏。《毛詩正義》卷九，北京：中華書局（阮元刻《十三經注疏》），1980年，第409頁。

〔註319〕《詩經・小雅・常棣》鄭玄注，《毛詩正義》卷九，北京：中華書局（阮元刻《十三經注疏》），1980年，第408頁。

〔註320〕《詩經・小雅・常棣》賈公彥疏，《毛詩正義》卷九，北京：中華書局（阮元刻《十三經注疏》），1980年，第408頁。

〔註321〕《毛詩正義》卷十，北京：中華書局（阮元刻《十三經注疏》），1980年，第419頁。

本章小結

　　周代禮樂制度的建立，使宮廷音樂、儀式、教化三者呈現出文化事項整體性的特徵。首先，在周人制禮作樂的過程中，夏商時期以滿足感官愉悅享受為目的的宮廷音樂被改造，取而代之的是推行教化以維護政權為要務的宮廷禮樂；而在此類宮廷禮樂中，宮廷音樂不再是獨立存在的音樂實體，而是依附於宮廷儀式而存在，音樂展演與與儀式活動形成共生狀態。這一點不僅體現在周人的宮廷音樂分類觀念中，更藉由宮廷音樂在儀式中的使用規範以及音樂與儀式的配合得以凸顯。

　　以推行教化維護政權為要務的周代宮廷音樂活動，無論是郊廟祭祀還是宮廷宴饗，活動所用的樂舞、樂曲、樂章以及樂儀，都蘊含有明確的教化旨意。例如，周人極力強調的「德」與「孝」，頻繁出現在祭祀頌歌與宴饗樂歌中；頌揚武王之德為主題的《大武》舞，完整再現武王伐紂的過程與情節，藉由特定的舞蹈動作表現武王的氣勢與「至德」，不僅如此，天子與諸侯親臨舞位，用身體展演向在場者傳遞武王之「德」，以增強教化之效。

　　對於中國古代宮廷音樂的發展而言，周代禮樂制度中的宮廷音樂，正式確立了後世歷朝歷代傚仿的宮廷音樂的雛形與模式。儘管政權更迭，改朝換代，但宮廷音樂這一音樂文化形態始終與宮廷的存在相聯繫。這意味著，後代宮廷音樂的考察與研究，仍應從宮廷音樂活動的角度出發，綜合宮廷音樂、儀式與教化三方面進行。

第二章　漢代宮廷音樂的構成

　　歷經春秋戰國的戰火洗禮及短命秦王朝的焚書，傳承至漢代的周朝宮廷音樂已然微乎其微。儘管如此，漢代統治者對禮樂制度的建設仍相當重視。

　　高祖建漢之初，因襲秦制，設立奉常太樂掌管歷代雅樂，〔註1〕令叔孫通等人對漢代宮廷音樂進行恢復和修整，制定出一套宗廟樂。〔註2〕與此同時，因高祖樂楚聲，以楚聲為代表的地方音樂進入宮廷，如唐山夫人創製《房中祠樂》〔註3〕、高祖創作的《大風歌》、戚夫人的楚舞表演〔註4〕、高祖引入宮廷的巴蜀音樂《巴渝》舞〔註5〕等。西漢全盛時期，漢武帝擴建了重要的音樂機構「樂府」，樂府機構不僅開始承擔郊祀樂制定之要務，而且為大量地方音樂進入宮廷提供了重要管道。與此同時，在漢武帝的大力推崇之下，以鼓吹樂為代表的新音樂形式成為當時宮廷音樂的主體。漢武帝之後，漢昭帝、漢元帝對音樂的愛好與天賦以及王孫貴族對音樂享樂的需求，使樂府機構一度「典領倡優伎樂蓋有千人」。成哀之際，更是頻頻出現「公卿列侯親屬近臣」「奢侈逸豫」「設鐘鼓，備女樂」、豪富吏民爭搶女樂滋事生亂

〔註1〕　「漢興，樂家有制氏，以雅樂聲律世世在大樂官」《漢書》卷二二《禮樂志》，（漢）班固撰，北京：中華書局，1962年，第1043頁。

〔註2〕　「高祖時，叔孫通因秦樂人制宗廟樂。」《漢書》卷二二《禮樂志》，（漢）班固撰，北京：中華書局，1962年，第1043頁。

〔註3〕　「又有《房中祠樂》，高祖唐山夫人所作也。……高祖樂楚聲，故《房中樂》楚聲也。」《漢書》卷二二《禮樂志》，（漢）班固撰，北京：中華書局，1962年，第1043頁。

〔註4〕　「上曰：『為我楚舞，吾為若楚歌』。」《漢書》卷四十《張良傳》，（漢）班固撰，北京：中華書局，1962年，第2036頁。

〔註5〕　（唐）房玄齡等撰：《晉書》卷二二《樂志上》，北京：中華書局，1974年，第693頁。

之事。面對此種奢侈淫樂的局面，哀帝即刻下令「罷樂府員」。〔註6〕至東漢，宮廷音樂大體沿用西漢舊制，只是在樂舞、樂曲、樂器的使用方面更爲減省與統一。

綜而觀之，漢代宮廷音樂既有對西周的承襲，如宗廟樂、郊祀樂等祭天地先祖的音樂仍然佔據重要位置，也有新的發展，如新生樂品鼓吹樂逐漸成爲宮廷音樂的主體。

第一節　漢代宮廷音樂的種類

漢代宮廷音樂的種類，現存「漢樂四品」之說。「漢樂四品」是蔡邕對東漢明帝時的宮廷音樂所作分類，西漢宮廷音樂的分類並無文獻記載。故本文僅視「漢樂四品」爲參考。由於「漢樂四品」說的文獻記述存在差異，今人對此也有一些討論，故考察漢代宮廷音樂的種類之前，有必要對此略作概述。

一、「漢樂四品」的不同記述與說法

漢樂四品的分類敘錄，最早見於後漢蔡邕的《禮樂志》。《禮樂志》全文今已亡佚，其敘述漢樂四品的文字，《東觀漢記·樂志》有如下載錄：

> 漢樂四品：一曰大予樂，典郊廟、上陵殿諸食舉之樂。郊樂，《易》所謂「先王以作樂崇德，殷薦上帝」，《周官》「若樂六變，則天神皆降，可得而禮也」。宗廟樂，《虞書》所謂「琴瑟以詠，祖考來假」，《詩》云「肅雍和鳴，先祖是聽」。食舉樂，《王制》謂「天子食舉以樂」，《周官》「王大食則令奏鐘鼓」。二曰周頌雅樂，典辟雍、饗射、六宗、社稷之樂。辟雍、饗射，《孝經》所謂「移風易俗，莫善於樂」，《禮記》曰「揖讓而治天下者，禮樂之謂也」。社稷，《詩》所謂「琴瑟擊鼓，以御田祖」者也。《禮記》曰「夫樂施於金石，越於聲音，用乎宗廟、社稷，事乎山川、鬼神」，此之謂也。三曰黃門鼓吹，天子所以宴樂群臣，《詩》所謂「坎坎鼓我，蹲蹲舞我」者也。其短簫鐃歌，軍樂也。其傳曰黃帝歧伯所作，以

〔註6〕（漢）班固撰：《漢書》卷二二《禮樂志》，北京：中華書局，1962年，第1073～1074頁。

建威揚德，風勸士也。蓋《周官》所謂「王師大捷則令凱樂，軍大獻則令凱歌」也。〔註7〕

「漢樂四品」說在漢以後的典籍中還有如下不同記述。南朝梁沈約《宋書‧樂志》：「蔡邕論敘漢樂曰：一曰郊廟神靈，二曰天子享宴，三曰大射辟雍，四曰短簫鐃歌」。〔註8〕唐人魏徵《隋書‧音樂志》：「漢明帝時，樂有四品，一曰《大予樂》，郊廟上陵之所用焉。……二曰雅頌樂，辟雍饗射之所用焉。……三曰黃門鼓吹樂，天子宴群臣之所用焉。……其四曰短簫鐃歌樂，軍中之所用焉……。」〔註9〕宋人徐天麟《東漢會要》：「蔡邕《禮樂志》曰：『漢樂四品：一曰《大予樂》，典郊廟、上陵、殿諸食舉之樂。……二曰周頌雅樂，殿辟雍、享射、六宗、社稷之樂。……三曰黃門鼓吹，天子所以宴樂群臣……四曰短簫鐃歌，軍樂也。……』」〔註10〕

綜而觀之，歷代文獻所述「漢樂四品」存兩種說法，一種是《東觀漢記》僅明確列出三品，一種是《宋書‧樂志》與《隋書‧音樂志》將短簫鐃歌列為第四品。關於此兩種不同記述，今人也有不同意見，具代表性的觀點有二：其一，蕭亢達著《漢代樂舞百戲藝術研究》推斷第四品是天子宴樂中的「宴私」之樂。所謂「宴私」之樂，即賈誼《新書‧官人》所言「薰服之樂」，是天子在後宮中「婦女居前」的宴私之樂，屬「俳優歌舞雜奏」，是「天子宴群臣時不能（至少在名分上是不能）公開演奏」的音樂品類。〔註11〕其二，李鶖《漢四品樂文獻考辨——兼論黃門鼓吹樂和短簫鐃歌樂的關係》文，堅持短簫鐃歌正是漢樂第四品，「作為漢樂四品第三品的黃門鼓吹樂，是一個狹義的概念，在性質上屬於宴樂」，與「作為漢四品樂第四品的短簫鐃歌樂，在性質上屬於軍樂」，「二者互不包含，是各自獨立的樂品。」〔註12〕

本文以為，蔡邕「漢樂四品」的分類不僅存在第四品究竟為何的爭議，

〔註7〕　（漢）劉珍撰，劉樹平校注：《東觀漢記校注》卷五，鄭州：中州古籍出版社，1987 年，第 159 頁。

〔註8〕　（梁）沈約撰：《宋書》卷二十，北京：中華書局，1974 年，第 565 頁。

〔註9〕　（唐）魏徵等撰：《隋書》卷十三，北京：中華書局，1973 年，第 286 頁。

〔註10〕　（宋）徐天麟撰：《東漢會要》卷八，上海：上海古籍出版社，2006 年，第 118～119 頁。

〔註11〕　蕭亢達著：《漢代樂舞百戲藝術研究》，北京：文物出版社，1991 年，第 30～31 頁。

〔註12〕　李鶖：《漢四品樂文獻考辨——兼論黃門鼓吹樂和短簫鐃歌樂的關係》，載《文獻》2013 年第 4 期，第 141 頁。

而且分類本身並未覆蓋漢代宮廷音樂，如第三品天子宴樂群臣的音樂，除黃門鼓吹外還有許多，如雜舞、百戲等；再如黃門鼓吹樂不僅用於天子宴樂群臣，更重要的使用場合是天子出行儀仗，但「漢樂四品」中並無此類儀仗用樂。

至於爭議出現的原因，楊唯偉《兩漢黃門樂新考》文作了解釋，「實際上，『漢樂四品』是對音樂用途的分類而不是對音樂本身的分類，四品中所提及的各種用途基本上涵蓋了當時官方用樂的主要方面，每一品強調的是它的用途。」〔註13〕

二、本文的分類

「漢樂四品」提及的音樂種類主要有：郊祀樂、宗廟樂、食舉樂、辟雍樂、饗射樂、六宗樂、社稷樂、宴饗樂、軍中獻捷用樂。正如前文所說，此種分類只是大致勾勒了漢樂的使用範圍與場合，但並未涵蓋宮廷音樂的類別，也未明晰某種類別的多種使用場合。

本文以為，從使用場合與用途看，漢代宮廷音樂的分類仍可承襲周代，分為「人神交通」的音樂與「人人交際」的音樂。第一類「人神交通」的音樂即祭祀音樂，「漢樂四品」中提及的郊祀樂、宗廟樂、六宗樂、社稷樂。第二類「人人交際」的音樂，可具體分為三項，宴饗音樂、典禮音樂、出行音樂。其中，宴饗音樂主要是宴饗場合用樂，如「漢樂四品」中提及的食舉樂、宴饗樂及辟雍樂；典禮音樂專指提示某項禮儀動作起始而演奏的音樂，如「漢樂四品」提及的饗射樂，以及天子朝賀、天子冊后、天子舉哀發喪時的黃門鼓吹樂；出行音樂是指天子出行儀仗所設的鼓吹樂。下文逐次考察此二類四項宮廷音樂的具體內容。

第二節　漢代宮廷祭祀音樂

漢代宮廷祭祀音樂，以郊祀樂與宗廟樂為代表。「漢樂四品」中提及的六宗樂與社稷樂，具體曲目無考，暫不論，下文主要考察郊祀樂與宗廟樂的內容。

〔註13〕楊唯偉：《兩漢黃門樂新考》，載《樂府學》第六輯，2010年，第110頁。

一、郊祀樂章與樂舞

郊祀樂在「漢樂四品」中居首，可見郊祀樂在漢代宮廷音樂中的重要性。漢武帝之前，並無郊祀樂。「民間祠有鼓舞樂，今郊祀而無樂，豈稱乎？」〔註14〕至漢武帝詔令司馬相如等造《郊祀歌》十九章，漢代郊祀樂歌才得以創製。創製《郊祀歌》，是配合武帝定郊祀之禮的一件大事，其後的「乃立樂府」與「采詩夜誦」都與之相關。《漢書・禮樂志》云：「至武帝定郊祀之禮，祠太一於甘泉，就乾位也；祭后土於汾陰，澤中方丘也。乃立樂府，采詩夜誦，有趙、代、秦、楚之謳。以李延年爲協律都尉，多舉司馬相如等數十人造爲詩賦，略論律呂，以合八音之調，作十九章之歌。」〔註15〕

《郊祀歌》共十九章，分別是《練時日》、《帝臨》、《青陽》、《朱明》、《西皓》、《玄冥》、《惟泰元》、《天地》、《日出入》、《天馬》、《天門》、《景星》、《齋房》、《后皇》、《華煜煜》、《五神》、《朝隴首》、《象載瑜》及《赤蛟》。歌辭章句結構較爲複雜多樣，以四言、三言爲主，四言者八章，三言者七章。另外還有四七言者兩章、三五六七言者一章、四五六七言者一章。

班固《漢書》僅標有《郊祀歌》篇名，除部分篇章簡述其創作緣起外，樂章施用場合、祭祀主神等都未明示。胡紅波在其《西漢之郊祀樂章》一文中，以爲《郊祀歌》十九章是以迎神、饗神（或頌神）、送神三部分組成的整套祭祀樂章之主體。〔註16〕本文以此說法爲參考，結合樂章歌辭內容與漢代祭祀儀式，將十九章的施用情況列清單如下：

篇名	主題
《練時日》一	迎天神時演唱
《華煜煜》十五	迎后土神時演唱
《帝臨》二、《青陽》三、《朱明》四、《西顥》五、《玄冥》六	饗祭五帝、后土神時演唱
《惟泰元》七、《天地》八、《日出入》九	饗祭泰一天神時演唱
《天門》十一	泰山封禪饗神時演唱

〔註14〕（漢）班固撰：《漢書》卷二五上《郊祀志》，北京：中華書局，1962 年，第 1232 頁。

〔註15〕（漢）班固撰：《漢書》卷二二《禮樂志》，北京：中華書局，1962 年，第 1045 頁。

〔註16〕胡紅波：《西漢之郊祀樂章》，《成功大學學報》第 21 期，第 55 頁。

《天馬》十、《景星》十二、《齊房》十三、《后皇》十四、《朝隴首》十七、《象載瑜》十八	薦告祥瑞之歌
《五神》十六	送后土神時演唱
《赤蛟》十九	送天神時演唱

漢代郊祀樂除《郊祀歌》外，還有樂舞。具代表性的樂舞有兩部，《雲翹》與《育命》〔註17〕。《雲翹》又稱《雲招》舞。〔註18〕關於其製作，《後漢書·祭祀志中》注引魏氏繆襲議曰：「漢有《雲翹》、《育命》之舞，不知所出。舊以祀天，今可兼以《雲翹》祀圓丘，兼以《育命》祀方澤。」〔註19〕

二、宗廟樂章與樂舞

「漢樂四品」中，宗廟樂與郊祀樂同等重要，都位居「一品」。漢代宗廟樂創制於漢高祖建漢之初。「高祖時，叔孫通因秦樂人制宗廟樂。」〔註20〕可見西漢初年的宗廟禮儀建設中，宗廟樂的創制佔據了重要位置。

《史記》、《漢書》中記載的宗廟樂篇章有《安世房中歌》、《三侯之章》、《嘉至》、《永至》、《休成》、《永安》、《昭容》、《禮容》及《郊祀歌》。

1. 《安世房中歌》

《安世房中歌》共十七章，歌辭以四言爲主，夾雜三言與七言。主題爲宣揚「德」「孝」。首章開篇有云「大孝備矣，休德昭清」，主旨昭然若揭。全篇大致圍繞「德」「孝」與帝王功績、民眾教化的聯繫展開，諸如「敬明尊親」、「王侯秉德」與「其鄰翼翼」、「皇帝有德」與「撫安四級」、「武臣承德」與平定「群匿」、「民何貴？貴有德」、「王者有愉愉之德」與「眾人皆安樂」、「明示德義之方」與「治正本之約」、「德政所加」與「室家老幼皆相保」、「孝道

〔註17〕「漢光武平隴、蜀，增廣郊祀，高皇帝配食，樂奏《青陽》、《朱明》、《西皓》、《玄冥》、《雲翹》、《育命》之舞。北郊及祀明堂，並奏樂如南郊。迎時氣五郊：春哥《青陽》，夏哥《朱明》，並舞《雲翹》之舞；秋哥《西皓》，冬哥《玄冥》，並舞《育命》之舞；季夏哥《朱明》，薦舞二舞。」《宋書》卷一九《樂志一》，（梁）沈約撰，北京：中華書局，1974年，第538頁。

〔註18〕「諸族樂人兼《雲招》給祠南郊用六十七人。」顏師古注：「招，讀與翹同。」（漢）班固撰，《漢書》卷二二《禮樂志》，北京：中華書局，1964年，第1073～1074頁。

〔註19〕（宋）范曄撰：《後漢書》志第八，北京：中華書局，1965年版，第3182頁。

〔註20〕（漢）班固撰：《漢書》卷二二《禮樂志》，北京：中華書局，1964年，第1043頁。

進承於天」與「天神下降」、「烏呼孝哉」與「安撫戎國」及「終無兵革」、「帝之休德」與「天下蕩平」、「言深法眾德」與「能生育群黎」、「承帝明德」與百姓「永受爵福」等等。〔註21〕

　　就音樂風格而言，《房中歌》以楚聲爲基礎。〔註22〕關於《安世房中歌》的使用場合，後人多將其視爲祭祀樂歌。宋人郭茂倩《樂府詩集・郊廟歌辭》序曰：「又作《安世歌》詩十七章，薦之宗廟。」〔註23〕清人陳本禮《漢詩統箋》認爲：「《房中樂》十七章，乃高祖祀祖廟樂章。」〔註24〕李純勝先生依據歌詞內容、「房中」概念、夫婦共祭宗廟等方面證明《房中歌》是祭祀宗廟之樂。〔註25〕此外，也有人依據魏人繆襲之言認爲《安世樂》不僅被用於祭祀活動中，同時還出現在燕饗場合。「漢房中樂、房中歌是在周秦房中樂及房中歌的基礎上發展而來的。既用於祭祀，又用於燕饗。」〔註26〕本文以爲，《安世房中歌》從句體形式看，是典型的「四言體」頌歌；從歌辭內容看，既有明確的祭祖主題，也有較爲清晰的祭儀進程之描述，如開篇對祭儀場景的描繪：龐大的樂隊、華美的裝飾、莊嚴肅穆的歌聲，恢宏莊重的氛圍。這些都是迎神的準備。因此，《安世房中歌》應是漢代宗廟祭祖樂歌。

2. 《三侯之章》

　　《三侯之章》又稱《大風歌》或《風起之詩》，漢高祖建漢之初所作。《史記・樂書》：「高祖過沛詩《三侯之章》，令小兒歌之。高祖崩，令沛得以四時歌舞宗廟。孝惠、孝文、孝景無所增更，於樂府習常肄舊而已。」司馬貞索隱按：「過沛詩即《大風歌》也。其辭曰：『大風起兮雲飛揚，威加海內兮歸故鄉，安得猛士兮守四方』是也。」〔註27〕可知，《三侯之章》亦爲楚聲。高祖崩，經樂府改作後用於沛宮高帝原廟的祭祀活動。

〔註21〕（漢）班固撰：《漢書》卷二二《禮樂志》，北京：中華書局，1964年，第1046〜1051頁。

〔註22〕「凡樂，樂其所生，禮不忘本。高祖樂楚聲，故《房中樂》楚聲也。」《漢書》卷二二《禮樂志》，（漢）班固撰，北京：中華書局，1964年，第1043頁。

〔註23〕（宋）郭茂倩撰：《樂府詩集》卷一，北京：中華書局，1979年，第1頁。

〔註24〕（清）陳本禮撰：《漢詩統箋》卷三，清莫友芝批校本。

〔註25〕李純勝著：《漢魏南北朝樂府》，臺北：商務印書館，1966年，第24〜25頁。

〔註26〕王福利：《論漢代的「房中樂」、「房中歌」》，《徐州師範大學學報》（哲學社會科學版）2007年第2期，第20頁。

〔註27〕（漢）司馬遷撰：《史記》卷二四《樂書》，北京：中華書局，1959年，第1177頁。

3. 《嘉至》、《永至》、《登歌》、《休成》、《永安》

此四曲皆爲漢初叔孫通所製宗廟樂曲。《漢書‧禮樂志》：「高祖時，叔孫通因秦樂人制宗廟樂。」〔註28〕它們與《安世房中歌》，構成了一套完整的宗廟祭典樂章。《嘉至》是奉迎祖先神靈之樂章。〔註29〕《永至》，是迎皇帝入廟之樂章，以爲行步之節。〔註30〕《登歌》，是祭典進行至主祭者獻「乾豆」饗神時所歌之曲。演唱採用「登歌」形式，即主唱者登臺領唱樂曲，並停止管絃樂演奏，目的是讓與祭者更清楚地聽到演唱內容。〔註31〕《休成》，「登歌」兩遍後，堂下奏《休成》。〔註32〕《永安》，此篇是獻爵時所奏篇章。《漢書‧禮樂志》：「皇帝就酒東廂，坐定，奏《永安》之樂，美禮已成也。」〔註33〕所謂「就酒」，即獻爵也，沈約《宋書‧樂志》載王宏奏議：「初獻，奏《凱容》、《宣烈》之舞。終獻，奏《永安》。」〔註34〕意略同。終獻之禮，由皇帝就東廂定位行之，此即祭典獻饗禮之尾聲，故曰「美禮已成也」。

以上樂章的奏用與全套廟祭禮儀之行進程序配合極爲密切。關於樂章是否有詞，歷來說法不一。徐師會《詩體明辨》卷二「祭祀樂歌辭上」以爲四章無辭，而陸侃如《樂府古辭考》以爲歌辭皆已亡佚〔註35〕。臺灣劉德玲以爲此五章歌辭「皆散在《安世房中歌》十七章中，其屬於『雅樂』之詩頌體四言部分，而按祭禮節目先後編列於不同位置」。〔註36〕本文以爲，《安世房

〔註28〕 （漢）班固撰：《漢書》卷二二《禮樂志》，北京：中華書局，1962 年，第 1043頁。

〔註29〕 「太祝迎神於廟門，奏《嘉至》，猶古降神之樂也。」《漢書》卷二二《禮樂志》，（漢）班固撰，北京：中華書局，1962 年，第 1043 頁。

〔註30〕 「皇帝入廟門，奏《永至》，以爲行步之節，猶古《采薺》、《肆夏》也。」《漢書》卷二二《禮樂志》，（漢）班固撰，北京：中華書局，1962 年，第 1043頁。

〔註31〕 「乾豆上，奏登歌，獨上歌，不以管絃亂人聲，欲在位者遍聞之，猶古《清廟》之歌也。」《漢書》卷二二《禮樂志》，（漢）班固撰，北京：中華書局，1962 年，第 1043 頁。

〔註32〕 「登歌再終，下奏《休成》之樂，美神明既饗也。」《漢書》卷二二《禮樂志》，（漢）班固撰，北京：中華書局，1962 年，第 1043 頁。

〔註33〕 （漢）班固撰：《漢書》卷二二《禮樂志》，北京：中華書局，1962 年，第 1043頁。

〔註34〕 （梁）沈約撰：《宋書》卷一九，北京：中華書局，1974 年，第 545 頁。

〔註35〕 陸侃如著：《樂府古辭考》，北京：商務印書館，1927 年，第 13 頁。

〔註36〕 劉德玲著：《兩漢雅樂研究──以典禮音樂爲主的考察》，臺北：文津出版社，2002 年，第 150 頁。

中歌》開篇對祭儀場景的描繪：龐大的樂隊、華美的裝飾、莊嚴肅穆的歌聲，恢宏莊重的氛圍⋯⋯表明，此爲迎神所唱之曲。也就是說，《安世房中歌》應是《嘉至》、《永至》、《登歌》、《休成》、《永安》樂章的歌辭。

4.《昭容》、《禮容》

此乃高祖六年所作，用於「出舞」。《漢書・禮樂志》：「《昭容》者，猶古之《昭夏》也，主出《武德》舞。《禮容》者，主出《文始》、《五行》舞。」〔註37〕所謂「主出」某舞，劉奉世注《漢書》曰：「予謂『主出』者，此舞出則主奏之。故下文云：『出用樂者，言舞不失節，能以樂終也。』」〔註38〕可知，某舞舞罷繼而奏唱樂歌以爲退場時節制舞員秩序者。《昭容》《禮容》則相當於舞員退場樂曲。樂曲歌辭亡佚。

漢代宗廟樂除上述樂章、樂曲之外，還有一系列樂舞。

1.《武德》舞作於高祖四年，在諸舞中創作時間最早。〔註39〕

2.《昭德》舞是由《武德》舞演化而來的新舞，孝景帝時始用於文帝廟。〔註40〕

3.《盛德》舞是由《昭德》演化而來的新舞，孝宣帝時始用於武帝廟。〔註41〕

4.《四時》舞是漢文帝所作，用於文帝及後世諸帝廟的祭祀活動中。〔註42〕

5.《大武》舞是東漢明帝爲光武帝廟所作樂舞。〔註43〕

6.《文始》《五行》二舞皆改作漢以前周、秦時代之舞蹈。《文始》，即周

〔註37〕　（東漢）班固撰：《漢書》卷二二《禮樂志》，北京：中華書局，1962年，第1044頁。

〔註38〕　（清）秦蕙田撰：《五禮通考》卷九十，《文淵閣四庫全書》本，第6頁。

〔註39〕　「《武德》舞者，高祖四年作，以象天下樂己行武以除亂也。」《漢書》卷二二《禮樂志》，（東漢）班固撰，北京：中華書局，1962年，第1044頁。

〔註40〕　「孝景採《武德》舞以爲《昭德》，以尊大宗廟。」《漢書》卷二二《禮樂志》，（東漢）班固撰，北京：中華書局，1962年，第1044頁。

〔註41〕　「至孝宣，採《昭德》舞爲《盛德》，以尊世宗廟。」《漢書》卷二二《禮樂志》，（東漢）班固撰，北京：中華書局，1962年，第1044頁。

〔註42〕　「《四時》舞者，孝文所作，以明示天下之安和也。蓋樂己所自作者，明有制也；樂先王之樂，明有法也。」《漢書》卷二二《禮樂志》，（東漢）班固撰，北京：中華書局，1962年，第1044頁。

〔註43〕　「至明帝初，東平憲王蒼總定公卿之議曰：『⋯⋯承《文始》、《五行》、《武德》爲《大武》之舞。』又製舞歌一章，薦之光武之廟。」《宋書》卷一九《樂志一》，北京：中華書局，1974年，第534頁。

之《韶》舞。《五行》，即周之《大武》舞。〔註44〕二者一爲文舞，一爲武舞，其舞容、舞具、舞飾有別。〔註45〕

　　由上述樂舞的創作緣由可知，漢代宗廟樂舞旨在明功德，表彰歷代祖先所積之政績美德，故形成各廟各奏其舞的定制，如高廟奏《武德》《文始》《五行》之舞，惠帝廟奏《文始》《五行》文武二舞，文帝廟奏《昭德》舞。光武帝廟奏「大武」舞。

第三節　漢代宮廷宴饗音樂

　　宮廷宴饗音樂，是古代宮廷帶有鮮明典禮、禮儀性質的歌樂，不同於一般以娛樂性質爲主要目的的宴飲活動。〔註46〕漢代宮廷宴饗音樂主要用於宮廷宴饗活動中。這些宴饗活動既包括天子與群臣之間的正式宴饗，如朝賀宴饗、校獵宴饗、朝聘宴饗、遣衛士宴饗以及天子養老宴饗，也包括非正式的私人宴會，如皇帝與后妃夫人的宴飲。

　　宮廷宴饗音樂，尤其是正式宴饗用樂，形式頗爲豐富。既有樂舞、樂曲，還有散樂百戲與鼓吹，呈現出「既有天下太平的傳統頌歌，也有曲調不同的各地民歌；既有鏗鏘豪邁的軍樂，也有柔靡清麗的小調；既有俳優侏儒的詼諧遊戲，也有異域藝人的新奇演出」〔註47〕、「荊吳鄭衛之聲、《韶》《濩》《武》《象》之樂、陰淫案衍之音」〔註48〕齊聚一堂的盛況。

〔註44〕「《文始》舞者，日本舞《招》舞也，高祖六年更名曰《文始》，以示不相襲也。《五行》舞者，本周舞也，秦始皇二十六年更名曰《五行》也。」《漢書》卷二二《禮樂志》，（東漢）班固撰，北京：中華書局，1962 年，第 1044 頁。「周存六代之樂，至秦唯餘《韶》、《武》而已。始皇改周舞曰《五行》。」《宋書》卷一九《樂志一》，北京：中華書局，1974 年，第 533 頁。

〔註45〕「其作樂之始，先奏《文始》，以羽籥衣文繡居先。次即奏《五行》，《五行》即武舞，執干戚而衣有五行之色也。」《史記》卷十《孝文本紀》索隱，北京：中華書局，1959 年，第 437 頁。

〔註46〕王福利著：《郊廟燕射歌辭研究》，北京：北京大學出版社，2009 年，第 170 頁。

〔註47〕曹勝高著：《漢賦與漢代制度：以都城、校獵、禮儀爲例》，北京：北京大學出版社，2006 年版，第 46、147 頁。

〔註48〕（漢）司馬遷撰：《史記》卷一一七《司馬相如傳》，北京：中華書局，1959 年，第 3038 頁。

一、樂舞

自漢以降，樂舞寢盛，所有宴饗之會，必佐以樂舞。〔註49〕宴饗樂舞以民間雜舞爲主，還有四夷樂舞與周代樂舞。雜舞最初產生和流行於民間，後施用於宮廷宴饗等活動場合。《樂府詩集》卷五三：「雜舞者，《公莫》《巴渝》《盤舞》《鼙舞》《鐸舞》《拂舞》《白紵》之類是也。……漢、魏已後，並以鼙、鐸、巾、拂四舞，用之宴饗。」〔註50〕

1. 巴渝舞

此舞大約起於高祖時，是來自巴蜀地區賨人的民間舞蹈。因高祖喜愛，得以進入宮廷，成爲宴饗時所用的樂舞。《晉書》卷二二曰：「漢高祖自蜀漢將定三秦，閬中范因率賨人以從帝，爲前鋒。及定秦中，封因爲閬中侯，復賨人七姓。其俗喜舞，高祖樂其猛銳，數觀其舞，後使樂人習之。閬中有渝水，因其所居，故名曰《巴渝舞》。舞曲有《矛渝本歌曲》，《安弩渝本歌曲》，《安臺本歌曲》，《行辭本歌曲》，總四篇。其辭既古，莫能曉其句度，魏初，乃使軍謀祭酒王粲改創其辭。」〔註51〕高祖觀此舞時，感慨「此武王伐紂之歌也」。〔註52〕據《漢書・禮樂志》記載「巴俞鼓員三十六人」〔註53〕，表明漢時已有巴渝舞樂人的正式官制。

2. 鞞舞

此舞約爲東漢時期的作品。《宋書・樂志》云：「鞞舞，未詳所起，然漢代已施於燕享矣。」〔註54〕「鞞」，本爲軍中馬上所用之鼓，鞞舞或起於軍旅。

〔註49〕「前世樂飲，酒酣，必起自舞。詩云『屢舞僊僊』是也。宴樂必舞，但不宜屢爾。譏在屢舞，不譏舞也。漢武帝樂飲，長沙定王舞又是也。」《宋書》卷一九《樂志》，（梁）沈約撰，北京：中華書局，1974年，第552頁。

〔註50〕（宋）郭茂倩撰：《樂府詩集》卷五三，北京：中華書局，1979年，第766頁。

〔註51〕（唐）房玄齡撰：《晉書》卷二二《樂志上》，北京：中華書局，1974年，第693頁。

〔註52〕「高祖觀之，曰：『此武王伐紂之歌也。』乃命樂人習之，所謂《巴渝舞》也。」《後漢書》卷八六《南蠻西南夷列傳》，（宋）范曄撰，北京：中華書局，1965年，第2842頁。

〔註53〕（漢）班固撰：《漢書》卷二二《禮樂志》，北京：中華書局，1962年，第1073頁。

〔註54〕（梁）沈約撰：《宋書》卷十九《樂志一》，北京：中華書局，1974年，第551頁。

〔註 55〕《樂府詩集》卷五三載,漢章帝親自創作《鞞舞歌》五篇,歌辭已失傳,只保留了篇名,即《關東有賢女》,《章和二年中》,《樂久長》,《四方皇》,《殿前生桂樹》。〔註 56〕《晉書》卷二三「漢靈帝西園鼓吹有李堅者,能鞞舞。」〔註 57〕

3. 公莫舞

公莫舞,又稱「巾舞」。《宋書・樂志》:「公莫舞,今之巾舞也。相傳云項莊劍舞,項伯以袖隔之,使不得害漢高祖。且語莊云:『公莫。』古人相呼曰『公』,云莫害漢王也。今之用巾,蓋象項伯衣袖之遺式。」〔註 58〕關於其辭,《樂府詩集》卷五四引《古今樂錄》云:「《巾舞》,古有歌辭,訛異不可解。」〔註 59〕

4. 鐸舞

鐸舞,始於漢代。《舊唐書・樂志》:「《鐸舞》,漢曲也。」〔註 60〕《古今樂錄》:「鐸,舞者所持也。本鐸制法度以號令天下,故取以為名。今謂漢世諸舞,鞞、巾二舞是漢事,鐸、拂二舞以象時。古《鐸舞曲》有《聖人制禮樂》一篇,聲辭雜寫,不復可辨,相傳如此。」〔註 61〕

5. 槃舞

槃舞,在漢代頗為盛行。據張衡《南都賦》「怨西荊之折槃」句,槃舞可

〔註 55〕《周禮・地官・大司馬》:「中春,教振旅,司馬以旗致民,平列陳,如戰之陳。……王執路鼓,諸侯執賁鼓,軍將執晉鼓,師帥執提,旅帥執鼙。」《周禮注疏》卷二九,北京:中華書局(阮元刻《十三經注疏》),1980 年,第 836頁。此時,「鼙」作為鼓的一種,常用於軍役戰鎮之中。可知,作為舞蹈的《鞞》舞名目儘管在周代並未被提及,但鞞鼓作為軍旅器具早已被使用。

〔註 56〕(宋)郭茂倩撰:《樂府詩集》卷五三,北京:中華書局,1979 年,第 772頁。

〔註 57〕(唐)房玄齡撰:《晉書》卷二三《樂志下》,北京:中華書局,1974 年,第 710 頁。

〔註 58〕(梁)沈約撰:《宋書》卷十九《樂志一》,北京:中華書局,1974 年,第 551頁。

〔註 59〕(宋)郭茂倩撰:《樂府詩集》卷五四,北京:中華書局,1979 年,第 787頁。

〔註 60〕(後晉)劉昫等撰:《舊唐書》卷二九《音樂志二》,北京:中華書局,1975年,第 1064 頁。

〔註 61〕(宋)郭茂倩撰:《樂府詩集》卷五四引《古今樂錄》,北京:中華書局,1979年,第 784 頁。

能是楚地樂舞。關於槃舞表演，《宋書‧樂志》載：「張衡《舞賦》云『歷七槃而縱躡。』王粲《七釋》云『七槃陳於廣庭。』近世文士顏延之云『遞間關於盤扇。』鮑昭云『七槃起長袖。』皆以七槃爲舞也。」〔註62〕

6. 拂舞

　　《宋書‧樂志》中載錄五篇《拂舞》歌辭，即《白鳩》、《濟濟》、《獨祿》、《碣石》、《淮南王》篇。〔註63〕其中，應劭《風俗通》與崔豹《古今注》均認爲《淮南王》篇是西漢淮南王劉安之徒所作。〔註64〕

　　除雜舞外，漢代宴饗樂舞還包括周代古雅樂《韶》《武》舞及四夷樂舞。班固《東都賦》云：「於是庭實千品，旨酒萬鍾，列金罍，班玉觴，嘉珍御，大牢饗。……歌九功，舞八佾，《韶》《武》備，太古畢。四夷間奏，德廣所及，《伶》《侏》《兜離》，罔不具集。」〔註65〕

　　在漢代，宮廷宴饗時常常表演大量地方樂曲及外域樂曲。如漢武帝校獵後與群臣宴樂中表演的淮南樂曲《干遮》、楚地樂曲《激楚》、《結風》、西戎樂《狄鞮》。

　　　　「巴渝宋蔡，淮南《干遮》，文成顚歌，族居遞奏，金鼓迭起，……荊吳鄭衛之聲，……鄢郢繽紛，《激楚》《結風》，俳優侏儒，狄鞮之倡」。顏師古注曰：「宋蔡，二國名。淮南，地名。《干遮》，曲名。……《結風》，亦曲名也。」郭璞曰：「《激楚》，歌曲也。……（《狄鞮》）西戎樂名也。」〔註66〕

　　宮廷宴饗經常表演地方樂曲，還可從漢哀帝對樂府機構的調整與重組中看出。在漢哀帝的樂府樂員調整中，大量樂員被調用至「朝賀置酒」場合。

　　　　大樂鼓員六人，《嘉至》鼓員十人，邯鄲鼓員二人，騎吹鼓員

〔註62〕（梁）沈約撰：《宋書》卷十九《樂志一》，北京：中華書局，1974年，第551頁。

〔註63〕（梁）沈約撰：《宋書》卷二二《樂志四》，北京：中華書局，1974年，第633～635頁。

〔註64〕《古今注‧音樂》：「《淮南王》，淮南小山之所作也。淮南服食求仙，遍禮方士，遂與八公相攜俱去，莫知所在。小山之徒，思戀不已，乃作《淮南王》之曲焉。」（晉）崔豹撰，北京：中華書局，1985年，第9頁。

〔註65〕（宋）范曄撰：《後漢書》卷四十下《班固傳》，北京：中華書局，1965年，第1364頁。

〔註66〕（漢）班固撰：《漢書》卷五七上《司馬相如傳上》，北京：中華書局，1962年，第2569～2571頁。

三人，江南鼓員二人，淮南鼓員四人，巴俞鼓員三十六人，歌鼓員二十四人，楚嚴鼓員一人，梁皇鼓員四人，臨淮鼓員三十五人，茲邡鼓員三人，凡鼓十二，員百二十八人，朝賀置酒陳殿下，應古兵法。〔註67〕

沛吹鼓員十二人，族歌鼓員二十七人，陳吹鼓員十三人，商樂鼓員十四人，東海鼓員十六人，長樂鼓員十三人，縵樂鼓員十三人，凡鼓八，員百二十八人，朝賀置酒，陳前殿房中，不應經法。〔註68〕

治竽員五人，楚鼓員六人，常從倡三十人，常從象人四人，詔隨常從倡十六人，秦倡員二十九人，秦倡象人員三人，詔隨秦倡一人，雅大人員九人，朝賀置酒爲樂。〔註69〕

這裡可看到，被調至「朝賀置酒」的樂員中，表演地方音樂的樂員居多。提及的地方有邯鄲、江南、淮南、巴渝、梁皇、臨淮、茲邡、沛、陳、東海、楚、秦等地。

二、樂曲

漢代宮廷宴饗樂曲主要包括食舉樂曲與鼓吹樂曲。

食舉樂是王者進食時所奏之樂，周代已有之。《禮記・王制》：「然後天子食，日舉以樂。」〔註70〕至漢代，天子舉食也用樂。「天子食飲，必道須四時五味，故有食舉之樂，所以順天地，養神明，求福應也。」〔註71〕

漢代食舉樂，《宋書・樂志》載有殿中御飯食舉、太樂食舉、宗廟食舉、上陵食舉。「章帝元和二年，宗廟樂，故事，食舉有《鹿鳴》、《承元氣》二曲。三年，自作詩四篇，一曰《思齊皇姚》，二曰《六騏驎》，三曰《竭肅雍》，四曰《陟叱根》。合前六曲，以爲宗廟食舉。加宗廟食舉《重來》、《上陵》二曲，合八曲爲上陵食舉。減宗廟食舉《承元氣》一曲，加《惟天之命》、《天之曆

〔註67〕（漢）班固撰：《漢書》卷二二《禮樂志》，北京：中華書局，1962年，第1073頁。

〔註68〕（漢）班固撰：《漢書》卷二二《禮樂志》，北京：中華書局，1962年，第1073頁。

〔註69〕（漢）班固撰：《漢書》卷二二《禮樂志》，北京：中華書局，1962年，第1073～1074頁。

〔註70〕《禮記正義》卷十二，北京：中華書局（阮元刻《十三經注疏》），1980年，第1334頁。

〔註71〕（清）姚之駰：《後漢書補逸》卷十三，《文淵閣四庫全書》本，第174頁。

數》二曲，合七曲爲殿中御食飯舉。又漢太樂食舉十三曲：一曰《鹿鳴》，二
曰《重來》，三曰《初造》，四曰《俠安》，五曰《歸來》，六曰《遠期》，七曰
《有所思》，八曰《明星》，九曰《清涼》，十曰《涉大海》，十一曰《大置酒》，
十二曰《承元氣》，十三曰《海淡淡》。」〔註72〕

宗廟食舉六曲	鹿鳴、承元氣、思齊皇姚、騏驎、竭肅雍、陟叱根
上陵食舉八曲	鹿鳴、承元氣、思齊皇姚、騏驎、竭肅雍、陟叱根、重來、上陵
殿中御飯食舉七曲	鹿鳴、思齊皇姚、騏驎、竭肅雍、陟叱根、惟天之命、天之曆數
太樂食舉十三曲	鹿鳴、重來、初造、俠安、歸來、遠期、有所思、明星、清涼、涉大海、大置酒、承元氣、海淡淡

顯然，宗廟食舉、上陵食舉、殿中御飯食舉是依據食舉樂的使用場合作出的
分類，而太樂食舉是依據歸屬的音樂機構來命名，二者的分類標準不一致。
關於「太樂食舉十三曲」，今人說法也不一致。尚麗新以爲漢代食舉只有三類，
即宗廟食舉、上陵食舉、殿中御飯食舉，太樂食舉十三曲是「流傳至魏晉仍
存的十三曲」，將其視爲食舉樂的增損流變現象。〔註73〕杜鵑《漢代樂舞研究》
則認爲太樂食舉十三曲是指宴饗食舉，與宗廟食舉、上陵食舉、殿中御飯食
舉並列，構成漢代食舉樂的四類。〔註74〕考證其他文獻記載發現，《宋書·樂
志》也曾提及漢代「享宴食舉樂十三曲」〔註75〕，據此，本文採用漢代食舉
樂的四類說。

　　值得注意的是，東漢食舉樂與周代有很大不同。東代食舉樂不僅用於天
子日常食舉，如殿中御飯食舉，而且食舉樂開始用於其他儀式場合，如廟祭、
上陵祭以及朝賀食舉等。

　　漢代宮廷宴饗活動還有鼓吹樂表演。宴饗場合的鼓吹樂演奏曲目，王運
熙先生《說黃門鼓吹樂》文認爲是相和歌和雜舞曲。「漢代的黃門鼓吹樂，如

〔註72〕　（梁）沈約撰：《宋書》卷十九《樂志一》，北京：中華書局，1974年，第538
　　　　　～539頁。
〔註73〕　尚新麗：《漢代食舉樂考》，載《黃鍾》2002年第4期，第23頁。
〔註74〕　杜鵑：《漢代樂舞研究》，吉林大學博士論文，2006年，第61頁。
〔註75〕　「黃門鼓吹百四十五人。羽林左監主羽林八百人，右監主九百人。」《後漢書》
　　　　　卷五《安帝紀》劉昭注引《漢官儀》，（宋）范曄撰，北京：中華書局，1965
　　　　　年，第208頁。「漢享宴食舉樂十三曲」，《宋書》卷一九《樂志一》，（梁）沈
　　　　　約撰，北京：中華書局，1974年，第558頁。

上所述，包括了相和歌雜舞曲，其中尤以相和歌爲首要部分，它是宴樂賓客時娛心意悅耳目的最美妙的樂歌。蔡邕《禮樂志》說：『黃門鼓吹，天子所以宴樂群臣』，主要即指它們而言。」〔註76〕

三、百戲

漢代宮廷宴饗活動中，還有百戲表演。「百戲」一詞，始見於漢代。《後漢書·安帝紀》載，「（延平元年）乙酉，罷魚龍蔓延百戲」。〔註77〕在漢代，「百戲」與「散樂」爲同義詞，是指中原本土以及西域傳入的雜技、角抵、幻術及倡樂等藝術形式的總稱。郭茂倩《樂府詩集》曰：「秦漢已來，又有雜技，其變非一，名爲百戲，亦總謂之散樂。自是歷代相承有之。」〔註78〕

宮廷宴饗活動中表演百戲，在漢武帝時期極爲頻繁。漢武帝饗宴外賓，百戲表演也是重頭戲。《史記·大宛列傳》：「是時上方數巡狩海上，乃悉從外國客，……以覽示漢富厚焉。於是大觳抵，出奇戲諸怪物，多聚觀者，行賞賜，酒池肉林，令外國客遍觀（各）倉庫府藏之積，見漢之廣大，傾駭之。及加其眩者之工，而觳抵奇戲歲增變，甚盛益興，自此始。」〔註79〕

至東漢，朝賀宴饗奏樂，百戲表演成爲必備節目之一。東漢時期，每年正月舉行朝賀禮時，都要在德陽殿前作「九賓散樂」，演出各種雜技、幻術等「百戲」的節目。《舊唐書·音樂二》曰：「漢天子臨軒設樂，舍利獸從西方來，戲於殿前，激水成比目魚，跳躍嗽水，作霧翳日，化成黃龍，修八丈，出水遊戲，輝耀日光。繩繫兩柱，相去數丈，二倡女對舞繩上，切肩而不傾，如是雜變，總名百戲。」〔註80〕

百戲作爲漢代宴饗樂，在漢武帝之後並非一直受推崇。漢宣帝、漢元帝及東漢安帝年間曾屢次出現禁燬百戲的提案或舉措。

> 是時宣帝頗修武帝故事，宮室車服盛於昭帝。……吉上疏言得失，

〔註76〕王運熙著：《樂府詩述論》，上海：上海古籍出版社，2006年，第228頁。

〔註77〕（宋）范曄撰：《後漢書》卷五《安帝紀》，北京：中華書局，1965年，第205頁。

〔註78〕（宋）郭茂倩撰：《樂府詩集》卷五六，北京：中華書局，1979年，第819頁。

〔註79〕（漢）司馬遷撰：《史記》卷一二三《大宛列傳》，北京：中華書局，1959年，第3173頁。

〔註80〕（後晉）劉昫等撰：《舊唐書》卷二九《音樂志二》，北京：中華書局，1975年，第1072頁。

曰：「……去角抵，減樂府，省尚方，明視天下以儉。……」〔註81〕

天子（漢元帝）納善其忠，乃下詔令太僕減食穀馬，……又罷角抵諸戲及齊三服官。遷禹爲光祿大夫。〔註82〕

（初元五年）詔曰：「……罷角抵、上林宮館希御幸者、齊三服官、北假田官、鹽鐵官、常平倉。……」〔註83〕

（延平元年）乙酉，罷魚龍蔓延百戲。〔註84〕

　　百戲作爲宮廷宴饗樂，集中體現了民間音樂與外域音樂在漢代宮廷中的交集。儘管漢武帝之後禁燬之聲不斷，但百戲能出現在朝賀宴饗中，足以說明這類音樂仍然被統治集團所看重。

　　綜上可知，漢代宮廷宴饗音樂的內容相較周代而言，豐富許多。既有大量民間樂舞進入宮廷，四夷樂舞的表演也在繼續，未施用於漢代宮廷祭祀活動的周代古雅樂，也被用於宴饗活動。在此基礎上，漢代宮廷宴饗音樂還增添了百戲、散樂及鼓吹樂的表演。

第四節　漢代宮廷典禮音樂與出行音樂

　　漢代宮廷典禮音樂與出行音樂的具體曲目，文獻並未明確記載。此處僅圍繞此二項宮廷音樂的形式進行考察。因文獻記載不多，故合爲一節討論。

一、漢代宮廷典禮音樂的形式

　　漢代宮廷典禮音樂，主要有朝賀典禮音樂、冊后典禮音樂、大喪典禮音樂以及天子大射典禮音樂。

1. 朝賀典禮音樂

漢代朝賀典禮，在結束時有「小黃門鼓吹三通，謁者引公卿群臣以次拜，

〔註81〕（漢）班固撰：《漢書》卷七二《王吉傳》，北京：中華書局，1962年，第3062、3065頁。

〔註82〕（漢）班固撰：《漢書》卷七二《貢禹傳》，北京：中華書局，1962年，第3073頁。

〔註83〕（漢）班固撰：《漢書》卷九《元帝紀》，北京：中華書局，1962年，第285頁。

〔註84〕（宋）范曄撰：《後漢書》卷五《安帝紀》，北京：中華書局，1965年，第205頁。

微行出，罷。」〔註85〕這是朝賀典禮中用於結束儀式的音樂。

2. 冊后典禮音樂

漢代皇后即位時，需舉行天子冊后典禮。與朝賀典禮同，冊后典禮中也有「皇后伏，起拜，稱臣妾。訖，黃門鼓吹三通。鳴鼓畢，群臣以次出。」〔註86〕顯然，這裡的鼓吹樂，也是向參與者宣告儀式結束，並提示他們依次離殿。

3. 大喪典禮音樂

皇帝駕崩後的喪葬稱爲大喪。大喪典禮音樂主要是指舉哀發喪環節所奏之樂，即靈柩發喪開始時所奏之樂。《後漢書·禮儀志》注引丁孚《漢儀》：「永平七年，陰太后崩，晏駕詔曰：『柩將發於殿，群臣百官陪位，黃門鼓吹三通，鳴鐘鼓，天子舉哀。』……」〔註87〕儘管文獻並未記載大喪典禮音樂也有此環節，但依據《晉書·禮志》載「漢魏故事，將葬，設吉凶鹵簿，皆以鼓吹。」〔註88〕可知，皇帝的大喪也應有黃門鼓吹三通。

4. 天子大射用樂

漢代天子大射用樂情況，僅《東都賦》有簡略描寫。「禮事展，樂物具，《王夏》闋，《騶虞》奏。」可知，漢天子大射時奏《騶虞》樂曲。

二、漢代宮廷出行音樂的形式

漢代宮廷出行音樂的形式，主要是鹵簿鼓吹。在漢代，天子出行車駕使用鼓吹樂已形成定制。自秦漢，天子乘輿始稱「鹵簿」。〔註89〕鼓吹樂處於鹵簿儀仗的方陣之中，即鹵簿鼓吹。漢天子鹵簿依全隊的車乘數有三種編制：八十一乘的大駕鹵簿、三十六乘的法駕鹵簿與簡便的小駕鹵簿。西漢時，大

〔註85〕（宋）范曄撰：《後漢書》志第五《禮儀中》劉昭注引蔡質《漢儀》，北京：中華書局，1965年，第3131頁。

〔註86〕（宋）范曄撰：《後漢書》志第五《禮儀中》劉昭注引《漢官典職儀式選用》，北京：中華書局，1965年，第3122頁。

〔註87〕（宋）范曄撰：《後漢書》志第六《禮儀下》劉昭注引丁孚《漢儀》，北京：中華書局，1965年，第3151頁。

〔註88〕（唐）房玄齡撰：《晉書》卷二十《禮志中》，北京：中華書局，1974年，第626頁。

〔註89〕《封氏聞見記》卷五「鹵簿」：「輿駕行幸，羽儀導從謂之『鹵簿』，自秦、漢以來始有其名。」（唐）封演撰，趙貞信校注：《封氏聞見記校注》，中華書局，2005年，第38頁。

駕用於祭天地〔註90〕，東漢大駕僅用於大喪〔註91〕。祭天地、明堂用法駕，祠宗廟與上陵用小駕。〔註92〕其他出行，如校閱、田獵、巡狩等，則依當時情況而定。皇后出行鹵簿中也設有鼓吹。「皇后出，……置虎賁、羽林騎、戎頭、黃門鼓吹」〔註93〕。

　　天子大駕鹵簿，號稱「千乘萬騎」。鹵簿鼓吹組成的方式，是由各將帥率領所屬的鼓吹和皇帝的鼓吹組合而成。皇帝的鼓吹有象車鼓吹十三人及黃門前部鼓吹二十六人，將帥的鼓吹五部，每部七人，總計七十四人，另有一桐鼓在後，加上其他各種車駕及騎乘，每次出行，都能製造出聲勢浩大的場面。

　　　　大駕鹵簿，五校（步兵校尉、屯騎校尉、長水校尉、越騎校尉、

　　　　射聲校尉）在前，各有鼓吹一部。〔註94〕

　　　　乘輿法駕，……後有金鉦黃鉞，黃門鼓車。〔註95〕

　　天子鹵簿鼓吹由兩部分組成，其一是由各將帥率領所屬的鼓吹，大駕鹵簿中，將帥的鼓吹有五部；其二是皇帝的鼓吹，皇帝鼓吹由象車鼓吹十三人與黃門前部鼓吹二十六人組成。

本章小結

　　綜上所述可知，漢代宮廷音樂的分類標準，部分沿襲了西周的傳統，即仍然將宮廷音樂的用途和使用場合為劃分依據的同時，取消了音樂分類與職官的關係。從類型看，漢代宮廷音樂相較周代而言，既有繼承也有變化，但

〔註90〕　（漢）蔡邕著：《獨斷》卷下：「大駕則公卿奉引，……在長安時，出祠天於
　　　　　甘泉備之，百官有其儀，注名曰甘泉鹵簿。」上海：上海古籍出版社，1990
　　　　　年，第 17 頁。

〔註91〕　「東都唯大行乃大駕。」《後漢書》志第二九《輿服上》，（宋）范曄撰，北京：
　　　　　中華書局，1965 年，第 3648 頁。

〔註92〕　「行祠天郊以法駕，祠地、明堂省什三，祠宗廟尤省，謂之小駕。……春秋
　　　　　上陵，尤省於小駕。」《後漢書》志第二九《輿服上》，（宋）范曄撰，北京：
　　　　　中華書局，1965 年，第 3650 頁。

〔註93〕　（宋）范曄撰：《後漢書》志第四《禮儀上》劉昭注引丁孚《漢儀》，北京：
　　　　　中華書局，1965 年，第 3110 頁。

〔註94〕　（宋）范曄撰：《後漢書》志第二七《百官四》「射聲校尉」條劉昭注，北京：
　　　　　中華書局，1965 年，第 3613 頁。

〔註95〕　（宋）范曄撰：《後漢書》志第二九《輿服上》，北京：中華書局，1965 年，
　　　　　第 3649 頁。

以變化爲主。

繼承的方面主要是：祭祀音樂仍然在宮廷音樂中佔據重要位置。以郊祀和廟祭爲代表的漢代宮廷祭祀音樂，有一套完整的用樂系統，無論是樂舞還是樂曲，它們在祭祀中的使用非常明確。並且，這套祭祀音樂系統的使用有明確界限，即非祭祀音樂活動不能使用。

變化的方面主要有：其一，鼓吹樂不僅是漢代新增的宮廷音樂，而且是漢代宮廷中使用最爲廣泛的一個樂種。既用於宴饗，也用於出行，還用於給賜。其二，出行儀仗是鼓吹樂最爲頻繁的使用場合，這一場合也是周代沒有的。也就是說，漢代宮廷音樂不僅種類有所增加，用樂場合也有所增加。其三，漢代宮廷宴饗音樂比周代更爲豐富，從表演形式看，漢代宮廷宴饗音樂在樂舞、樂曲的基礎上，又增加了百戲散樂與鼓吹。從音樂來源上看，漢代宮廷宴饗場合以地方音樂爲主體。其三，漢代並無凱旋獻俘所奏「愷樂」；其四，漢代宮廷典禮音樂沿襲了周代節禮音樂的性質與功能，但是，從曲目以及使用情況來看，這類音樂明顯比周代遜色。也就是說，漢代宮廷中音樂與儀式的關係，從「節儀」角度來看，相較周代有弱化的趨勢。

綜觀上述變與不變的情況可以看出，漢代宮廷音樂的變化集中體現在「人人交際」用樂，即非祭祀音樂。如鼓吹樂作爲新興樂品廣泛施用於宮廷，成爲帝王最爲親暱的音樂種類；宮廷宴饗音樂表演形式與音樂來源更加豐富等，都反映出非祭祀音樂的重要性得到很大提升。

第三章　漢代宮廷音樂活動中的儀式

　　通過前一章的梳理與考察，我們可以看出，漢代宮廷音樂大致承襲了周代宮廷音樂的儀式性特徵，「漢樂四品」的分類正是依據儀式場合而進行。故，考察各種用樂儀式既是完整呈現宮廷音樂活動的前提，也是準確理解宮廷音樂活動及其教化意涵的前提。

　　漢代宮廷儀式是國家禮制的有機組成部分，是禮制在實踐層面的貫徹與落實。因此，制定與操作各種儀式是歷朝備受關注的頭等大事。具體到不同時期，制作之事呈現出明顯的階段性特徵。高祖建漢之初，令叔孫通制定朝儀，「漢興，撥亂反正，日不暇給，猶命叔孫通制禮儀，以正君臣之位」〔註1〕；文帝時期賈誼提出「定經制」的建議，「宜定制度，興禮樂，然後諸侯軌道，百姓素樸，獄訟衰息」，並「草具其儀」，但由於「大臣絳、灌之屬害之，故其議遂寢」，賈誼的建議不了了之；〔註2〕至漢武帝即位，銳意「立明堂，制禮服，以興太平」，但因「竇太后好黃老言，不說儒術」而未能實施。〔註3〕之後，在方術之士及儒臣的諫言下，「興太學，修郊祀，改正朔，定曆數，協音律，作詩樂，建封禪，禮百神」〔註4〕；宣元成之際，儒臣制禮熱情高漲，琅邪王吉「願與大臣延及儒生，述舊禮，明王制」〔註5〕、

〔註1〕　（漢）班固撰：《漢書》卷二二《禮樂志》，北京：中華書局，1962年，第1030頁。
〔註2〕　（漢）班固撰：《漢書》卷二二《禮樂志》，北京：中華書局，1962年，第1030頁。
〔註3〕　（漢）班固撰：《漢書》卷二二《禮樂志》，北京：中華書局，1962年，第1031頁。
〔註4〕　（漢）班固撰：《漢書》卷六《武帝紀》，北京：中華書局，1962年，第212頁。
〔註5〕　（漢）班固撰：《漢書》卷二二《禮樂志》，北京：中華書局，1962年，第1033頁。

劉向奏議「興辟雍，設庠序，陳禮樂，隆雅頌之聲，盛揖讓之容，以風化天下」〔註6〕等，儘管呼聲很高，但落實情況並不理想，如宣帝「不納其言，吉以病去」〔註7〕、成帝「以向言下公卿議，會向病卒」後「遭成帝崩」也被擱淺〔註8〕；至平帝及王莽年間，因王莽「欲耀眾庶，遂興辟雍」〔註9〕，立九廟，建明堂、辟雍，行郊祀、大射之禮等。但其篡位之舉並未因禮制建設而得到認可，以「海內叛之」而告終。東漢光武帝即位，大力開展禮制建設，定郊祀，建宗廟與社稷，立明堂及辟雍，爲後世禮制奠定了基礎；〔註10〕明帝進一步推進禮制建設，「宗祀光武皇帝於明堂，養三老、五更於辟雍」〔註11〕，制五郊迎氣之禮等；至漢章帝時期，更是在制禮之事上表現出強烈的願望，下詔曰「漢遭秦餘，禮壞樂崩，且因循故事，未可觀省，有知其說者，各盡所能」〔註12〕，並力排眾議讓曹襃在叔孫通所制《漢儀》基礎上進行《漢禮》制作。〔註13〕此外，漢章帝召集各地儒生於洛陽白虎觀討論五經異同，也是其銳意制禮之事的表現；和帝時期，張奮奏議「臣累世台輔，而大典未定，私竊惟憂，不忘寢食。臣犬馬齒盡，誠冀先死見禮樂之定」。〔註14〕之後的制禮之事在蔡邕、張衡、應劭、盧植等儒臣的建議與主張之下，有不同程度的推進。

〔註6〕 （漢）班固撰：《漢書》卷二二《禮樂志》，北京：中華書局，1962年，第1033頁。

〔註7〕 （漢）班固撰：《漢書》卷二二《禮樂志》，北京：中華書局，1962年，第1033頁。

〔註8〕 （漢）班固撰：《漢書》卷二二《禮樂志》，北京：中華書局，1962年，第1034頁。

〔註9〕 （漢）班固撰：《漢書》卷二二《禮樂志》，北京：中華書局，1962年，第1035頁。

〔註10〕 （漢）班固撰：《漢書》卷二二《禮樂志》，北京：中華書局，1962年，第1035頁。

〔註11〕 （宋）徐天麟撰：《東漢會要》卷三，上海：上海古籍出版社，1978年，第35頁。

〔註12〕 （宋）范曄撰：《後漢書》卷三五《曹襃傳》，北京：中華書局，1965年，第1203頁。

〔註13〕 「章和元年正月，乃召襃詣嘉德門，令小黃門持班固所上叔孫通《漢儀》十二篇，勑襃曰：『此制散略，多不合經，今宜依禮條正，使可施行。』」《後漢書》卷三五《曹襃傳》，（宋）范曄撰，北京：中華書局，1965年，第1203頁。

〔註14〕 （宋）范曄撰：《後漢書》卷三五《張奮傳》，北京：中華書局，1965年，第1199頁。

概而觀之，儘管兩漢各朝制禮熱情有所不同，但史籍所載漢代宮廷儀式尤爲繁多。既有對漢以前的承襲，也有漢朝新創之制。本章圍繞祭祀儀式與非祭祀儀式兩大類呈現漢代宮廷用樂儀式的大致情況。

第一節　漢代宮廷音樂活動中的祭祀儀式

祭祀禮儀具有關乎帝王權威、統治正當性及神聖性等屬性，因而祭祀禮儀的制定、實施與管理備受統治者高度重視。這是周代建立的傳統。至春秋戰國「禮崩樂壞」，列國兼併戰爭的發展、新官僚體制的建立，致使祭祀活動與國家事務的緊密關係日益鬆弛。戰國時期這一變化必然對漢代國家祭祀產生直接影響。兩漢國家祭祀在國家事務中的地位明顯不如周代突出，但仍佔據重要地位。〔註15〕這點可由漢代宮廷祭祀儀式與用樂儀式的種類得知。

一、祭祀儀式的種類

漢代宮廷祭祀儀式種類頗多。《史記》、《漢代》與《後漢書》所提及的祭祀儀式有：郊天、后土、大雩、享明堂、封禪、祭山川、風師雨師及諸星、祭社稷、祭日月、迎氣、迎春、籍田、高禖、大臘、先蠶、祓禊、葦菼桃梗、祠先虞、祭六宗、諸雜祠祭祀、宗廟、上陵、祀先聖（孔子、老子）、祀老人星。

漢代宮廷祭祀儀式在唐人杜佑《通典》、宋人鄭樵《通志二十略》、元人馬端臨《文獻通考》、明人徐一夔《明集禮》與清人秦蕙田《五禮通考》中也有記載。

儀式名稱	文獻出處
郊天、大雩、明堂、朝日夕月、禋六宗、大臘、祭星辰（靈星、風師雨師及諸星）、方丘（神州后土）、社稷、山川、籍田、先蠶、宗廟（時享薦新、禘祫、功臣配享）、上陵、祀先代帝王、祭先聖先師（孔子祠、老君祠）、封禪、高禖、儺（禜、禳祈、祓除）	唐・杜佑《通典》
郊天、大雩、明堂、朝日夕月、大臘、風師雨師及諸星等祠、方丘（神州后土）、社稷、山川、籍田、先蠶、宗廟（時享、禘祫、功臣配享）、天子七祀、上陵、祀先代帝王、祭先聖	宋・鄭樵《通志十二略》

〔註15〕王柏中著：《神靈世界——秩序的構建與儀式的象徵：兩漢國家祭祀制度研究》，北京：民族出版社，2005年，第19頁。

先師（孔子祠、老君祠）、封禪、儺（禜、禳祈、祓除）、高禖。	
郊、明堂、祀后土、雩（禱水旱附）、祀五帝（五時迎氣）、祭日月、風師雨師及諸星、六宗、社稷、祀山川、封禪、高禖、八臘（蠟）、天子五祀、籍田祭先農、親蠶祭先蠶、儺（禜、禳祈、祓除）、宗廟（時享薦新、禘祫、功臣配享）、祠祭褒贈先聖先師（孔子祠、老君祠）。	元・馬端臨《文獻通考》
祀天、祭地、宗廟、社稷、日月、籍田享先農、祭星辰（太歲風雲雷雨師）、嶽鎮海瀆天下山川、祭先聖先師（孔子）。	明・徐一夔《明集禮》
圜丘祀天、大雩、明堂、五帝、日月、星辰、方丘祭地、社稷、四望山川、封禪、五祀、六宗、蠟（臘）、儺（禜、禳祈、祓除）、宗廟（時享、禘祫）、祀先代帝王、祭先聖先師（孔子祠、老君祠）、親耕享先農、親桑享先蠶。	清・秦蕙田《五禮通考》

綜合漢及漢以後歷代典籍所載漢代宮廷祭祀儀式可知，儘管所述條目並非完全一致，但大體相同。其中，多種祭儀在周代就已存在，諸如郊天地、宗廟祭祖、社稷、五祀、風師雨師、山川、日月星辰、司中司命等。〔註 16〕

二、漢代宮廷用樂祭儀種類敘例

漢代諸多宮廷祭祀儀式中，重要祭禮大多用樂。如祀天、祭地、享祖（宗廟、陵寢）及封禪。據不完全統計，漢代 22 種祭祀儀式中，用樂儀式 12 種，依次是祭天、雩祭、享明堂、祭五帝、祭地（后土）、祭社稷、封禪、大儺、天子宗廟、上陵、老君祠、親桑享先蠶。本章仍按祭祀對象將此 12 種用樂儀式歸入天神、地祇、人鬼三大系統逐次考察。

（一）對天神系統神祇的祭祀

1. 祭天

在古代，祭天是歷代帝王用於彰顯「受命於天」與「君權神授」之統治合法性及至高無上之權威性的最主要禮儀形式。漢代，高祖建漢之初，祭天禮就被納入了國家祀典，成爲常規祭祀儀制之一。

漢代祭天禮，高祖時被安排在長安宮中由祠祀官領祠，「後四歲，天下

〔註 16〕鄭玄據漢代祭祀實況對《周禮・春官・肆師》「立大祀，用玉帛牲牷；立次祀，用牲幣；立小祀，用牲」作注：「大祀，天地。次祀，日月星辰。小祀，司命以下。玄謂大祀又有宗廟，次祀又有社稷、五祀、五嶽，小祀又有四種，風師、雨師、山川、百物。」《周禮注疏》卷十九，北京：中華書局（阮元刻《十三經注疏》），1980 年，第 768 頁。

已定，……長安置祠祝官、女巫。其梁巫祀天、地……，皆以歲時祠宮中。」
〔註17〕至漢武帝時期，才開始名符其實的「郊」天之祭，設祭天於長安城東
南郊，但此郊天祭仍是太祝奉祠。「於是天子令太祝立其祠（泰一祠）於長安
城東南郊，常奉祠如忌方。」〔註18〕直至元鼎五年，甘泉立泰一祠，漢武帝
始行親祭之禮。「（元鼎五年）十一月辛巳朔旦，冬至。立泰時於甘泉，天子
親郊見，朝日夕月。」〔註19〕「（元鼎五年）十一月辛巳朔旦冬至，昒爽，天
子始郊拜泰一。」〔註20〕宣、元之際，甘泉泰時祭禮仍然備受重視，且祭祀
時間得以形成定制，於每年春正月行祭。這一定制在成帝時期被繼續沿用。
但，自成帝建始元年於長安南郊始設圜丘祭壇後，南郊與甘泉泰時之間，多
次遭遇罷此復彼的反覆，成帝年間如此，哀帝年間依然如此。「（建始元年）
十二月，作長安南北郊，罷甘泉、汾陰祠。」〔註21〕「後上以無繼嗣故，令
皇太后詔有司曰：『……今皇帝寬仁孝順，奉循聖緒，靡有大愆，而久無繼
嗣。思其咎職，殆在徙南北郊，違先帝之制，改神祇舊位，失天地之心，以
妨繼嗣之福。……其復甘泉泰時、汾陰后土如故。』……天子復親郊禮如前。」
〔註22〕「丙戌，帝崩於未央宮。皇太后詔有司復長安南北郊。四月己卯，葬
延陵。」〔註23〕「（建平三年）冬十一月壬子，復甘泉泰時、汾陰后土祠，
罷南北郊。」〔註24〕直至平帝廢止甘泉泰時，南郊壇場才得以成為祭天的唯
一場所。元始年間，「平帝元始五年，大司馬王莽奏言：「王者父事天，故爵
稱天子。……臣謹與太師孔光……等六十七人議，皆曰宜如建始時丞相衡等

〔註17〕（漢）班固撰：《漢書》卷二五上《郊祀志上》，北京：中華書局，1962年，
　　　　第1210～1211頁。
〔註18〕（漢）司馬遷撰：《史記》卷二八《封禪書》，北京：中華書局，1959年，第
　　　　1386頁。
〔註19〕（漢）班固撰：《漢書》卷五《武帝紀》，北京：中華書局，1962年，第185
　　　　頁。
〔註20〕（漢）班固撰：《漢書》卷二五上《郊祀志上》，北京：中華書局，1962年，
　　　　第1231頁。
〔註21〕（漢）班固撰：《漢書》卷十《成帝紀》，北京：中華書局，1962年，第304
　　　　頁。
〔註22〕（漢）班固撰：《漢書》卷二五下《郊祀志下》，北京：中華書局，1962年，
　　　　第1259頁。
〔註23〕（漢）班固撰：《漢書》卷十《成帝紀》，北京：中華書局，1962年，第330
　　　　頁。
〔註24〕（漢）班固撰：《漢書》卷十一《哀帝紀》，北京：中華書局，1962年，第341
　　　　頁。

議，復長安南北郊如故。」〔註25〕東漢，自光武帝建都洛陽並於南郊建祭天壇場，南郊祭天之制得以確定。「建武元年，光武即位於鄗，爲壇營於鄗之陽。祭告天地，採用元始中郊祭故事。六宗群神皆從，未以祖配。天地共犢，餘牲尚約。」〔註26〕洛陽南郊作爲唯一的祀天場所，東漢後世諸帝的祭天禮皆在此舉行。

2. 雩祭

雩祭是古代社會祈雨的一種祭祀活動。在漢代，雩祭繼承周代傳統，有兩種形式，其一是每年夏四月的「龍星見而雩」，爲常雩。《漢舊儀》曰：「夏則龍星見而始雩。」其中，「龍星」又稱天田星、靈星，龍星始現的時節爲四月立夏左右，此時節正是農作物生長成熟的重要階段，雨水在這個時節尤其重要，「龍星體見，萬物始盛，待雨而大」。其二是立春至立秋遇旱則雩。「自立春至立夏盡立秋，郡國上雨澤。若少，（府）郡縣各掃除社稷；其旱也，公卿官長以次行雩禮求雨。」〔註27〕「四月立夏旱，乃求雨禱雨而已；後旱，復重禱而已；訖立秋，雖旱不得禱求雨也。」〔註28〕

漢代雩祭依活動主持者的身份，大致可分爲如下兩種形式：其一，皇帝親自舉行的雩祭。東漢時期，漢明帝在洛陽南郊營建了一座雩祭壇場。《後漢書·鍾離意傳》載，永平三年夏旱，明帝策詔「北祈明堂，南設雩場」，李賢注曰「明堂在洛陽城南，言北祈者，蓋時修雩場在明堂之南。」〔註29〕明帝之後，安帝、桓帝及靈帝都曾在此舉行雩祭。〔註30〕其二，中央官員或

〔註25〕（漢）班固撰：《漢書》卷二五下《郊祀志下》，北京：中華書局，1962 年，第 1265 頁。

〔註26〕（宋）范曄撰：《後漢書》志第七《祭祀上》，北京：中華書局，1965 年，第 3157 頁。

〔註27〕（宋）范曄撰：《後漢書》志第五《禮儀中》，北京：中華書局，1965 年，第 3117 頁。

〔註28〕（漢）衛宏撰：《漢舊儀補遺卷下》，（清）孫星衍輯：《漢官六種》，北京：中華書局，1990 年，第 103 頁。

〔註29〕（宋）范曄撰：《後漢書》卷四一《鍾離意傳》，北京：中華書局，1965 年，第 1408～1409 頁。

〔註30〕《後漢書》卷五《安帝紀》：「永初七年（西元 113 年）「五月庚子，京師大雩。」（宋）范曄撰，北京：中華書局，1965 年，第 219 頁。《後漢書》卷七《桓帝紀》：「（延熹元年丙戌）大雩。……（四年）秋七月，京師雩。」（宋）范曄撰，北京：中華書局，1965 年，第 303、308 頁。《後漢書》卷八《靈帝紀》：「（熹平）五年夏四月癸亥，……大雩。」（宋）范曄撰，北京：中華書局，1965 年，第 337～338 頁。

地方官員主持的雩祭。《後漢書・順帝紀》載：「（陽嘉元年）……京師旱。
庚申，敕郡國二千石各禱名山嶽瀆，遣大夫、謁者詣嵩高、首陽山，並祠河、
洛，請雨。戊辰，雩。」〔註31〕《後漢書・禮儀志中》載：「自立春至立夏
盡立秋，郡國上雨澤。若少，府郡縣各掃除社稷；其旱也，公卿官長以次行
雩禮求雨。」〔註32〕

　　雩祭的活動內容以告禱天地、宗廟、社稷以及名山大川為主，《漢舊儀》：
「求雨，太常禱天地、宗廟、社稷、山川以賽，各如其常牢，禮也。」〔註33〕
漢代雩祭除祭天地、宗廟、社稷、山川外，還有「祠戶」、「祠灶」、「祠中溜」、
「祠門」、「祠井」即五祀，以及共工、蚩尤、后稷、少昊、玄冥五方神的祭
祀。〔註34〕這是董仲舒結合陰陽五行思想所制定的求雨方法。在祭祀活動中，
因應不同時節安排不同的活動場所以及不同身份的活動參與者，活動參與者
的人數與服色也分別不同。不同時節的祭祀活動之間，唯一相同的是活動內
容，即都是以舞蹈為主。董仲舒的這套求雨方法，在漢代產生過一定影響，《漢
舊儀》載：「五儀（案：二字有偽）元年，儒術奏施行董仲舒請雨事，始令丞
相以下求雨雪，曝城南，舞女童禱天神。」〔註35〕

3. 祭五帝

　　漢代，五帝祭祀既有專祭之禮，也有與天地合祭之禮。專祭之禮，始定於
漢高祖建漢之初。高祖在秦雍四時祭四帝〔註36〕的基礎上增加黑時祭黑帝，確

〔註31〕（宋）范曄撰：《後漢書》卷六《順帝紀》，北京：中華書局 1965 年，第 259 頁。

〔註32〕（宋）范曄撰：《後漢書》志第五《禮儀中》，北京：中華書局，1965 年，第 3117 頁。

〔註33〕（漢）衛宏撰：《漢舊儀補遺卷下》，（清）孫星衍輯：《漢官六種》，北京：中華書局，1990 年，第 103 頁。

〔註34〕蘇輿撰，鍾哲點校：《春秋繁露義證》卷十六《求雨》，北京：中華書局，1992 年，第 426～437 頁。

〔註35〕（漢）衛宏撰：《漢舊儀補遺卷下》，（清）孫星衍輯：《漢官六種》，北京：中華書局，1990 年，第 103 頁。

〔註36〕秦雍四時分別是：鄜時、密時、上時與下時，所祭對象依次為白帝、青帝、黃帝與赤（炎）帝。雍四時成定制前，秦時祭先後有八處之多，除以上四時外，還有武時、好時（《史記・封禪書》：「自未作鄜時也，而雍旁故有吳陽武時，雍東有好時，皆廢無祠。」第 1359 頁。）、西時（《史記・封禪書》：「秦襄公既侯，居西垂，自以為主少皞之神，作西時，祠白帝。」第 1358 頁）、畦時（《史記・封禪書》：「秦獻公自以為得金瑞，故作畦時櫟陽而祀白帝。」第 1365 頁）。至秦始皇時代，僅有雍地四時鄜時、密時、吳陽上、下時頗受重視，《史記・封禪書》：「唯雍四時上帝為尊，其光景動人民，唯陳寶……西時、畦時，祠如其故，上不親往」第 1376～1377 頁。

定了五處分祭五帝的形式，由祠官領祠。「二年（冬），東擊項籍而還入關，問：『故秦時上帝祠何帝也？』對曰：『四帝，有白、青、黃、赤帝之祠。』高祖曰：『吾聞天有五帝，而四，何也？』莫知其說。於是高祖曰：『吾知之矣，乃待我而具五也。』乃立黑帝祠，名曰北畤。有司進祠，上不親往。」〔註37〕皇帝親祭五帝始於漢文帝。「（十五年）於是天子始幸雍，郊見五帝，以孟夏四月答禮焉。」文帝之後，雍五畤祭五帝一直備受重視。直至平帝元始年間，採用長安郊兆祭五帝後，雍五畤祭祀被罷廢。「後莽又奏言：『……今五帝兆居在雍五畤，不合於古。』……奏可，於是長安旁諸廟兆畤甚盛矣。」〔註38〕除雍五畤與長安郊兆外，文帝時期還興建過兩處祭祀場所，渭陽五帝廟與長門五帝壇。渭陽五帝廟位於長安東三十里處，採用一殿五廟的形制，「於是作渭陽五帝廟，同宇，帝一殿，面五門，各如其帝色。」顏師古注曰：「宇謂屋之覆也。言同一屋之下而別爲五廟，各立門室也。」〔註39〕「文帝出長門，若見五人於道北，遂因其直立五帝壇，祠以五牢。」〔註40〕長門五帝壇，則位於與文帝顧成廟相去不遠的長安城東南。〔註41〕此二處祭祀場所，文帝後其他帝王並未親祭。至東漢，明帝建洛陽五郊以迎時氣。《後漢書・祭祀志中》：「自永平中，以《禮讖》及《月令》有五郊迎氣服色，因採元始中故事，兆五郊於雒陽四方。」〔註42〕

五帝作爲隨祭對象，與天地合祭，始於漢武帝。漢武帝營建的甘泉泰畤中設有五帝神祭壇。「……幸甘泉。令祠官寬舒等具泰一祠壇，祠壇放亳忌泰一壇，三陔。五帝壇環居其下，各如其方。黃帝西南，除八通鬼道。」〔註43〕

〔註37〕（漢）班固撰：《漢書》卷二五上《郊祀志上》，北京：中華書局，1962年，第1210頁。

〔註38〕（漢）班固撰：《漢書》卷二五下《郊祀志下》，北京：中華書局，1962年，第1268頁。

〔註39〕（漢）班固撰：《漢書》卷二五下《郊祀志下》，北京：中華書局，1962年，第1213～1214頁。

〔註40〕（漢）班固撰：《漢書》卷二五下《郊祀志下》，北京：中華書局，1962年，第1214頁。

〔註41〕何清谷撰：《三輔黃圖校注》卷三注：「滻水古代又習稱長水。據清嘉慶《咸寧縣志》卷二載：『長門在霸河合長水處，當在今午門社東』，即今西安市東北的趙村東。」北京：中華書局，2005年，第191頁。

〔註42〕（宋）范曄撰：《後漢書》志第八《祭祀中》，北京：中華書局，1965年，第3181頁。

〔註43〕（漢）班固撰：《漢書》卷二五上《郊祀志上》，北京：中華書局，1962年，第1230頁。

漢武帝時期的明堂祭禮中也有隨祭五帝之禮。「及是歲修封，則祠泰一、五帝於明堂上坐……。」〔註44〕之後，長安南郊祭天兆壇與北郊祭地兆壇都分別設有五帝祭壇，「上帝壇圓八觚，徑五丈，高九尺。茅營去壇十步，竹宮徑三百步，土營徑五百步。神靈壇各於其方面三丈，去茅營二十步，廣（坐）（三）十五步。」〔註45〕「后土壇方五丈六尺。茅營去壇十步外，土營方二百步限之。其五零壇（土）（去）茅營，如上帝五神去營步數，神道四通，廣各十步。」〔註46〕東漢，洛陽南郊兆域中，也為五帝設有享祭壇位。「為圓壇八陛，中又為重壇，天地位其上，皆南鄉，西上。其外壇上為五帝位。青帝位在甲寅之地，赤帝位在丙巳之地，黃帝位在丁未之地，白帝位在庚申之地，黑帝位在壬亥之地。」〔註47〕光武帝營建的洛陽明堂內，漢明帝制定了「宗祀光武皇帝於明堂」的祭禮，即「宗祀五帝」。五帝神位依五方位於堂上。「明帝即位，永平二年正月辛未，初祀五帝於明堂，光武帝配。五帝坐位堂上，各處其方。黃帝在未，皆如南郊之位。光武帝位在青帝之南少退，西面。」〔註48〕

（二）對地神系統神祇的祭祀

1. 祭地（后土）

高祖建漢之初，祭地之制已被納入國家祀典，成為常規祭祀之一種。此時的祭祀場所安排在皇宮之中。《漢書·郊祀志上》：「後四歲，天下已定，詔御史令……長安置祠祀官、女巫。其梁巫祀天、地……之屬；……皆以歲時祠宮中。」〔註49〕高祖之後，文獻並未記載後世諸帝在皇宮中祠祭后土之事。元鼎四年，漢武帝親臨雍時祭五帝時指出，只有祭天神而無祭后土，實為失禮之舉，下令官員商議后土祭祀之禮，隨後將后土祠立於河東汾陰。《漢書·

〔註44〕（漢）班固撰：《漢書》卷二五下《郊祀志上》，北京：中華書局，1962年，第1243頁。

〔註45〕（宋）范曄撰：《後漢書》志第八《祭祀上》注，北京：中華書局，1965年，第3158頁。

〔註46〕（宋）范曄撰：《後漢書》志第八《祭祀上》注，北京：中華書局，1965年，第3159頁。

〔註47〕（宋）范曄撰：《後漢書》志第八《祭祀上》，北京：中華書局，1965年，第3159頁。

〔註48〕（宋）范曄撰：《後漢書》志第九《祭祀中》，北京：中華書局，1965年，第3181頁。

〔註49〕（漢）班固撰：《漢書》卷二五上《郊祀志上》，北京：中華書局，1962年，第1210～1211頁。

郊祀志上》:「今上帝朕親郊,而后土毋祀,則禮不答也。」顏師古注曰:「答,對也。郊天而不祀地,失對偶之義。一曰:闕地祇之祀,故不為神所答應也。」〔註50〕「……於是天子東幸汾陰。汾陰男子公孫滂洋等見汾旁有光如絳,上遂立后土祠於汾陰睢上,如寬舒等議。」〔註51〕武帝在位期間,其汾陰后土祠的親祭活動極為頻繁,居西漢諸帝之首。武帝後,汾陰后土祠作為皇帝親祭后土神的場所,一直被宣帝、元帝、成帝及哀帝沿用,且逐漸形成每年正月祭天、三月祭地之定制。建始年間,北郊成為新的祭地之所,汾陰后土祠一度被遷移至此。「(建始二年春正月)辛巳,上始郊祀長安南郊。詔曰:『乃者徙泰畤、后土於南郊、北郊,朕親飭躬。』」〔註52〕十五年後,成帝首次親郊。「(建始二年三月)辛丑,上始祠后土於北郊。」〔註53〕哀帝因「久疾未廖」,再次恢復后土祠祭禮,「……『其復甘泉泰畤、汾陰后土祠如故。』上亦不能親至,遣有司行事而禮祠焉。」〔註54〕平帝元始年間,因王莽等人的奏議,長安北郊最終得以確定,自此無所變動。

至東漢,光武帝中元初年,建洛陽北郊兆壇,皇帝親祭。《後漢書·光武帝紀下》:(中元)二年春正月辛未,初立北郊,祀后土。〔註55〕北郊兆域位於洛陽城北四里,壇呈方形,有四層。《後漢書·祭祀中》:「北郊在雒陽城北四里,為方壇四陛。」〔註56〕之後,洛陽北郊成為東漢後世諸帝專祭后土的唯一祭祀場所。

2. 祭社稷

社乃土神,稷乃穀神。鄭玄注《周禮》「以血祭祭社稷」曰:「社、稷,土、穀之神。」〔註57〕漢以前,社稷逐漸由純粹的土穀之神演變為國家、地方的守護神,社稷存在與否象徵著國家存亡與否。這種觀念被漢代統治者所承襲。

〔註50〕 (漢)班固撰:《漢書》卷二八《郊祀志上》,北京:中華書局,1962年,第1221〜1222頁。

〔註51〕 (漢)班固撰:《漢書》卷二八《郊祀志上》,北京:中華書局,1962年,第1222頁。

〔註52〕 (漢)班固撰:《漢書》卷十《成帝紀》,北京:中華書局,1962年,第305頁。

〔註53〕 (漢)班固撰:《漢書》卷十《成帝紀》,北京:中華書局,1962年,第306頁。

〔註54〕 (漢)班固撰:《漢書》卷十七《郊祀志下》,北京:中華書局,1962年,第1264頁。

〔註55〕 (宋)范曄撰:《後漢書》卷八,北京:中華書局,1965年,第84頁。

〔註56〕 (宋)范曄撰:《後漢書》志第九,北京:中華書局,1965年,第3181頁。

〔註57〕 《周禮·春官·大宗伯》,《周禮注疏》卷十八,北京:中華書局(阮元刻《十三經注疏》),1980年,第758頁。

　　高祖建漢之前，時值與項羽爭奪天下之際，就已將立社稷之事納入了國家祭祀體系。主要措施有二：其一，蕭何在臨時都城立社稷；其二，令當時已被漢王控制的地方政府除秦社稷，立漢社稷；其三，高祖親祭社。「漢二年，漢王與諸侯擊楚，何守關中，侍太子，治櫟陽。爲法令約束，立宗廟社稷宮室縣邑。」〔註58〕「（二年）二月癸未，令民除秦社稷，立漢社稷。」〔註59〕「漢興，高祖初起……及高祖禱豐枌榆社……。」高祖建漢之後，在長安都城立社稷之事，始於平帝時期王莽的改制。具體做法是將稷神從社壇中移出，另設稷祠奉祀。「（王莽奏稱）：『聖漢興，禮儀稍定，已有官社，未立官稷。』遂於官社後立官稷，以夏禹配食官社，后稷配食官稷。」〔註60〕「（元始三年夏）立官稷及學官。」〔註61〕至東漢，光武帝建都洛陽後，並未採用平帝時期王莽另立官稷的做法，而是沿用社稷一體之制。《後漢書・祭祀志》：「建武二年，立太社稷於洛陽，在宗廟之右，方壇，無屋，有門牆而已。」〔註62〕

　　兩漢期間，除長安都城設置官社稷之外，諸侯國設有國社，縣邑設有里社。「於是諸侯上疏曰：『……又加惠於諸侯王有功者，使得立社稷。……大王功德之著，於後世不宣，昧死再拜上皇帝尊號。』」〔註63〕「諸王封者受茅土，歸以立社稷，禮也」劉昭注引胡廣曰：「諸王受封，皆受茅土，歸立社稷。本朝爲宮室，自有制度。」〔註64〕

　　據文獻記載，兩漢時期的社稷祭祀多爲祠官領祠，天子親祭社稷的情況並不多見。就官社（稷）而言，官社稷由太祝令領祠，官長、諸侯、丞相、二千石及二千石以下令長侍祠。「官大社及大稷，一歲各再祠，太祝令常以二月八月以一太牢，使者監祠，南向立，不拜。天下祠社稷者，……各官長、諸侯、丞相、中二千石、二千石以下令長侍祠。」〔註65〕「建武二年，立太

〔註58〕（漢）司馬遷撰：《史記》卷五三《蕭相國世家》，北京：中華書局，1959年，第2014頁。

〔註59〕（漢）班固撰：《漢書》卷一上《高帝紀上》，北京：中華書局，1962年，第33頁。

〔註60〕（漢）班固撰：《漢書》卷二五下《郊祀志下》，北京：中華書局，1962年，第1269頁。

〔註61〕（漢）班固撰：《漢書》卷十二《平帝紀》，北京：中華書局，1962年，第355頁。

〔註62〕（宋）范曄撰：《後漢書》志第九，北京：中華書局，1965年，第3200頁。

〔註63〕（漢）班固撰：《漢書》卷一下《高帝紀下》，北京：中華書局，1962年，第52頁。

〔註64〕（宋）范曄撰：《後漢書》志第二八《百官五》，北京：中華書局，1965年，第3630頁。

〔註65〕（元）馬端臨撰：《文獻通考》卷八二引《漢舊儀》，北京：中華書局，1986年，第744頁。

社稷於洛陽，在宗廟之右。……二月八月及臘，一歲三祠，皆太牢具，使有司祠。」〔註66〕至於地方國社與里社，有高祖建漢之前曾親祭的豐地枌榆社。建漢之後，此社由縣祠官按時領祠。「有後四歲，天下已定，詔御史令豐治枌榆社，常以時，春以羊彘祠之。」〔註67〕關於豐地枌榆社，東漢章帝在位期間，曾遣使祠祭。「（章和元年）……己丑，遣使祠沛高原廟，豐枌榆社。」〔註68〕對於全國縣邑里社，高祖制定了縣邑里社各自祭祀之制。《漢書・郊祀志上》：「高祖十年春，有司請令縣常以春二月及臘祠（社）稷以羊彘，民里社各自裁以祠。制曰：『可。』」〔註69〕兩漢諸帝僅漢高祖與光武帝的親祭活動見諸史冊。「漢興，高祖初起……及高祖禱豐枌榆社……。」〔註70〕「（建武元年）八月壬子，祭社稷。（二年正月）壬子，起高廟，建社稷於洛陽，立郊兆於城南，始正火德，色尚赤。」〔註71〕

（三）對人鬼系統神祇的祭祀

1. 宗廟祭祖

漢代宮廷宗廟祭祖禮有正祭與告祭兩大類別。正祭是指定期舉行的宗廟祭禮，主要有「月祭」、「時祭」及「禘祫祭」三種形式。月祭，即每月之祭。《漢書・韋賢傳》曰：「……月祭於廟，時祭於便殿。寢，日四上食；廟，歲二十五祠；便殿，歲四祠。」〔註72〕月祭，一年舉行二十五次。其中，有十二次是每月定期舉行一次；另有十二次是按節令而行的祭祀，諸如「嘗麥」、「伏」、「貙婁」、「嘗粢」、「饋饗」、「酎」、「嘗稻」、「蒸」、「嘗」等。若有閏月，再加一祀。〔註73〕「月祭」作爲西漢宗廟祭禮的主要形式，乃惠帝年間

〔註66〕（宋）范曄撰：《後漢書》志第十九《祭祀下》，北京：中華書局，1965年，第3200頁。

〔註67〕（漢）班固撰：《漢書》卷二五上《郊祀志上》，北京：中華書局，1962年，第1210頁。

〔註68〕（宋）范曄撰：《後漢書》卷三《章帝紀》，北京：中華書局，1965年，第158頁。

〔註69〕（漢）班固撰：《漢書》卷二五上《郊祀志上》，北京：中華書局，1962年，第1212頁。

〔註70〕（漢）班固撰：《漢書》卷二五上《郊祀志上》，北京：中華書局，1962年，第1210頁。

〔註71〕（宋）范曄撰：《後漢書》卷一《光武帝紀》，北京：中華書局，1965年，第24、27頁。

〔註72〕（漢）班固撰：《漢書》卷七三《韋賢傳》，北京：中華書局，1962年，第3115～3116頁。

〔註73〕晉灼引《漢儀》注曰：「宗廟一歲十二祠。五月嘗麥。六月、七月三伏，立秋

叔孫通所制。〔註74〕在「月祭」二十五祠之中，最為隆重的當屬「八月酎祭」。〔註75〕「八月酎祭」不僅有皇帝侍祠，「皇帝會諸侯酎金廟中」與「九賓陪位」，也是他祠無有的儀節。此外，西漢年間關於帝廟祭祀活動的記載中，多提及的也是「八月酎祭」。至東漢，「月祭」之「八月飲酎」仍然是宗廟的常用祭禮。時祭，又稱「四時祭」，是按春夏秋冬四季而舉行的祭祀。四時祭是先秦的宗廟祭禮，〔註76〕西漢，諸帝正廟內並不採用四時祭，四時祭僅用於沛宮原廟與陵寢便殿中。〔註77〕西漢末年，韋玄成奏議施行宗廟「四時祭」，但並未被採納。〔註78〕至東漢，「四時祭」成為宗廟正祭的主要祭禮。〔註79〕東漢皇帝宗廟「四時祭」活動，見於史書的僅「夏礿」與「冬烝」二種祭禮，其

　　　　　貙婁，又嘗粢。八月先夕饋殽，皆一太牢，酎祭用九太牢。十月嘗稻，又飲蒸，二太牢。十一月嘗，十二月臘，二太牢。又每月一太牢，如閏加一祠，與此上十二為二十五祠。」《漢書》卷七三《韋賢傳》注，（漢）班固撰，北京：中華書局，1962 年，第 3116 頁。

〔註74〕《史記》卷九九《叔孫通列傳》載：「高帝崩，孝惠即位，乃謂叔孫生曰：『先帝園陵寢廟，群臣莫能習。』徙為太常，定宗廟儀法。」（漢）司馬遷撰，北京：中華書局，1959 年，2725 頁。

〔註75〕《五禮通考》卷九十：「漢舊儀，宗廟八月飲酎，用九太牢，皇帝侍祠。……八月，先夕饋飧，皆一太牢。皇帝會諸侯，酎金廟中，以上計儀，設九賓陪位，他祠無有。」）（清）秦蕙田撰，《文津閣四庫全書》132 冊，第 653 頁。

〔註76〕《周禮·春官·司尊彝》載：「春祠，夏禴（礿），……秋嘗，冬烝。」《周禮注疏》卷二十，北京：中華書局（阮元刻《十三經注疏》），1980 年，第 773 頁。《禮記·王制》：「天子諸侯宗廟之祭，春曰祠，夏曰禘，秋曰嘗，冬曰烝。」鄭玄注「此蓋夏、殷之祭名，周則改之：春曰祠，夏曰礿。」《禮記正義》卷十二，北京：中華書局（阮元刻《十三經注疏》），1980 年，第 1335 頁。《公羊傳·桓公八年》：「春曰祠，夏曰礿，秋曰嘗，冬曰烝。」《春秋公羊傳注疏》卷五，北京：中華書局（阮元刻《十三經注疏》），1980 年，第 2218 頁。

〔註77〕《史記》卷二四《樂書》：「高祖過沛詩《三侯之章》，令小兒歌之。高祖崩，令沛得以四時歌舞宗廟。孝惠、孝文、孝景無所增更，於樂府習常肄舊而已。」（漢）司馬遷撰，北京：中華書局，1963 年，第 1177 頁。《漢書》卷七三《韋賢傳》曰：「……月祭於廟……廟，歲二十五祠……。」（漢）班固撰，北京：中華書局，1962 年，第 3115～3116 頁。

〔註78〕《漢書》卷七三《韋賢傳》：「玄成等奏曰：『……宜復古禮，四時祭於廟，諸寢園日月間祀皆可勿復修。』上亦不改也。」（漢）班固撰，北京：中華書局，1962 年，第 3120 頁。

〔註79〕《後漢書》志第九《祭祀下》：「光武帝建武二年正月，立高廟於洛陽。四時祫祀，高帝為太祖，文帝為太宗，武帝為世宗，如舊。餘帝四時春以正月，夏以四月，秋以七月，冬以十月及臘，一歲五祀。」「於是雒陽高廟四時加祭孝宣、孝元，凡五帝。其西廟成、哀、平三帝主，四時祭於故高廟。」（宋）范曄撰，北京：中華書局，1965 年，第 3193～3194 頁。

中，「冬蒸」次數較多。禘祭與祫祭是先秦祭名。關於「禘」，《詩・周頌・雝序》：「禘大祖也。」〔註80〕《左傳・閔公元年》：「吉禘於莊公。」〔註81〕《左傳・定公八年》：「禘於僖公。」〔註82〕《禮記・大傳》：「王者禘其祖之所自出。」〔註83〕關於「祫」，《穀梁傳・文公二年》：「祫祭者，毀廟之主陳於大祖，未毀廟之主，皆升合祭於大祖。」〔註84〕《禮記・曾子問》：「祫祭於祖。」〔註85〕「禘祫祭」的具體形式與內容，由於先秦文獻並無說明，致使後世學者的詮釋各不相同。〔註86〕這些各不相同的注解至少說明，「禘祭」與「祫祭」都是合祭群組的祭禮。漢代「禘祫祭」至漢元帝時期才被提出，在此之前，西漢諸帝皆在各自帝廟內被後人奉祭，並無實行合祭群組的禘、祫祭禮。〔註87〕此次廟制改革的奏議中，「禘祫祭」禮是與宗廟迭毀之制結合而行。元帝年間提出的宗廟「禘祫祭」禮，僅「祫祭」在《漢舊儀》有相關記載，「禘祭」的具

〔註80〕《毛詩正義》卷十九，北京：中華書局（阮元刻《十三經注疏》），1980年，第595頁。

〔註81〕《春秋左傳正義》卷十一，北京：中華書局（阮元刻《十三經注疏》），1980年，第1787頁。

〔註82〕《春秋左傳正義》卷五五，北京：中華書局（阮元刻《十三經注疏》），1980年，第2143頁。

〔註83〕《禮記正義》卷三四，北京：中華書局（阮元刻《十三經注疏》），1980年，第1506頁。

〔註84〕《春秋穀梁傳注疏》卷十，北京：中華書局（阮元刻《十三經注疏》），1980年，第2405頁。

〔註85〕《禮記正義》卷十八，北京：中華書局（阮元刻《十三經注疏》），1980年，第1393頁。

〔註86〕爭議主要集中於以下四個方面：（1）禘祫是兩種祭祀還是一祭二名；（2）禘祭與祫祭的時間間隔問題（三年一祫五年一禘；三年一禘五年一祫）；（3）祭祀對象問題（合祭毀廟之主爲禘祭；合祭毀廟與未毀廟之主爲禘祭；合祭未毀廟之主爲祫祭；合祭毀廟與未毀廟之主爲祫祭；合祭毀廟之主爲祫祭）；（4）禘祭與祫祭的規格問題（禘小祫大；禘大祫小）。郭善兵《漢代皇帝宗廟祭祖制度》、楊娟《兩漢皇家祭祖考述》都有詳述，本文不予重複。

〔註87〕《漢書》卷七三《韋賢傳》，「（永光四年）玄成等四十四名大臣奏議曰：『《禮》，王者始受命，諸侯始封之君，皆爲太祖。以下，五廟而迭毀，毀廟之主藏乎太祖，五年而再殷祭，言一禘一祫也。祫祭者，毀廟與未毀廟之主皆合食於太祖，父爲昭，子爲穆，孫復爲昭，古之正禮也。祭義曰：『王者禘其祖自出，以其祖配之，而立四廟。』言始受命而王，祭天以其祖配，而不爲立廟，親盡也。立親廟四，親親也。親盡而迭毀，親疏之殺，示有終也。……臣愚以爲高帝受命定天下，宜爲帝者太祖之廟，世世不毀，承後屬盡者宜毀今宗廟異處，昭穆不序，宜入就太祖廟而序昭穆如禮。太上皇、孝惠、孝文、孝景廟皆親盡宜毀。皇考廟親未盡，如故。」（漢）班固撰，北京：中華書局，1962年，第3118頁。

體情況尚未見諸史載。關於「祫祭」，《漢舊儀》載：「宗廟三年大祫祭，子孫諸帝以昭穆坐於高廟，諸隳廟神皆合食，設左右坐。」〔註 88〕文獻指出，西漢中後期的「祫祭」禮，在高廟內舉行，其間隔時間為「間歲而祫」，即每間隔一年舉行一次。「禘祫祭」禮提出後，僅漢平帝元始五年，在長安城南郊的明堂內舉行過一次「祫祭」禮。〔註 89〕至東漢，建武十八年，光武帝在長安故高廟首次舉行「禘祭」禮。〔註 90〕建武二十六年，光武帝採納張純等人的建議，制定了「禘祫祭」禮。〔註 91〕在張純制定的祭禮中，「禘」「祫」有了各自的含義：「禘」是「正尊卑之義」，「祫」是「合聚飲食」，且兩種祭禮的活動時間與間隔時間也有所不同：禘祭為夏四月舉行，祫祭為冬十月舉行，三年一祫，五年一禘。關於「禘祫祭」的活動場所與祭祀對象，《後漢書·祭祀志下》另有說明：「上難復立廟，遂以合祭高廟為常。後以三年冬祫五年夏禘之時，但就陳祭毀廟主而已，謂之殷。太祖東面，惠、文、武、元帝為昭，景、宣帝為穆。惠、景、昭三帝非殷祭時不祭。」〔註 92〕上段文獻中，禘祭與祫祭只是祭祀時間有所不同，祭祀場所與祭祀對象皆一致。高廟內的「禘祫祭」禮，合祭對象是高帝、惠帝、文帝、武帝、景帝、宣帝、元帝與昭帝，其昭穆之序為惠帝、文帝、武帝、元帝為昭，景帝、宣帝為穆。

　　告祭即「國有大事告於宗廟」的祭禮，無固定時間，包括告廟、禱廟、薦廟、謁廟等形式。西漢時期，行告廟禮的原因大致有獲祥瑞、定邊、皇帝立后等。告廟禮有皇帝親行，也有委命大臣或有司進行。所告之廟並無指定。

〔註 88〕　（漢）衛宏撰：《漢舊儀補遺卷下》，（清）孫星衍等輯：《漢官六種》，北京：中華書局，1990 年，第 100 頁。

〔註 89〕　《漢書》卷十二《平帝紀》：「五年春正月，祫祭明堂。諸侯王二十八人、列侯百二十人、宗室子九百餘人徵助祭。」（漢）班固撰，北京：中華書局，1962 年，第 358 頁。

〔註 90〕　《後漢書補逸》卷二一：「（建武）十八年上幸長安，詔太常行禘禮於高廟，序昭穆。父為昭，南向，子為穆，北向。」（清）姚之駰補逸，《文淵閣四庫全書》本，第 28 頁。

〔註 91〕　《後漢書》卷三五《張純傳》：「純奏曰：『禮說三年一閏，天氣小備；五年再閏，天氣大備。故三年一祫，五年一禘。禘之為言諦，諦定昭穆尊卑之義也。禘祭以夏四月，夏者陽氣在上，陰氣在下，故正尊卑之義也。祫祭以冬十月，冬者五穀成熟，物備禮成，故合聚飲食也。斯典之廢，於茲八年，謂可如禮施行，以時定議。』帝從之，自是禘、祫遂定。」（宋）范曄撰，北京：中華書局，1965 年，第 1195 頁。

〔註 92〕　（宋）范曄撰：《後漢書》志第九《祭祀下》，北京：中華書局，1965 年，第 3194～3195 頁。

至東漢，行告廟禮大致有兩種情況：一是作爲皇帝巡幸長安（沛縣）的活動內容之一，此時所告之廟爲長安故高廟（沛宮高帝原廟）；二是因國之大事而告廟。諸如受傳國璽、封皇子、更改高廟的太后配食、降祥瑞、封禪、收神主、上尊號等。禱廟多因災害〔註93〕、疾病、戰事等祈求祖先福祐而舉行。薦廟，又稱爲「獻廟」，有喜獲祥瑞薦獻宗廟者，也有薦獻罕見之物者。謁廟，又稱「見廟」。兩漢時期，謁廟多爲皇帝即位時舉行。皇帝加元服、皇后即后位以及新立太后時，也行謁廟禮。

綜觀可知，漢代宮廷宗廟祭祀活動，源於對先秦傳統的承襲。但在宗廟結構、宗廟設置與活動場所方面，漢代與先秦多有不同。在宗廟結構方面，先秦宗廟模仿宮殿「前朝後寢」而分爲前「廟」後「寢」兩部分；漢承秦制，將「寢」從宗廟中獨立出來，建於陵墓旁側。在宗廟設置與活動場所方面：先秦宗廟設置遵循「王立七廟」與「左祖右社」之制，活動場所以宗廟爲主；在漢代，每帝一廟、郊外陵旁立廟以及郡國立帝廟是西漢宗廟設置的特點，到東漢時期，開始遵循「左祖右社」之古制。

2. 上陵

漢代祭祖除宗廟祭外還有一種形式，即陵寢祭祀，在帝王陵寢舉行的祭祖活動。漢代的陵寢祭祀緣秦而來，《後漢書·祭祀志下》：「古不墓祭，漢諸陵皆有園寢，承秦所爲也。……秦始出寢，起於墓側，漢因而弗改，故陵上稱寢殿，起居衣服象生人之具，古寢之意也。」〔註94〕兩漢帝陵共23座，依次是長陵（漢高祖）、安陵（惠帝）、霸陵（文帝）、陽陵（景帝）、茂陵（武帝）、平陵（昭帝）、杜陵（宣帝）、渭陵（元帝）、延陵（成帝）、義陵（哀帝）、康陵（平帝）、原陵（光武帝）、顯節陵（明帝）、敬陵（章帝）、慎陵（和帝）、康陵（殤帝）、恭陵（安帝）、憲陵（順帝）、懷陵（沖帝）、靜陵（質帝）、宣陵（桓帝）、文陵（靈帝）、禪陵（獻帝）。

陵寢由寢殿與便殿兩部分組成，二者功能各異，顏師古注《漢書·韋賢傳》「又園中有寢、便殿」曰：「寢者，陵上正殿，若平生露寢矣。便殿者，

〔註93〕 （漢）衛宏撰：《漢舊儀》：「求雨，太常禱天地、宗廟、社稷、山川以賽，各如其常牢，禮也。」（清）孫星衍等輯：《漢官六種》，北京：中華書局，1990年，第103頁。

〔註94〕 （宋）范曄撰：《後漢書》志第九《祭祀下》，北京：中華書局，1965年，第3199～3200頁。

寢側之（便）（別）殿耳。」〔註95〕殿是墓主靈魂日常起居飲食之所，陳設有神坐、床、幾、被枕、衣冠及其他日常生活用具，由宮人如同對待活人一樣侍奉。便殿是附屬於寢殿邊側的別殿，供墓主靈魂遊樂之處。〔註96〕

　　依場所不同，陵寢祭祀可分爲寢祭與便殿祭。寢祭採用每日上食祭，便殿爲時祭，每歲四祠。除此二種祭祀方式外，陵寢祭祀還有每年正月的上陵祭、巡幸祭。上食祭與時祭是太官或宮人侍祠〔註97〕，上陵祭與巡幸祭則多爲皇帝親祭。上陵祭作爲陵寢祭祀的一種，西漢已有，只是其相關細節「不可盡得聞」。至東漢永平元年「（漢明帝）率公卿以下朝於原陵，如元會儀」〔註98〕，上陵祭禮才逐漸形成定制。《後漢書・禮儀志上》注引《謝承書》曰：「……昔京師在長安時，其禮不可盡得聞也。光武即世，始葬於此。明帝嗣位逾年，群臣朝正，感先帝不復聞見此禮，乃帥公卿百僚，就園陵而創焉。」〔註99〕東漢明帝制定的上陵祭禮，是將每年元旦的「元會儀」搬到陵寢舉行，向陵寢的「神坐」舉行朝拜和祭祀儀式，是上陵朝拜與祭祀典禮的結合。巡幸祭始於東漢。光武帝建都洛陽後，常以巡幸的方式拜謁和祭祀長安的西漢諸帝陵寢。這種做法被東漢後世諸帝沿用。《後漢書・祭祀志下》：「建武以來，關西諸陵以轉久遠，但四時特牲祠；帝每幸長安謁諸陵，乃太牢祠。」〔註100〕東漢12位皇帝中，曾巡幸祭陵寢的皇帝有七位，依次是光武帝、明帝、章帝、和帝、安帝、順帝及桓帝。除皇帝巡幸長安祭陵寢外，還有遣使祭帝陵之事。「（永建三年）秋七月丁酉，茂陵園寢災，帝縞素避正殿。辛亥，使太常王龔持節告祠茂陵。」〔註101〕從以上歷代皇帝的參與情

〔註95〕（漢）班固撰：《漢書》卷七三《韋賢傳》，北京：中華書局，1962年，第3115～3116頁。

〔註96〕楊寬：《中國古代陵寢制度史研究》，上海：上海人民出版社，2016年，第33頁。

〔註97〕《後漢書》志第九《祭祀下》：「自洛陽諸陵至靈帝，皆以晦望二十四氣伏臘及四時祠。廟日上飯，太官送用物，園令、食監典省，其親陵所宮人隨鼓漏理被枕，具盥水，陳嚴具。」（宋）范曄撰，北京：中華書局，1965年，第3200頁。

〔註98〕（宋）范曄撰：《後漢書》卷二《明帝紀》，北京：中華書局，1965年，第99頁。

〔註99〕（宋）范曄撰：《後漢書》志第四《禮儀上》，北京：中華書局，1965年，第3104頁。

〔註100〕（宋）范曄撰：《後漢書》志第九《祭祀下》，北京：中華書局，1965年，第3200頁。

〔註101〕（宋）范曄撰：《後漢書》卷六《順帝紀》，北京：中華書局，1965年，第255頁。

況可以看出，東漢年間對於巡幸長安祭西漢諸帝陵寢之事較爲熱衷，尤其是光武帝。

3. 享明堂

漢代享明堂祭禮始於漢武帝。元封二年，位於泰山腳下的明堂建成，漢武帝在此舉行首次享明堂祭禮。「（元封二年）秋，作明堂於泰山下。」〔註102〕「於是上令奉高作明堂汶上，如帶圖。」顏師古注曰：「作明堂於汶水之上也。」〔註103〕明堂主體部分爲一殿，該殿四面無壁，茅草蓋頂且四周環水，與神農氏時代的明堂形制一脈相承。《淮南子·主術訓》：「昔者神農之治天下也，……歲終獻功，以時嘗穀，祀於明堂。明堂之制，有蓋而無四方，風雨不能襲，寒暑不能傷，遷延而入之，養民以公。」〔註104〕明堂內的祭祀對象是泰一天神、后土神與五帝，太祖高皇帝爲配祭，後又增祀孝景皇帝。「及是歲修封，則祠泰一、五帝於明堂上坐，合高皇帝祠坐對之。祠后土於下房，以二十太牢。」〔註105〕「（泰始）四年春三月，行幸泰山。壬午，祀高祖於明堂，以配上帝，因受計。癸未，祀孝景皇帝於明堂。」〔註106〕

元始四年，在王莽等人的奏請下，漢平帝於長安城另建明堂。「安漢公奏立明堂、辟雍。……羲和劉歆等四人使治明堂、辟雍，令漢與文王靈臺、周公作洛同符。」〔註107〕「（元始四年）起明堂、辟雍長安城南門，制度如儀，」〔註108〕此明堂的形制，「一殿，垣四面，門八觀，水外周，堤壤高四尺，和會築作三旬。」〔註109〕長安明堂常舉行祫祭禮，「五年春正月，祫祭

〔註102〕（漢）班固撰：《漢書》卷六《武帝紀》，北京：中華書局，1962年，第194頁。

〔註103〕（漢）班固撰：《漢書》卷二五下《郊祀志下》，北京：中華書局，1962年，第1243～1244頁。

〔註104〕劉文典撰：《淮南鴻烈集解》卷九，北京：中華書局，1989年，第271頁。

〔註105〕（漢）班固撰：《漢書》卷二五下《郊祀志下》，北京：中華書局，1962年，第1243頁。

〔註106〕（漢）班固撰：《漢書》卷六《武帝紀》，北京：中華書局，1962年，第207頁。

〔註107〕（漢）班固撰：《漢書》卷十二《平帝紀》，北京：中華書局，1962年，第357、359頁。

〔註108〕（唐）魏徵等撰：《隋書》卷六八《宇文愷傳》，北京：中華書局，1973年，第1591頁。

〔註109〕（唐）魏徵等撰：《隋書》卷六八《宇文愷傳》，北京：中華書局，1973年，第1591頁。

明堂。」〔註110〕「（地黃元年七月）復下書曰：『……宗廟未修，且祫祭於明堂太廟。』」〔註111〕

至東漢，光武帝定都洛陽三十年後，在都城外營建了洛陽明堂。「（中元元年）是歲，初起明堂、靈臺、辟雍，及北郊兆域。」〔註112〕洛陽明堂位於城南平城門外，是天子郊祀車駕的必經之處，「明堂去平城門二里所，天子出，從平城門，先歷明堂，乃至郊祀。」〔註113〕「建武三十一年，作明堂，上員下方，十二堂法日辰，九室法九州。室八窗，八九七十二，法四時之候。室有十二戶，法陰陽之數。」〔註114〕洛陽明堂的象徵內涵更豐富，如對秩序、中心的象徵，對王權絕對威權及儒學絕對正統的象徵。漢明帝、章帝、和帝、安帝與順帝在明堂內舉行的祭禮，都以五帝作爲祭祀對象，並將光武帝作爲配祭，稱爲之「宗祀五帝」。

4. 老君祠

漢代，祭老子之禮始於東漢孝桓帝。孝桓帝作爲兩漢時期唯一一位行祭老禮的皇帝，其在位期間曾先後兩次遣使前往老子故里舉行祭祀活動。之後，桓帝在京城濯龍宮內親祠黃老。「（延熹）八年春正月，遣中常侍左悺之苦縣，祠老子。……（十一月）使中常侍管霸之苦縣，祠老子。」〔註115〕「（延熹九年秋七月）庚午，祠黃、老於濯龍宮。」〔註116〕「桓帝即位十八年，好神仙事。延熹八年，初使中常侍至陳國苦縣祠老子。九年，親祠老子於濯龍，文罽爲壇，飾淳金扣器，設華蓋之坐，用郊天樂也。」〔註117〕從祭祀時間上看，

〔註110〕（漢）班固撰：《漢書》卷十二《平帝紀》，北京：中華書局，1962年，第358頁。

〔註111〕（漢）班固撰：《漢書》卷九九下《王莽傳下》，北京：中華書局，1962年，第4161頁。

〔註112〕（宋）范曄撰：《後漢書》卷一下《光武帝紀下》，北京：中華書局，1965年，第84頁。

〔註113〕（宋）王應麟撰：《玉海》卷九五，南京：江蘇古籍出版社，1987年，第1733頁。

〔註114〕（宋）王應麟撰：《玉海》卷九五，南京：江蘇古籍出版社，1987年，第1733頁。

〔註115〕（宋）范曄撰：《後漢書》卷七《桓帝紀》，北京：中華書局，1965年，第313、316頁。

〔註116〕（宋）范曄撰：《後漢書》卷七《桓帝紀》，北京：中華書局，1965年，第317頁。

〔註117〕（宋）范曄撰：《後漢書》志第八《祭祀中》，北京：中華書局，1965年，第3188頁。

孝桓帝在位期間的祭老子活動於延熹八年、九年，較為頻繁，延熹八年曾有兩次，年初一次、年末一次；次年又有一次。從祭祀場所來看，前兩次是在老子故里，最後一次移至京城皇宮中。從親祭者的身份來看，前兩次是皇帝遣使前往，且所遣之人都是中常侍。最後一次成為皇帝親祭。在桓帝親祠老子的活動現場，壇場布置精美華貴，且使用了郊天樂，由此可見皇帝對此次祭祀活動的重視程度非同一般。

孝桓帝對老子祭祀之事的熱衷，大致有兩方面原因：一方面是帝王自身對神仙之術的喜好，另一方面反映出，在道教逐漸形成的時代背景下，東漢王室對黃老道的日趨崇拜。

5. 大儺

儺，是迎神以驅除疫鬼的祭祀儀式，先秦已有。在周代，朝野上下均行儺禮，隨季節變化有三種儺：季春之「國儺」、仲秋之「天子儺」及季冬之「大儺」。至漢代，僅有季冬「先臘一日」之「大儺」。《後漢書‧禮儀志中》：「先臘一日，大儺，謂之逐疫。」〔註118〕所驅逐之疫鬼有三，傳為顓頊氏的三個死去的兒子。《漢舊儀》：「昔顓頊氏有三子，生而亡去，為疫鬼。一居江水為虐鬼；一居若水為魍魎蜮鬼；一居人宮室區隅，善驚人小兒。」〔註119〕

大儺之祭儀，《後漢書‧禮儀志中》有較為詳細的描述：「其儀：選中黃門子弟年十歲以上，十二以下，百二十人為侲子。皆赤幘皂制，執大鞀。方相氏黃金四目，蒙熊皮，玄衣朱裳，執戈揚盾。十二獸有衣毛角。中黃門行之，冗從僕射將之，以逐惡鬼於禁中。夜漏上水，朝臣會，侍中、尚書、御史、謁者、虎賁、羽林郎將執事，皆赤幘陛衛。乘輿御前殿。黃門令奏曰：『侲子備，請逐疫。』於是中黃門倡，侲子和，曰：『甲作食凶，胇胃食虎，雄伯食魅，騰簡食不祥，攬諸食咎，伯奇食夢，強梁、祖明共食磔死寄生，委隨食觀，錯斷食巨，窮奇、騰根共食蠱。凡使十二神追惡凶，赫女軀，拉女幹，節解女肉，抽女肺腸。女不急去，後者為糧！』因作方相與十二獸儺。嚾呼，周遍前後省三過，持炬火，送疫出端門；門外騶騎傳炬出宮，司馬闕門門外五營騎士傳火棄雒水中。百官官府各以木面獸為儺人師訖，設桃梗、鬱櫑、葦茭畢，執事陛者罷。

〔註118〕（宋）范曄撰：《後漢書》志第五《禮儀中》，北京：中華書局，1965年，第3127頁。

〔註119〕（漢）衛宏撰：《漢舊儀》，（清）孫星衍等輯：《漢官六種》，北京：中華書局，1990年，第104頁。

葦戟、桃杖以賜公、卿、將軍、特侯、諸侯云。」〔註120〕

　　「先臘一日」之大儺，於「夜漏上水」之時開始。儺儀活動的場所以「禁中」為主，另涉及「皇宮及宮外至洛水途中」、「百官官府」。「禁中」是降神驅鬼儀式的場所。降神驅鬼之事，由方相氏、侲子、充當「十二獸」的中黃門、率領「十二獸」的僕射完成。先由中黃門與侲子倡和，之後由頭戴四目假面、身蒙熊皮、手執戈盾的方相氏率領中黃門扮演的「有衣毛角」十二獸，依照「周遍前後省三過」即驅鬼的路線舞蹈。降神驅鬼之時，另有侍中、尚書、御史、謁者、虎賁、羽林郎將立於「階」以護衛皇帝。「皇宮及宮外至洛水途中」舉行的是通過傳遞「炬火」將宮中疫鬼驅逐出宮，並扔至洛水之中。此儀節由門外騶騎及司馬闕門門外五營騎士執行。「百官官府」則負責設置充當「儺人師」的木面獸，並提供桃梗、鬱櫑、葦茭之物。待以上事宜皆完成之後，由皇帝將「葦戟、桃杖」之物分別賜予公、卿、將軍、特侯、諸侯。

　　由上可知，在漢代，「大儺」是為「禁中」、為皇宮驅逐疫鬼的儀式，並不涉及平民百姓。

6. 親桑享先蠶

　　在古代，與親耕饗先農相類似的還有親桑享先蠶，都有祭神與勸農的重要內涵。與親耕饗先農由皇帝親自主持不同，親桑享先蠶禮則由皇后主持。國家祀典中，先蠶祭禮的諸多方面都有明確規定：如時間、場所、參與者、出行儀仗等。先蠶祭禮一般於仲春之月舉行〔註121〕，由皇后親自主持。祭日，皇后帥公卿及諸侯夫人前往蠶宮（室）祠祭蠶神。所祀蠶神有兩位：菀窳婦人與寓氏公主。蠶宮祭蠶神禮畢，公卿及諸侯夫人「獻於繭館」，受賜桑絲。《後漢書‧禮儀志上》：「是月（仲春之月），皇后帥公卿諸侯夫人蠶。祠先蠶，禮以少牢」注引《漢舊儀》曰：「春桑生而皇后親桑於苑中。蠶室養蠶千薄以上。祠以中牢羊豕，祭蠶神曰菀窳婦人、寓氏公主，凡二神。群臣妾從桑還，獻於繭館，皆賜從桑者絲。皇后自行。」〔註122〕皇后一行往

〔註120〕（宋）范曄撰：《後漢書》志第五《禮儀中》，北京：中華書局，1965年，第3127～3128頁。

〔註121〕《後漢書》志第四《禮儀上》注引谷永對稱「四月壬子，皇后蠶桑之日也」，則漢桑亦用四月。（宋）范曄撰，北京：中華書局，1965年，第3110頁。

〔註122〕（宋）范曄撰：《後漢書》志第四《禮儀志上》，北京：中華書局，1965年，第3110頁。

返蠶宮的途中，設有出行儀仗。《後漢書・禮儀志上》注引丁孚《漢儀》對此出行儀仗東門的描述如下：「皇后出，乘鸞輅，青羽蓋，駕駟馬，龍旗九斿，大將軍妻參乘，太僕妻御，前鸞旗車，皮軒闟戟，雒陽令奉引，亦千乘萬騎。車府令設鹵簿駕，公、卿、五營校尉、司隸校尉、河南尹妻皆乘其官車，帶夫本官綬，從其官屬導從皇后。置虎賁、羽林騎，戎頭，黃門鼓吹，五帝車，女騎夾轂，執法御史在前後，亦有金鉦黃鉞，五將導。桑於蠶宮，手三盆於繭館，畢，還宮。」〔註 123〕在皇后的出行儀仗隊伍中，執事者皆為官吏之妻。蠶室的位置，據《通典》所載，「漢皇后蠶於東郊」〔註 124〕。此制被後人認為「有違古禮」，清人秦蕙田認為：「《周禮》蠶於北郊，漢則東郊，非古也。」〔註 125〕

　　兩漢時期，皇后親桑祭先蠶的參與情況，有典籍記載的共四次，分別是西漢年間的孝文竇皇后、孝景王皇后、孝元王太后及東漢年間的明德馬皇后。「十三年春二月甲寅，詔曰：『朕親率天下農耕以供粢盛，皇后親桑以奉祭服，其具禮儀。』」〔註 126〕「（後二年夏四月）詔曰：『……后親桑，以奉宗廟祭服……為天下先』……。」〔註 127〕「……莽又知太后婦人厭居深宮中，莽欲虞樂以示其權，乃令太后四時車駕巡狩四郊，存見孤寡貞婦。春幸繭館，率皇后列侯夫人桑，……。」〔註 128〕「（明德馬皇后）乃置織室，蠶於濯龍中，數往觀視，以為娛樂。」〔註 129〕

第二節　漢代宮廷音樂活動中的非祭祀儀式

一、非祭祀儀式的種類

　　漢代宮廷非祭祀儀式的種類亦多。《史記》、《漢書》、《後漢書》所提及的

〔註 123〕（宋）范曄撰：《後漢書》志第四《禮儀上》，北京：中華書局，1965 年，第 3110 頁。

〔註 124〕（唐）杜佑撰：《通典》卷四六，北京：中華書局，1992 年，第 1288 頁。

〔註 125〕（清）秦蕙田撰：《五禮通考》卷一二六，《文津閣四庫全書》133 冊，第 771 頁。

〔註 126〕（漢）班固撰：《漢書》卷四《文帝紀》，北京：中華書局，1962 年，第 125 頁。

〔註 127〕（漢）班固撰：《漢書》卷五《景帝紀》，北京：中華書局，1962 年，第 151 頁。

〔註 128〕（漢）班固撰：《漢書》卷九八《元后傳》，北京：中華書局，1962 年，第 4030 頁。

〔註 129〕（宋）范曄撰：《後漢書》卷十上《皇后紀上》，北京：中華書局，1965 年，第 413 頁。

宮廷非祭祀儀式有：天子加元服、皇太子冠、天子納后、皇太子納妃、天子敬父、天子拜敬保傅、朝會（朝賀）、常朝、冊后、冊皇太子、冠禮、昏禮、大射；天子受諸侯藩國朝覲、諸侯聘於天子、天子遣使諸侯、巡狩；親征、命將出征、合朔伐鼓、校閱、田獵；荒禮、大喪等。

　　此外，唐人杜佑《通典》、宋人鄭樵《通志二十略》、元人馬端臨《文獻通考》、明人徐一夔《明集禮》與清人秦蕙田《五禮通考》中也有記載。

儀式名稱	儀式數量	材料來源
天子加元服、皇太子冠、天子納后妃、天子冊嬪妃夫人、皇太子納妃、天子敬父、皇后敬父母、養老、天子拜敬保傅、讀時令、元正冬至朝賀、策拜皇太子、策拜諸王侯；出師儀制、命將出征、天子大射、天子和朔伐鼓；大喪初崩	18	唐·杜佑《通典》
天子加元服、皇太子冠、天子納妃后、皇太子納妃后、元正冬至受朝賀、讀時令、冊拜諸王侯、三老五更；講武、命將出征、大射、和朔伐鼓；初喪、天子爲大臣及諸親舉哀	14	宋·鄭樵《通志·禮略》
幸學養老、朝儀、巡狩、田獵、國恤、山陵	6	元·馬端臨《文獻通考·王禮》
朝會、冊后、冊皇太子、冊諸王、天子加元服、皇太子加元服、天子納后、公主出降；藩王朝貢、藩使朝貢、遣使；親征、遣將；賑撫、問疾、訃奏臨弔會喪	16	明·徐一夔《明集禮》
即位改元、常朝、正旦朝賀、尊親禮、飲食禮、冠禮、昏禮、宴饗、射禮、視學禮、養老禮、巡狩禮、讀時令；天子受諸侯蕃國朝覲、三恪二王后、諸侯聘於天子（兩漢蕃使朝貢）、天子遣使諸侯（兩漢遣使詣蕃）；校閱、田獵；荒禮（備荒之政、檢勘災傷、散利、緩刑、弛力、舍禁、去幾、眚禮、哀殺、蕃樂、吏民入粟助賑賜爵、移民通財）、札禮、救日月伐鼓	22	清·秦蕙田《五禮通考》

　　結合漢及漢以後歷代典籍中所載漢代宮廷非祭祀儀式可知，儘管所述條目並非完全一致，但大體相同。其中，多種儀式在周代就已存在，諸如即位改元、天子冠、冊命、朝聘、巡狩、田獵、校閱等等。

二、漢代宮廷非祭祀用樂儀式種類敍例

　　漢代諸多宮廷非祭祀儀式中，重要儀式大多用樂。如天子冠、冊后、養老、朝賀、田獵等。

（一）天子冠

在漢代，天子冠又稱「加元服」。〔註130〕漢惠帝首行此禮。〔註131〕西漢昭帝、平帝亦曾加元服。〔註132〕至東漢，加元服者增多，和帝、安帝、順帝、桓帝、靈帝與獻帝都曾行此禮。〔註133〕

冠禮在正月舉行，〔註134〕高廟是行禮場所。〔註135〕典禮承襲周代，有賓贊〔註136〕、祝辭〔註137〕、謁廟〔註138〕及會群臣等環節。典禮之後，常有賞

〔註130〕 「四年春正月丁亥，帝加元服」顏師古注曰：「元，首也。冠者，首之，所著故曰元服。」《漢書》卷七《昭帝紀》，（漢）班固撰，北京：中華書局，1962年，第229頁。《通典》卷五六：「漢改皇帝冠爲加元服。」（唐）杜佑撰，北京：中華書局，1992年，第1573頁。

〔註131〕 「（四年）三月甲子，皇帝冠，赦天下。」《漢書》卷二《惠帝紀》，（漢）班固撰，北京：中華書局，1962年，第90頁。

〔註132〕 「（元鳳）四年春正月丁亥，帝加元服，見於高廟。」《漢書》卷七《昭帝紀》，（漢）班固撰，北京：中華書局，1962年，第229頁。「（元始五年）冬十二月丙午，帝崩於未央宮。大赦天下。有司議曰：『禮，臣不殤君。皇帝年十有四歲，宜以禮斂，加元服。』奏可。」《漢書》卷十二《平帝紀》，（漢）班固撰，北京：中華書局，1962年，第360頁。

〔註133〕 「（永元）三年春正月甲子，皇帝加元服，……。」《後漢書》卷四《和帝紀》，（宋）范曄撰，北京：中華書局，1965年，第171頁。「（永初）三年春正月庚子，皇帝加元服。」《後漢書》卷五《安帝紀》，（宋）范曄撰，北京：中華書局，1965年，第212頁。「（建和）二年春正月甲子，皇帝加元服。」《後漢書》卷七《桓帝紀》，（宋）范曄撰，北京：中華書局，1965年，第292頁。「（建寧）四年春正月甲子，帝加元服，大赦天下。」《後漢書》卷八《靈帝紀》，（宋）范曄撰，北京：中華書局，1965年，第332頁。「興平元年春正月辛酉，大赦天下，改元興平。甲子，帝加元服。」《後漢書》卷九《獻帝紀》，（宋）范曄撰，北京：中華書局，1965年，第375頁。

〔註134〕 「正月甲子若丙子爲吉日，可加元服，儀從冠禮。」《後漢書》志第四《禮儀上》，（宋）范曄撰，北京：中華書局，1965年，第3105頁。

〔註135〕 「和帝冠以正月甲子，乘金根車，駕六玄虯，至廟成禮，乃回軫反宮……。順帝以初月景子，加元服於高廟。」《通典》卷五六，（唐）杜佑撰，北京：中華書局，1992年，第1573頁。

〔註136〕 「興平元年正月甲子，帝加元服，司徒淳于嘉爲賓……。」《後漢書》志第四《禮儀上》劉昭注引《獻帝傳》，（宋）范曄撰，北京：中華書局，1965年，第3105頁。

〔註137〕 「孝昭帝冠辭曰：『陛下摛顯先帝之光輝，以承皇天之嘉祿，欽奉仲春之吉辰，普尊大道之郊域，秉率萬福之休靈，始加昭明之元服。推遠沖孺之幼志，蘊積文武之就德，肅勤高祖之清廟，六合之內，靡不蒙福，永永興天無極。』」《後漢書》志第四《禮儀上》劉昭注引《博物記》，（宋）范曄撰，北京：中華書局，1965年，第3105頁。

〔註138〕 「（冠訖），皆於高祖廟如禮謁。」《後漢書》志第四《禮儀上》，（宋）范曄撰，北京：中華書局，1965年，第3105頁。

賜與大赦之事。與周代「三次加冠」不同，漢代皇帝採用「四加」之禮。「乘輿初（加）緇布進賢，次爵弁，次武弁，次通天。」〔註139〕

（二）冊后

冊后是冊命禮的一種。漢代冊命禮除冊后禮外，還有冊皇太子與冊諸侯王公。冊皇太子與冊諸侯王公之禮，先秦已有之，但立后行冊命禮則始於東漢。《明史·禮志七》：「古者立后無冊命禮。至漢靈帝立宋美人為皇后，始御殿，命太尉持節，奉璽綬，讀冊。皇后北面稱臣妾，跪受。」〔註140〕而且，漢代冊命禮中，獨冊后禮有奏樂之儀，可見其特殊地位。

東漢孝靈帝冊立宋皇后之禮的具體儀節，《後漢書·禮儀志中》劉昭注有詳細記載：

> 維建寧四年七月乙未，制詔：「皇后之尊，與帝齊體，供奉天
> 地，祗承宗廟，母臨天下。……宋貴人（秉）淑媛之懿，體河山之
> 儀，威容昭曜，德冠後庭。……今使太尉襲使持節奉璽綬，宗正祖
> 為副，立貴人為皇后。后其往踐爾位，敬宗禮典，肅慎中饋，無替
> 朕命，永終天祿。」皇后初即位章德殿，太尉使持節奉璽綬，天子
> 臨軒，百官陪位。皇后北面，太尉住蓋下，東向，宗正、大長秋西
> 向。宗正讀策文畢，皇后拜，稱臣妾，畢，住位。太尉襲授璽綬，
> 中常侍長（秋）太僕高鄉侯覽長跪受璽綬，奏於殿前，女史授婕妤，
> 婕妤長跪受，以授昭儀，昭儀受，長跪以帶皇后。皇后伏，起拜，
> 稱臣妾。訖，黃門鼓吹三通。鳴鼓畢，群臣以次出。后即位，大赦
> 天下。皇后秩比國王，即位威儀，赤紱玉璽。〔註141〕

東漢冊后禮在章德殿舉行，天子親臨現場。儀式核心是讀冊與授璽。百官、皇后與太尉、宗正、大長秋等執事者各就各位後，開始讀冊，由宗正負責。讀畢，皇后稱臣並拜謝。隨後是授璽綬，由太尉負責。璽綬並非由太尉直接授予皇后，而是先由中常侍長秋太僕高鄉侯覽跪受之，並奏於殿前，然後交由女史授給婕妤，婕妤跪受後轉授昭儀，昭儀受後以長跪之舉代表皇后

〔註139〕（宋）范曄撰：《後漢書》志第四《禮儀上》，北京：中華書局，1965年，第3105頁。

〔註140〕（清）張廷玉撰：《明史》卷五四《禮八》，北京：中華書局，1974年，第1367頁。

〔註141〕（宋）范曄撰：《後漢書》志第五《禮儀中》劉昭注引《漢官典職儀式選用》，北京：中華書局，1965年，第3121～3122頁。

受之。授璽禮畢，皇后再次拜謝稱臣。至此，冊后禮結束，並通過鳴鼓以示群臣依次離殿。

（三）養老

養老之事自西漢始就是諸帝極爲關注的禮制內容之一，〔註142〕但此時尚無天子親自主持的養老禮。明帝永平二年，「冬十月壬子，幸辟雍，初行養老禮。」〔註143〕這是漢朝天子行養老禮的最早記載。

養老禮是天子推行孝悌觀念的重要禮儀，「食三老五更於大學，天子袒而割牲，執醬而饋，執爵而酳，冕而總干，所以教諸侯之弟也。」〔註144〕「王者父事三老，兄事五更者何？欲陳孝悌之德以示天下也。」〔註145〕明帝行養老禮時頒令詔書中，表明了養老禮的主要意圖，期望通過自己親自行禮，使各級政府官員能夠關心孤寡、體恤老弱，「有司其存耆耋，恤幼孤，惠鰥寡」〔註146〕，建立敬老尊長的社會風尚。可見，天子親行養老禮，意在以天子爲表率，推行孝悌觀念。

孝悌與德行的提倡，還體現在三老五更之人選。所謂「三老五更」，是指「更知三德五事」之老者。選三老五更的首要標準是家庭和諧完整且德行高尚。「先吉日，司徒上太傅若講師故三公人名，用其德行年耆高者一人爲老，次一人爲更也。」〔註147〕「三老、五更，皆取有首妻，男女完具。」〔註148〕

養老禮是以天子敬老爲特徵，故天子行禮時，要放下君主的架子，親自迎老送老，並爲老者宰牲獻酒。明帝的養老禮儀中，迎送、宰牲、宴饗獻食敬酒是核心內容。

〔註142〕「舉民年五十以上，有修行，能帥眾爲善，置以爲三老，鄉一人；擇鄉三老一人爲縣三老，與縣令丞尉以事相教，復勿繇戍。以十月賜酒肉。」《漢書》卷一上《高帝紀上》，（漢）班固撰，北京：中華書局，1962年，第33～34頁。

〔註143〕（宋）范曄撰：《後漢書》卷二《明帝紀》，北京：中華書局，1965年，第102頁。

〔註144〕《禮記正義》卷三九，北京：中華書局（阮元刻《十三經注疏》），1980年，第1543頁。

〔註145〕（清）陳立撰，吳則虞點校：《白虎通疏證》卷五，北京：中華書局，1994年，第248頁。

〔註146〕（宋）范曄撰：《後漢書》卷二《明帝紀》，北京：中華書局，1965年，第103頁。

〔註147〕（宋）范曄撰：《後漢書》志第四《禮儀上》，北京：中華書局，1965年，第3109頁。

〔註148〕（宋）范曄撰：《後漢書》志第四《禮儀上》劉昭注引應劭《漢官儀》，北京：中華書局，1965年，第3108頁。

其日，乘輿先到辟雍禮殿，御坐東廂，遣使者安車迎三老、五
更。天子迎於門屏，交禮，道自阼階，三老升自賓階。至階，天子
揖如禮。三老升，東面，三公設幾，九卿正屨，天子親袒割牲，執
醬而饋，執爵而酳，祝鯁在前，祝饐在後。五更南面，三進供禮，
亦如之。明日皆詣闕謝恩，以見禮遇大尊顯故也。〔註149〕

禮儀當日，天子先至辟雍禮殿，居於地位稍低之東廂。然後遣使以安車迎接
三老五更，自己侍立於門屏內迎接。待老者至，則降低身份與之相互行禮，
並陪同二人到正堂臺階前，讓他們從賓階登堂，行親迎之禮。隨後，天子親
自宰殺牲畜，向老者獻食、敬酒，在老者進食前後，悉心問候，表明敬老尊
長之意，藉此推行孝悌觀念、教天下人事父之道。獻食禮畢，觀樂舞。然後
以安車送老者離去。在此過程中，天子態度「訓恭」，表明養老尊長的誠心。

（四）朝賀

朝賀，又稱「大朝會」，始於秦漢。清人秦蕙田《五禮通考》有云：

古者有朝覲之禮，無朝賀之文，秦改封建為郡縣，始有朝十月
之禮。漢叔孫通起朝儀，其制始詳，大朝會實始於此。〔註150〕

漢代朝賀禮制初創於漢高祖時期。高祖建漢之初，因其「去秦苛儀法，為
簡易」致使「群臣飲爭功，醉或妄呼，拔劍擊柱」。對此，高帝甚為憂心。叔孫
通毛遂自薦，奏議制定朝儀。「臣願徵魯諸生，與臣弟子共起朝儀。」〔註151〕

首次朝賀禮於長樂宮落成之時施行。「漢初，高帝以十月為歲首。七年，
長樂宮成，諸侯群臣朝賀。」〔註152〕之後，宮室落成常行大朝受賀之禮。「（九
年）未央宮成。高祖大朝諸侯群臣，置酒未央前殿。高祖奉玉卮，起為太上
皇壽，……殿上群臣皆呼萬歲，大笑為樂。」〔註153〕「（孝惠）三年，方築長
安城，四年就半，五年六年城就。諸侯來會。十月朝賀。」〔註154〕

〔註149〕（宋）范曄撰：《後漢書》志第四《禮儀上》劉昭注引應劭《漢官儀》，北京：
中華書局，1965 年，第 3109 頁。

〔註150〕（清）秦蕙田撰：《五禮通考》卷一三六，《文津閣四庫全書》134 冊，第 179 頁。

〔註151〕（漢）班固撰：《漢書》卷四三《叔孫通傳》，北京：中華書局，1962 年，第
2126 頁。

〔註152〕（宋）王益之撰：《西漢年紀》卷一六，同治退補齋本，第 13 頁。

〔註153〕（漢）司馬遷撰：《史記》卷八《高祖本紀》，北京：中華書局，1959 年，第
386 頁。

〔註154〕（漢）司馬遷撰：《史記》卷九《呂后本紀》，北京：中華書局，1959 年，第
398 頁。

舉行朝賀的時間，西漢初循秦朝舊制，以十月爲歲首，故「朝賀皆自十月朔」〔註155〕、「令諸侯王、通侯常以十月朝獻」〔註156〕。武帝改用太初曆後，以正月爲歲首，朝賀則於正月朔舉行，十月朔仍保留享會，「至於十月朔，猶常享會」。〔註157〕至東漢，「其每朔，唯十月旦從故事者，高祖定秦之月，元年歲首也。」〔註158〕儘管元日與十月均舉行朝賀，但元日朝賀儀式隆重，十月享會規較小。

朝賀參與者，西漢初僅限於諸侯王以下、六百旦以上的高級官吏。「於是皇帝輦出房，百官執戟傳警，引諸侯王以下至吏六百石以次奉賀。」〔註159〕至東漢，參與典禮者大大擴充，不僅有公卿百官，郡國計吏、四夷及宗室也都參與其中，總人數合計萬人以上，場面極其壯觀。「正月旦，天子幸德陽殿，臨軒。公、卿、將、大夫、百官各陪（位）朝賀。蠻、貊、胡、羌朝貢畢，見屬郡計吏，皆（陛）覲，庭燎。宗室諸劉（雜）（親）會，萬人以上，立西面。位（公納薦太官賜食酒西入東出）既定，上壽。」〔註160〕

西漢初，朝賀儀式程序包括：（1）儀式參與者列隊、待詔殿前；（2）進入殿廷、整列，設定殿上席位；（3）皇帝駕到、呈現賀詞；（4）酒禮：壽酒九巡。〔註161〕其中，皇帝呈現賀詞與酒禮是儀式的核心。典禮從始至終，「無

〔註155〕（漢）司馬遷撰：《史記》卷六《秦始皇本紀》，北京：中華書局，1959年，第237頁。

〔註156〕（漢）班固撰：《漢書》卷一下《高帝紀下》，北京：中華書局，1962年，第70頁。

〔註157〕「至武帝，雖用夏正，然每月朔朝，至於十月朔，猶常享會。」《通典》卷七十，（唐）杜佑撰，北京：中華書局，1988年，第1927頁。

〔註158〕（宋）范曄撰：《後漢書》志第五《禮儀中》，北京：中華書局，1965年，第3130頁。

〔註159〕（漢）班固撰：《漢書》卷四三《叔孫通傳》，北京：中華書局，1962年，第2128頁。

〔註160〕（宋）范曄撰：《後漢書》志第五《禮儀中》劉昭注引蔡質《漢儀》，北京：中華書局，1965年，第3131頁。

〔註161〕「儀：先平明，謁者治禮，引以次入殿門，廷中陳車騎戍卒衛官，設兵，張旗幟。傳曰『趨』。殿下郎中俠陛，陛數百人。功臣列侯諸將軍吏以次陳西方，東鄉；文官丞相以下陳東方，西鄉。大行設九賓，臚句傳。於是皇帝輦出房，百官執戟傳警，引諸侯王以下至吏六百石以次奉賀。自諸侯王以下莫不震恐肅敬。至禮畢，盡伏，置法酒。諸侍坐殿上皆伏抑首，以尊卑次起上壽。觴九行，謁者言『罷酒』。御史執法舉不如儀者輒引去。」《漢書》卷四三《叔孫通傳》，（漢）班固撰，中華書局，1962年，第2127～2128頁。

敢喧嘩失禮者」，高祖此前的憂慮頓時被消除，並感慨萬分，「吾乃今日知爲皇帝之貴也」〔註162〕。

　　至東漢，朝賀禮分爲兩部分。前半部分是委贄之禮，由三公、諸侯、相當於卿的秩兩千石的官員、相當於大夫的秩千石至六百石的官員、相當於士的四百石以下至二百石的官員，分別向皇帝進獻璧玉、羔、雁、雉〔註163〕。後半部分則以賞賜與宴饗爲主，表示皇帝對公卿、百官上呈禮物的答謝。〔註164〕

　　由上可知，朝賀作爲朝禮之一，與朝會有很大不同。朝會是帝王與大臣商討辦理政務所行禮節，乃君臣日常禮節。而朝賀用於重大節日慶賀。二者除時間、地點、參與者與用途不同外，在禮儀上的區別主要體現在：朝禮主要用於處理政事，儀式簡潔，並無饗宴禮；而朝賀在帝王接受慶賀之後，君臣行宴饗之禮，儀式隆重，程序繁瑣。不僅如此，諸侯、番邦與各級官員同時朝見天子，使朝賀禮具有四海臣服、天下一統的重要象徵意義。

（五）田獵

　　田獵，又稱校獵。在漢代，校獵作爲帝王主持、大量士卒參與的大規模狩獵活動，始於漢武帝。校獵之事，既有訓練軍隊、展示雄風的意圖，也是個人娛樂消遣的行爲，在兩漢備受後世諸帝熱衷。

1、校獵時間與場所

　　兩漢校獵時間較爲固定，多在冬季進行。或是孟冬十月〔註165〕，或是仲冬

〔註162〕　（漢）班固撰：《漢書》卷四三《叔孫通傳》，中華書局，1962 年，第 2128 頁。

〔註163〕　「舊典，市長執雁，建安八年始令執雉。」《後漢書》志第五《禮儀中》劉昭注引《獻帝起居注》，第 3130 頁。「古者朝會皆執贄，侯、伯執圭，子、男執璧，孤執皮帛，卿執羔，大夫執雁，士執雉。漢、魏初依其制，正旦大會，諸侯執玉璧，薦以鹿皮，公卿以下所執如古禮。古者衣皮，故用皮帛爲幣。玉以象德，璧以稱事。不以貨沒禮，庶羞不踰牲，宴衣不踰祭服，輕重之宜也。」《後漢書》志第五《禮儀中》劉昭注引《決疑要注》，（宋）范曄撰，北京：中華書局，1965 年，第 3130 頁。

〔註164〕　「其儀：夜漏未盡七刻，鐘鳴，受賀。及贄，公、侯璧，中二千石、二千石羔，千石、六百石雁，四百石以下雉。百官賀正月。二千石以上上殿稱萬歲。舉觴御坐前。司空奉羹，大司農奉飯，奏食舉之樂。百官受賜宴饗，大作樂。」《後漢書》志第五《禮儀中》，（宋）范曄撰，北京：中華書局，1965 年，第 3130 頁。

〔註165〕　「（永和四年）冬十月戊午，校獵上林苑，歷函谷關而還。」《後漢書》卷六《順帝紀》，（宋）范曄撰，北京：中華書局，1965 年，第 269 頁。

十一月〔註166〕，或是季冬十二月〔註167〕。之所以安排在冬季，一是出於利用
農閒、避免傷農的考慮，其二則與時令制度有關，即順天道以殺伐。「若乃順時
節而搜狩，簡車徒以講武，則必臨之以《王制》，考之以《風》《雅》。」〔註168〕

　　校獵地點多在皇家園林，諸如西漢上林苑的長楊宮〔註169〕以及東漢洛陽
上林苑〔註170〕、廣成苑〔註171〕、平樂觀〔註172〕等。西漢上林苑的修建本為
校獵之途。《漢舊儀》曰：「上林苑中，廣長三百里，置令、丞、左右尉。苑
中養百獸。」〔註173〕長楊宮是上林苑中的主要狩獵之地。《三輔黃圖》卷一：
「本秦舊宮，至漢修飾之以備行幸。宮中有垂楊數畝，因為宮名，門曰射熊
觀，秦、漢遊獵之所。」〔註174〕

　　至東漢，在洛陽城西北也建有上林苑。〔註175〕東漢諸帝多在此校獵。
〔註176〕此外，距離洛陽都城數十里的廣成苑〔註177〕，也是東漢帝王校獵的主

〔註166〕「（延光二年）十一月甲辰，校獵上林苑。」《後漢書》卷五《安帝紀》，（宋）
　　　　范曄撰，北京：中華書局，1965年，第237頁。

〔註167〕「其十二月羽獵，雄從。」《漢書》卷八七上《楊雄傳上》，（漢）班固撰，北
　　　　京：中華書局，1962年，第3540頁。

〔註168〕（宋）范曄撰：《後漢書》卷四十下《班固傳下》，北京：中華書局，1965年，
　　　　第1363頁。

〔註169〕「建元三年……南獵長楊。」《漢書》卷六五《東方朔傳》，第2847頁。

〔註170〕「（永平十五年）冬，車騎校獵上林苑。」《後漢書》卷二《明帝紀》，第119
　　　　頁。「（永光二年）十一月甲辰，校獵上林苑。」《後漢書》卷五《安帝紀》，
　　　　第237頁。「（永興二年）冬十一月甲辰，校獵上林苑，遂至函谷關」。《後漢
　　　　書》卷七《桓帝紀》，第300頁。「（永和四年）冬十月戊午，校獵上林苑，歷
　　　　函谷關而還。」《後漢書》卷六《順帝紀》，第269頁。「（光和五年冬十月）
　　　　校獵上林苑，歷函谷關，遂巡狩於廣成苑。」《後漢書》卷八《靈帝紀》，（宋）
　　　　范曄撰，北京：中華書局，1965年，第347頁。

〔註171〕「《陳蕃傳》延熹六年，車駕幸廣成校獵。」（宋）王應麟撰：《玉海》卷一四
　　　　四，南京：江蘇古籍出版社，1987年，第2811頁。

〔註172〕楊雄《校獵賦》：「望平樂，徑竹林。」張晏注曰：「平樂，館名也。」晉灼注
　　　　曰：「在上林中。」《漢書》卷八七《揚雄傳上》，第3546頁。

〔註173〕（漢）衛宏撰：《漢舊儀》卷下，（清）孫星衍等輯：《漢官六種》，北京：中
　　　　華書局，1990年，第83頁。

〔註174〕何清谷撰：《三輔黃圖校釋》，北京：中華書局，2005年，第37頁。

〔註175〕「先帝之制，左開鴻池，右作上林。」《後漢書》卷五四《楊震傳》，第1782
　　　　頁。「《洛陽宮殿名》有平樂苑、上林苑。」《後漢書》卷五四《楊震傳》注，
　　　　第1783頁。「鴻池，池名，在洛陽東二十里。」《後漢書》志第二六《百官三》
　　　　「鈞盾令條」，第3595～3596頁。

〔註176〕「（永平十五年）冬，車騎校獵上林苑。」《後漢書》卷二《明帝紀》，第119
　　　　頁。「（永光二年）十一月甲辰，校獵上林苑。」《後漢書》卷五《安帝紀》，

要的場所。〔註178〕

2、活動參與者

兩漢校獵的參與者以軍隊爲主，包括京師駐軍〔註179〕、宮廷禁軍〔註180〕及車駕扈從。京師駐軍作爲兩漢皇帝直接控制的中央軍，多次參與對外作戰，是漢朝軍隊的主力。參與到校獵活動中的宮廷禁軍主要是期門騎者（虎賁）與羽林軍，這些作爲皇帝的貼身禁衛，是皇帝出行時的首要警戒力量。兩漢帝王校獵，車騎眾多，主要有奉車都尉、駙馬都尉、騎都尉及其各部所屬軍士車馬。〔註181〕

3、儀式內容

依據史料記載並參考《兩都賦》、《上林賦》等的描寫可知，兩漢校獵儀式包括準備階段、出行、檢閱、殺獲、飲宴與遊玩等環節。

準備階段具體包括頒布命令、準備校獵用具、擇出行吉日及準備獵場等事宜。兩漢天子校獵，出行採用法駕。到達獵場後，有時會舉行簡略的檢閱

第 237 頁。「（永興二年）冬十一月甲辰，校獵上林苑，遂至函谷關」。《後漢書》卷七《桓帝紀》，第 300 頁。「（永和四年）冬十月戊午，校獵上林苑，歷函谷關而還。」《後漢書》卷六《順帝紀》，第 269 頁。「（光和五年冬十月）校獵上林苑，歷函谷關，遂巡狩於廣成苑。」《後漢書》卷八《靈帝紀》，第 347 頁。

〔註177〕「廣成苑，在今汝州梁縣西。」《後漢書》卷六十上《馬融傳》劉昭注，（宋）范曄撰，北京：中華書局，1965 年，第 1954 頁。

〔註178〕（永興二年）冬十一月甲辰，校獵上林苑，遂至函谷關」。《後漢書》卷七《桓帝紀》，第 300 頁。（宋）范曄撰，北京：中華書局，1965 年，「《陳蕃傳》延熹六年，車駕幸廣成校獵。」（北宋）王欽若等編，《冊府元龜》卷五三七，北京：中華書局，1960 年，第 6434 頁。

〔註179〕《上林賦》：「乘鏤象，六玉虯，拖蜺旌，靡雲旗，前皮軒，後道遊：孫叔奉轡，衛公參乘，扈從橫行，出乎四校之中。」《史記》卷一一七《司馬相如傳》，（漢）司馬遷撰，北京：中華書局，1959 年，第 3033 頁。關於「四校」，王先謙《漢書補注》曰：「當即屯騎、步兵、射聲、虎賁。皆天子行獵必當隨從者。而掌北軍之中壘校尉，掌胡騎之三校尉不與。」《漢書補注》卷五七上，北京：書目文獻出版社，1995 年，第 1168 頁。

〔註180〕《漢舊儀》卷上：「期門騎者，隴西工射獵人及能用五兵材力三百人，行出會期門下，從射獵，……騎持五旗別外內。」（漢）衛宏撰：（清）孫星衍等輯，《漢官六種》，北京：中華書局，1990 年，第 66 頁。

〔註181〕（漢）傅毅《洛都賦》：「乘輿鳴和，按節發軔，列翠蓋，方龍軸。備五路之時副，攬三辰之旗脖。」（清）陳元龍編：《歷代賦彙》（第 3 冊），南京：江蘇古籍出版社，2004 年，第 377 頁。

儀式，包括集合軍隊、擊鼓振鐸、號以旗幟、兵士依照號令坐起進退及刺殺、勒令三軍、宣布紀律、點燃烽煙、擂響戰鼓等。然後進入獵殺的環節。從獵殺的方式可以看出，校獵既重視單兵徒手捕獲，也強調各種兵器的運用；既聯繫射獵與搜捕，也進行圍獵和追殺；既有步兵的訓練，也有車兵和騎兵的演習。也就是說，校獵是對全軍全方位的訓練。獵殺結束之後，由三軍清點獵物，供天子檢閱。然後進入宴樂環節。具體有天子賜酒、鍾樂齊鳴等。歡宴之後常有遊玩活動。遊玩的場域常常選在民間，為君臣百姓同樂提供場所與空間。

本章小結

　　本章主要圍繞漢代宮廷儀式中的用樂儀式進行考察。漢代宮廷用樂儀式大致承襲西周，可分為祭祀與非祭祀兩大類。就祭祀儀式而言，天地祭祀與祖先祭祀，因其具有關乎政權合法性與統治正當性等屬性，仍然在諸多祭祀儀式中佔據首要位置。就非祭祀儀式而言，漢代宮廷非祭祀儀式的種類相對西周有明顯變化，主要體現在新增儀式中的用樂儀式以及新增用樂儀式兩方面。就前者而言，漢代宮廷在朝聘禮之外新增朝賀禮，而且，朝賀禮用樂是漢代宮廷宴饗及典禮用樂儀式中最具代表性的一種。就後者而言，漢代天子冊后用樂與大喪用樂都是西周所沒有的用樂儀式。

　　以上是漢代宮廷用樂儀式相對西周所呈現出的變化。就漢代宮廷而言，重要的祭祀儀式與非祭祀儀式，儀節繁複程度也不相同。祭天地先祖是祭祀儀式的代表，朝賀與田獵因備受統治者親睞而成為非祭祀儀式的典型，相對而言，後者的活動內容更為豐富，儀節更為繁複。從某種程度上看，這種繁簡不一的情況，反映出祭祀儀式與非祭祀儀式對於統治者維護政權、宣揚教化的重要性有所不一。

第四章　漢代宮廷祭祀音樂活動與教化

　　通過前文漢代宮廷音樂種類的考察可知，漢代宮廷音樂的應用，主要有兩個方面，一是與祭祀活動相聯繫；一是與非祭祀活動相聯繫。此二類活動的社會性質與儀式功能明顯有別。前者是統治者溝通天地神靈與先祖神靈的活動，是統治者藉由「神人」關係凸顯「天子」（「皇帝」）之身份，繼而彰顯政權合法性的活動；後者是君臣交流的活動，是統治者藉由「人人」關係樹立帝王「唯我獨尊」之身份，繼而構建君臣關係的活動。

　　由於實現社會目的與儀式功能的過程實際也是教化過程〔註1〕，那麼，「神人」溝通的祭祀活動與「人人」交際的非祭祀活動，因場所與樂舞、樂章、樂儀等媒介使用的不同，無疑傳遞著不同的教化意涵。基於這種思考，下文將分別圍繞宮廷祭祀音樂活動與非祭祀音樂活動兩大類，考察漢代宮廷音樂活動的教化意涵。

　　祭祀作爲一種宗教活動，是人們表達內心鬼神信仰的崇拜方式。自周代始。這種崇拜方式被納入「禮制」的範疇，使祭祀活動在原始宗教崇拜的基礎上，逐漸衍生出倫理道德的內涵。「祭者，志意思慕之情也，忠信愛敬之至矣，禮節文貌之盛矣，苟非聖人，莫之能知也。聖人明知之，士君子安行之，官人以爲守，百姓以成俗。其在君子，以爲人道也；其在百姓，以爲鬼事也。」〔註2〕祭祀被視爲統治者推行倫理教化的重要工具與途徑。

　　漢代宮廷祭祀音樂活動中，郊廟音樂活動佔據最重要的位置。從祭祀等級

〔註1〕帝王召集臣僚，通過祭祀活動與非祭祀活動的舉行，向臣僚灌輸某種特定的觀念，最終實現維護鞏固統治秩序的社會目的。

〔註2〕《荀子·論禮》，《荀子集解》卷十三，（清）王先謙撰，北京：中華書局，1988年，第376頁。

看，郊廟屬大祀，是等級最高的祭祀活動；從政治功能看，郊廟是關乎政權合法性關係最爲密切的兩類祭祀，故最被看重；此外，從文獻記載看，郊廟音樂活動記載最爲詳盡。因此，本章主要考察漢代郊廟音樂活動的教化意涵。

第一節　郊廟音樂活動場所的教化意涵

　　場所作爲人們開展各種活動的重要載體，不僅爲活動提供了物質空間，場所本身在與活動相互結合運作的過程中，也生成了某種功能與意義。郊廟祭祀活動的主要場所有郊、廟與明堂。下文主要考察此三類場所的教化意涵。

一、「郊」與「忠」

　　「忠」，《說文・心部》釋曰：「忠，敬也。盡心曰忠。」段玉裁注云：「敬者，肅也，未有盡心而不敬者。」〔註3〕由此可知，「敬」、「盡心」是「忠」的本義。「盡心」既指盡心竭力、全身心地投入到某事之中，如「盡中心」、「內盡於心」、「盡己之心」、「發己自盡」、「中以盡心」等義〔註4〕；也指內外一致、表裏如一，諸如「中能應外」、「外內倡和」、「內心無隱」、「言必由中」等義〔註5〕，即誠實、正直、厚道、公正等。可知，「忠」的原初義是指一般性的社會倫理道德觀念，強調個人的修養與爲人處事之道，其目的在於建立一種和諧的社會關係。

　　春秋戰國之際，「忠」的內涵發生了明顯變化。〔註6〕春秋之際，「忠」，

〔註3〕　（漢）許慎撰，段玉裁注：《說文解字注》第十篇下，南京：鳳凰出版社，2007年，第877頁。

〔註4〕　宗福邦等主編：《故訓匯纂》，北京：商務印書館，2003年，第773～774頁。

〔註5〕　宗福邦等主編：《故訓匯纂》，北京：商務印書館，2003年，第774頁。

〔註6〕　「忠」觀念在春秋至戰國秦漢之際的演變，今人看法較爲一致，裴傳永《中國傳統忠德觀的歷時性考察》認爲「春秋時期，各個社會階層的人都要講忠確乎是全社會的共識」「戰國時期，把忠的主體直接與君主相聯繫的說法已比較少見……把忠的主體直接與人臣相聯繫的說法在戰國時期大量湧現。」山東大學博士論文，2006年，第69、73頁。王子今圍繞韓非子討論春秋戰國時期「忠」觀念的轉變時說，「韓非作爲戰國後期傑出的政治理論家，爲適應當時新的政治形勢的需要，批判總結了前代關於『忠』的思想，在新的認識基礎上提出了更爲完備的關於『忠』的力量……韓非竭力主張應當把『忠』作爲君臣上下之間具有絕對『法義』意義的政治道德規範……。」見氏著《「忠」觀念研究——一種政治道德的文化源流與歷史演變》，吉林：吉林教育出版社，1999年，第92頁。

觀念內涵較爲複雜，表現出多元化的趨向，所指涉的社會階層較爲多樣，既有用於社會一般人際關係的「忠」，也有作爲政治品性的「忠」，既有臣之「忠」，也有君之「忠」。作爲處理社會人際關係的原則，「忠」的目的在於構建與維護社會和諧關係。作爲政治道德原則的「忠」，主要用於反映與調節君臣之間的政治關係。此外，臣之「忠」的表現，既包括忠於君王個人，也包括忠於國家、社稷。至戰國時期，這些內涵有所繼承與延續，但也呈現出一些變化。如「忠君」逐漸成爲「忠」觀念的首要內容。戰國時期，春秋時期「忠」觀念仍有延續。如孟子將「忠」視爲待人之道：「分人以財謂之惠，教人以善謂之忠，爲天下得人者謂之仁。」〔註7〕但更多的是變化的出現。這一變化主要體現在「忠君」概念的普遍使用及其內涵轉變。如「忠臣」、「忠君」的表述方式常見、「忠」逐漸成爲對爲臣之道的單方面要求，使「忠君」呈現出絕對化傾向，無條件的絕對忠於君主個人，強調單方面的道德要求，凸顯君主個人權利的絕對優勢。這種現象是伴隨諸侯稱霸局面的逐漸結束，以及建立君主專制國家的需要而出現。〔註8〕

　　至漢代，承襲戰國「忠」觀念，「忠君」是「忠」的主要內容，強調臣忠於君一人。天子藉由「郊」來告誡臣僚「忠」於「一」。「天無二日，土無二王，嘗禘郊社，尊無二上」〔註9〕。「郊」作爲祭天地音樂活動的主要場所，是體現天子承天之序、擁有一統天下萬物之權力的場所。《漢書·郊祀志下》：「帝王之事莫大乎承天之序，承天之序莫重於郊祀，故聖王盡心極慮以建其制。」〔註10〕

　　「郊」，在漢代，至漢武帝時期才開始備受推崇。這一點從漢武帝時期新郊祀場所的出現以及漢武帝親郊的高頻率兩方面可以看出。顯然，對「郊」的推崇，與大一統中央集權的推進密切相關。漢武帝對「郊」的重視，主

〔註7〕　《孟子·滕文公章句上》，《孟子注疏》卷五下，北京：中華書局（阮元刻《十三經注疏》），1980年，第2706頁。

〔註8〕　關於先秦至漢代「忠」觀念的演變，今人多有研究。具代表性的主要有裴傳永博士論文《中國傳統忠德觀的歷時性考察》，山東大學博士論文，2006年。王子今著《「忠」觀念研究——一種政治道德的文化源流與歷史演變》，吉林：吉林教育出版社，1999年。

〔註9〕　《禮記·曾子問》，《禮記正義》卷十八，北京：中華書局（阮元刻《十三經注疏》），1980年，第1392頁。

〔註10〕　（漢）班固撰：《漢書》卷二五下《郊祀志下》，北京：中華書局，1962年，第1253～1254頁。

要體現在兩個方面：皇帝通神的權力；「郊」中「一」（忠）觀念的強化。前者體現了皇帝向臣僚宣揚與灌輸「忠」觀念的資本與前提；後者是「忠」觀念灌輸的具體舉措。此外，漢成帝時期，「郊」的場所被理解為「天隨王者所居而饗」「天地以王者為主」，進一步將支配天地秩序的權力集於皇帝一人。

1. 「郊」：皇帝通神權力的彰顯與「忠君」

通天地神靈的權力，向來是彰顯王權、使臣民忠順的重要途徑。漢武帝在位期間，尤其重視通天地神靈之事。當時最重要的郊祀場所甘泉泰畤，可謂漢代第一座萬神殿，而甘泉宮更是通神之宮。

首先看甘泉泰畤。甘泉泰畤是漢代首個將天、地、五帝以及群神置於一處的壇場。「甘泉泰畤紫壇，八觚宣通象八方。五帝壇周環其下，又有群神之壇」〔註11〕。這種將各種神祇置於一處來共祀的「萬神殿」，彰顯了「有天下者祭百神」〔註12〕的權力。於此之前，西漢諸帝僅有郊祭五帝。

皇帝共祀群神對公卿百官的震懾之效是顯著的。由於漢代採用夜間祠祭之制，「萬神殿」內群神降臨的場景是「夜常有神光如流星止集於祠壇」〔註13〕，伴隨著樂歌聲聲，「百官侍祠者數百人皆肅然動心」〔註14〕。

其次，甘泉宮營建的初衷就是漢武帝為通神之用。「又作甘泉宮，中為臺室，畫天地泰一諸鬼神，而置祭具以致天神」〔註15〕。之所以選擇甘泉宮，很重要的一個原因是，「仙人好樓居」，且甘泉宮位於甘泉山之北山，處於高處，諸宮建築也多較高，便於招天神。故漢武帝在甘泉宮又建益壽館、延壽館，用於「候神人」，作通天台，「招來神仙之屬」。〔註16〕

〔註11〕 （漢）班固撰：《漢書》卷二五下《郊祀志下》，北京：中華書局，1962年，第1256頁。

〔註12〕 《禮記·祭法》，《禮記正義》卷四六，北京：中華書局（阮元刻《十三經注疏》），1980年，第1588頁。

〔註13〕 （漢）班固撰：《漢書》卷二二《禮樂志》，北京：中華書局，1962年，第1045頁。

〔註14〕 （漢）班固撰：《漢書》卷二二《禮樂志》，北京：中華書局，1962年，第1045頁。

〔註15〕 （漢）班固撰：《漢書》卷二五上《郊祀志上》，北京：中華書局，1962年，第1219頁。

〔註16〕 （漢）班固撰：《漢書》卷二五下《郊祀志下》，北京：中華書局，1962年，第1241～1242頁。

　　漢武帝大興通神、招神之事，儘管與其個人信仰不無關係，通神招神之事作爲一種能力，也是一種權力，即專屬皇帝個人所有的權力。通神招神之事就是在向天下臣民昭告這種權力：皇帝作爲天下之共主，是唯一可以通神招神之人。皇帝能夠藉由這種「通神」之能力使神祇庇祐天下臣民，同時也是藉由神祇之神力支配天下臣民，使天下臣民意識到，唯有臣服與忠順，否則會遭神靈的譴責。

2.「郊」與「一」（忠）觀念的強化

　　自漢武帝始，「郊」這一場所首要突出的核心要素就是「一」與「獨尊」。這與「忠」的內涵即「忠於一」是不謀而合的。在「郊」這一場所中，「一」主要通過神壇布局、主祭者及其所處位置來體現。

　　（1）「郊」的神壇布局：「多」與「一」

　　漢武帝之前，漢代皇帝僅有親郊五帝，且五帝神壇在布局上並未分出尊卑上下，只是呈現出五方帝各主一方的象徵之義。作爲漢代首行親郊之禮的皇帝，漢文帝首次郊五帝是在雍五時進行，此時，五帝各居一處。《史記》正義引《括地志》：「漢五帝時在岐州雍縣南。……案：五時者鄜時、密時、吳陽時、北時。先是文公作鄜時，祭白帝；秦宣公作密時，祭青帝；秦靈公作吳陽上時、下時，祭赤帝、黃帝；漢高祖作北時，祭黑帝：是五時也。」〔註17〕《漢書・郊祀志上》：「於是夏四月，文帝始幸雍郊見五時，祠衣皆上赤。」〔註18〕之後，文帝時期渭陽五帝廟的建立，使各居一處的五帝集中於一處，「帝一殿，面五門，各如其帝色」〔註19〕。儘管如此，此時的五帝之間並無尊卑之別，僅在場所上呈現出「一」的趨勢，饗祭神靈則仍然有「多」無「一」。

　　直至漢武帝甘泉泰時的建立，不僅將五帝彙集一處，而且五帝之上出現了「泰一天神」，「泰一」的獨尊之位通過其與五帝的關係呈現了出來。

　　泰一與五帝這種「一」與「多」的尊卑關係在壇場布局上盡顯無疑。「天神貴者泰一，泰一佐曰五帝」〔註20〕，故「（泰一）祠壇放毫忌泰一壇，三陔。

〔註17〕（漢）司馬遷撰：《史記》卷一二《孝武本紀》，北京：中華書局，1959年，第453頁。

〔註18〕（漢）班固撰：《漢書》卷二五上《郊祀志上》，北京：中華書局，1962年，第1213頁。

〔註19〕（漢）班固撰：《漢書》卷二五上《郊祀志上》，北京：中華書局，1962年，第1213頁。

〔註20〕（漢）班固撰：《漢書》卷二五上《郊祀志上》，北京：中華書局，1962年，第1218頁。

五帝壇環居其下，各如其方」〔註21〕。除壇場布局外，泰一所用牲品與五帝也體現出等級之分。「泰一所用，如雍一時物，而加醴棗脯之屬，殺一犛牛，以為俎豆牢具。而五帝獨有俎豆醴進」。〔註22〕這種尊卑位序除了通過視覺衝擊之外，還藉由郊祀樂歌向助祭者進一步強調：「帝臨中壇，四方承宇」顏師古注曰「言天神尊者來降中壇」。〔註23〕

（2）天子與百官侍祠者：「一」與「多」

除神壇布局對「一」與「多」的強調之外，漢武帝還藉由自身的所處位置，強調皇帝與壇場內百官助祭者間「一」與「多」的尊卑關係。郊祀禮中，漢武帝並未與百官群臣一同位於壇場之內，而是位於距離壇場三里遠的竹宮之內，行遙拜之禮。「天子自竹宮而望拜」顏師古注曰：《漢舊儀》云竹宮去壇三里。」韋昭注曰：「以竹為宮，天子居中」。〔註24〕也就是說，漢武帝獨居壇場之外的竹宮，通過所處位置，將自己與百官侍祠者區辨開來，讓百官侍祠者充分意識到：皇帝乃天下獨尊之人。

值得注意的是，皇帝不至壇場，親獻之禮無疑是缺失的。正如宋人虞炎所議：「漢之郊祀，天子自竹宮遙拜，息殿去壇既遠，奉祀事旋息於此。」〔註25〕而天子親獻在西周是整個郊祀禮的核心儀節，因為天子作為郊祀主祭者，理應充分利用祭天儀式活動加強與上天的聯絡與交流，親獻之儀是表達與實踐這種願望的最佳方式。所以，在西周的七獻之禮中，周天子一人親獻四次。漢武帝之所以放棄這一向天神示好的絕佳機會，可能是漢武帝在向百官乃至天下臣民昭示，皇帝儘管受命於天，但在百官乃至天下臣民面前，皇帝無需藉由臣服於天來彰顯自己的權力。

由上可知，無論是泰一天神與五帝及群神，還是皇帝與百官助祭者，都是通過「一」與「多」的關係來強調「忠」的內涵，即「忠於一」，忠於皇帝。

〔註21〕（漢）班固撰：《漢書》卷二五上《郊祀志上》，北京：中華書局，1962 年，第 1230 頁。

〔註22〕（漢）班固撰：《漢書》卷二五上《郊祀志上》，北京：中華書局，1962 年，第 1230 頁。

〔註23〕（漢）班固撰：《漢書》卷二二《禮樂志》，北京：中華書局，1962 年，第 1054頁。

〔註24〕（漢）班固撰：《漢書》卷二二《禮樂志》，北京：中華書局，1962 年，第 1045～1046 頁。

〔註25〕（唐）杜佑撰：《通典》卷四二，北京：中華書局，1992 年，第 1176 頁。

綜上所述，皇帝藉由通天地神靈之能力，讓天下臣民忠順於自己。與此同時，通過泰一天神與五帝群神之間的「一」與「多」、皇帝與百官侍祠者「一」與「多」強調皇帝的獨尊之位，使「忠」的內涵在百官乃至天下臣民的觀念中進一步明晰與強化。

二、「廟」與「孝」、「忠」

宗廟，《說文‧宀部》：「宗，尊祖廟也。」〔註26〕《尚書大傳》：「廟者，貌也。以其貌言之也。」〔註27〕《釋名》：「宗，尊也。廟，貌也。先祖形貌所在也。」〔註28〕顯然，宗廟是祖先崇拜的物質表現形式，是尊祖祭祖的重要活動場所。而「孝」，作為一種觀念，又源於祖先崇拜與先祖祭祀活動，因此，「孝」與宗廟的關係之密切顯而易見。漢代皇帝十分重視藉由宗廟及宗廟內的活動向臣屬弘揚與灌輸「孝」觀念。更為重要的是，漢代「移孝作忠」的指導思想，使「忠」逐漸被納入宗廟的教化意涵之中。

1. 廟與「孝」

宗廟，作為祖先祭祀的活動場所，昭孝是首要目的。宗廟祭祀主要通過「供奉」、「順意」、「繼志」等方面來表達孝敬之義。

（1）「供奉」

向在世父母表達孝敬之義，主要藉由「善事奉養」；對於過世先祖而言，宗廟供奉則是致孝的主要方式。供奉主要體現在如下幾個方面：其一，宗廟內先帝神主（牌位）的擺放。先帝神位是宗廟內最重要的陳設，在祭禮中，所有活動都圍繞神主進行，神主被置於廟堂之內最重要的位置，「高祖南面，幄繡帳，望堂上西北隅。帳中坐長一丈，廣六尺，繡絪厚一尺，著之以絮四百斤。曲几，黃金扣器。」〔註29〕其二，祭品供奉。在漢代，天子宗廟每年有「二十五祠」，除每月正祭之時提供豐富的祭品（「一太牢」）之外，五月另有「嘗麥」，六月、七月、三伏與立秋另有「貙婁」並「嘗粢」，八月「飲酎」

〔註26〕　（漢）許慎撰，段玉裁注：《說文解字注》七篇下，鄭州：中州古籍出版社，2006 年，第 343 頁。

〔註27〕　（漢）伏勝撰：《尚書大傳》卷四，《四部叢刊》，景清刻左海文集本，第 60 頁。

〔註28〕　（漢）劉曦撰：《釋名》卷五，《四部叢刊》，景明翻宋書棚本，第 20 頁。

〔註29〕　（漢）衛宏撰：《漢舊儀補遺卷下》，（清）孫星衍等輯：《漢官六種》，北京：中華書局，1990 年，第 100 頁。

並「九太牢」，十月「嘗稻」並「飲蒸」及「二太牢」，十二月臘並「二太牢」。
〔註30〕由此可見先祖享用祭品極爲豐富。其中，「飲酎」是將一年之中至醇之
酒供奉給先祖品嘗，張晏曰：「正月旦作酒，八月成，名曰酎。酎之言純也。」
師古曰：「酎，三重釀，醇酒也，味厚，故以薦宗廟。」〔註31〕；「嘗麥」、「嘗
黍」、「嘗稻」以及時鮮果獻等都屬於每年的「新物」，只有供奉先祖之後才能
享用，「凡五穀新熟，珍物新成，天子以薦宗廟。禮，未薦不敢食新，孝敬之
道也」〔註32〕。其三，祭器的供奉，如刻有銘文之鼎。《禮記・祭統》：「夫鼎
有銘，銘者自名也，自名以稱揚其先祖之美，而明著之後世者也；爲先祖者，
莫不有美焉，莫不有惡焉，銘之義，稱美而不稱惡。此孝子孝孫之心也，唯
賢者能之。銘者，論譔其先祖之有德善、功烈、勳勞、慶賞、聲名，列於天
下，而酌之祭器，自成其名焉，以祀其先祖者也。顯揚先祖，所以崇孝也，
身比焉，順也。明示後世，教也。」〔註33〕

（2）「順意」與「繼志」

「孝」，包含順從父母、遵從先王旨意以行事的意思。如：平帝納王莽女
之前，太后遣大司徒、大司空策告宗廟，聽取先祖之旨意；皇帝、皇后即位
都須行謁廟禮，聽取先祖之教誨等。此外，「孝」還包含繼先人之志，《禮記・
中庸》：「夫孝者，善繼人之志」。〔註34〕漢代皇帝在宗廟內舉行加元服之禮以
及將個人功績策告宗廟，都是向先祖傳達「秉承先祖之遺志」舉動。

2. 廟與「忠」

在漢代，宗廟不僅是通過祭祀先祖以昭孝的場所，還是宣揚「忠」觀念
的重要場所。

第一，從宗廟設置來看。西漢前中期的宗廟設置，都是依循每帝一廟之
制，並無毀廟之制與禘祫之祭。而毀廟與禘祫禮中的昭穆之序正是宗族內部

〔註30〕（漢）衛宏撰：《漢舊儀補遺卷下》，（清）孫星衍等輯：《漢官六種》，北京：
中華書局，1990 年，第 101 頁。

〔註31〕（漢）班固撰：《漢書》卷五《景帝紀》注，北京：中華書局，1962 年，第
114 頁。

〔註32〕（清）秦蕙田撰：《五禮通考》卷一百一，《文津閣四庫全書》133 冊，第 168
頁。

〔註33〕《禮記正義》卷四九，北京：中華書局（阮元刻《十三經注疏》），1980 年，
第 1606 頁。

〔註34〕《禮記正義》卷五二，北京：中華書局（阮元刻《十三經注疏》），1980 年，
第 1629 頁。

體現血緣關係的最重要體現。周代宗親世系都是按昭穆來排列的。如「大伯虞仲，大王之昭。虢仲、虢叔，王季之穆。」「曹叔振鐸，文之昭也。先君唐叔，武之穆也。」周代的昭穆制度是血緣關係的一種特殊表現形式。而家族世次上的昭穆直接涉及宗廟的設置。周代宗廟設置上的排列順序以及毀廟之制，都是嚴格遵照世系上的昭穆來決定。「夫宗廟之有昭穆也，以次世之長幼，而等胄之親疏也。」〔註35〕「宗廟之事、昭穆之世」〔註36〕，「天子七廟，三昭三穆，典大祖之廟而七。諸侯五廟，二昭二穆，典大祖之廟而五。大夫三廟，一昭一穆，典大祖之廟而三」。〔註37〕由此可知，西周宗廟之制具有嚴格的血緣制約性，體現的是「宗族」這一親緣群體內部的秩序。

　　至西漢，宗廟設置呈現出完全不同的特徵。西漢每帝一廟的設置方式，使宗廟建築本身體現出脫離「族」而趨於強調個人的特徵。「廟」原本代表的是宗族的世襲，但漢朝皇室與元勳多起於閭巷之中，從未有過設立宗廟的特權。故自惠帝以降，每帝皆有一廟，且建在其陵墓附近。這樣一來，以單獨世系而存在的傳統宗廟消失了，已化解爲一系列僅屬於帝王個人的廟。一座西漢帝廟從根本上不同於三代王廟，作爲君主的私有財產，西漢廟不再意味著王室的系譜和政治傳統。〔註38〕如此一來，「族」的群體制約性大大減弱，而皇帝個人的權力被極大推崇。宗廟中以「親」爲基礎的「孝」的內涵大大減弱，更多的是公卿大臣面對皇帝權力時應秉承的「忠」。

　　第二，從供奉對象來看。漢代皇帝祭祖時，實行「功臣配享」之制。所謂「功臣配享」，是指天子祭祀先王時選已故有功之臣作爲配祭。據載，功臣配享之制始於漢代。《漢舊儀》載：

　　　　宗廟祭，功臣四十人食堂下。惟御僕滕公祭於廟門外塾。〔註39〕

功臣配享是古代帝王對有功之臣的最高酬勞，也是激勵其他臣僚「報功

〔註35〕（戰國）左丘明撰：《國語》卷四《魯語上》，上海：上海古籍出版社，2015年，第115頁。

〔註36〕（戰國）左丘明撰：《國語》卷一八《楚語下》，上海：上海古籍出版社，2015年，第376頁。

〔註37〕《禮記‧王制》，《禮記正義》卷十二，北京：中華書局（阮元刻《十三經注疏》），1980年，第1335頁。

〔註38〕（美）巫鴻著，李清泉等譯：《中國古代藝術與建築中的「紀念碑性」》，上海：上海人民出版社，2008年，第119～120頁。

〔註39〕（宋）王應麟撰：《玉海》卷五七，南京：江蘇古籍出版社，1987年，第1087～1088頁。

勸忠」的重要方式。

> 書曰：「茲予大享於先王爾，祖其從與享之。」季桓子問曰：「此
> 何謂也？」孔子曰：「古之王者，臣有大功，死則必祀之於廟，所以
> 殊有績，勸忠勤也。」〔註40〕

> 配享之典，國家所以報功而勸忠也。〔註41〕

第三，從參與者的身份來看。宗廟作爲祖先祭祀的場所，主要承載的是凝聚血親群體的作用與意義。祖先祭祀作爲宗族內部事宜，理應以親緣團體爲主要參與者。這一點在西周很明確。周天子的祭祖禮，周王本人主祭，全體族人以助祭者的身份來參加，祭祖是天子與族人聯絡情感的活動。《禮記·大傳》曰：「君有合族之道。」〔註42〕這種情感聯絡主要通過宗廟祭禮中的「旅酬」和「燕毛」儀節來實現。宋人朱熹說：「旅酬之禮，賓弟子，兄弟之子，各舉觶於其長，而眾相酬。」〔註43〕

至漢代，天子祭祖之時，劉氏宗親並未參與其中。相反，參與者以公卿大臣爲主，而公卿大臣與皇帝並無血緣關係。由此可知，秦漢郡縣制的確立與推行，從普遍意義上講，使政權脫離族權而獨立，所有臣僚都聽命於皇帝，受制於國家，而非宗族。如此一來，以「親」爲基礎的「孝」，在漢代宗廟祭祀中的彰顯明顯弱於西周，而皇帝與臣僚之間的「忠君」則被推崇。

三、明堂與「孝」、「忠」

明堂，自周公以來就已然成爲一座實踐王權的建築與道德教化之場所。漢代承襲此制，將明堂視爲「出教化」的重要場所。〔註44〕藉由明堂祭祀強調君臣之間的關係，教導諸侯應遵循「事君若父」的爲臣之道。《禮記·祭義》：「祀乎明堂，所以教諸侯之孝也。食三老五更於大學，所以教諸侯之弟也；祀先賢於西學，所以教諸侯之德也；耕籍，所以教諸侯以養也；朝覲，所以

〔註40〕（漢）孔鮒撰：《孔叢子》第一卷《論書》，上海：上海古籍出版社，1990 年，第 7 頁。

〔註41〕（清）秦蕙田撰：《五禮通考》卷一二二，《文津閣四庫全書》133 冊，第 655 頁。

〔註42〕《禮記正義》卷三四，北京：中華書局（阮元刻《十三經注疏》），1980 年，第 1508 頁。

〔註43〕（元）汪克寬：《經禮補逸》卷二，（清）通志堂經解本，第 18 頁。

〔註44〕「天子立明堂者，所以通神靈，感天地，正四時，出教化，宗有德，重有道，顯有能，褒有行者也。」（清）陳立撰：《白虎通疏證》卷六，北京：中華書局，1994 年，第 265 頁。

教諸侯之臣也。五者，天下之大教也。」〔註45〕

　　這裡，「祀乎明堂」的主要教化目的是垂示諸侯以「孝」、「弟」、「德」、「養」、「臣」五種大教。在此五教的倫理體系中，君臣關係與臣之職責十分明確：「父子之孝」、「兄弟之悌」、「上下之德」、「長幼之養」、「君臣之臣」。諸侯必須盡其能力以孝養其君父——天子；更須明白上下尊卑的政治體制，以及兄友弟恭的社會倫理規範。是故，在「事君若父」的第一教義裏，天子與諸侯之關係必然成為絕對性的父子關係，負有社會制約下所謂天經地義的奉養盡孝之義務；誠然，明堂之教化意義在「孝」，諸侯對天子以孝為道。天子之為天之子，亦有絕對義務對天地盡孝，定期舉行祭天大典就是對天盡孝之實踐。這就是「祀乎明堂」以「孝」為綱本的政治體制與教化意涵。由此可知，漢明堂在承襲周制的過程中，將「孝治天下」的治國綱領貫徹在明堂中。

　　此外，漢明堂的形制與布局則通過豐富的象徵意義傳達著與大一統集權制相適應的教化意涵，以東漢洛陽明堂尤甚。關於洛陽明堂的格局與形象，桓譚《新論》云：「天稱明，故名曰明堂。上圓法天，下方法地，八窗法八風，四達法四時，九室法九州，十二坐法十二月，三十六戶法三十六雨，七十二牖法七十二風。」〔註46〕《後漢書・光武帝紀》注引《禮圖》云：「建武三十一年，作明堂，上員下方。十二堂法日辰。九室法九州。室八窗，八九七十二，法一時之王。室有十二戶，法陰陽之數。」〔註47〕又《黃圖》曰：「堂方百四十四尺，法坤之策也，方象地。屋圓楣徑二百一十六尺，法乾之策也，圓象天。太室九宮，法九州。太室方六丈，法陰之變數。十二堂法十二月，三十六戶法極陰之變數，七十二牖法五行所行日數。八達象八風，法八卦。通天台徑九尺，法乾以九覆六。高八十一尺，法黃鍾九九之數。二十八柱象二十八宿。堂高三尺，土階三等，法三統。堂四向五色，法四時五行。殿門去殿七十二步，法五行所行。門堂長四丈，取太室三之二。垣高無蔽目之照，牖六尺，其外倍之。殿垣方，在水內，法地陰也。水四周於外，象四海，圓法陽也。水闊二十四丈，象二十四氣。水內徑三丈，應觀禮經。」〔註48〕

〔註45〕　《禮記正義》卷四八，北京：中華書局（阮元刻《十三經注疏》），1980年，第 1600 頁。

〔註46〕　（清）馮孫翼輯：《桓子新論》，北京：中華書局，1985年，第 9 頁。

〔註47〕　（宋）范曄撰：《後漢書》卷一下，北京：中華書局，1965年，第 84 頁。

〔註48〕　（唐）魏徵撰：《隋書》卷六八《宇文愷傳》，北京：中華書局，1973年，第 1591 頁。

相比《考工記》所載三代明堂的簡約質樸，洛陽明堂複雜許多，形式更規整，象徵性更豐富。東漢洛陽明堂不僅取法天地乾坤策數，而且與二十八宿、二十四節氣、十二時辰、九州四海、八風四時五行等都具有對應的聯接。這些對應意味著，明堂祭祀本身象徵著法天地四時以治世的政治意義，藉由統治的天地自然之依據強化王權的正當性及其推行政治教化的合理性。此外，東漢明堂通過加強對稱性使其中心極點更加突出，進而彰顯王權的絕對權威，〔註49〕藉此強調「忠君」的為臣之道。

第二節　郊廟樂章、樂舞的教化意涵

宮廷音樂活動中，歌辭是直接傳達教化觀念的主要媒介。漢代宗廟音樂活動中「獨上歌，不以管絃亂人聲，欲在位者遍聞之」〔註50〕的儀節安排，可看出古人對歌辭的教化效果的重視。歌辭通過語言藉由聽覺直接傳達教化觀念，樂舞則通過舞容藉由視覺象徵性地傳達教化觀念。「其威儀足以充目，音聲足以動耳，詩語足以感心，故聞其音而德和，省其詩而志正，論其數而法立。」〔註51〕

一、歌辭中的「德」、「孝」與「忠」

（一）《郊祀十九章》與「德」

《郊祀十九章》用於郊祀天地，旨在稱述功德。歌辭中，「德」共出現五次：

> ①四貉咸服。既畏茲威，惟慕純德（言畏威懷德，皆來賓附，無敢驕岱，盡虔敬），附而不驕，正心翊翊。（《西皓》）②繼統共勤，順皇之德，鸞路龍鱗，罔不肝飾。（《惟泰元》）③光夜燭，德信著（神光夜照，應誠而來，是德信著明）。靈寖鴻，長生豫。（《天門》）④雷電寮，獲白麟。爰五止，顯黃德，圖匈虐，薰鬻殛。（《朝隴首》）

〔註49〕王世仁：《明堂形制初探》，載《中國文化集刊》第四輯，上海：復旦大學出版社，1987年，21～22頁。

〔註50〕（漢）班固撰：《漢書》卷二二《禮樂志》，北京：中華書局，1962年，第1043頁。

〔註51〕（漢）班固撰：《漢書》卷二二《禮樂志》，北京：中華書局，1962年，第1038頁。

⑤禮樂成，靈將歸，託玄德，長無衰。(《赤蛟》)〔註52〕

這裡，「德」有兩種內涵，一是天德，二是帝德。②與⑤中，「皇之德」與「玄德」指天德，①③④指帝德。從數量上看，對帝德的強調多於天德。祭天地時的歌功頌德，更多地是歌頌帝德，而非天德。下圍繞此二德的具體內容進行討論。

1. 天德

在郊祀歌中，天德出現兩處，一處是「繼統共勤，順皇之德」，意思是說，「天子繼承祖統，恭勤為心而順天」。天德是通過天子「恭勤為心」予以體現。另一處是「靈將歸，託玄德，長無衰」，皇帝通過祭祀向天表達「託恃天德，冀獲長生，無衰竭」的願望。

顯然，天德與帝德密切相關。二者的關係主要體現在，天德通過帝王「恭勤」之心得以體現。如「光夜燭，德信著。靈浸鴻，長生豫」句，就表達了這層意思，祭祀現場的神光夜照，說明神靈降臨，而神靈之所以降臨，是「應誠而來」，是皇帝的「德信著明」。

關於這一點，還可以通過郊祀歌大量描繪祥瑞、神光、神靈前來饗祭、饗祭神靈久久不去等現象予以呈現。《郊祀歌》十九章之中，有五章專門歌頌祥瑞，分別是《天馬》、《景星》、《齊房》、《朝隴首》及《象載瑜》。在漢以前的祭祀樂歌中，未曾有過歌頌祥瑞的內容。也就是說，漢代郊祀樂歌大量描寫祥瑞之事，其目的是為了通過天德強調與宣揚帝德。

在古代社會，祥瑞與災異是人們對自然現象與人事現象的解釋方式。至漢代，經董仲舒等人的詮釋，祥瑞與災異被納入「天子受命論」的主要內容。借用《郊祀歌》中對天降黃龍、麒麟、鳳凰、甘露、天馬、靈芝等「符瑞」之現象，頌讚天子勤政愛民、以德治國的舉措得到了上天的認可與肯定。在祭祀活動中演唱這些讚歌，其目的是向世人弘揚帝王之德。

> 董仲舒：「臣聞天之所大奉使之王者，必有非人力所能致而自至者，此受命之符也。天下之人同心歸之，若歸父母，故天瑞應誠而至。」〔註53〕

〔註52〕（漢）班固撰：《漢書》卷二二《禮樂志》，北京：中華書局，1962年，第1056～1070頁。

〔註53〕（漢）班固撰：《漢書》卷五六《董仲舒傳》，北京：中華書局，1962年，第2500頁。

> 瑞者，寶也，信也。天以寶爲信，應人之德，故曰瑞應。無天
> 命，無寶信，不可以力取也。〔註54〕

再有，郊祀歌對祭祀現場動態形象的描繪以神靈的各種動作與狀態爲
主。從神靈欣然降臨壇場，神靈在饗祭過程中的愉悅之貌，再到神靈饗祭後
久久不願離去等等。這些描繪，也是通過神靈的表現，來強調神靈對帝德的
肯定。

由此可知，在「天人感應」的觀念支配下，時人一致相信，只要帝王建
功立業，天就會顯德。

2. 帝「德」

在郊祀歌中，帝德主要通過天地與天下臣民之間的關係來體現。如「四
貉咸服。既畏茲威，惟慕純德，附而不驕，正心翊翊」句，明確指出，四夷、
匈奴的臣服，是「畏威懷德」所致，即皇帝的威德使「來賓附，無敢驕岱，
盡虔敬」。帝德的這層含義，在郊祀歌中尤其被強調。即，通過描寫天下臣民
對天子的臣服來反映天子之「德」的內容很多。

> 海內安寧，興文匽武。(《帝臨》) 眾庶熙熙，施及夭胎，群生啿
> 啿，惟春之祺。(《青陽》) 廣大建祀，肅雍不忘，神若宥之，傳世無
> 疆。(《朱明》) 隅闢越遠，四貉咸服。(《西皓》) 易亂除邪，革正異俗，
> 兆民反本，抱素懷樸。(《玄冥》) 鐘鼓竽笙，雲舞翔翔，招搖靈旗，
> 九夷賓將。(《惟泰元》) 天馬徠，從西極，涉流沙，九夷服。(《天馬》)
> 佻正嘉吉弘以昌，休嘉砰隱溢四方。(《天門》) 沇沇四塞，假狄合處，
> 經營萬億，咸遂厥宇。(《后皇》) 包四鄰。(《五神》) 簫歸雲，撫懷心。
> (《朝隴首》) 杳冥冥，塞六合，澤汪濊，輯萬國。(《赤蛟》)〔註55〕

據統計，《郊祀十九章》中，有十三章均提及天下臣民對於天子的臣服之意。
其中，「海內」、「眾庶」、「廣大」、「四貉」、「兆民」、「九夷」、「四方」、「四塞」、
「萬億」、「四鄰」、「六合」、「萬國」等都是天子治下之群體的各類概稱。「海
內安寧」、「眾庶熙熙」、「四貉咸服」「九夷賓將」、「九夷服」、「輯萬國」等都
是天子治下之各類群體對天子臣服的描繪。

〔註54〕（晉）葛洪撰：《西京雜記》卷三，西安：三秦出版社，2006 年，第 156～157
頁。

〔註55〕（漢）班固撰：《漢書》卷二二《禮樂志》，北京：中華書局，1962 年，第 1054
～1069 頁。

由上可知，漢天子郊祀天地時，樂歌演唱以歌頌皇帝之德爲主。皇帝之德一方面通過天降祥瑞予以體現，另一方面則藉由天下臣民的臣服得以彰顯。

（二）《安世房中歌》與「德」、「孝」

《安世房中歌》爲宗廟祭祖樂歌，「德」被提及多達十四次。與郊祀歌不同，宗廟樂歌是頌揚帝德之樂歌。

　　　大孝備矣，休德昭清。高張四縣，樂充官庭。芬樹羽林，雲景杳冥，金支秀華，庶旄翠旌。（第一章）王侯秉德，其鄰翼翼，顯明昭式。清明鬯矣，皇帝孝德，竟全大功，撫安四極。（第四章）海內有奸，紛亂東北。詔撫成師，武臣承德。行樂交逆，《簫》、《勺》群慝。肅爲濟哉，蓋定燕國。（第五章）大海蕩蕩水所歸，高賢愉愉民所懷。大山崔，百卉殖。民何貴？貴有德。（第六章）豐草葽，女羅施。善何如，誰能回！大莫大，成教德；長莫長，被無極。（第八章）雷震震，電耀耀。明德鄉，治本約。治本約，澤弘大。加被寵，咸相保。德施大，世曼壽。（第九章）馮馮翼翼，承天之則。吾易久遠，燭明四極。慈惠所愛，美若休德。杳杳冥冥，克綽永福。《美若》。（第十一章）嘉薦芳矣，告靈饗矣。告靈既饗，德音孔臧。惟德之臧，建侯之常。承保天休，令問不忘。（第十三章）皇皇鴻明，蕩侯休德。嘉承天和，伊樂厥福。在樂不荒，惟民之則。（第十四章）濟則師德，下民咸殖。令問在舊，孔容翼翼。（第十五章）承帝明德，師象山則。雲施稱民，永受厥福。承容之常，承帝之明。下民安樂，受福無疆。
　　（第十七章）〔註56〕

宗廟樂歌中，「德」指稱帝德，強調帝德的意義與效能。首先，皇帝通過宗廟祭祀這一昭孝之舉，將天子的孝德昭告天下，即「大孝備矣，休德昭清」。天子通過宗廟饗祭先祖神靈，是向先祖行孝的最好方式，故「告靈既饗」後天子之「德」更美更善，「德音孔臧」。其次，皇帝告誡臣僚，盡職盡責輔助皇帝成就霸業，就是「王侯秉德」的具體內容。帝德能使天下臣服，「皇帝孝德，竟全大功，撫安四極」，故王侯將相也要秉承皇帝之「德」，勇征善戰、安撫四夷之功績才能得以實現，即「其鄰翼翼」。武臣爲天子盡忠盡勇，勇征

〔註56〕　（漢）班固撰：《漢書》卷二二《禮樂志》，北京：中華書局，1962 年，第 1046
　　　　～1051 頁。

善戰，也是臣下向天子盡孝之舉。「戰陣無勇，非孝也。」〔註57〕忠勇出於孝。
天子「孝」德，是武臣將士的傚仿對象，通過「忠勇之道」予以表現。換而
言之，平定燕國、安撫四夷之績，應歸功於皇帝之「孝」德對於臣下之影響。
再次，帝德使民順服。「民何貴？貴有德」、「明德鄉，治本約」、「濟則師德，
下民咸殖」、「慈惠所愛，美若休德」。此外，皇帝之德是承天之明、順天之意
之舉，「承帝明德，師象山則」。

　　由上可知，在漢天子的天地祭祀與先祖祭祀中，「德」是樂歌演唱的主題
之一。但，此「德」以皇帝之德爲主，而非天德；以當朝皇帝之「德」爲主，
而非先王之德。而皇帝之德主要通過天下臣民對皇帝的臣服予以體現。

　　在宗廟樂歌中，除頌揚帝德之外，弘揚「孝」觀念是另一主題。在天子
祭祖所唱《安世房中歌》十七章中，「孝」共出現六次，依次出現在第一、三、
四、十及十二章中。具體用例如下：

　　　　大孝備矣，休德昭清。高張四縣，樂充官庭。芬樹羽林，雲
　　景杳冥，金支秀華，庶旄翠旌。（第一章）我定曆數，人告其心。
　　敕身齊戒，施教申申。乃立祖廟，敬明尊親。大矣孝熙，四極爰轇。
　　（第三章）王侯秉德，其鄰翼翼，顯明昭式。清明鬯矣。皇帝孝德。
　　竟全大功，撫安四極。（第四章）都荔遂芳，窅宨桂華。孝奏天儀，
　　若日月光。乘玄四龍，回馳北行。羽旄殷盛，芬哉芒芒。孝道隨世，
　　我署文章。《桂華》。（第十章）礚礚即即，師象山則。烏呼孝哉，
　　案撫戎國。蠻夷竭歡，象來致福。兼臨是愛，終無兵革。（第十二
　　章）〔註58〕

　　開篇言「孝」，強調「孝」是一種美德（休德），點明樂章主旨及祖先祭
祀的首要目的是弘揚「孝」德。第三、四、十二章，重點論及「孝」德與天
下歸順之間的關係，即「大矣孝熙，四極爰轇」、「烏呼孝哉，案撫戎國」、「皇
帝孝德，竟全大功，撫安四極」。第十章將孝道視爲一種恒久美德，「孝奏天
儀，若日月光」。

〔註57〕《呂氏春秋·孝行》，《呂氏春秋新校釋》卷十四，（戰國）呂不韋著，陳奇猷
　　　　校釋，上海：上海古籍出版社，2002年，第737頁。
〔註58〕（漢）班固撰：《漢書》卷二二《禮樂志》，北京：中華書局，1962年，第1046
　　　　～1047頁、1049～1050頁。

（三）郊廟樂歌中的「敬」

「敬」，《說文解字》云：「敬，肅也。」〔註59〕在周代，「敬」有兩層含義。其一，指受命之君對上天的虔敬與敬畏。如：「惟王受命……曷其奈何弗敬？」〔註60〕周公告誡成王敬天命；又如「敬之敬之，天惟顯思，命不易哉」〔註61〕，成王告誡自己要一直對天保持警惕、敬慎之心，唯有如此，才能得到其眷顧與福祉。此類言語在文獻中比比皆是。其二，指臣僚對君上與王命的敬畏。王或諸侯對臣下的冊命禮中經常出現「敬夙夜勿廢朕命」句，即要求臣下「敬」於職守。此二層含義中，「敬」主要指臨事的態度，正如段玉裁注「敬」曰：「持事振敬也。」

至春秋戰國，「敬」逐漸轉變爲處理人際關係的道德準則。就道德行爲主體而言，「敬」的主體以在下者爲主。就父子而言，敬屬於爲子者之德；就君臣而言，敬屬於爲臣者之德。如《左傳》《國語》等典籍中，談到「敬」，多以子對父敬，弟對兄敬，幼對老敬，子孫對祖先敬；其中，談論最多的則屬臣對君敬。可知，敬作爲一種道德規範，主要指臣德。

在漢代郊廟樂歌中，「敬」反覆被強調，主要指與祭者的容貌與心理狀態。

　　《七始》《華始》，肅倡和聲。顏師古注曰：「肅，敬也。言歌者敬而倡諧和之聲。」〔註62〕

　　粥粥音送，細齊人情。晉灼注曰：「粥粥，敬懼貌也。細，微也。以樂送神，微感人情，使之齊肅也。」〔註63〕

　　我定曆數，人告其心。顏師古注曰：「言臣下各竭其心，致誠愨也。」〔註64〕

〔註59〕（漢）許慎撰，段玉裁注：《說文解字注》九篇上，鄭州：中州古籍出版社，2006年，第434頁。

〔註60〕《尚書・周書・召誥》，《尚書正義》卷一五，北京：中華書局（阮元刻《十三經注疏》），1980年，第212頁。

〔註61〕《詩經・周頌・敬之》，《毛詩正義》卷十九，北京：中華書局（阮元刻《十三經注疏》），1980年，第598頁。

〔註62〕（漢）班固撰：《漢書》卷二二《禮樂志》，北京：中華書局，1962年，第1046頁。

〔註63〕（漢）班固撰：《漢書》卷二二《禮樂志》，北京：中華書局，1962年，第1046～1047頁。

〔註64〕（漢）班固撰：《漢書》卷二二《禮樂志》，北京：中華書局，1962年，第1047頁。

敕身齊戒，施教申申。應劭注曰：「敕，謹敬之貌。」〔註65〕

乃立祖廟，敬明尊親。〔註66〕

王侯秉德，其鄰翼翼。顏師古注曰：「翼翼，恭敬也。」〔註67〕

濬則師德，下民咸殖。令問在舊，孔容翼翼。顏師古注曰：「翼翼，敬也。言有深法眾德，故能生育群黎，久有善名，其容甚敬也。」〔註68〕

繩繩意變，備得其所。應劭注曰：「繩繩，謹敬更正意也。」〔註69〕

既畏茲威，惟慕純德，附而不驕，正心翊翊。顏師古注曰：「言畏威懷德，皆來賓附，無敢驕怠，盡虔敬。」〔註70〕

肅若舊典，承神至尊。顏師古注曰：「肅，敬也。」〔註71〕

在上述用例中，「敬」主要指稱臣僚的狀態。如歌者之「敬」、臣僚之「敬」、臣下之「敬」、鄰國之「敬」、下民之「敬」等。其中，歌者之「敬」主要表現在歌聲與容貌方面，臣下之「敬」主要表現在「各竭其心，致誠慤也」，鄰國之「敬」主要表現在「恭敬」與「賓附」。

祭祀活動中，音樂在讓人心生「敬」意的過程中起到了重要作用。歌者通過「敬而倡」的諧和之聲以及「敬懼」之容貌，使與祭者「微感人情」並「齊肅」也。在祭祀活動中，「敬」作為行禮者的內心狀態，代表行禮者在內心深處對祭禮所隱含的等級秩序與教化旨意的承認和擁護，所謂「祭禮與其

〔註65〕（漢）班固撰：《漢書》卷二二《禮樂志》，北京：中華書局，1962 年，第 1047 頁。

〔註66〕（漢）班固撰：《漢書》卷二二《禮樂志》，北京：中華書局，1962 年，第 1047 頁。

〔註67〕（漢）班固撰：《漢書》卷二二《禮樂志》，北京：中華書局，1962 年，第 1047 頁。

〔註68〕（漢）班固撰：《漢書》卷二二《禮樂志》，北京：中華書局，1962 年，第 1051 頁。

〔註69〕（漢）班固撰：《漢書》卷二二《禮樂志》，北京：中華書局，1962 年，第 1054 頁。

〔註70〕（漢）班固撰：《漢書》卷二二《禮樂志》，北京：中華書局，1962 年，第 1056 頁。

〔註71〕（漢）班固撰：《漢書》卷二二《禮樂志》，北京：中華書局，1962 年，第 1058～1059 頁。

敬不足而禮有餘也，不若禮不足而敬有餘也」。「敬」強調了遵守禮制的自覺性，強調對秩序的心悅誠服。

郊廟音樂活動對「敬」觀念的培養與強調，主要將「敬」視爲臣德，即「事君以敬，事父以孝」〔註72〕、「死不忘君，敬也」〔註73〕。

（四）郊廟樂歌中的「孝」、「敬」與「忠」

在漢代，「孝」與「敬」的觀念中都含有「忠」的觀念。就「孝」與「忠」而言，二者自秦漢以來就得以統一，「移孝作忠」、「以孝事君則忠」〔註74〕、「人臣孝，則事君忠」〔註75〕、「孝者，所以事君」〔註76〕等觀念被提出。在這些觀念中，子女對父家長的順從被引導爲臣民對君主的臣服，以服務於日益集中的專制君主的政治權力，孝的倫理價值逐漸向忠的政治價值轉換，「孝」逐漸蛻變爲「忠」的附庸，其血緣親情色彩漸漸褪去，與現實政治聯繫更爲緊密，孝融合於忠。「忠」、「孝」間的轉換關係，《大戴禮記・曾子立事》篇首有明確表述，「事父可以事君，事兄可以事師長，使子猶使臣也，使弟猶使承嗣也；能取朋友者，亦能取所予從政者矣」〔註77〕。這裡，事父之孝與事君之忠得以統一，從君主治國的角度論述了「使子猶使臣」的道理，將父子兄弟的家庭倫理納入至君臣之間的國家政治中。

就「敬」與「忠」而言，「失忠與敬，何以事君」〔註78〕表明二者都是爲臣之德，有相通之處。《說文解字》云：「忠，敬也」〔註79〕，以「敬」釋「忠」也可說明二者內涵的相似。「敬」指稱莊重嚴肅的心理狀態，即「恭在貌，敬

〔註72〕　（戰國）左丘明撰：《國語》卷《晉語一》，上海：上海古籍出版社，2015 年，第 175 頁。

〔註73〕　（戰國）左丘明撰：《國語》卷《晉語二》，上海：上海古籍出版社，2015 年，第 191 頁。

〔註74〕　《孝經・士章》，《孝經注疏》卷二，北京：中華書局（阮元刻《十三經注疏》），1980 年，第 2548 頁。

〔註75〕　《呂氏春秋・孝行》，《呂氏春秋新校釋》卷十四，（戰國）呂不韋著，陳奇猷校釋，上海：上海古籍出版社，2002 年，第 736 頁。

〔註76〕　《禮記・大學》，《禮記正義》卷六一，北京：中華書局（阮元刻《十三經注疏》），1980 年，第 1674 頁。

〔註77〕　孔廣森著：《大戴禮記補注》，北京：中華書局，2013 年，第 427 頁。

〔註78〕　《左傳・僖公五年》，《春秋左傳正義》卷十二，北京：中華書局（阮元刻《十三經注疏》），1980 年，第 1794 頁。

〔註79〕　（漢）許慎撰，段玉裁注：《說文解字注》第十篇下，南京：鳳凰出版社，2007 年，第 877 頁。

在心」〔註80〕、「在貌爲恭，在心爲敬」〔註81〕，達到這種精神狀態，須保持內心專一與精神集中。「敬」還有恭順謹愼之義，如「謙，敬也」〔註82〕，謙之本義爲謙遜，側重內心上的恭順謹愼。而「一中爲忠，二中爲患」正是漢代「忠」觀念的主要內涵，即藉由「敬」的內心專一養成中於一之「忠」。

由此可知，在郊廟樂歌中反覆強調「孝」與「敬」，是爲了藉由「孝」與「敬」達到「忠」君的教化目的。

二、宗廟樂舞與「德」

樂舞是宗廟祭祀不可或缺的組成部分。漢代宗廟樂舞的制作，承襲了西周雅舞的禮儀原則與教化主旨。就前者而言，宗廟樂舞與迎神、入廟、饗食等儀程配合緊密；就後者而言，樂舞通過「德」體現了天子與民的關係。

先王所作樂舞，儘管具體內容不盡相同，但秉承的原則是一致的，即都是基於下民對其功德的擁戴，藉由己身之「德」使民「樂於己」。《春秋繁露・楚莊王》：「舜之時，民樂其昭堯之業也，故《韶》。『韶』者，昭也。禹之時，民樂其三聖相繼，故《夏》。『夏』者，大也。湯之時，民樂其救之於患害也，故《濩》。『濩』者，救也。文王之時，民樂其興師征伐也，故《武》。「武」者，伐也。四者，天下同樂之，一也，其所同樂之端不可一也。」〔註83〕

正所謂「樂所以象德表功，而殊名也」〔註84〕，各代帝王功德各異，民眾所樂之事則各不相同，樂舞的具體內容自然不同，樂舞所彰顯的「德」，其內涵各異。「所樂不同事，樂安得不世異？是故舜作《韶》而禹作《夏》，湯作《濩》而文王作《武》。四樂殊名，則各順其民始樂於己也。……紂爲無道，諸侯大亂，民樂文王之怒而詠歌之也。周人德已洽天下，反本以爲樂，謂之《大武》，言民所始樂者武也云爾。」〔註85〕

〔註80〕《尚書・皋陶謨》孔穎達疏，《尚書正義》卷四，北京：中華書局（阮元刻《十三經注疏》），1980年，第138頁。

〔註81〕《禮記・曲禮上》孔穎達疏，《禮記正義》卷一，北京：中華書局（阮元刻《十三經注疏》），1980年，第1231頁。

〔註82〕（元）敖繼公：《儀禮集說》卷八上，（清）通志堂經解本，第196頁。

〔註83〕（清）蘇輿著：《春秋繁露義證》，北京：中華書局，1992年，第20～21頁。

〔註84〕《白虎通義・禮樂》，（清）陳立撰：《白虎通疏證》，北京：中華書局，1994年，第100頁。

〔註85〕《春秋繁露・楚莊王》，蘇輿撰，《春秋繁露義證》，北京：中華書局，1992年，第22頁。

西漢宗廟樂舞配合「每帝一廟」之制，制定了帝廟專享樂舞。這類樂舞凸顯了帝王功德各異的特徵，如東漢劉蒼議論宗廟樂制時所說，「漢制舊典，宗廟各奏其樂，不皆相襲，以明功德。」〔註86〕專享樂舞依據皇帝生平的政績創作而成，通過宣揚皇帝功德，以示子孫，教化世人。

西漢帝廟專享樂舞僅三部，依次是高帝廟《武德》舞，文帝廟《昭德》舞，武帝廟《盛德》舞。《武德》舞創作主題是頌揚高祖「行武除亂」〔註87〕，東漢王蒼曰：「秦爲無道，殘賊百姓，高皇帝受命誅暴，元元各得其所，萬國咸熙，作《武德》之舞。」〔註88〕《武德》舞是武舞，「舞人執干戚」〔註89〕。《昭德》與《盛德》都是《武德》舞演化而成。《昭德》，「昭」，《說文解字》云：「日明也。」段玉裁注：「引申爲凡明之稱」。〔註90〕景帝用此表示文帝的功德「明象乎日月」。「孝文皇帝臨天下……德厚侔天地，利澤施四海，靡不獲福焉。明象乎日月，而廟樂不稱，朕甚懼焉。其爲孝文皇帝廟爲《昭德》之舞，以明休德。然後祖宗之功德著於竹帛，施於萬世，永永無窮，朕甚嘉之。」〔註91〕《盛德》之舞，宣帝稱頌漢武帝「功德茂盛」的作品，「『朕以眇身奉承祖宗，夙夜惟念孝武皇帝躬履仁義，選明將，討不服，匈奴遠遁，平氐、羌、昆明、南越，百蠻鄉風，款塞來享；建太學，修郊祀，定正朔，協音律；封泰山，塞宣房，符瑞應，寶鼎出，白麟獲。功德茂盛，不能盡宣，而廟樂未稱，其議奏。』有司奏請宜加尊號。……尊孝武廟爲世宗廟，奏《盛德》、《文始》、《五行》之舞，天子世世獻。」〔註92〕

由西漢三部帝廟專享樂舞可知，並非每位皇帝都配備有專享樂舞。並且，

〔註86〕（宋）范曄撰：《後漢書》志第九《祭祀下》劉昭注引《東觀書》，北京：中華書局，1965年，第3196頁。

〔註87〕「《武德》者，高祖四年作，言行武以除亂也」，《後漢書》卷二《明帝紀》劉昭注，北京：中華書局，1965年，第107頁。

〔註88〕（宋）范曄撰：《後漢書》志第九《祭祀下》劉昭注引《東觀書》，北京：中華書局，1965年，第3196頁。

〔註89〕（宋）范曄撰：《後漢書》志第九《祭祀下》劉昭注引《東觀書》，北京：中華書局，1965年，第3196頁。

〔註90〕（漢）許慎撰，段玉裁注：《說文解字注》七篇上，鄭州：中州古籍出版社，2006年，第303頁。

〔註91〕（漢）司馬遷撰：《史記》卷十《孝文本紀》，北京：中華書局，1959年，第436頁。

〔註92〕（漢）班固撰：《漢書》卷八《宣帝紀》，北京：中華書局，1962年，第243頁。

關於武帝廟是否應配備專享樂舞之事，曾引發爭議。長信少府夏侯勝曰：「武帝雖有攘四夷廣土斥境之功，然多殺士眾，竭民財力，奢泰無度，天下虛耗，百姓流離，物故者半。蝗蟲大起，赤地數千里，或人民相食，畜積至今未復。亡德澤於民，不宜爲立廟樂。」〔註93〕這裡提到，漢武帝大力開疆拓土之時也帶來了一系列負面影響，如常年征戰消耗大量人力物力，使國家財政陷入窘境，百姓遭遇饑荒之年時無力緩解等。這些方面被視爲「亡德澤於民」，故不宜配備宗廟樂舞。

東漢也有帝廟專享樂舞，即光武帝廟的《大武》舞。光武帝帝廟專享樂舞的創作同樣依據其生平功德，東平王劉蒼總結爲「光武皇帝受命中興，撥亂反正，武暢方外，震服百蠻，戎狄奉貢，宇內治平，登封告成，修建三雍，肅穆典祀，功德巍巍，比靈斯前代。以兵平亂，武功盛大」，應進《大武》舞。〔註94〕後因驃騎將軍反對，故仍採用《武德》舞。「詔曰：『驃騎將軍議可，進《武德》之舞如故。』」〔註95〕

《大武》舞歌辭是漢代宗廟樂舞中唯一一首留有歌辭的樂舞，其辭曰「於穆世廟，肅雍顯清，俊乂翼翼，秉文之成。越序上帝，駿奔來寧，建立三雍，封禪泰山，章明圖讖，放唐之文。休矣惟德，罔射協同，本支百世，永保厥功。」〔註96〕舞曲歌辭以講述光武帝生平武功爲主題：建立東漢政權，制定國家禮制及封禪。此外，還描寫了祭祀光武帝廟時的肅穆威重的氛圍，表達了永保萬代的願望。

由上可知，漢代帝廟專享樂舞集中體現了宗廟祭祀以弘揚帝王之「德」的主題，通過樂舞舞容並結合歌辭，生動再現帝王生平豐功偉績。「樂之在耳者曰聲，在目者曰容。聲應於耳，可以聽之，容藏於心，難以貌觀。故聖人假干戚羽旄以表其容，發揚蹈厲以見其意，聲容選和而後大樂備矣。」〔註97〕

〔註93〕（漢）班固撰：《漢書》卷七五《夏侯勝傳》，北京：中華書局，1962年，第3156頁。

〔註94〕（宋）范曄撰：《後漢書》志第九《祭祀下》劉昭注引《東觀書》，北京：中華書局，1965年，第3196頁。

〔註95〕（宋）范曄撰：《後漢書》志第九《祭祀下》劉昭注引《東觀書》，北京：中華書局，1965年，第3196頁。

〔註96〕（宋）范曄撰：《後漢書》志第九《祭祀下》劉昭注引《東觀書》，北京：中華書局，1965年，第3196頁。

〔註97〕（宋）郭茂倩撰：《樂府詩集》卷五二「舞曲歌辭」解題，北京：中華書局，1979年，第752頁。

第三節　郊廟樂儀的教化意涵

宮廷音樂活動中，樂儀是音樂與儀式相結合的產物。樂儀不僅使音樂在儀式中得以呈現與展演，而且集中體現了音樂與儀式的關係，即「教作樂以節儀，儀與樂必相應也」〔註98〕，更藉由二者間雙向的規定性彰顯出宮廷音樂活動的教化意涵。此雙向規定性主要體現在空間與時間兩方面，前者主要包括依據禮儀而制定的方位、數量、服冠、跪拜、演奏形式與內容等，後者主要是指通過音樂演奏先後順序的程序性對活動參與者的儀式行為產生約束作用，並形塑其內心觀念。

一、郊祀樂儀與「尊」、「忠」

漢代郊祀樂儀始制於漢武帝元鼎年間。〔註99〕之後，成帝朝及東漢光武帝時期對此略有刪減。下文首先勾勒郊祀樂儀的進程，繼而圍繞樂儀參與者的身份、所處方位、服冠、跪拜、樂人員數量、奏樂形式與內容等方面，分析郊祀樂儀規定性中所蘊含的教化旨意。

1. 郊祀樂儀之進程

自漢武帝始，漢代郊祀樂儀得以形成定制，由夕牲、迎神、饗神與送神四階段組成。

（1）夕牲

夕牲禮於正祭前一日舉行，有牽牲入場、到傍、省牲、繞牲、牽牲就庖等環節，參與者有公卿、京尹眾官、太祝吏、廩犧令、太祝令及太史令。

> 正月，天郊，夕牲。晝漏未盡十八刻初納，夜漏未盡八刻初納，
> 進熟獻，太祝送，旋，皆就燎位，宰祝舉火燔柴，火然，天子再拜，
> 興，有司告事畢也。明堂、五郊、宗廟、太社稷、六宗夕牲，皆以
> 晝漏（未盡）十四刻初納，夜漏未盡七刻初納，進熟獻，送神，還，

〔註98〕《周禮・春官・樂師》疏，（清）孫詒讓撰，《周禮正義》卷四，北京：中華書局，1987年，第1799頁。

〔註99〕「（元鼎六年）其春，既滅南越，嬖臣李延年以好音見。上善之，下公卿議，曰：『民間祠有鼓舞樂，今郊祀而無樂，豈稱乎？』公卿曰：『古者祠天地皆有樂，而神祇可得而禮。』或曰：『泰帝使素女鼓五十弦瑟，悲，帝禁不止，故破其瑟為二十五弦。』於是塞南越，禱祠泰一、后土，始用樂舞。益召歌兒，作二十五弦及空侯瑟自此起。」《漢書》卷二五上《郊祀志上》，（漢）班固撰，北京：中華書局，1962年，第1232頁。

有司告事畢。六宗燔燎，火大然，有司告事畢。〔註100〕

　　先郊日未晡五刻夕牲，公卿京尹眾官悉至壇東就位，太祝吏牽牲入，到榜，稟犧令跪曰：「請省牲。」舉手曰：「腯。」太祝令繞牲，舉手曰：「充。」太史令牽牲就庖，（以二陶）豆酌毛血，其一奠天神坐前，其一奠太祖坐前。今之郊祀然也。〔註101〕

　夕牲禮中有樂奏之儀，《通典》卷一四二載：「漢以來郊祀、明堂，有夕牲、迎神、登歌等曲。」〔註102〕但具體奏唱之樂，文獻記載不詳。

　（2）迎神

　　迎神樂儀由太祝令或巫祝負責，〔註103〕以樂歌演唱為主，所歌之曲為《郊祀十九章》第一章《練時日》。

　　　練時日，侯有望，爇膋蕭，延四方。九重開，靈之斿，垂惠恩，鴻祐休。靈之車，結玄雲，駕飛龍，羽旄紛。靈之下，若風馬，左倉龍，右白虎。靈之來，神哉沛，先以雨，般裔裔。靈之至，慶陰陰，相放怫，震澹心。靈已坐，五音飭，虞至旦，承靈億。牲繭栗，粢盛香，尊桂酒，賓八鄉。靈安留，吟青黃，遍觀此，眺瑤堂。眾嫭並，綽奇麗，顏如荼，兆逐靡。被華文，廁霧縠，曳阿錫，佩珠玉。俠嘉夜，茝蘭芳，澹容與，獻嘉觴。〔註104〕

　樂章歌詞首先描述了祭祀儀式所迎之神：西漢祭天儀式採用隨祭五帝、日神、月神、北斗及群神做法，樂章中稱之為「四方之神」、「八方之神」。其次，勾勒了眾神降臨的場面：「九重開，靈之斿」以下，連續鋪陳了「靈」之旌旗、扈從、車駕以及沿途風雨之變幻、神靈降時肅穆莊嚴的場面。繼而，

〔註100〕（宋）范曄撰：《後漢書》志第四《禮儀上》，北京：中華書局，1965年，第3105頁。

〔註101〕（宋）范曄撰：《後漢書》志第四《禮儀上》劉昭注，北京：中華書局，1965年，第3106頁。

〔註102〕（唐）杜佑撰：《通典》卷一四二，北京：中華書局，1992年，第3621頁。

〔註103〕「太祝令一人，六百旦。本注曰：凡國祭祀，掌讀祝，及迎送神。」《後漢書》志第二五《百官志二》，（宋）范曄撰，北京：中華書局，1965年，第3572頁。「選巫咸兮叫帝閽，開天庭兮延群神。」服虔注曰：「令巫祝叫呼天門也。」顏師古注曰：「巫咸，古神巫之名。」《漢書》卷八七上《揚雄傳上》，（漢）班固撰，北京：中華書局，1962年，第3532～3533頁。

〔註104〕（漢）班固撰：《漢書》卷二二《禮樂志》，北京：中華書局，1962年，第1052頁。

對儀式現場擺放的迎神專用之器物進行描繪：牲用繭栗、酒用桂酒並以「大尊」盛之、神降之堂「以瑤飾之」等。〔註105〕

除樂歌演唱之外，迎神儀式中還有樂舞表演。樂舞表演場所被安排在甘泉宮的通天台上，目的是爲了更好地迎神。

在迎神儀式中，器樂表演以鼓樂演奏爲主。揚雄《甘泉賦》有「選巫咸兮叫帝閣，開天庭兮延群神。……登長平兮雷鼓磕，天聲起兮勇士屬，……來祗郊禋，神所依兮」〔註106〕句。其中，「選巫咸兮叫帝閣，開天庭兮延群神」描述的是迎神場面，即選巫祝叫呼天門，延請群神降臨，同時「雷鼓磕」使「天聲起」。

迎神樂儀有較強的目的性和功能性。在古人觀念中，仙人常居高處，故將負責「招仙人」的舞隊置於高二十丈的通天台上進行舞蹈，或敲擊雷鼓演奏鼓樂使聲音更好地送達天庭，其目的都是爲了更好地將訊息傳遞至高處仙人。

（3）饗神

饗神樂儀仍然以樂歌演唱爲主，此階段的樂歌演唱分兩部分，一是諸神靈的饗獻之曲，配合禮官獻神饗食之儀而演唱。二是饗獻之後薦告祥瑞之歌。

①饗神之歌

饗神之曲僅針對（泰一）天神、五帝神與日神，所歌之曲依次是《郊祀十九章》之第二至九章。篇章的演唱排序，配合著饗獻儀節的先後。

饗獻之儀從五帝開始，故首先演唱五方神帝之曲，第二章至第六章。《漢書·禮樂志》載曰：

> 帝臨中壇，四方承宇，繩繩意變，備得其所。清和六合，制數以五。海內安寧，興文匽武。后土富媼，昭明三光。穆穆優游，嘉服上黃。《帝臨》二

〔註105〕「眾嬥並，絑奇麗」孟康注曰：「嬥，好也。」顏師古注曰：「孟說是也。謂供神女樂，並好麗也。」《漢書》卷二二《禮樂志》，第1053頁。「顏如荼」應劭注曰：「荼，野菅白華也。」顏師古曰：「菅，茅也。言美女顏貌如茅荼之柔也。」《漢書》卷二二《禮樂志》，第1053～1054頁。「被華文，廁霧縠，曳阿錫，佩珠玉」顏師古注曰：「廁，雜也。霧縠，言其清細若雲霧也。」《漢書》卷二二《禮樂志》，（漢）班固撰，北京：中華書局，1962年，第1054頁。

〔註106〕（漢）班固撰：《漢書》卷八七上《揚雄傳上》，北京：中華書局，1962年，第3533～3534頁。

青陽開動，根荄以遂，膏潤並愛，跂行畢逮。霆聲發榮，壧處
頃聽，枯槁復產，乃成厥命。眾庶熙熙，施及夭胎，群生嗟嗟，惟
春之祺。《青陽》三

朱明盛長，旉與萬物，桐生茂豫，靡有所詘。敷華就實，既阜
既昌，登成甫田，百鬼迪嘗。廣大建祀，肅雍不忘，神若宥之，傳
世無疆。《朱明》四

西顥沉湎，秋氣肅殺，含秀垂穎，續舊不廢。姦偽不萌，袄孽
伏息，隅闢越遠，四貉咸服。既畏茲威，惟慕純德，附而不驕，正
心翊翊。《西顥》五

玄冥陵陰，蟄蟲蓋臧，中木零落，抵冬降霜。易亂除邪，革正
異俗，兆民反本，抱素懷樸。條理信義，望禮五嶽。籍斂之時，掩
收嘉穀。《玄冥》六 〔註107〕

五方神帝中以黃帝爲尊，饗祭則以黃帝爲首，最先演唱《帝臨》。《帝臨》
樂章開篇「帝臨中壇，四方承宇」顏師古注云：「言天神尊者來降中壇，四方
之神各承四宇也。」〔註108〕在五方帝中，黃帝主中央，主土，帝德爲土德，
土德尚黃，故篇末使用「穆穆優游，嘉服上黃」指明黃帝所主之色。隨後依
次是東方神青帝，唱《青陽》；南方神赤帝，唱《朱明》；西方神白帝，唱《西
皓》；北方神黑帝，唱《玄冥》。此四章通過分述四季輪轉及萬物生長變化之
現象，歌頌主四時之四帝的功德。

繼而饗獻泰一天神，演唱第七章《惟泰元》與第八章《天地》

惟泰元尊，媼神蕃釐，經緯天地，作成四時。精建日月，星辰
度理，陰陽五行，周而復始。雲風雷電，降甘露雨，百姓蕃滋，咸
循厥緒。繼統共勤，順皇之德，鸞路龍鱗，罔不肸飾。嘉籩列陳，
庶幾宴享，滅除凶災，（列）〔烈〕騰八荒。鐘鼓竽笙，雲舞翔翔，
招搖靈旗，九夷賓將。《惟泰元》七

天地並況，惟予有慕，爰熙紫壇，思求厥路。恭承禋祀，縕豫

〔註107〕（漢）班固撰：《漢書》卷二二《禮樂志》，北京：中華書局，1962 年，第 1054
　　　　～1056 頁。
〔註108〕（漢）班固撰：《漢書》卷二二《禮樂志》，北京：中華書局，1962 年，第 1054
　　　　頁。

為紛，黼繡周張，承神至尊。千童羅舞成八溢，合好效歡虞泰一。九歌畢奏斐然殊，鳴琴竽瑟會軒朱。璆磬金鼓，靈其有喜，百官濟濟，各敬厥事。盛牲實俎進聞膏，神奄留，臨須搖。長麗前掞光耀明，寒暑不忒況皇章。展詩應律鋗玉鳴，函宮吐角激徵清。發梁揚羽申以商，造茲新音永久長。聲氣遠條鳳鳥翔，神夕奄虞蓋孔享。《天地》八〔註109〕

第七章開篇「惟泰元尊，媼神蕃釐」指明此歌為祀泰一之歌。樂章歌詞首先表達對泰一神的讚頌：天地四時、日月星辰、陰陽五行、雷電風雨等在泰一至上神的統領下，協調有序，百姓受益頗多；繼而強調泰一天神之所以將恩惠賜予人間百姓，與天子承繼祖統、恭敬勤勞、順天之舉密不可分，「繼統共勤，順皇之德」。除歌功頌德之外，樂章還描述了饗神祭品與饗獻方式：乾果臘肉、血祭犖牛、熟獻等，用竹製之「籩」盛裝。第八章《天地》樂章中「爰熙紫壇，思求厥路」的紫壇，即泰一壇。樂章中「合好效歡虞泰一」意指此曲乃娛泰一神時所歌。歌詞內容主要描繪儀式現場的音樂表演。

泰一神饗獻完畢，「昏時夜祠」之祭儀迎來日出時分，故進入饗獻日神階段，演唱第九章《日出入》。

　　　　　日出入安窮？時世不與人同。故春非我春，夏非我夏，秋非我秋，冬非我冬。泊如四海之池，遍觀是邪謂何？吾知所樂，獨樂六龍，六龍之調，使我心若。訾黃其何不來下！《日出入》九〔註110〕

《漢書・郊祀志》王先謙注云：「郊祀志朝朝日，此其祀神歌。」〔註111〕歌中「日出入安窮」也說明此章確為祭日神之歌。樂章描述的是日出日落、永久運行的自然狀態。〔註112〕

〔註109〕（漢）班固撰：《漢書》卷二二《禮樂志》，北京：中華書局，1962年，第1057～1058頁。

〔註110〕（漢）班固撰：《漢書》卷二二《禮樂志》，北京：中華書局，1962年，第1059頁。

〔註111〕（清）王先謙撰：《漢書補注》（上冊），北京：書目文獻出版社，1995年，第468頁。

〔註112〕之所以在饗祭泰一神之後安排日神饗獻之儀，張強《〈郊祀歌〉考論》一文從祭祀時間的推進以及泰一與日神的聯繫兩方面對之作了注解。「漢家祠太一『以昏時夜祠，到明而終』，在時間上祀太一與祀日神正好相接。……日落時祀太一到天明，日出時祀日神到日落，祀太一與祀日神的必然聯繫體現在終始迴圈方面。」《淮陰師範學院學報》1998年第3期，第100頁。

②薦告祥瑞之歌

神靈饗獻之後，進入送神儀式之前，還有一系列薦告祥瑞之歌，分別是《郊祀十九章》第十章《天馬》、第十二章《景星》、第十三章《齊房》、第十七章《朝隴首》與第十八章《象載瑜》。值得注意的是，將歌頌祥瑞之辭納入祭祀儀式，是漢以前未曾有過的現象。此五首所述祥瑞皆爲漢武帝朝之事，主旨較爲一致，即通過大量的祥瑞現象表明，皇帝的開疆拓土及豐功偉績有上天的護祐與認可。

（4）送神

與迎神同，送神也由太祝令負責。送神樂儀以樂歌演唱爲主，演唱曲目是《郊祀十九章》最後一章《赤蛟》。

> ……靈既享，錫吉祥，芒芒極，降嘉觴。靈殷殷，爛揚光，延
> 壽命，永未央。杳冥冥，塞六合，澤汪濊，輯萬國。靈禔禔，象輿
> 轙，票然逝，旗逶蛇。禮樂成，靈將歸，託玄德，長無衰〔註113〕

從「靈既享」至「靈將歸」，細膩地描繪了神將離壇的場景。如淳注「象輿轙」曰「轙，僕人嚴駕待發之意也」，通過擬人化的手法勾勒出神將駕車而去的動人場面。

綜上所述可知，漢代郊祀樂儀中，音樂表演與儀式進程緊密配合，通過演唱不同曲目、安排繁簡程度不一的音樂表演形式，以此配合祭儀的不同環節，繼而推進儀式之發展。此外，樂儀之場景在篇章歌辭內容中得以清晰呈現。

2. 郊祀樂儀諸規範

（1）參與者及其執事之規範

郊祀樂儀由天子主持，參與者主要包括三公、九卿、百官及侍祠者。據《漢書·禮樂志》載，甘泉泰時舉行祀天禮時，百官侍祠者合計數百人。「百官侍祠者數百人皆肅然動心焉。」〔註114〕其中，侍祠者及執事者主要有：太尉「掌亞獻」〔註115〕、光祿勳「掌三獻」〔註116〕、太常卿掌「奏禮儀」

〔註113〕（漢）班固撰：《漢書》卷二二《禮樂志》，北京：中華書局，1962 年，第 1069～1070 頁。

〔註114〕（漢）班固撰：《漢書》卷二二《禮樂志》，北京：中華書局，1962 年，第 1045 頁。

〔註115〕（宋）范曄撰：《後漢書》志第二四《百官一》，北京：中華書局，1965 年，第 3557 頁。

〔註116〕（宋）范曄撰：《後漢書》志第二五《百官二》，北京：中華書局，1965 年，第 3574 頁。

及「贊天子」〔註117〕、大鴻臚掌「贊導」〔註118〕、太祝令「掌讀祝及迎送神」〔註119〕。此外，還有一至二名侍御史「監威儀」。〔註120〕值得注意的是，漢代祭天並無天子親獻之儀，獻禮皆由太尉、光祿勳及祠官代行。

（2）參與者所處方位之規範

樂儀進行中，天子及公卿百官乃至士的所處位置，以祭天壇為中心，依身份等級依次向外排開：首先是天子所居之處「竹宮」，其次是「列望」、「卿望」、「大夫望」、「士望」及「庶士望」。《後漢書・祭祀志上》注引《三輔黃圖》：

> ……茅營去壇十步，竹宮徑三百步，……為周道郊營之外，廣九步。列望（道）乃近前望道外，徑六十二步。……卿望亞列望外，徑四十步。……大夫望亞卿望道外，徑二十步。……士望亞大夫望道外，徑十五步。……庶望亞士望道外，徑九步。……〔註121〕

（3）參與者服冠之規範

郊祀樂儀中，天子與公卿列侯的服冠有嚴格要求。《後漢書・輿服志下》：

> 天子、三公、九卿、特進侯、侍祠侯，祀天地明堂，皆冠旒冕，衣裳玄上纁下。……百官執事者，冠長冠，皆祗服。〔註122〕

> 冕皆廣七寸，長尺二寸，前圓後方，朱綠裏，玄上，前垂四寸，後垂三寸，繫白玉珠為十二旒，以其綬彩色為組纓。三公諸侯七旒，青玉為珠；卿大夫五旒，黑玉為珠。皆有前無後，各以其綬彩色為組纓，旁垂黈纊。郊天地，宗祀，明堂，則冠之。〔註123〕

此外，天神、五帝、日神與月神由不同祠官奉祠，不同祠官需著不同顏

〔註117〕（宋）范曄撰：《後漢書》志第二五《百官二》，北京：中華書局，1965年，第 3571 頁。

〔註118〕（宋）范曄撰：《後漢書》志第二五《百官二》，北京：中華書局，1965年，第 3583 頁。

〔註119〕（宋）范曄撰：《後漢書》志第二五《百官二》，北京：中華書局，1965年，第 3572 頁。

〔註120〕（宋）范曄撰：《後漢書》志第二六《百官三》，北京：中華書局，1965年，第 3599 頁。

〔註121〕（宋）范曄撰：《後漢書》志第七，北京：中華書局，1965年，第 3158～3159 頁。

〔註122〕（宋）范曄撰：《後漢書》志第三十，北京：中華書局，1965年，第 3663 頁。

〔註123〕（宋）范曄撰：《後漢書》志第三十，北京：中華書局，1965年，第 3663～3664 頁。

色的衣服。「泰一祝宰則衣紫及繡。五帝各如其色，日赤，月白。」〔註124〕

再有，舞樂人所服之冠也有明確規範。自東漢光武帝始，郊祀樂舞僅《雲翹》、《育命》二舞。其中，《雲翹》舞樂人服爵弁，《育命》舞樂人服建華冠。《後漢書‧輿服志下》：「爵弁，一名冕。……祠天地五郊明堂，《雲翹舞》樂人服之。」〔註125〕「建華冠，……天地、五郊、明堂，《育命舞》樂人服之。」〔註126〕

（4）樂人員年齡及歌舞樂隊規模之規定

郊祀樂儀中，無論是歌者還是舞者，皆以童子為主。迎神樂儀中，歌者是七十位童男女，「以正月上辛用事甘泉圜丘，使童男女七十人俱歌，昏祠至明。」〔註127〕舞者皆選八歲童女（男），「武帝祭天，上通天台。舞八歲童男女三百人，置祠具，招仙人。」〔註128〕「上甘泉通天台，高三十丈，以候天神之下，見如流火。舞女童三百人，皆年八歲。」〔註129〕

饗神樂儀中，歌者與迎神樂儀同，仍然是七十童男女。舞樂人也是童子，但舞隊規模與迎神樂儀中「三百」童子不同，而是採用「八佾」舞隊，即「千童羅舞成八溢，合好效歡虞泰一」〔註130〕。

（5）樂器種類、舞具之規範

郊祀樂儀中，所用樂器種類繁多，尤其是饗神階段。既有金石樂與絲絃樂，也有吹管樂與打擊樂，如「鐘鼓竽笙」、「鳴琴竽瑟」、「璆磬金鼓」、「殷殷鍾石」等。不僅如此，樂儀中還設有樂懸，如「舞者四縣代奏」。此外，所用琴瑟是採用空桑所產之善木製作而成，透露出「祭天尚質」的理念。

饗神樂儀中舞者所持舞具，因舞曲不同而有專門規定。如「羽龠」是《韶》舞舞童專用，「羽龠，《韶舞》所持者也」〔註131〕。

〔註124〕（漢）班固撰：《漢書》卷二五上《郊祀志上》，北京：中華書局，1962年，第1230頁。

〔註125〕（宋）范曄撰：《後漢書》志第三十，北京：中華書局，1965年，第3665頁。

〔註126〕（宋）范曄撰：《後漢書》志第三十，北京：中華書局，1965年，第3668頁。

〔註127〕（漢）班固撰：《漢書》卷二二《禮樂志》，北京：中華書局，1962年，第1045頁。

〔註128〕（漢）衛宏撰：《漢舊儀補遺卷下》，（清）孫星衍等輯：《漢官六種》，北京：中華書局，1990年，第98頁。

〔註129〕（漢）衛宏撰：《漢舊儀補遺卷下》，（清）孫星衍等輯：《漢官六種》，北京：中華書局，1990年，第97頁。

〔註130〕（漢）班固撰：《漢書》卷二二《禮樂志》，北京：中華書局，1962年，第1058頁。

〔註131〕（漢）班固撰：《漢書》卷二二《禮樂志》顏師古注，北京：中華書局，1962年，第1064頁。

（6）表演形式之規範

郊祀樂儀主要有樂歌演唱、樂舞表演、樂器演奏三種形式。迎神、饗神及送神三階段中，三種形式都存在，只是繁簡程度有所不同。無論是樂歌演唱還是樂舞表演，抑或是樂器演奏，饗神階段明顯更爲豐富。不僅如此，饗神階段還出現了其他二階段沒有的表演形式，即「合樂」，「言總合音樂，會於軒檻之前」〔註132〕。

漢代郊祀樂儀中的「合樂」，承襲西周。「合樂」是西周宮廷祭祀音樂活動的重要儀節。賈公彥指出「周之禮，凡祭祀，皆先作樂下神，乃薦獻。薦獻訖，乃合樂也。」〔註133〕意思是說，在祭祀儀式中，「合樂」安排在四獻薦獻禮結束後，行饋孰袍時舉行。由此可知，儘管西周的九獻之儀未被漢代繼承，但獻禮中的「合樂」形式卻被保留下來。

3. 郊祀樂儀之教化意涵

綜合郊祀樂儀之進程與規範不難看出，無論是曲目、舞隊規模，抑或是獻饗侍祠人員，還是天子所居之所，都集中體現了「專用」或「專享」之特徵。

首先是樂儀各階段中的「專用」原則。迎神、饗神與送神各有「專用」之曲，互不混淆；迎神舞樂人與饗神舞樂人，各有舞隊，規模不同；迎神舞樂人與饗神舞樂人表演處所也體現出「專用」原則，前者登高處而舞，後者在壇場中舞。此外，還有《韶》舞樂人「專用」舞具以及《育命》舞、《雲翹》舞樂人的專用服冠。

其次是天子獨居之處的「專享」。郊祀禮，天子一人獨居離壇三里處的竹宮之內，與儀式參與者區分開來，藉由天子專有竹宮彰顯出天子的獨尊之象。

繼而是望拜之儀的「專享」。天子主持的郊祀禮，獻神饗食是核心儀節，在西周時期尤受周天子重視，特設「九獻」之大禮，周天子本人則是「九獻」禮的主要參與者，而漢天子卻將此禮委以太尉、光祿勳及侍祠官，本人則僅行望拜之儀，再次通過是否行親獻之禮將天子與臣僚進行區分，彰顯天子的獨尊之象。

〔註132〕（漢）班固撰：《漢書》卷二二《禮樂志》顏師古注，北京：中華書局，1962年，第1058頁。

〔註133〕《周禮·春官·大司樂》賈公彥疏，《周禮注疏》卷二二，北京：中華書局（阮元刻《十三經注疏》），第790頁。

再有，獻饗儀節神靈侍祠者的「專用」，至上天神「泰一」與輔佐神「五帝」以及日、月神分別配備專人以祠。意即，神靈世界中的層級體系不僅通過享用不同牲品得以體現，更藉由「專用」侍祠者向與祭眾人直觀展現神靈之間的高下之別。

由此可見，郊祀樂儀中「專用」或「專享」之標籤無處不在。此特徵恰好符應了「天子祭天」的專享之權力。郊祀樂儀通過諸多環節或要素的「專用」、「專享」，集中彰顯了嚴密層級中的天子「獨尊」之象，以此昭示天下人忠於天子。

二、廟祭樂儀及其教化意涵

漢代廟祭樂儀始製於漢高祖建漢之初。《漢書・禮樂志》:「高祖時，叔孫通因秦樂人制宗廟樂。」〔註134〕後世在此基礎上略有增更。下文首先勾勒廟祭樂儀的進程，繼而圍繞參與者的身份、所處方位、服冠、跪拜、樂人員數量、奏樂形式與內容等方面，分析廟祭樂儀規定性中所蘊含的教化旨意。

1. 廟祭樂儀之進程

漢高祖時期，廟祭樂儀已形成定制，分為祭前鳴鐘、迎神奏樂、迎皇帝奏樂、獻神饗食奏樂、獻饗禮畢奏樂、就酒上食奏樂、禮成奏樂七個環節。

（1）祭前鳴鐘

正祭之前，有鳴鐘之儀。「祠日立九旗，堂下撞千石鍾十枚。」〔註135〕

（2）迎神入廟奏樂

群臣就位後，由太祝令負責迎神入廟門。此時，樂人演奏《嘉至》樂。《漢書・禮樂志》:「太祝迎神於廟門，奏《嘉至》，猶古降神之樂也。」〔註136〕

《嘉至》樂是歌唱、器樂的合奏。歌辭亡佚，無從可考。器樂演奏所用樂器有鍾、磬及鼓。《漢書・禮樂志》載有「《嘉至》鼓員十人」〔註137〕。考古出土珠海郭氏藏西漢宗廟編磬上刻有「四時嘉至」字樣，此外，李學勤在

〔註134〕（漢）班固撰:《漢書》卷二二《禮樂志》，北京:中華書局，1962 年，第 1043 頁。

〔註135〕（元）馬端臨撰:《文獻通考》卷九二，北京:中華書局，1986 年，第 832 頁。

〔註136〕（漢）班固撰:《漢書》卷二二《禮樂志》，北京:中華書局，1962 年，第 1043 頁。

〔註137〕（漢）班固撰:《漢書》卷二二《禮樂志》，北京:中華書局，1962 年，第 1073 頁。

對出土編磬銘文進行研究時提到三件帶字編鍾，其中有兩件爲「四時嘉至搖鍾未中角」與「嘉至搖鍾甲堵中羽」。〔註138〕據此可知《嘉至》樂演奏以鍾磬金石之樂爲主。

（3）迎皇帝入廟奏樂

迎神樂奏畢，皇帝入廟。此時，樂人演奏《永至》。《漢書・禮樂志》：「皇帝入廟門，奏《永至》，以爲行步之節，猶古《采薺》、《肆夏》也。」〔註139〕

（4）獻神饗食奏樂

獻神饗食是廟祭樂儀的主要儀節之一，既有樂歌演唱，也有器樂演奏。《漢書・禮樂志》：「乾豆上，奏《登歌》，獨上歌，不以莞弦亂人聲，欲在位者遍聞之，猶古《清廟》之歌也。」〔註140〕

（5）獻饗禮畢奏樂

獻饗禮畢，樂人於堂下演奏《休成》之樂。《漢書・禮樂志》：「登歌再終，下奏《休成》之樂，美神明既享也。」〔註141〕

（6）上食奏樂

饗神禮畢，進入上食環節。上食奏樂之儀是漢代廟祭樂儀中除獻神饗食之外的另一個主要環節。與獻神饗食奏樂不同，上食奏樂是給皇帝上食時所用。「公卿群臣謁神坐，太官上食，太常樂奏食舉，（舞）《文始》、《五行》之舞……。八月飲酎，上陵，禮亦如之。」〔註142〕

（7）禮成奏樂

廟祭完成之時，奏《永安》之樂，《漢書・禮樂志》：「奏《永安》之樂，美禮已成也。」〔註143〕

〔註138〕王子初：《珠海郭氏藏西漢宗廟編磬研究》，《文物》，1997年5期，第29頁。
　　　　李學勤：《西漢晚期宗廟編磬考釋》，《文物》，1997年5期，第24～26頁。

〔註139〕（漢）班固撰：《漢書》卷二二《禮樂志》，北京：中華書局，1962年，第1043頁。

〔註140〕（漢）班固撰：《漢書》卷二二《禮樂志》，北京：中華書局，1962年，第1043頁。

〔註141〕（漢）班固撰：《漢書》卷二二《禮樂志》，北京：中華書局，1962年，第1043頁。

〔註142〕（宋）范曄撰：《後漢書》志第四《禮儀上》，北京：中華書局，1965年，第3103頁。

〔註143〕（漢）班固撰：《漢書》卷二二《禮樂志》，北京：中華書局，1962年，第1043頁。

2. 廟祭樂儀諸規範

（1）參與者身份之規範

漢天子主持的廟祭禮，與祭者以王公列侯、群臣為主。如「元始五年，諸王公列侯廟會，始為禘祭」、「宗廟三年大祫祭……群臣陪者」。其中，八月飲酎祭禮，還設有九賓。「宗廟八月飲酎，用九太牢，皇帝侍祠。……八月，先夕饋殽，皆一太牢。皇帝會諸侯，酎金廟中，以上計儀，設九賓陪位，他祠無有。」〔註144〕所謂「九賓」，韋昭注《漢書・叔孫通傳》韋昭注曰：「九賓則《周禮》九儀也。謂公、侯、伯、子、男、孤、卿、大夫、士也。」〔註145〕

此外，助祭人員還包括歸順大漢之異邦蠻夷，「是以四海雍雍，萬國慕義，蠻夷殊俗，不召自至，漸化端冕，奉珍助祭。」〔註146〕「立廟京師之居，躬親承事，四海之內各以其職來助祭」。〔註147〕

漢天子廟祭之禮，不僅對與祭之人有明確規範，對「不得入廟祭祀之人」也有嚴格規定。《漢書・五行志》載：「天戒若曰，微賤亡德之人不可以奉宗廟，將絕祭祀」；〔註148〕《漢書・武五子傳》載：「賀囂頑放廢之人，不宜得奉宗廟朝聘之禮。」〔註149〕《漢書・賈捐之傳》：「言中謁者不宜受事，宦官不宜入宗廟，立止。」〔註150〕由此可知，品性低下之人與宦官不得入宗廟祭祀。

（2）參與者執事、舉止、向位與服冠之規範

天子廟祭時，執事者分工明確。其中，贊饗一人，「主贊天子」，「太祝令主薦酒，太宰令主饌陳，太常主導贊，丞舉廟中非法。」〔註151〕

〔註144〕（元）馬端臨撰：《文獻通考》卷九七引《漢舊儀》，北京：中華書局，1986年，第881頁。

〔註145〕（漢）班固撰：《漢書》卷四三《叔孫通傳》，北京：中華書局，1962年，第2128頁。

〔註146〕（漢）班固撰：《漢書》卷九九上《王莽傳上》，北京：中華書局，1962年，第4073～4074頁。

〔註147〕（漢）班固撰：《漢書》卷七三《韋賢傳》，北京：中華書局，1962年，第3117頁。

〔註148〕（漢）班固撰：《漢書》卷二七上《五行志上》，北京：中華書局，1962年，第1337頁。

〔註149〕（漢）班固撰：《漢書》卷六三《武五子傳》，北京：中華書局，1962年，第2769頁。

〔註150〕（漢）班固撰：《漢書》卷六四下《賈誼傳》，北京：中華書局，1962年，第2836頁。

〔註151〕（元）馬端臨撰：《文獻通考》卷九七引《漢舊儀》，北京：中華書局，1986年，第881頁。

　　太祝迎神入廟後，由太常負責引導皇帝從宗廟北門進入。之所以選擇北門進入，是因爲先祖神主面向南方，「高祖南面」，從北門進入不僅便於天子與先祖進行面對面的溝通，更能藉由此南北向位體現人間天子對冥界先祖的尊敬之心，尊者南向。

　　皇帝進入宗廟北門時，「群臣陪者，皆舉手班辟抑首伏」〔註152〕。所謂「抑首」，顏師古注《漢書・叔孫通傳》「諸侍坐殿上皆抑首」曰：「抑，屈也。謂依禮法不敢平坐而視。」〔註153〕群臣通過舉手低頭作揖行禮之儀表現出恭敬迎接皇帝之狀。待皇帝入廟之後，經大鴻臚、大行令、九賓傳曰「起」，群臣才得以復位。

　　皇帝入廟時的行步之儀，有音樂對之進行規範。「皇帝入廟門，奏《永至》，以爲行步之節，猶古《采薺》、《肆夏》也。」〔註154〕《采薺》《肆夏》是規範君子行步的樂曲，「趨以《采薺》，路口外之樂節也。門外謂之趨。行以《肆夏》，登堂之樂節。」〔註155〕不同場所的行步之儀各不相同，需藉由音樂以「節」與「示」。可知，皇帝入廟前與入廟後登堂的行步之儀並不相同，《永至》樂包含了這兩部分的行步之節。

　　廟祭服冠以長冠爲代表。「長冠，一曰齋冠……此冠高祖所造，故以爲祭服，尊敬之至也。」〔註156〕長冠之所以成爲宗廟廟祭服冠的一部分，是用於表達後世諸帝對高祖的紀念與尊敬之心。此外，廟祭服用絳緣領袖中衣和絳絝襪，「示其赤心奉神也」〔註157〕。另，廟祭執事者與不執事者的服冠有所區別，「百官執事者，冠長冠，皆袀服。五嶽、四瀆、山川、宗廟、社稷諸沾秩祠，皆袀玄長冠，五郊各如方色云。百官不執事者，各服常冠袀玄以從。」〔註158〕

〔註152〕　（漢）衛宏撰：《漢官舊儀補遺》，（清）孫星衍等輯，《漢官六種》，北京：中華書局，1990年，第56頁。
〔註153〕　（漢）班固撰：《漢書》卷四三《叔孫通傳》，北京：中華書局，1962年，第2128頁。
〔註154〕　（漢）班固撰：《漢書》卷二二《禮樂志》，北京：中華書局，1962年，第1043頁。
〔註155〕　《周禮・春官・籥師》鄭玄注，《周禮注疏》卷二二，北京：中華書局（阮元刻《十三經注疏》），第793頁。
〔註156〕　（宋）范曄撰：《後漢書》志第三十《輿服下》，北京：中華書局，1965年，第3664頁。
〔註157〕　（宋）范曄撰：《後漢書》志第三十《輿服下》，北京：中華書局，1965年，第3664頁。
〔註158〕　（宋）范曄撰：《後漢書》志第三十《輿服下》，北京：中華書局，1965年，第3663頁。

（3）曲目與樂器使用之規範

漢代廟祭獻神之儀中，樂人演唱之曲目，有原廟與正廟之別。高祖原廟的演唱內容是《大風歌》，由沛縣僮兒一百二十人演唱。

> （高祖）作《風起》之詩，令沛中僮兒百二十人習而歌之。至孝惠時，以沛宮爲原廟，皆令歌兒習吹以相和，常以百二十人爲員。〔註159〕

> 高祖過沛詩《三侯之章》，令小兒歌之。高祖崩，令沛得以四時歌舞宗廟。〔註160〕

正廟內的演唱曲目，儘管《漢書・禮樂志》並未說明，但《南齊書・樂志》中有相關記載：

> （魏明帝時）侍中繆襲奏：「《安世詩》本故漢時歌名，今詩所歌，非往詩之文。……後（讀）漢《安世歌》，亦說神來宴饗，無有后妃之言。……方祭祀娛神，登歌先祖功德，下堂詠宴享，無事歌后妃之化也。」於是改《安世樂》曰《饗神歌》。〔註161〕

這裡提到，北魏《安世詩》即漢代《安世樂》，登堂歌唱《安世詩》的目的在於「神靈薦饗」，後被改爲《饗神歌》。由是可知，《漢書・禮樂志》載錄《安世房中歌》十七章中，包含有用於獻神饗食登歌演唱的曲目。

不僅樂歌演唱曲目有原廟、正廟之別，諸帝廟間還因西漢年間「每帝一廟」之廟制而存在樂舞表演曲目的不同。詳見下表：

	帝廟	舞名
西漢	高帝廟	《武德》《文始》《五行》
	惠帝廟	《文始》《五行》
	文帝廟	《昭德》《文始》《四時》《五行》
	武帝廟	《盛德》《文始》《五行》《四時》
	其他帝廟	《文始》《四時》《五行》舞
東漢	長安高廟	《武德》《文始》《五行》舞。〔註162〕
	洛陽高廟	
	洛陽世族廟	

〔註159〕（漢）班固撰：《漢書》卷二二《禮樂志》，北京：中華書局，1962年，第1045頁。

〔註160〕（宋）徐天麟撰：《西漢會要》卷二一，北京：中華書局，1957年，第189頁。

〔註161〕（梁）蕭子顯撰：《南齊書》卷十一《樂書》，北京：中華書局，1972年，第178頁。

〔註162〕「（永平三年）冬十月，蒸祭光武廟，初奏《文始》、《五行》、《武德》之舞。」《後漢書》卷二《明帝紀》，（宋）范曄撰，北京：中華書局，1965年，第107頁。

與此同時，樂舞中《文始》、《五行》舞還有表演先後順序的規定：先《文始》，後《五行》。

此外，漢代廟祭樂儀對樂器演奏也有嚴格限定，即樂人登堂而歌時，堂下樂器只能使用鍾磬樂及鼓樂，禁用絲竹管絃之樂。關於鍾磬樂，據珠海郭氏藏西漢宗廟編磬上刻有「安世」字樣，可知《安世樂》演唱時有編磬伴奏的。此外，賈公彥疏「房中之樂」曰：「《房中樂》得有鍾磬者，彼據教《房中樂》，待祭祀而用之，故有鍾磬也；房中及燕，則無鍾磬也。」〔註163〕

關於鼓樂，《漢書·禮樂志》載哀帝調整樂府樂員時提到《安世樂》鼓員：

（哀帝）下詔曰：「……其罷樂府官。……」丞相孔光、大司空何武奏：「……《安世樂》鼓員二十人，十九人可罷。」〔註164〕

由於鼓樂與鍾磬樂性質相同，都屬節奏類樂器，不像簫管之類的旋律性樂器會干擾人聲，故宗廟祭祀中，樂人演唱時僅用節奏類樂器而禁用旋律性樂器。

（4）樂人表演方位及舞具之規範

漢代廟祭樂儀中，樂歌演唱人員與樂器演奏人員所處方位有明顯區別，尤其是獻神饗食階段，二者通過「上下」之位體現出差異。「乾豆上，奏登歌，獨上歌，不以莞弦亂人聲，欲在位者遍聞之，猶古《清廟》之歌也。《登歌》再終，下奏《休成》之樂」。〔註165〕可知，當侍祠者獻上祭品時，歌者登堂而歌。歌畢，堂下樂器開始演奏。這裡的堂上堂下之別，無疑彰顯了尊卑之別。

廟祭樂儀中不僅存在上下之別，還有東西之別。如皇帝就酒東廂時，《文始》、《五行》等八佾樂舞設在西廂表演。「西廂歌《秦海龜》、《龍舞》、《武德》、《文始》、《五行》」〔註166〕。正如錢玄先生著《三禮通論》所云：「禮儀重向位，所以別尊卑、人鬼、男女、吉凶等。……古禮向位，每依陰陽而定。東、南、左為陽；西、北、右為陰。……行禮時堂上設席，南向北向，神以西為

〔註163〕《儀禮·燕禮》，《儀禮注疏》卷十五，北京：中華書局（阮元刻《十三經注疏》），第1025頁。

〔註164〕（漢）班固撰：《漢書》卷二二《禮樂志》，北京：中華書局，1962年，第1073頁。

〔註165〕（漢）班固撰：《漢書》卷二二《禮樂志》，北京：中華書局，1962年，第1043頁。

〔註166〕（元）馬端臨撰：《文獻通考》卷九七，北京：中華書局，1986年，第881頁。

上，人以東爲上。」〔註167〕又有「陽尊陰卑」之說，可見皇帝位於東廂，樂舞設於西廂之安排透露出尊卑有別的意涵。

舞樂人所執舞具及服色因所舞之曲而各有不同。「其作樂之始，先奏《文始》，以羽籥衣文繡居先；次即奏《五行》，《五行》即《武舞》，執干戚而衣有五行之色也。」〔註168〕可知，《武德》與《五行》舞人執「干戚」，《文始》舞人執「羽籥」。《文始》舞人「衣文繡」，《五行》舞人爲「五行色」。

至東漢，「方山冠」成爲廟祭樂人專用之冠。《後漢書‧輿服下》：

> 方山冠，似進賢，以五采縠爲之。祠宗廟，《大予》、《八佾》、《四時》、《五行》樂人服之，冠衣各如其行方之色而舞焉。〔註169〕

3. 廟祭樂儀與「德」、「孝」、「忠」、「尊」

正如前文所述，德、孝、忠是漢代廟祭禮弘揚的主要教化觀念，在宗廟樂《安世房中歌》中反覆被提及。正因如此，此篇章的演唱是廟祭樂儀中的關鍵環節。如何更好地利用《安世房中歌》傳遞德、孝、忠等觀念？首先，此類篇章被安排在獻神饗食階段，即最爲莊嚴肅穆的階段。其次，獻神饗食階段的演唱，樂人被安排至堂上而歌，與堂下樂人區辨開來，並禁止莞弦之聲，避免樂人演唱的內容受到莞弦樂曲的干擾，從而使與祭者能更專注地傾聽樂歌內容，更虔誠地接受歌辭中被反覆強調的德、孝、忠等觀念。

藉由恭敬之態養成恭敬之心，是廟祭樂儀弘揚德、孝、忠觀念的具體途徑之一。如皇帝入廟時，奏樂以節其行步之儀。通過音樂節奏提示並約束行禮之人，使其謹記入廟前與入廟後行爲儀止的轉換，一方面表達了皇帝在先祖面前的恭敬之心，更爲重要的是，藉由皇帝的以身示範訓誡臣僚，宣揚恭敬之心。臣僚表達恭敬之心的具體行爲則是皇帝入廟時的「舉手班辟抑首」之態。

漢代廟祭禮中，與祭者一律佩戴長冠之規定也是強化孝觀念、宣揚尊敬之心的有效途徑。長冠初稱「劉氏冠」，高祖建漢之前所造。「高皇帝始受命創業，製長冠以入宗廟」〔註170〕。因高祖在世之時喜服長冠，故高祖故去後爲表紀念，

〔註167〕錢玄著：《三禮通論》，南京：南京師範大學出版社，1996年，第515頁，

〔註168〕（漢）司馬遷撰：《史記》卷十《孝文本紀》索隱，北京：中華書局，1959年，第437頁。

〔註169〕（宋）范曄撰：《後漢書》志第三十《輿服下》，北京：中華書局，1965年，第3668～3669頁。

〔註170〕（東漢）劉珍等撰，吳樹平校注：《東觀漢記校注》卷五，鄭州：中州古籍出版社，1987年，第183頁。

長冠成為廟祭服冠的一部分。「故以為祭服，尊敬之至也。」〔註171〕可知，廟祭禮中佩戴長冠，旨在弘揚尊敬之心，即皇帝尊敬先祖、臣下尊敬君王。

除尊敬之心外，宣導賢才與文德也是漢代廟祭樂儀的教化旨意。東漢，受儒學思潮的影響，與進賢冠類似的方山冠成為廟祭樂人的專用服冠。進賢冠，「文儒者之服也」，「冠有兩梁，所以殊親疏，別內外也」，「中二千石以下至博士兩梁，自博士以下至小史私學弟子，皆一梁。宗室劉氏亦兩梁冠，示加服也。」〔註172〕其中，博士與宗室劉氏皆服兩梁冠，前者是因「博士秩卑，以其傳先王之訓，故尊而異之」〔註173〕，後者則因「別內外」而「加服」。可知，博士儘管官職卑微，但因賢才文德而「尊」，故服進賢冠兩梁。推論而知，廟祭樂人服方山冠，也是尊崇文儒之道之舉。

此外，廟祭樂儀還宣導品性端正，如能否入廟參與祭祀的標準中，品性是否端正就是重要標準之一。再有，廟祭樂儀中的上下、東西等向位，強化著尊卑貴賤之別。而樂舞中羽龠文舞、干戚武舞的先後順序則象徵著治國方略，即文德武德並舉，先文後武，先禮後法，以德治國。

本章小結

本章圍繞場所、樂舞、樂章及樂儀等活動要素，考察了漢代宮廷郊廟祭祀音樂活動的主要教化意涵。

場所作為人們開展各種活動的重要載體，不僅為活動提供了物質空間，場所本身在與活動相互結合運作的過程中，也生成了某種功能與意義。例如：漢代郊祀音樂活動中，「郊」的地點與選址、兆壇的設置與布局，被統治者賦予了某種象徵意義與教化指向。以漢武帝建立甘泉泰時以及始自漢成帝年間的長安南北郊郊兆為代表，「郊」從多個維度彰顯了「一」的屬性與特徵，進而符應統治者建構大一統漢家王朝並弘揚「忠君」觀念的指導思想，因此郊祀場所蘊含並傳遞著濃厚的「忠」觀念。再如，「廟」作為尊祖祭祖活動的重

〔註171〕（宋）范曄撰：《後漢書》志第三十《輿服下》，北京：中華書局，1965年，第3664頁。

〔註172〕（宋）范曄撰：《後漢書》志第三十《輿服下》，北京：中華書局，1965年，第3666頁。

〔註173〕（宋）范曄撰：《後漢書》志第三十《輿服下》劉昭注引《獨斷》，北京：中華書局，1965年，第3667頁。

要場所，與「孝」觀念的關係極為密切，如廟內陳設的祖先「神主」與供奉祭品等。與此同時，在「移孝作忠」的指導觀念下，漢代統治者藉由功臣配享之制，又使「忠」在無形之中被納入「廟」的教化意涵之中。更為重要的是，西漢年間採用「每帝一廟」取代昭穆之制的做法，使「廟」體現出脫離「族」而趨於個人的特徵，化解為僅屬於帝王個人的「廟」，「廟」的群體制約性大大減弱，皇帝個人的權力被大大推崇。如此一來，「廟」作為帝王個人權力的象徵，進一步強化了「事君以忠」的教化旨意。「明堂」，首先藉由極富象徵意義的形制與布局，將天地、四時、八風、九州、十二月、陰陽、乾坤等宇宙萬物納入明堂建築中，彰顯了「天子」與天地萬物的關係。繼而通過祭祀與朝覲兩種儀式活動，使漢代明堂成為融「忠」與「孝」為一體的象徵性建築。

　　樂章與樂舞是宮廷音樂活動的主要內容，也是宮廷教化活動的主要媒介。歌辭通過語言直接向參與者傳達教化旨意，舞蹈則通過舞容象徵性地傳達教化觀念。漢代郊祀音樂活動中，歌頌帝德為主題的樂章演唱一直持續。歌辭圍繞「海內」、「眾庶」、「廣大」、「四貉」、「兆民」、「九夷」、「四方」、「四塞」、「萬億」、「四鄰」、「六合」、「萬國」等帝王治下之群體所呈現出的「海內安寧」、「眾庶熙熙」、「四貉咸服」「九夷賓將」、「九夷服」、「輯萬國」等景象，描繪並歌頌帝王德業之偉大。這裡特別強調臣民之「服」中表現出的漢代帝王之「德」。漢代廟祭音樂活動中，樂章演唱圍繞「德」與「孝」展開，「德」也是廟祭樂舞的主題，如「宗廟各奏其樂，不皆相襲，以明功德」。

　　樂儀作為集中體現音樂與儀式相結合的產物，不僅使音樂在儀式中得以呈現與展演，更藉由二者間的雙向規定性彰顯出宮廷音樂活動的教化意涵。例如，漢代郊祀樂儀，通過迎神、饗神及送神各階段的曲目配備以及饗食不同神靈的曲目配備，迎神與饗神的不同舞隊配備，侍祠不同神靈的專門配備，饗神時天子的專門居處與天子的望拜之儀，都集中凸顯出「專享」與「專用」。上述諸多「專用」或「專享」之特徵，最終目的是符應「天子祭天」的專享權力，即彰顯了嚴密層級中的天子「獨尊」之象以此昭告天下之人忠於天子。漢代宮廷廟祭樂儀，首先藉由堂上歌與堂下奏的區辨並禁止荒弦之聲，避免樂人演唱的內容受到荒弦樂曲的干擾，使與祭者能夠專注傾聽樂章歌辭，更虔誠地接受歌辭中反覆強調的德、孝、忠等觀念。其次，皇帝入廟的奏樂之儀一方面表達了皇帝在先祖面前的恭敬之心，同時藉由皇帝的以身示範訓誡

臣僚，宣揚恭敬之心。第三，規定與祭者佩戴高祖所造之長冠，以此弘揚尊敬之心，「故以爲祭服，尊敬之至也。」第四，藉由樂儀中的上下、東西等向位，強化著尊卑貴賤之別。藉由樂儀中的先文舞後舞武，象徵著治國方略。即文德武德並舉，先文後武，先禮後法，以德治國。

　　綜而觀之，漢代宮廷郊廟祭祀音樂活動中的主要教化意涵，可用「德」、「孝」、「忠」三個概念來概括。

第五章　漢代宮廷非祭祀音樂活動與教化

　　漢代非祭祀音樂活動以「人人」交際爲主要目的。依據人人交際的具體目的與場所，漢代非祭祀音樂活動可分爲典禮、宴饗與依仗三類。典禮音樂活動中的人人交際，側重天子與臣僚間上下關係的締結，如冊后典禮與朝賀典禮；宴饗音樂活動，是天子通過賜宴與作樂締造歡愉與和樂之氛圍，使君臣關係得以調和，如朝賀宴饗、校獵宴饗、天子冠宴饗及養老宴饗；出行儀仗通過儀仗樂形塑出皇帝的尊威之象，並藉由出行，將此形象傳至宮牆之外，使民眾在此宏大奇觀中感受到王朝與帝王的無上威儀，從而心生自豪與臣服之感。可知，三類音樂活動因締結之人際關係的具體內容有所不同而呈現出不同的教化意涵。

第一節　非祭祀音樂活動場所的教化意涵

　　宮廷音樂活動的場所，因活動性質與活動目的不同，場所也各不相同。與祭祀音樂活動主要在郊、廟及明堂等處舉行，漢代典禮與宴饗音樂活動的場所，則以殿爲主，此外還有辟雍、廣場等。出行儀仗的場所則以出行途中爲主。宮廷音樂活動場所不僅具有規定性與象徵性，同時還蘊含著豐富的教化意涵。由於出行途中的相關文獻並不多見，下文主要考察典禮與宴饗音樂活動場所的教化意涵。

一、宮殿與「威」、「忠」

　　「宮殿」一語，秦漢始用之。之前，二者常分用。「宮」，初爲房屋的通稱。《爾雅》釋曰：「宮謂之室，室謂之宮。」〔註1〕後因社會等級的劃分，「宮」

〔註1〕《爾雅注疏》卷五，北京：中華書局（阮元刻《十三經注疏》），1980 年，第2597 頁。

逐漸成爲統治者專用建築之稱。〔註2〕甲骨文「宮」字形體結構從宀從吕，一般認爲表示多室相連。〔註3〕另結合考古發現可知，「宮」並非僅指單個的殿或室，而是多座建築群的集合。此外，西周「宮」也指「廟」〔註4〕，「宗宮」、「考宮」分別是祭祀周文王與周武王的建築。〔註5〕儘管秦漢「宮」與「廟」仍有通稱關係，如漢景帝德陽廟也稱德陽宮、漢武帝龍淵廟也稱龍淵宮等，但與西周不同，廟主生前稱「宮」，去世後才得以稱「廟」。〔註6〕由此可知，「宮」與「廟」的內涵自西周至秦漢發生了微妙變化。

「殿」，古稱「堂」，漢以後稱「殿」。《說文解字》：「堂，殿也。」段玉裁注曰：「許（愼）以殿釋堂者，以今釋古也。古曰堂，漢以後曰殿。古上下皆稱堂，漢上下皆稱殿，至唐以後人臣無有稱殿矣。」〔註7〕古有「前堂後寢」〔註8〕之制，故與「堂」同義之「殿」，與「寢」相對。就宮廷布局而言，還有「前朝後寢」〔註9〕之制，故「殿」與「朝」的功能與性質也類似，都是天子處理政務、舉行重大典禮、朝見群臣或宴饗群臣之場所。

漢以前，西周時期與後世「宮殿」類似的「朝」並非最主要的活動場所。首先，就宮城營建而言，「朝」並非都城營建的首要之務。《作雒》篇述及成周建造曰：「乃位五宮，大廟、宗宮、考宮、路寢、明堂。」〔註10〕又有「君

〔註2〕「宮，古者貴賤同稱宮，秦漢以來惟王者所居稱宮焉。」（唐）陸德明撰：《經典釋文·爾雅音義》卷二九，北京：中華書局，1983年，第415頁。

〔註3〕于省吾主編：《甲骨文字詁林》，北京：中華書局，1996年，第124頁。

〔註4〕《詩·大雅·雲漢》：「不殄禋祀，自郊徂宮。」鄭玄箋：「宮，宗廟也。」《毛詩正義》卷十八，北京：中華書局（阮元刻《十三經注疏》），1980年，第561頁。

〔註5〕西周青銅器常見「京宮」、「康宮」、「邵宮」、「剌宮」等銘文，唐蘭曾撰文論述了「康宮」與「京宮」，認爲康宮是康王之宮，即康王之廟。《西周銅器斷代中的「康宮」問題》，《考古學報》1962年第1期，第15～16頁。

〔註6〕「及莽改（號）太后爲新室文母，絕之於漢，不令得體元帝。墜壞孝元廟，更爲文母太后起廟，獨置孝元廟故殿以爲文母篹食堂，既成，名曰長壽宮。以太后在，故未謂之廟。」《漢書》卷九八《元后傳》，（漢）班固撰，北京，中華書局，1962年，第4034頁。

〔註7〕（漢）許愼撰，段玉裁注：《說文解字注》第三篇下，鄭州：中州古籍出版社，2006年，第119頁。

〔註8〕（明）王圻撰：《續文獻通考》卷一一二「古宗廟必有前堂後寢」，（明）萬曆三十年松江府刻本，第2071頁。

〔註9〕（明）陳士元撰：《論語類考》卷一五「周制，有廟有寢，以象人君前朝後寢也」，《文淵閣四庫全書》本，第108頁。

〔註10〕（晉）皇甫謐撰：《逸周書》卷五《作雒解》，瀋陽：遼寧教育出版社，1997年，第41頁。

子將營宮室，宗廟爲先，廄庫爲次，居室爲後」〔註11〕之說。顯然，宗廟是都城宮室營建之首務。其次，就處理政務、舉行典禮而言，「朝」也並非主要場所，宗廟的地位更重於「朝」。宗廟除了用作祭祖和宗族行禮的處所外，更作爲政治上舉行重要典禮和宣布決策的地方。如即位、加冠、婚禮、朝禮、聘禮、對臣下的冊命禮等等，都在宗廟舉行。此外，君王有大事，也須前往宗廟請示與報告。如重大事故與災難、軍事征戰等。也就是說，周人的重要禮節和重大典禮都在宗廟舉行，政治與軍事等大事都需前往宗廟請示與報告。由此可知，西周宗廟承擔了朝廷的諸多功能，故「廟」也稱「朝」。

春秋戰國，伴隨血緣紐帶維繫的宗法封建制的崩塌，政治權力逐漸從周天子向地方諸侯轉移，諸侯爭霸勝出的大國與強國，進而自封爲「王」，諸侯國內部的政治鬥爭使地位較低的家族或下屬官吏凌駕於原來的君主之上。這股勢力的興起，宗廟所代表的以血緣爲基礎的神聖權力逐漸被稀釋，宮殿開始成爲權力的獨立象徵，權力的獲取，無需通過宗廟從先祖或大宗處繼承或分封。〔註12〕

宮殿（朝）擺脫宗廟的附庸地位，成爲帝王顯示「威力」的主要建築，〔註13〕正如蕭何所言：「且夫天子以四海爲家，非壯麗無以重威，且無令後世有以加也。」〔註14〕宮殿作爲天子的象徵，必須宏偉壯麗，如此才能「重威」。只有壯麗的宮殿建築才能藉由各種典禮烘托出天子的威懾力量。高祖即位之初，「群臣飲爭功，醉或妄呼，拔劍擊柱，上患之」〔註15〕。目睹此景的叔孫通建議制定朝儀，後於長樂宮落成之時，在空間巨大宏偉的宮殿中，首次施行朝會之禮，群臣朝拜、皇帝賜宴，侯王以下莫不震恐，無人再敢失禮。高祖感慨萬分，貴爲天子之感油然而生，「吾乃今日知爲皇帝之貴

〔註11〕《禮記‧曲禮下》，《禮記正義》卷四，北京：中華書局（阮元刻《十三經注疏》），1980 年，第 1258 頁。

〔註12〕（美）巫鴻著，李清泉等譯：《中國古代藝術與建築中的「紀念碑性」》，上海：上海人民出版社，2008 年，第 100～102 頁。

〔註13〕秦繆公請來訪使節觀看他「鬼神竭全力而難築」的宮殿，以此顯示自己的「威力」。「戎王使由余於秦。……故使由余觀秦。秦繆公示以宮室、積聚。由余曰：『使鬼神爲之，則勞神矣……。』」《史記》卷五《秦本紀》，（漢）司馬遷撰，北京：中華書局，1959 年，第 192 頁。

〔註14〕（漢）司馬遷撰：《史記》卷八《高祖本紀》，北京：中華書局，1959 年，第 386 頁。

〔註15〕（漢）班固撰：《漢書》卷四三《叔孫通傳》，北京：中華書局，1962 年，第 2126 頁。

也。」〔註16〕此外，彰顯帝王權力與「威儀」的重大典禮，如朝賀與冊后，都被從原先的宗廟移至宮殿舉行。

> 正月旦，天子幸德陽殿，臨軒。公、卿、將、大夫、百官各陪
> （位）朝賀。〔註17〕

> 舉觴御坐前。司空奉羹，大司農奉飯，奏食舉之樂。百官受賜
> 宴饗，大作樂。〔註18〕

> ……小黃門吹三通，謁者引公卿群臣以次拜，微行出，罷。卑
> 官在前，尊官在後。〔註19〕

> 皇后初即位章德殿，太尉使持節奉璽綬，天子臨軒，百官陪
> 位。……皇后伏，起拜，稱臣妾。訖，黃門鼓吹三通。鳴鼓畢，群
> 臣以此出。后即位，大赦天下。皇后秩比國王，即位威儀，赤紱玉
> 璽。〔註20〕

其中，朝賀是天下臣僚集聚一堂向天子獻賀以此確認君臣關係的重大典禮，冊后是皇帝授予皇后「後宮之主」之權威的重大典禮，二者都是彰顯皇權的至高無上，是其他權力的唯一來源。

宮殿與君「威」之象的密切關係，使漢代帝王熱衷大型宮殿的營建，宮殿落成往往被視爲舉國上下歡慶之大事，如高祖、惠帝時期，宮室落成之時曾舉行盛大的朝賀禮。

顯示皇權「威」象之宮殿，以「高」爲特徵。崇尚高臺厚基是宮殿建築的重要特徵之一。《甘泉宮賦》：「封巒爲之東序，緣石關之天梯。」〔註21〕與宗廟強調平面延伸有所不同，宮殿建築於高臺之上，這種高臺透露出一種政

〔註16〕（漢）班固撰：《漢書》卷四三《叔孫通傳》，北京：中華書局，1962 年，第
　　　　2128 頁。
〔註17〕（宋）范曄撰：《後漢書》志第五《禮儀中》劉昭注引蔡質《漢儀》，北京：
　　　　中華書局，1965 年，第 3131 頁。
〔註18〕（宋）范曄撰：《後漢書》志第五《禮儀中》，北京：中華書局，1965 年，第
　　　　3130 頁。
〔註19〕（宋）范曄撰：《後漢書》志第五《禮儀中》劉昭注引蔡質《漢儀》，北京：
　　　　中華書局，1965 年，第 3131 頁。
〔註20〕（宋）范曄撰：《後漢書》志第五《禮儀中》劉昭注引《漢官典職儀式選用》，
　　　　北京：中華書局，1965 年，第 3122 頁。
〔註21〕（漢）劉歆《甘泉宮賦》，（清）陳元龍編：《歷代賦彙》（第 5 冊），南京：江
　　　　蘇古籍出版社，2004 年，第 793 頁。

治意義：臺越高，建造者越能在當時的政治舞臺上感到自身的強大。一座高大建築的追求等於在各國乃至四夷之上建立霸權地位的野心——掠取他國的土地，控制所有民眾，使自己成爲天下之主。〔註 22〕高祖即位之初營建的首座宮殿未央宮，就是高臺建築。其坐落在高高龍首山上，因山勢蔚然聳立。又有裝飾精美的高高華闕與勾簷雕梁、彩繪玉飾，參差錯落，流光溢彩。

　　宮殿重「威」之象，集中體現在前殿的打造上。秦漢時期，以前殿爲天子大朝正殿。前殿之名曾見於《史記・秦始皇本紀》：「（始皇二十七年）作甘泉前殿」〔註 23〕，「（三十五年）乃營作朝宮渭南上林苑中。先作前殿阿房」〔註 24〕。漢承秦制，也將前殿作爲布證朝會之宮殿。原先在宗廟內舉行的諸多活動如君臣商議國家大事、舉行重要典禮、宣布重大決策等，都被移至前殿。如冊后、朝聘、朝賀、冠禮宴饗等。故前殿的營建是整個宮殿的核心。高祖建漢之初，蕭何修建未央宮前殿時「斬龍首山而營之⋯⋯山即基闕，不假築」〔註 25〕，蕭何選擇龍首山丘陵作爲前殿臺基，也是爲了使前殿建築更顯高大、雄偉，從而體現皇帝的「重威」，「彰聖主之威神」。

　　未央宮前殿位於龍首山上〔註 26〕，臺基地勢南低北高，據考古勘探，最南端高出地面 0.6 米，向北逐漸升高，其間落差自然形成三級臺階〔註 27〕，《西京賦》描述前殿：「三階重軒，鏤檻文㮰」〔註 28〕。這些錯落有致的臺階，是臣僚觀見皇帝的必由之路。臣僚「仰福帝居」，逐級而上後展現在面前的是巍峨華美的前殿，威嚴神聖之感油然而生。漢武帝的建章宮，前殿規模更爲宏

〔註 22〕　（美）巫鴻著，李清泉等譯：《中國古代藝術與建築中的「紀念碑性」》，上海：上海人民出版社，2008 年，第 134 頁。

〔註 23〕　（漢）司馬遷撰：《史記》卷六《秦始皇本紀》，北京：中華書局，1959 年，第 241 頁。

〔註 24〕　（漢）司馬遷撰：《史記》卷六《秦始皇本紀》，北京：中華書局，1959 年，第 256 頁。

〔註 25〕　（清）王先謙校：《水經注》，成都：巴蜀書社，1985 年，第 332 頁。

〔註 26〕　《文選》卷二《西京賦》：「疏龍首以抗殿」李善注引《三輔黃圖》曰：「日營未央，因龍首以制前殿」。（梁）蕭統編，（唐）李善注，北京：中華書局，1977 年，第 38 頁。

〔註 27〕　劉慶柱、李毓芳：《漢長安城宮殿、宗廟考古發現及其相關問題研究——中國古代的王國與帝國都城比較研究之一》，收錄於《漢長安城考古與漢文化：漢長安城與漢文化——紀念漢長安城考古五十週年國際學術研討會論文集》，北京：科學出版社，2008 年，第 45 頁。

〔註 28〕　（漢）張衡《西京賦》，（清）陳元龍編，《歷代賦彙》（第 3 冊），南京：江蘇古籍出版社，2004 年，第 337 頁。

大，裝飾「遊觀侈靡，窮妙極麗」：「度為千門萬戶。前殿度高未央。其東則鳳闕，高二十餘丈。其西則唐中，數十里虎圈。其北治大池，漸臺高二十餘丈，名曰泰液池，中有蓬萊、方丈、瀛洲、壺梁，象海中神山龜魚之屬。其南有玉堂、壁門、大鳥之屬。乃立神明臺、井干樓，度五十餘丈，輦道相屬焉。」〔註29〕正如宋人李好文《長安志圖》中說：「予至長安，親見漢宮故址，皆因高為基，突兀峻峙……如未央、神明、井干之基皆然，望之使人神志不覺森竦。」

前殿彰顯皇權「威」儀，還藉由宮殿布局予以體現。就未央宮而言，前殿居整個未央宮的正中。〔註30〕帝王宮殿仿天宮星宿之位而建，「其宮室也，體象乎天地，經緯乎陰陽，據坤靈之正位，放（泰）（太）、紫之圓方。」〔註31〕靜穆宏偉的前殿被其他宮觀、臺榭、樓閣等建築圍繞，猶如眾星環繞北極星，「徇以離殿別寢，承以崇臺閒館，煥若列星，紫宮是環。」〔註32〕就整個宮城而言，前殿處居首之位置，居未央宮中央，宮城內的宮殿、官署等建築均在其兩側或後部。

至東漢，南宮與北宮是最主要的宮殿建築，南宮前殿章德殿與北宮前殿德陽殿則是最重要的朝政之所。天子冊后典禮在南宮章德殿內舉行，《後漢書·禮儀志中》注引《漢官典職儀式選用》：「皇后初即位章德殿，太尉使持節奉璽綬，天子臨軒，百官陪位。」〔註33〕北宮德陽殿經東漢明帝年間大規模修復之後，氣勢恢鉅集，規模雄偉。最為隆重的大朝受賀典禮在此舉行。蔡質《漢儀》有所描述：「德陽殿周旋容萬人。陛高二丈，皆文石作壇。激沼

〔註29〕（漢）司馬遷撰：《史記》卷十二《孝武本紀》，北京：中華書局，1959 年，第 482 頁。

〔註30〕《漢長安城》結合考古勘探測量得知，「未央宮前殿基址位於未央宮中部，距東、西、南、北宮牆分別為 990、1060、860 和 890 米。設計者的這種安排與古代天子重視『擇中』觀念是一致的。」劉慶柱、李毓芳：《漢長安城宮殿、宗廟考古發現及其相關問題研究——中國古代的王國與帝國都城比較研究之一》，收錄於《漢長安城考古與漢文化：漢長安城與漢文化——紀念漢長安城考古五十週年國際學術研討會論文集》，北京：科學出版社，2008 年，第 43～45 頁。

〔註31〕（宋）范曄撰：《後漢書》卷四十上《班固傳上》，北京：中華書局，1965 年，第 1340 頁。

〔註32〕（宋）范曄撰：《後漢書》卷四十上《班固傳上》，北京：中華書局，1965 年，第 1340 頁。

〔註33〕（宋）范曄撰：《後漢書》志第五《禮儀中》，北京：中華書局，1965 年，第 3122 頁。

水於殿下。畫屋朱梁，玉階金柱，刻鏤作宮掖之好，廁以青翡翠，一柱三帶，韜以赤緹。天子正旦節，會朝百僚於此。」〔註34〕由此可知德陽殿的華美壯觀。此外，德陽殿也藉由多層陛階設計，使參會眾人須登上三重陛階後得以覲見拜謁高高在上的天子。李尤《德陽殿賦》：「開三階而參會，錯金銀於兩楹。」〔註35〕

　　由上可知，漢代皇帝將體現君王權力的典禮音樂活動，都移至宮殿內舉行，其用意顯而易見。這種做法與西周截然不同，西周時期，國家重大的政務大多在宗廟內進行，以體現在世統治者是先王事業的繼續，其權力來源於「族」的傳承。而漢代統治者強調的是皇帝個人權力的彰顯，通過這種權力向臣僚傳達「忠君」而非「孝親孝祖」的觀念。

二、苑觀與「威」、「和」

　　兩漢期間，宮廷宴饗音樂活動不僅在王都內的宮殿舉行，王都之外的皇家苑觀也是重要的活動場所。「苑」，先秦稱「囿」，爲王國所有〔註36〕，其用途以畜養禽獸、魚鱉及培育林木、果蔬爲主，兼作遊賞之徒。〔註37〕秦漢以降，「囿」稱「苑」，功能更爲龐雜，不僅用於種植豢養，而且成爲校獵講武及宴饗的主要場所。「觀」，「觀者，樓觀也。又曰：觀，可以於其上望焉。亦曰，觀者，謂屋宇之壯觀。」〔註38〕可知「觀」多指高樓建築，有「平樂都

〔註34〕　（宋）范曄撰：《後漢書》志第五《禮儀中》劉昭注引，北京：中華書局，1965年，第 3131 頁。

〔註35〕　（清）陳元龍編：《歷代賦彙》（第 6 冊），南京：江蘇古籍出版社，2004 年，第 112～123 頁。

〔註36〕　《周禮·地官·司徒》：「囿人，掌囿遊之獸禁，牧百獸，祭祀喪紀賓客，共其生獸、死獸之物。」《周禮注疏》卷十六，北京：中華書局（阮元刻《十三經注疏》），1980 年，第 749 頁。

〔註37〕　《說文》「養禽獸曰囿」，（漢）許慎撰，（清）段玉裁注：《說文解字注》第六篇下，鄭州：中州古籍出版社，2006 年，第 278 頁。《廣釋名》：「囿者，畜魚鱉之處。」《續修四庫全書》第 190 冊，第 31 頁。《大戴禮·夏小正》：「囿有見韭，囿也者，囿之燕者也」，「囿有見杏」。戴德撰，盧辯注：《大戴禮記》卷二，臺北：商務印書館，1937 年，第 14 頁、18 頁。《呂氏春秋》卷第一《重己》：「昔先聖王之爲苑囿園池也，足以觀望勞形而已矣。」高誘注：「畜禽獸所，大曰苑，小曰囿……樹果曰園……有水曰池。可以遊觀娛志」。（戰國）呂不韋撰，陳奇猷校釋，《呂氏春秋新校釋》，上海：上海古籍出版社，2002 年，第 35、43 頁。

〔註38〕　（唐）蘇鶚撰：《蘇氏演義》卷上，北京：中華書局，2012 年，第 16 頁。

場，示遠之觀」〔註39〕之說。兩漢期間，苑內多設有觀。故本文簡稱苑觀。

　　西漢，上林苑平樂觀是天子校獵宴饗的重要場所。上林苑位於長安西南郊，本秦舊苑，經漢武帝大規模修整與擴建後，成為規模空前的皇家苑觀。上林苑不僅地廣，「漢上林苑……，離宮七十所，皆容千乘萬騎」〔註40〕，而且苑內羅陳之物產更是極盡天下之所有，彰顯天子「以天下為家」之尊。漢武帝大規模修建上林苑，本為遊獵之用。〔註41〕之後，上林苑成為西漢帝王校獵的主要場所。「上林苑方三百里，苑中養百獸，天子秋冬射獵取之。」〔註42〕校獵之後，會舉行隆重的宴饗音樂活動。

> 於是乎遊戲懈怠，置酒乎顥天之臺，張樂乎膠葛之寓，撞千石之鍾，立萬石之虡，建翠華之旗，樹靈鼉之鼓，奏陶唐氏之舞，聽葛天氏之歌，千人倡，萬人和。山陵為之震動，川谷為之蕩波。巴俞宋蔡，淮南《干遮》，文成顛歌，族居遞奏，金鼓迭起，鏗鎗闛鞈，洞心駭耳。荊吳鄭衛之聲，《韶》《濩》《武》《象》之樂，陰淫案衍之音，鄢郢繽紛，《激楚》《結風》，俳優侏儒，狄鞮之倡，所以娛耳目樂心意者，麗靡爛漫於前，靡曼美色於後。〔註43〕

〔註39〕　（漢）張衡《東京賦》，《歷代賦彙》（第3冊），（清）陳元龍編，南京：江蘇古籍出版社，2004年，第356頁。

〔註40〕　何清谷撰：《三輔黃圖校釋》卷四，北京：中華書局，2005年，第230頁。

〔註41〕　漢武帝之前，天子校獵並無固定場所。後因武帝常在長安周邊遊獵，既有騷擾百姓之嫌，還有道遠勞苦、獵物不繼之事。故武帝下旨重修上林苑，專為遊獵之用。《漢書·東方朔傳》：「初，建元三年，微行始出，北至池陽，西至黃山，南獵長楊，東遊宜春。微行常用飲酎已。八九月中，與侍中常侍武騎及待詔隴西北地良家子能騎射者期諸殿門，……旦明，入山下馳射鹿豕狐兔，手格熊羆，馳騖禾稼稻秔之地。民皆號呼罵詈，相聚會，自言鄠杜令。令往，欲謁平陽侯諸，諸騎欲擊鞭之。令大怒，使吏呵止，獵者數騎見留，乃示以乘輿物，久之乃得去。時夜出夕還，後齎五日糧，會朝長信宮，上大歡樂之。是後，南山下乃知微行數出也，然尚迫於太后，未敢遠出。……後乃私置更衣，從宣曲以南十二所，中休更衣，投宿諸宮，長楊、五柞、倍陽、宣曲尤幸。於是上以為道遠勞苦，又為百姓所患，乃使太中大夫吾丘壽王與待詔能用算者二人，舉籍阿城以南，盩厔以東，宜春以西，提封頃畝，及其賈直，欲除以為上林苑，屬之南山。又詔中尉、左右內史表屬縣草田，欲以償鄠杜之民。吾丘壽王奏事，上大說稱善。」《漢書》卷六五《東方朔傳》，（漢）班固撰，北京：中華書局，1962年，第2847頁。

〔註42〕　何清谷撰：《三輔黃圖校釋》卷四，北京：中華書局，2005年，第230頁。

〔註43〕　（漢）班固撰：《漢書》卷五七上《司馬相如傳上》，北京：中華書局，1962年，第2569頁。

　　這裡提到，上林苑內校獵宴饗所奏之樂中，各地民間音樂及異域音樂紛紛登場。如「巴俞宋蔡」、「淮南《干遮》」、「荊吳鄭衛之聲」、「狄鞮之倡」等等。由此可知，上林苑內不僅物產「極盡天下之所有」，校獵宴饗更是將民間各地音樂齊聚一堂，此舉之用意無疑是爲了彰顯天子「以天下爲家」、乃「天下之主」的尊威之象。

　　東漢亦有上林苑平樂觀，位於洛陽西北。〔註44〕此處也是天子校獵的主要場所，《東漢會要》卷三八「宮苑」條：「上林苑。諸帝校獵於此。」〔註45〕

　　兩漢上林苑觀因其地域開闊，既適合騎射校獵，也適合舉行大規模宴饗賓客的音樂活動，如角抵百戲之類。上林苑內諸多宮觀中，平樂觀多次被用於舉行此等活動。漢武帝元封三年春，「作角抵戲，三百里內皆（來）觀」〔註46〕；元封六年，「夏，京師民觀角抵於上林平樂館」〔註47〕，「大駕幸乎平樂，張甲乙而襲翠被……臨回望之廣場，程角抵之妙戲。」〔註48〕漢宣帝時，「天子（宣帝）自臨平樂觀，會匈奴使者、外國君長大角抵，設樂而遣之。」〔註49〕

　　角抵百戲屬綜合性較強的大型雜技幻術表演，場面宏大。李尤《平樂觀賦》中對東漢洛陽平樂觀角抵戲表演的記載：「戲車高橦，馳騁百馬，連翩幾仞，離合上下。或以馳騁，覆車顛倒。烏獲扛鼎，千鈞若羽。吞刀吐火，燕曜烏躊。陵高履索，踊躍旋舞。飛丸跳劍，沸渭同擾。巴渝隈一，逾肩相受。有仙駕雀，其形蚴虯。騎驢馳射，狐兔驚走。侏儒巨人，戲謔爲耦。禽鹿六駁，白象朱首。魚龍蔓延，衰蜒山阜。龜螭蟾蜍，挈琴鼓缶。」〔註50〕

<hr>

〔註44〕「平樂觀在洛陽城西。」《後漢書》卷八《靈帝紀》劉昭注，第356頁。「先帝之制，左開鴻池，右作上林。」注云：「鴻池在洛陽東，上林在西。」《後漢書》卷五四《楊震傳》，第1782～1783頁。「鴻池，池名，在洛陽東二十里。」《後漢書》志第二六《百官三》劉昭注，第3595～3596頁。「《洛陽宮殿名》有平樂苑、上林苑。」《後漢書》卷五四《楊震傳》劉昭注，北京：中華書局，1965年，第1783頁。

〔註45〕（宋）徐天麟撰：《東漢會要》，上海：上海古籍出版社，2006年，第555頁。

〔註46〕（漢）班固撰：《漢書》卷六《武帝紀》，北京：中華書局，1962年，第194頁。

〔註47〕（漢）班固撰：《漢書》卷六《武帝紀》，北京：中華書局，1962年，第198頁。

〔註48〕（漢）張衡《西京賦》，《歷代賦彙》（第3冊），（清）陳元龍編，南京：江蘇古籍出版社，2004年，第348頁。

〔註49〕（漢）班固撰：《漢書》卷九六下《西域傳下》，北京：中華書局，1962年，第3905頁。

〔註50〕（漢）李尤《平樂觀賦》，《歷代賦彙》（第6冊），（清）陳元龍編，南京：江蘇古籍出版社，2004年，第112～123頁。

　　顯然，場面巨大的角抵百戲表演本身已有對開闊場地的需要。苑觀及廣場恰好適合豐富的角抵百戲演出，同時，還能容納眾多觀眾。正因如此，苑觀內的角抵百戲表演常被皇帝用於向異邦誇耀與展示漢王朝大一統的氣魄，以此威懾異邦。「是時上（漢武帝）方數巡狩海上，乃悉從外國客，大都多人則過之，散財帛以賞賜，厚具以饒給之，以覽示漢富厚焉。於是大觳抵，出奇戲諸怪物，多聚觀者，行賞賜，酒池肉林，令外國客遍觀（各）倉庫府藏之積，見漢之廣大，傾駭之。」〔註 51〕「設酒池肉林以饗四夷之客，作《巴俞》都盧、海中《碭極》、漫衍魚龍、角抵之戲以觀視之。」〔註 52〕

　　由此可知，苑觀的開闊場地與場面宏大的宴饗音樂表演融爲一體，更能彰顯漢王朝的宏大氣勢與漢天子的威權之象。此外，平樂觀建築還具有區辨觀者身份等級的功效。劉熙《釋名・釋宮室》：「觀，觀也，於上觀望也。」〔註 53〕也就是說，苑觀廣場內的大型演出，皇帝等人在觀上居高臨下觀看，庶民則在場上四周圍觀。

　　苑觀振「威」的象徵意義，不僅通過廣闊場地與天子校獵宴饗，還藉由講武之事。東漢時期，上林苑內多次校獵講武都以「威戎誇狄」爲主要意圖。安帝延光二年「十一月甲辰，校獵上林苑」〔註 54〕、順帝永和四年、桓帝永興二年、延熹元年、六年及靈帝光和五年舉行的校獵活動，都與用兵征討之事緊密相關。「（建光元年）護羌校尉馬賢討燒當羌於金城」〔註 55〕、（延熹六年）「武陵蠻復叛，太守陳奉與戰，大破降之」〔註 56〕、「（永興二年）蜀郡李伯詐稱宗室，當立爲『太初皇帝』」〔註 57〕。

〔註 51〕（漢）司馬遷撰：《史記》卷一二三《大宛列傳》，北京：中華書局，1959 年，第 3173 頁。

〔註 52〕（漢）班固撰：《漢書》卷九六下《西域傳下》，北京：中華書局，1962 年，第 3928 頁。

〔註 53〕（清）王先謙撰：《釋名疏證補》卷五，北京：中華書局，2008 年，第 279 頁。

〔註 54〕（宋）范曄撰：《後漢書》卷五《安帝紀》，北京：中華書局，1965 年，第 237 頁。

〔註 55〕（宋）范曄撰：《後漢書》卷五《安帝紀》，北京：中華書局，1965 年，第 233 頁。

〔註 56〕（宋）范曄撰：《後漢書》卷七《桓帝紀》，北京：中華書局，1965 年，第 312 頁。

〔註 57〕（宋）范曄撰：《後漢書》卷七《桓帝紀》，北京：中華書局，1965 年，第 300 頁。

苑觀不僅具有振「威」之勢，也有「和」樂之氛。如天子將校獵安排在農閒之際，「方涉冬節，農事間隙，宜幸廣成，覽原隰，觀宿麥，（勸）收藏，因講武校獵」，可「使僚庶百姓，復睹羽旄之美，聞鐘鼓之音，歡欣喜樂，鼓舞疆畔，以迎和氣，招致休慶」。〔註58〕

綜上可知，王都之外的皇家苑觀，藉由宏偉壯麗的建築與場地上場面宏大的角抵百戲，烘托出皇帝威嚴之氣勢，以此威懾百姓與異邦。此外，校獵宴饗及遊玩還為「君民同樂」提供了良好時機，營造「和氣」之氛圍。

第二節　樂舞、樂章、樂儀的教化意涵

一、宴饗樂舞與「德」、「和」、「威」、「忠」

漢代宮廷宴饗，大多是政治性宴饗，如朝賀宴饗、校獵宴饗、朝聘宴饗之類，與純粹歡愉享樂的私人宴飲有所不同。宴饗樂舞也成為傳達與宣揚教化旨意的有效媒介和載體。

1.「德」、「和」

漢天子舉行隆重的宴饗活動時，常有四夷樂舞表演。如：一年一次的歲首朝賀宴饗中，「四夷間奏，德廣所及，《僸》《佅》《兜離》，罔不具集。」〔註59〕備受天子親睞的校獵宴饗中，也有「俳優侏儒，狄鞮之倡」〔註60〕。這裡，《僸》即《禁》，是指北夷之樂；《佅》即《躲》或《眛》，乃東夷之樂；《兜離》即《侏離》，是西夷之樂。「狄鞮之倡」是指狄鞮的樂人，也有稱「狄鞮」為西戎樂名〔註61〕。宴饗中四夷樂舞表演的舞具，漢代文獻也有記載。《白虎通義》：「《樂元語》曰：……東夷之樂持矛舞，助時生也。南夷之樂持羽舞，助時養也。西夷之樂持戟舞，助時煞也。北夷之樂持干舞，助時藏也。」〔註62〕

〔註58〕（宋）范曄撰：《後漢書》卷六十上《馬融列傳上》，北京：中華書局，1965年，第1955頁。

〔註59〕（宋）范曄撰：《後漢書》卷四十下《班固傳下》，北京：中華書局，1965年，第1364頁。

〔註60〕（漢）班固撰：《漢書》卷五七上《司馬相如傳上》，北京：中華書局，1962年，第2569頁。

〔註61〕（漢）班固撰：《漢書》卷五七上《司馬相如傳上》，北京：中華書局，1962年，第2571頁。

〔註62〕（清）陳立撰，吳則虞點校：《白虎通疏證》卷三，北京：中華書局，1994年，第109頁。

四夷樂舞自西周始就被賦予了濃厚的政教意蘊。〔註 63〕至漢代，四夷樂舞的政教功用得以承襲。朝賀宴饗中的四夷樂舞，宣揚大漢天子之「德」是第一要務。正旦朝賀作爲彰顯帝王至高無上之權威的政治儀式，儀式活動內容的安排都是圍繞這一最終目的。如漢天子受四海所逞之版圖戶籍，受納萬國所貢的異寶奇珍等。顯然，儀式中的四夷樂舞也是向天下頌揚漢朝天子之「德」，夷狄異邦俯首稱臣正是天子「德」之所至。

《白虎通義·禮樂》：「與四夷之樂，明德廣及之也。……先王推行道德，調和陰陽，覆被夷狄。故夷狄安樂，來朝中國，於是作樂樂之。」〔註64〕

桓寬《鹽鐵論·崇禮》：「今萬方絕國之君奉贄獻者，懷天子之盛德，而欲觀中國之禮儀。……目睹威儀干戚之容……心充至德，欣然以歸，此四夷所以慕義內附。」〔註65〕

其次，受「以禮樂教和，則民不乖」治國思想的影響，漢代宮廷宴饗中的四夷樂舞實際貫徹著「王者必作四夷之樂一天下」〔註66〕的統治策略。朝賀之日，天下臣僚齊聚一堂，殿廷之內既有「歌九功，舞八佾，《韶》《武》備，太古畢」〔註67〕等華夏之樂，也有「四夷間奏」。也就是說，朝賀宴饗表演四夷樂舞，其意在於推崇與落實「四海之內合敬同愛」〔註68〕，同時也以此勸諫與強化異族番邦的歸順臣服之心。

2. 「忠」

漢代宮廷宴饗活動，皇帝既藉由樂舞、百戲表演「娛耳目而樂心意」慰勞臣僚，以表賞賜臣僚之義，從而營造與建構君臣之間的和合關係，也通過樂舞傳遞某些觀念，規訓臣僚，從而加強朝廷的秩序化。如宴饗中的《槃》舞與《鞞》舞，皇帝利用舞具的象徵意義，向臣僚灌輸忠於職守、忠於君（軍）令的旨意。

〔註63〕 詳見夏灩洲《鞮鞻氏與四夷之樂》文，《黃鍾》1999 年第 4 期，第 38、39 頁。
〔註64〕 （清）陳立撰，吳則虞點校：《白虎通疏證》，北京：中華書局，1994 年，第 107～110 頁。
〔註65〕 （漢）桓寬撰：《鹽鐵論》，《四部叢刊》，景明嘉靖本，第 43 頁。
〔註66〕 《周禮·春官·鞮鞻氏》鄭玄注，《周禮注疏》卷二四，北京：中華書局（阮元刻《十三經注疏》），1980 年，第 802 頁。
〔註67〕 （宋）范曄撰：《後漢書》卷四十《班固傳下》，北京：中華書局，1965 年，第 1364 頁。
〔註68〕 《禮記·樂記》，《禮記正義》卷三七，北京：中華書局（阮元刻《十三經注疏》），1980 年，第 1530 頁。

　　《槃》舞是漢代宮廷天子宴饗群臣的常用雜舞。《宋書・樂志》云：「張衡《舞賦》云：『歷七槃而縱攝。』王粲《七釋》云：『七槃陳於廣庭。』……《搜神記》云：『晉太康中，天下爲《晉世寧舞》，矜手以接杯槃反覆之。』此則漢世唯有槃舞，而晉加之以杯，反覆之也。」〔註69〕《通典》一四五：「《槃》舞，漢曲，至晉加之以杯，謂之《世寧舞》也。」〔註70〕可見，漢代《槃》舞是以手接盤的表演形式〔註71〕，晉代加以杯，改成《杯槃》舞或《晉世寧》舞。

　　「槃」作爲《槃》舞的舞具，其本義是指盛水之器皿。《說文》云：「槃，承槃也。」段玉裁注：「承槃者，承水器也……古之盥手者，以匜沃水，以槃承之，故曰承槃。」〔註72〕後引申出「承受者」之義，「槃引申之義爲凡承受者之稱」〔註73〕。

　　「槃」在先秦還被用作祭祀、盟誓禮的重要禮器。《周禮・天官・玉府》曰：「若合諸侯，則共珠槃、玉敦。」鄭玄注：「古者以槃盛血，以敦盛食。合諸侯者必割牛耳，取其血歃之以盟。珠槃以盛牛耳，尸盟者執之。」〔註74〕可知，「槃」是古代祭祀與盟誓禮儀中的重要用具，具有重要意義。

　　「槃」從先秦禮器逐漸演變爲《槃》舞舞具，其象徵意義並未消失。一方面藉由「槃」的引申義訓誡臣僚，應有「承受」、「擔當」之心，誓於職守，忠於君王；另一方面則通過杯盤等易碎器皿告誡臣僚，如若「苟偷於酒食之間」，當下「安寧盛世」定會猶如手持杯盤反而復之那樣危險而消失。正如《晉書・五行志上》所云：「太康中，天下爲《晉世寧》之舞，手接杯盤而反覆之，歌曰『晉世寧，舞杯盤』。識者曰：『夫樂生人心，所以觀事也。今接杯盤於

〔註69〕（梁）沈約撰：《宋書》卷十九《樂一》，北京：中華書局，1974年，第551頁。

〔註70〕（唐）杜佑撰：《通典》卷一四五，北京：中華書局，1992年，第3708頁。

〔註71〕《槃》舞與舞《盤鼓》有所不同。《盤鼓》舞是將盤、鼓置於地上作爲舞具，舞人在鼓、盤之上或環繞鼓、盤之側進行表演的一種舞蹈。《文選・舞賦》李善注云：「《盤鼓》之舞，載籍無文，以諸賦言之，似舞人更遞蹈之而爲舞。」關於二者的區別，蕭亢達著《漢代樂舞百戲藝術研究》結合文獻與漢畫像石、磚分析後指出，「《槃》舞屬於漢代宮廷宴饗使用的雜舞，《盤鼓》舞是天子宴私和民間酒會表演的民間俗樂。」北京：文物出版社，1991年，第264頁。

〔註72〕（漢）許慎撰，（清）段玉裁注：《說文解字注》第六篇上，鄭州：中州古籍出版社，2006年，第260頁。

〔註73〕（漢）許慎撰，（清）段玉裁注：《說文解字注》第六篇上，鄭州：中州古籍出版社，2006年，第260頁。

〔註74〕《周禮注疏》卷六，北京：中華書局（阮元刻《十三經注疏》），1980年，第678頁。

手上而反覆之,至危之事也。杯盤者,酒食之器,而名曰《晉世寧》,言晉世之士苟偷於酒食之間,而知不及遠,晉世之寧猶杯盤之在手也。』」〔註75〕

《鞞》舞也是漢代宮廷宴饗的常用雜舞。《宋書‧樂志》:「《鞞》舞,未詳所起,然漢代已施於燕享矣。傅毅、張衡所賦,皆其事也。」〔註76〕

《鞞》舞因舞人所持舞具鞞鼓而得名。「鞞」,通「鼙」,鼓名。《集韻‧齊韻》:「鼙,《說文》:『騎鼓也。』或作鞞。」《說文通訓定聲‧解部》:「鞞,假借為鼙。」又,郭茂倩《樂府詩集》中,《魏陳思王鼙舞歌》等同於《鞞》舞,故有《鞞》舞即《鼙》舞之說。〔註77〕

「鼙」,最初是將帥出發作戰時用來發號施令的鼓。《周禮‧夏官‧大司馬》:「旅帥執鼙,卒長執鐃」、「中軍以鼙令鼓」。〔註78〕至漢代,「鼙」演變成舞具,《鞞》舞逐漸興盛。

作為舞具的「鼙」鼓,仍有豐富的內涵。《史記‧樂書》:「君子聽鼓鼙之聲則思將帥之臣。」〔註79〕「鼙」,因其原初是將帥所用之器具,後被視為將帥之臣的象徵之物。無論是聽聲抑或是觀舞,身為臣子的聽者或觀者,都能感受到將帥盡職盡責之「忠」。天子宴饗群臣時,將民間流行的《鞞》舞搬至殿廷,其用意正在於此:藉由象徵將帥之臣的「鼙」鼓,訓誡臣僚聽從號令,遵從君命,忠於朝廷。

3. 「威」

天子宴饗群臣,不僅藉由樂舞彰顯王「德」,通過舞具向臣僚傳達「忠」君「忠」職的教化旨意,而且藉由樂舞主題強化君「威」觀念。下文圍繞《巴渝》舞與《鐸》舞進行討論與說明。

《巴渝》舞創製於漢高祖時期,是宮廷宴饗樂舞的重要曲目,屢次出現在漢代描寫宮廷宴饗場面的典籍中。司馬相如《子虛賦》:「於是乎遊戲懈怠,

〔註75〕（唐）房玄齡撰:《晉書》卷二七《五行志上》,北京:中華書局,1974 年,第 824 頁。

〔註76〕（梁）沈約撰:《宋書》卷一九《樂志一》,北京:中華書局,1974 年,第 551 頁。

〔註77〕（宋）郭茂倩撰:《樂府詩集》卷五三,北京:中華書局,1979 年,第 771 頁。

〔註78〕《周禮注疏》卷二九,北京:中華書局（阮元刻《十三經注疏》),1980 年,第 836、838 頁。

〔註79〕（漢）司馬遷撰:《史記》卷二四《樂書》,北京:中華書局,1959 年,第 1225 頁。

置酒乎昊天之臺……千人倡，萬人和，山陵爲之震動，川谷爲之蕩波。巴俞宋蔡，淮南《干遮》……。」〔註80〕《漢書‧西域傳》載：「（漢武帝）設酒池肉林以饗四夷之客，作《巴俞》都盧、海中《碭極》、漫衍魚龍、角抵之戲以觀視之。」〔註81〕《漢書‧禮樂志》載樂府機構中有「《巴俞》鼓員三十六人」〔註82〕等等，都表明《巴俞》舞是漢代宮廷宴饗的常用曲目。

據文獻記載，《巴渝》舞以巴渝地區盛行的民間舞蹈爲素材，描寫了巴人協高祖成功定三秦之戰事。

> 《漢書‧禮樂志》「《巴俞》鼓員」顏師古注曰：「巴，巴人也。俞，俞人也。當高祖初爲漢王，得巴俞人，並矯捷善鬥，與之定三秦滅楚，因存其武樂也。《巴渝》之樂因此始也。」〔註83〕

> 郭茂倩《樂府詩集》引《晉書‧樂志》曰：「《巴渝舞》，漢高帝所作也。高帝自蜀漢將定三秦，閬中范因率賨人從帝爲前鋒，號板楯蠻，勇而善鬥。及定秦中，封因爲閬中侯，復賨人七姓。其俗喜歌舞，高帝樂其猛銳，數觀其舞，曰：『武王伐紂歌也。』後使樂人習之。閬中有渝水，因其所居，故曰《巴渝舞》。舞曲有《矛渝》《弩瑜》《安臺》《行辭》，本歌曲四篇。其辭既古，莫能曉其句度。」〔註84〕

從上述記載可知，漢《巴渝》與戰爭武功緊密聯繫，是由《矛渝》《彎渝》《安臺》《行辭》四篇組合而成的一套舞曲，深得高祖喜愛，被譽爲「武王伐紂歌」。

高祖之所以將之稱爲「武王伐紂歌」，一方面與舞蹈場面的宏達氣勢有關，如《華陽國志》卷一《巴志》所載：「周武王伐紂，實得巴、蜀之師，著乎《尚書》。巴師勇銳，歌舞以凌殷人，前徒倒戈，故世稱之曰『武王伐紂，前歌後舞也』。」〔註85〕更爲重要的是，高祖認爲，平定天下建立漢朝，與武

〔註80〕（漢）班固撰：《漢書》卷五七上《司馬相如傳上》，北京：中華書局，1962年，第 2569 頁。

〔註81〕（漢）班固撰：《漢書》卷九六下《西域傳下》，北京：中華書局，1962年，第 3928 頁。

〔註82〕（漢）班固撰：《漢書》卷二二《禮樂志》，北京：中華書局，1962年，第 1073 頁。

〔註83〕（漢）班固撰：《漢書》卷二二《禮樂志》，北京：中華書局，1962年，第 1074 頁。

〔註84〕（宋）郭茂倩撰：《樂府詩集》卷五三，北京：中華書局，1979年，第 767 頁。

〔註85〕（晉）常璩撰，劉琳校注：《華陽國志校注》卷一，成都：巴蜀書社，1984年，第 21 頁。

王伐紂有一脈相承之理，即：都是爲天下百姓造福之事，既有上天授意，也順應民心。正因如此，才有巴人的傾力相助，正如《華陽國志‧巴志》中所載：「閬中人范目有恩信方略，知帝必定天下，說帝，爲募發賨民，要與共定秦。」〔註86〕

高祖讚譽巴蜀之師憑藉其矯捷善鬥成功協助高祖平定三秦之事，並以樂舞的形式移至殿廷，其用意大致有如下兩個方面：其一，讓後人銘記先祖創建王朝的篳路藍縷；其二，藉由此舞昭告世人，漢天子不僅德被四海，使天下「慕義內附」，漢天子之「威儀」還有強大的武力後盾，即漢家王朝的威武之師。

除《巴渝》舞外，《鐸》舞也是象徵天子號令天下之「威儀」的另一重要樂舞。《鐸》舞，《樂府詩集》引《唐書‧樂志》云：「《鐸舞》，漢曲也。」〔註87〕又引《古今樂錄》曰：「鐸，舞者所持也。木鐸制法度以號令天下，故取以爲名。」〔註88〕《周禮‧地官‧鼓人》：「以金鐸通鼓。」〔註89〕可知，「鐸」原初是頒定法令制度號令天下或戰事所用之器具。

《鐸》舞與周代《大武》間的淵源關係，也能說明漢代宮廷宴饗表演《鐸》舞，不僅藉由號令天下之用具「鐸」來象徵天子之威權，而且利用《鐸》舞的主題樹立天子的「威武」之象。

「鐸」被用於宮廷樂舞之舞具，並非始於漢朝。周代「六樂」之《大武》舞已有「振鐸」之儀。《禮記‧樂記》「天子夾振之而駟伐，盛威於中國也」鄭玄注曰：「夾振之者，王與大將夾舞者，振鐸以爲節也，駟當爲四，聲之誤也。武舞戰象也，每奏四伐，一擊一刺爲一伐。」賈公彥疏曰：「四伐謂擊刺，作武樂之時，每一奏之中而四度擊刺，象武王伐紂四伐也。盛威於中國也者，象武王之德盛大，威武於中國。」〔註90〕

〔註86〕（晉）常璩撰，劉琳校注：《華陽國志校注》卷一，成都：巴蜀書社，1984年，第 37 頁。

〔註87〕（宋）郭茂倩撰：《樂府詩集》卷五四，北京：中華書局，1979 年，第 784頁。

〔註88〕（宋）郭茂倩撰：《樂府詩集》卷五四，北京：中華書局，1979 年，第 784頁。

〔註89〕《周禮注疏》卷十二，北京：中華書局（阮元刻《十三經注疏》），1980 年，第 721 頁。

〔註90〕《禮記正義》卷三九，北京：中華書局（阮元刻《十三經注疏》），1980 年，第 1542 頁。

　　《大武》舞勾勒的是武王伐紂時的「威武」之象，而漢代宮廷宴饗中的《鐸》舞又是承襲周代樂舞而來，如「振鐸鳴金，近大武」之句所言。既然如此，漢家王朝利用《鐸》舞樹立漢天子之「威儀」的用意，則顯而易見。

　　綜上所述，漢代宮廷宴饗樂舞的主題，既有歌頌皇帝之「德」的四夷樂舞，也有規訓臣僚忠於君王、忠於職守、敢於擔當的《槃舞》與《鞞》舞，更有樹立皇帝威儀之象的《巴渝》舞與《鐸》舞。

二、宴饗、出行鼓吹曲辭與「威」、「忠」

　　漢代宮廷宴饗與天子出行有黃門鼓吹樂，鼓吹曲辭也是宴饗、出行活動中傳遞教化觀念的重要媒介。就鼓吹曲辭而言，目前僅存《漢鼓吹鐃歌十八曲》。因《十八曲》歌辭「句讀都訛，意義難繹」，明清以來諸多釋家或從樂府文學、或從字義訓詁、或結合圖像考古發現等角度，對《十八曲》的歌辭內容與主題進行了各種詮釋，論說不一。〔註91〕本文以為，《十八曲》作為宮廷音樂被施用於宮廷儀式中，這是毋庸置疑的事實。既然如此，曲辭本身無疑被這種特定場合賦予了特定的教化意涵。本文以此為關照，結合曲辭內容、前人注疏與現有研究，對《十八曲》部分篇章〔註92〕的教化意涵進行剖析。

1. 《朱鷺》

　　　　朱鷺，魚以鳥。（路訾邪）鷺何食？食茄下。不之食，不以吐，

　　將以問誅（一作諫）者。〔註93〕

　　該篇主題圍繞「鷺」展開。據郭茂倩《樂府詩集》解題，《朱鷺》之「鷺」與建鼓有關。

　　　　《儀禮・大射儀》曰：「建鼓在阼階西南鼓。」……《隋書・

　　樂志》曰：「建鼓，殷所作。又棲翔鷺於其上，不知何代所加。或曰，

　　鵠也，取其聲揚而遠聞。或曰，鷺，鼓精也。或曰，皆非也。《詩》

〔註91〕 此類研究成果頗多，張長彬、王福利撰文《「漢鐃歌」研究綜述》中有詳細梳理，該文收錄於《中國詩歌研究動態》第六輯，北京：學苑出版社，2010年，第346～349頁。

〔註92〕 《漢鼓吹鐃歌》十八曲中《翁離》、《芳樹》、《石留》等部分篇章難解，本文暫不討論。

〔註93〕 （宋）郭茂倩撰：《樂府詩集》卷一六，北京：中華書局，1979年，第226頁。

云：『振振鷺，鷺子飛。鼓咽咽，醉言歸。』言古之君子，悲周道之衰，頌聲之息，飾鼓以鷺，存其風流。未知孰是。」孔穎達曰：「楚威王時，有朱鷺合沓飛翔而來舞，舊鼓吹《朱鷺曲》是也。」然則漢曲蓋因飾鼓以鷺而名曲焉。〔註94〕

可知，《朱鷺》篇的主旨及其教化意涵，與建鼓的象徵意義密切相關。

建鼓，春秋戰國以降，逐漸被冠以先聖帝王之名。楚簡《容成氏》載：「禹乃建鼓於廷，以為民之有訟告者鼓之。」〔註95〕《管子·桓公問》：「禹立建鼓於朝，而備訊矣。」〔註96〕《國語·吳語》：「載常建鼓。」〔註97〕至唐代，建鼓又被稱為少皞氏所作之大鼓，《通禮義纂》：「建鼓，大鼓也。少昊氏作焉，為眾樂之節。」〔註98〕

建鼓與少昊氏、帝禹發生關聯，繼而被賦予君威、君權的象徵意義。這一點還可從「建」字釋義中得以證實。許慎《說文解字》：「建，立朝律也。」〔註99〕此釋義的取義依據，則與「建」的本義有關，「自上而下的雲氣為媒介的導引，是神人溝通的管道，天神的旨意須通過此管道傳達」〔註100〕。許慎將其解釋為「立朝律」，是因為皇帝作為天子，享有代天行令的權力。

朱鷺作為建鼓的常用飾物，一是為了凸顯建鼓通神、神通作用，並藉此物強調皇帝身為「天子」而擁有的無上神力與威權。與此同時，還因朱鷺「得魚而能吐」可比喻敢於直諫的臣僚，與建鼓用於臣下進諫獻言之功用完全一致。《管子·桓公問》說，「禹立建鼓於朝，而備訊唉」。〔註101〕陳沆《詩比興箋》：「《書傳》言堯舜有敢諫之鼓，則飾鼓以鷺，取其得魚而能吐，猶直臣聞

〔註94〕（宋）郭茂倩撰：《樂府詩集》卷一六，北京：中華書局，1979年，第225～226頁。

〔註95〕馬承源主編：《上海博物館藏戰國楚竹書》（二），上海：上海古籍出版社，2011年，第114頁。

〔註96〕黎翔鳳撰：《管子校注》卷十八，北京：中華書局，2004年，第1047頁。

〔註97〕（戰國）左丘明撰：《國語》卷十九，上海：上海古籍出版社，2015年，第404頁。

〔註98〕（宋）李昉等撰：《太平御覽》卷五八二引《通禮義纂》，北京：中華書局，1960年，第2625頁。

〔註99〕（漢）許慎撰，（清）段玉裁注：《說文解字注》第二篇下，鄭州：中州古籍出版社第77頁。

〔註100〕劉曉明：《「建」的文學意義與建鼓的來歷》，《中國典籍與文化》第39期，第88、89頁。

〔註101〕黎翔鳳撰：《管子校注》卷十八，北京：中華書局，2004年，第1047頁。

內外臧否，必入告其君也。」〔註102〕

綜上可知，宴饗或出行鼓吹《朱鷺》篇，不僅藉由朱鷺、建鼓等物宣揚與強化皇帝之「威」權，而且規訓臣僚，忠於職守，敢於直諫。

2.《思悲翁》

思悲翁，唐思，奪我美人侵以遇。悲翁也，但我思。蓬首（一作叢）狗，遠狡兔，食交君。梟子五，梟母六，拉沓高飛暮安宿。〔註103〕

該篇述及漢高祖兵敗彭城之事。王先謙《漢鐃歌釋文箋正》認為，曲辭中「悲翁」指劉太公，「美人謂呂后。此時未有后稱，故曰美人」，失去「悲翁」又被「奪」了「美人」之人是漢王劉邦。〔註104〕《史記·項羽本紀》載，劉邦趁項羽北征齊國之時，率軍五十六萬進入項羽都城彭城，「收其貨寶美人，日置酒高會」，項羽則率軍三萬「晨擊漢軍而東，至彭城，日中，大破漢軍」，後「審食其從太公、呂后間行，求漢王，反遇楚軍。楚軍遂與歸，報項王，項王常置軍中。」太公、呂后成為人質。〔註105〕

該篇抒發了高祖面臨「既牽於天性之愛，赴救未能，復懾於敵兵之強，遁逃無所」〔註106〕時慘痛迫切之情感。

將這類敘述帝王創業艱難之篇章，置於宮廷宴饗或出行之途演唱，其用意已然顯豁，試圖用真摯情感之流露以告誡並感化後世嗣王與臣僚，「帝業艱難」、「締造之不易」，應「益思慎固」〔註107〕。進而言之，當朝天子與臣僚唯有忠於帝業、忠於朝廷，才能不負先祖之託。

3.《艾如張》

艾而張羅，（夷於何）行成之。四時和，山出黃雀亦有羅，雀以高飛奈雀何？為此倚欲，誰肯礙室。〔註108〕

〔註102〕（清）陳沆撰：《詩比興箋》卷一，北京：中華書局，1959年，第12頁。

〔註103〕（宋）郭茂倩撰：《樂府詩集》卷十，北京：中華書局，1979年，第226頁。

〔註104〕（清）王先謙撰：《漢鐃歌釋文箋正》，臺北：廣文書局有限公司，1978年，第11頁。

〔註105〕（清）王先謙撰：《漢鐃歌釋文箋正》，臺北：廣文書局有限公司，1978年，第10頁。

〔註106〕（清）王先謙撰：《漢鐃歌釋文箋正》，臺北：廣文書局有限公司，1978年，第12頁。

〔註107〕「蓋縷述帝業艱難，使後之覽者，知締造之不易而益思慎固也。」《漢鐃歌詩文箋正》，（清）王先謙撰，臺北：廣文書局有限公司，1978年，第10頁。

〔註108〕（宋）郭茂倩撰：《樂府詩集》卷十六，北京：中華書局，1979年，第227頁。

　　此篇敘述天子田獵之事，頌揚天子順時治世有功之德。莊述祖：「艾如張，戎好田獵也，田獵以時，愛及微物，則四時和，王道成矣。」〔註109〕

　　「艾而張羅」，郭茂倩《樂府詩集》：「艾與刈同，《說文》曰：『芟草也。』」〔註110〕陳沆《詩比興箋》：「《穀梁傳》『艾蘭以為防』，《御覽》引作『立蘭以為防』，謂刈草，列欄盾以為防，而後設網羅，天子諸侯搜狩之禮。」〔註111〕「夷於何」，夷，平坦，於何，聲詞。意思是說，芟草之後，地面平坦簡易。

　　「行成之，四時和」，「行成之」既有鳥雀獵物成行成列之義，也有王者成功治理天下之義。後者實指「王道成」。「王道」與「四時」的對應關係，集中體現了「天人感應」的思想。春秋戰國至秦漢，「天人感應」思想逐漸成熟，如《管子》將五方、四時、五行、陰陽之氣結合起來，鄒衍提出「五德終始說」，《呂氏春秋》、《淮南子》中五行、四時、五德與王朝改制更替之關係的論述，都有「王道」與「四時」之對應關係的論證。正如漢司馬遷評價陰陽家的思想：「夫陰陽四時、八位、十二度、二十四節各有教令，順之者昌，逆之者不死則亡，……故曰『四時之大順，不可失也』。」〔註112〕

　　由上可知，《艾如張》篇曲辭「形成之，四時和」既表彰了天子順應四時治天下有成，也通過四時和順之景象頌揚天子治世之功，繼而樹立天子之威嚴。

4.《上之回》

　　　上之回所中，益夏將至。行將北。以承甘泉宮。寒暑德。遊石關，望諸國。月支臣，匈奴服。令從百官疾驅馳，千秋萬歲樂無極。〔註113〕

　　此篇為紀事之辭，歌頌漢武帝行幸回中宮之事。郭茂倩《樂府詩集》解題：「《漢書》曰：『孝（武）（文）〔註114〕十四年，匈奴入朝那蕭關，遂之彭

〔註109〕（清）莊述祖撰：《漢鼓吹鐃歌句解》，《珍藝宦遺書本》。

〔註110〕（宋）郭茂倩撰：《樂府詩集》卷十六，北京：中華書局，1979年，第226頁。

〔註111〕（清）陳沆撰：《詩比興箋》卷一，北京：中華書局，1959年，第9頁。

〔註112〕（漢）司馬遷撰：《史記》卷一三○《太史公自序》，北京：中華書局，1959年，第3290頁。

〔註113〕（宋）郭茂倩撰：《樂府詩集》卷十六，北京：中華書局，1979年，第227頁。

〔註114〕「孝（武）（文）：據《漢書·匈奴傳》改。」《樂府詩集》卷十六注，（宋）郭茂倩撰，北京：中華書局，1979年，第227頁。

陽。使騎兵入燒回中宮，候騎至雍甘泉。』回中地在安定，其中有宮也。……吳兢《樂府解題》曰：『漢武帝通回中道，後數出遊幸焉。』」〔註115〕

　　漢武帝多次行幸回中，該篇所指應與戰匈奴有關，「月支臣，匈奴服」即天漢二年之事。《漢書‧武帝紀》：「（天漢）二年春，行幸東海。還幸回中。夏五月，貳師將軍三萬騎出酒泉，與右賢王戰於天山，斬首虜萬餘級。」〔註116〕這裡，「夏五月」與曲辭「夏將至」在時間上也一致。

　　可見漢武帝此次行幸回中，亦有炫耀武力以助貳師威風之意。不僅藉由天子一聲令下即刻使「百官疾驅馳」顯示皇帝之威，更通過匈奴、月支等異國的臣服來凸顯皇帝之威。

5.《戰城南》

　　　　戰城南，死郭北，野死不葬烏可食。爲我謂烏：「且爲客豪，
　　野死諒不葬，腐肉安能去子逃？」水深激激，蒲葦冥冥。梟騎戰鬥
　　死，駑馬徘徊鳴。（梁）築室，何以南（梁），何北，禾黍（而）（不）
　　獲君何食？願爲忠臣安可得？思子良臣，良臣誠可思，朝行出攻，
　　暮不夜歸。〔註117〕

　　該篇是哀悼爲國捐軀之忠良臣子的曲辭。曲辭中既描述了悲壯的陣亡畫面：暮色昏沉、蒲葦灘水流湍急、陣亡將士屍體橫陳，也表達了將陣亡將士與「朝行出功，暮不夜歸」將士譽爲「忠臣」、「良辰」的首肯與推崇。

　　此曲與《思悲翁》所述事蹟的用意具有一致性，通過戰敗、陣亡之事描述帝業之艱難。此類曲辭的目的，一是告誡後人謹記功業來之不易，唯有盡心竭力，兢兢業業，二是弘揚精忠報國之精神。

6.《上陵》

　　　　上陵何美美，下津風以寒。問客從何來，言從水中央。桂樹爲
　　君船，青絲爲君笮，木蘭爲君棹，黃金錯其間。滄海之崔赤翅鴻、
　　白雁隨。山林乍開乍合，曾不知日月明。醴泉之水，光澤何蔚蔚。
　　芝爲車，龍爲馬，覽遨遊，四海外。甘露初二年，芝生銅池中，仙

〔註115〕（宋）郭茂倩撰：《樂府詩集》卷十六，北京：中華書局，1979年，第227頁。

〔註116〕（漢）班固撰：《漢書》卷六《武帝紀》，北京：中華書局，1962年，第203頁。

〔註117〕（宋）郭茂倩撰：《樂府詩集》卷十六，北京：中華書局，1979年，第228頁。

人下來飲，延壽千萬歲。〔註118〕

此篇寫祥瑞以美頌宣帝，爲宴飲曲辭。曲辭所寫祥瑞之物景，如「滄海之雀赤翅鴻、白雁」、「醴泉之水」、「芝生銅池」、「仙人遊」等，都與《漢書·郊祀志》記漢宣帝時期的景象相符。陳沆《詩比興箋》：「……宣帝即位，由武帝正統興，故立三年，尊孝武廟爲世宗，行所巡狩郡國皆立廟。告祠日，有白鶴集後庭，有雁五色，集孝昭寢殿前。西河築世宗廟，神光興於殿旁。十三年正月，上始幸甘泉，郊見泰畤，數有美祥。……後間歲，鳳凰神爵甘露降集京師』，輒改元，赦天下。又《宣紀》神爵元年詔曰：『乃者金芝九芝，產於函德殿銅池中。』甘露二年詔曰：『乃者鳳凰甘露，降集京師，黃龍登興，醴泉滂流。枯槁榮茂，神光並見，咸受禎祥。』正此詩所詠者也。」〔註119〕

祥瑞與君王統治的對應關係以及若干祥瑞的政治文化寓意，西漢董仲舒有全面論述。董仲舒指出，祥瑞的出現是天對皇帝的行爲和所發布政策的贊成或表彰。「美事召美類，惡事召惡類，類之相應而起也。……帝王之將興也，其美祥亦先見」，〔註120〕「景星見，黃龍下」即「王正」〔註121〕，「故天爲之下甘露，朱草生，醴泉出，風雨時，嘉禾興，鳳凰麒麟游於郊」〔註122〕即帝王治世成功的表徵。

祥瑞現象的出現不僅是天下太平的徵兆，對帝王治世有功的褒獎，還強調了皇帝的神聖性與權威性。皇帝乃「天之子」，僅皇帝有權與天通過祥瑞或災異進行溝通。可見鼓吹曲辭《上陵》篇藉祥瑞歌頌宣帝之德與威的主旨。

7.《將進酒》

將進酒，乘大白。辨加哉，詩審搏。放故歌，心所作。同陰氣，詩悉索。使禹良工觀者苦。〔註123〕

〔註118〕（宋）郭茂倩撰：《樂府詩集》卷十六，北京：中華書局，1979年，第229頁。

〔註119〕（清）陳沆撰：《詩比興箋》卷一，北京：中華書局，1959年，第3～4頁。

〔註120〕《春秋繁露·同類相動》，《春秋繁露義證》卷十三，蘇輿撰，北京：中華書局，1992年，第358頁。

〔註121〕《春秋繁露·王道》，《春秋繁露義證》卷四，蘇輿撰，北京：中華書局，1992年，第101頁。

〔註122〕《春秋繁露·王道》，《春秋繁露義證》卷四，蘇輿撰，北京：中華書局，1992年，第102～103頁。

〔註123〕（宋）郭茂倩撰：《樂府詩集》卷十六，北京：中華書局，1979年，第229頁。

該篇是描繪燕飲場面的曲辭。郭茂倩《樂府詩集》解題曰：「古詞曰：『將進酒，乘大白。』大略以飲酒放歌爲言。宋何承天《將進酒篇》曰：『將進酒，慶三朝。備繁禮，薦嘉肴。』則言朝會邀酒，且以濡首荒志爲戒。」〔註124〕後世大多承襲此說。陳沆云：「此燕飲之詩也。」〔註125〕莊述祖云：「將進酒，戒飲酒無度也，賓主相酬，歌詩相贈答，無沉湎之失也。」〔註126〕

由此篇描寫可知，燕飲時的舉杯奏樂、分享酒肉、賓主相酬、歌詩贈答等儀節，不僅充分說明燕饗禮作爲一種禮儀的存在明顯區別於純粹的飲酒作樂，而且在宴飲過程中，諸多儀節都與「戒」有關，即「戒無度」、「戒荒志」或「戒沉湎」等。

8.《聖人出》

　　　聖人出，陰陽和。美人出，遊九河。佳人來，騑離哉何。駕六
　　飛龍四時和。君之臣明護不道，美人哉，宜天子。免甘星筮樂甫始，
　　美人於，含四海。〔註127〕

該篇題爲「聖人出」，與帝王事蹟有關，是歌頌天子之辭，各家並無異義。「天子」究竟指誰，則各有論說。莊述祖謂「聖人」喻高祖，「佳人」喻賢臣，「聖人出，思太平也。秦楚之際，民無定極，漢高帝既滅項羽，即位於濟陰定陶，百姓皆欣欣然知上有天子焉。」〔註128〕陳沆認爲此篇是送美漢宣帝之辭，「聖人」、「美人」、「佳人」、「美人子」都指宣帝，「宣帝初年，嘉祥數臻，人民安業，故有『陰陽和』之語；……昌邑無道，霍光廢之，而立宣帝，故有『君之臣明護不道』之語。……宣帝本衛太子之孫，史皇孫之子，故又稱之曰『美人子』，而勉以長有四海也。」〔註129〕

此篇以頌揚天子爲主題的曲辭，儘管「天子」所指不確定，但曲辭已向聽者明確強調了「君」與「臣」、「天」與「天子」、天子與「四海」、「聖人」（人）與「陰陽」、「四時」（天）間的諸種關係。此篇頌歌圍繞這些關係，樹立天子之威權，歌頌天子之功德。如天人關係中，帝王因具有變理陰陽、四

〔註124〕（宋）郭茂倩撰：《樂府詩集》卷十六，北京：中華書局，1979年，第229頁。

〔註125〕（清）陳沆撰：《詩比興箋》卷一，北京：中華書局，1959年，第11頁。

〔註126〕（清）莊述祖撰：《漢鼓吹鐃歌句解》，《珍藝宦遺書本》。

〔註127〕（宋）郭茂倩撰：《樂府詩集》卷十六，北京：中華書局，1979年，第231頁。

〔註128〕（清）莊述祖撰：《漢鼓吹鐃歌句解》，《珍藝宦遺書本》。

〔註129〕（清）陳沆撰：《詩比興箋》卷一，北京：中華書局，1959年，第2～3頁。

時的本領而擁有至上威權。天子作爲「天之子」，還有統領四海之威權。

9. 《遠如期》

> 遠如期，益如壽。處天左側，大樂萬歲，與天無極。雅樂陳，
> 佳哉紛。單于自歸，動如驚心。虞心大佳，萬人還來，謁者引鄉殿
> 陳，累世未嘗聞之。增壽萬年亦誠哉。〔註130〕

該篇述及漢宣帝甘露三年匈奴單于來朝之事，藉由匈奴單于的歸誠之辭以歌頌漢朝皇帝之德與威。莊述祖《漢鐃歌句解》曰：「《遠如期》，紀呼韓邪單于來朝也。」〔註131〕陳沆《詩比興箋》曰：「此專頌單于來朝也。四夷賓服，天麻屢臻，爲漢道之極盛，故雅頌作於宣帝焉。」〔註132〕

該篇曲辭所寫之事，《漢書・宣帝紀》、《匈奴傳》都有明確記載。《宣帝紀》：「匈奴呼韓邪單于款五原塞，願奉國珍朝三年正月。詔有司議。咸曰：『……匈奴單于鄉風慕義，舉國同心，奉珍朝賀，自古未之有也。』」〔註133〕《匈奴傳》：「（甘露三年）單于（匈奴呼韓邪單于稽侯珊）正月朝天子於甘泉宮，漢寵以殊禮，位在諸侯王上，贊謁稱臣而不名。」〔註134〕

通過該篇曲辭的描繪可知，值漢宣帝大朝受賀之日，匈奴前來以示臣服，此場面頗爲壯觀。陳雅樂，大有「與天無極」之勢，「萬人還來」。更爲驚動人心之事是，匈奴此舉乃「累世未嘗聞之」之舉，凸顯了宣帝治世之朝的「德」與「威」，爲「漢道之極盛」。

綜上所述，漢代宮廷宴饗及天子出行場合的音樂活動中的鼓吹曲辭演奏，蘊含著重要的教化觀念，即「忠」、「威」、「德」之屬。

尤爲重要的是，漢代鼓吹曲辭所蘊含的「威」、「德」主旨，不僅被後世鼓吹承襲，而且成爲鼓吹曲辭創作的主要命題。在《宋書・樂志》中，除漢鐃歌十八曲外，還收錄了魏人繆襲奉命改制漢代鼓吹鐃歌曲而創作的鼓吹曲辭。

〔註130〕（宋）郭茂倩撰：《樂府詩集》卷十六，北京：中華書局，1979年，第232頁。

〔註131〕（清）莊述祖撰：《漢鼓吹鐃歌句解》，《珍藝宧遺書本》。

〔註132〕（清）陳沆撰：《詩比興箋》卷一，北京：中華書局，1959年，第5頁。

〔註133〕（漢）班固撰：《漢書》卷八《宣帝紀》，北京：中華書局，1962年，第270頁。

〔註134〕（漢）班固撰：《漢書》卷九四下《匈奴傳下》，北京：中華書局，1962年，第3798頁。

　　《樂府詩集》解題：「《晉書・樂志》曰，『魏武帝使繆襲造鼓
吹十二曲以代漢曲』……。」〔註135〕

　　《晉書・樂志》：「及魏受命，改其十二曲，使繆襲爲詞，述以
功德代漢。」〔註136〕

　　這裡明確提到，「述以功德代漢」是魏鼓吹曲辭的創制旨意。這些敕命而
作的曲辭，主題較爲一致，即歌頌帝王功德與王室功業，以誇耀帝王威儀之
象爲目的。王先謙對此評價說：「大抵魏晉鐃歌率侈陳功烈……鋪張戰績，以
爲誇耀。」〔註137〕日人戶倉英美《漢鐃歌〈戰城南〉考——並論漢鐃歌與後
代鼓吹曲的關係》文中也提到，魏鼓吹曲十二首「從描寫漢末亂世，曹操爲
救天下而起兵的《初之平》開始，繼之以《戰滎陽》、《獲呂布》、《克官渡》
等歌頌戰勝的歌曲，最後以祝福文帝即位的《應帝朝》和慶賀明帝改元的《太
和》來結尾。它是一組表現魏朝開國史的套曲。」〔註138〕

　　更值得注意的是，自繆襲改制漢鼓吹十二曲以述魏功德以後，吳、西晉、
梁、北齊、北周五朝改制漢鼓吹曲時，均按繆襲改制的模式來進行，其內容
均在述一朝之功德，具有趨同性，不復有世俗情感之表達，成了一套不可分
割的組曲。〔註139〕

　　結合漢鼓吹曲辭在後世的沿革與發展，不能看出，漢鼓吹曲辭中歌功頌
德、樹立帝威的部分內涵，成爲後世鼓吹曲辭的核心主題。這一發展脈絡反
映出，「誇耀帝威」是鼓吹曲辭及鼓吹樂的重要教化意涵與功能。

三、典禮鼓吹之儀與天子之「威」、「尊」

　　漢代國家重要典禮活動中，常有「黃門鼓吹三通」之儀（下文簡稱鼓吹
之儀）。如天子朝賀典禮、天子冊后典禮、天子舉哀發喪典禮。

　　（天子朝賀）正月旦，天子幸德陽殿，臨軒。公、卿、將、大
夫、百官各陪（位）朝賀。……鍾磬並作，（倡）樂畢，作魚龍蔓延。

〔註135〕（宋）郭茂倩撰：《樂府詩集》卷十六，北京：中華書局，1979年，第264頁。
〔註136〕（唐）房玄齡撰：《晉書》卷二三《樂志下》，北京：中華書局，1974年，第
　　　　701頁。
〔註137〕（清）莊述祖撰：《漢鐃歌釋文箋正》，《珍藝宦遺書本》。
〔註138〕（日）戶倉英美：《漢鐃歌〈戰城南〉考——並論漢鐃歌與後代鼓吹曲的關係》，
　　　　《樂府學》第二輯，第13～15頁。
〔註139〕向回：《歷朝紀受命功德鼓吹曲的本事分析——兼談繆襲改制漢鼓吹在樂府發
　　　　展史上的意義》，《樂府學》第二輯，第82頁。

小黃門吹三通,謁者公卿群臣以次拜,微行出,罷。卑官在前,尊官在後。〔註140〕

（天子冊后）皇后初即位章德殿,太尉使持節奉璽綬,天子臨軒,百官陪位。……皇后伏,起拜,稱臣妾。訖,黃門鼓吹三通。鳴鼓畢,群臣以次出。后即位,大赦天下。皇后秩比國王,即位威儀,赤綬玉璽。〔註141〕

（天子舉哀發喪）永平七年,陰太后崩,晏駕詔曰:「柩將發於殿,群臣百官陪位,黃門鼓吹三通,鳴鐘鼓,天子舉哀。」〔註142〕

下文圍繞活動參與者的身份與儀式行為探討漢代典禮鼓吹之儀的教化意涵。

1. 活動參與者的身份

上述三段描述典禮場景的引文,首先勾勒了在場者的身份。朝賀禮的用語及出現順序依次是「天子」、「公、卿、將、大夫、百官」、「謁者公卿群臣」;冊后禮是「皇后」、「太尉」、「天子」、「百官」、「群臣」;舉哀發喪典禮是「群臣百官」、「天子」。可見,三段引文關於在場者的描述,凸顯與強調的都是「天子」與「群臣百官」間的君臣關係。

從參與者的身份可知,上述三類設有「黃門鼓吹三通」之儀的典禮活動,並無神靈降臨,完全在君臣之間展開。這時,皇帝是現場的權威之最,皇帝此刻無須憑藉己身與神靈的溝通禮儀來樹立至高無上之威權。權威的彰顯與建構,在天子與群臣的儀式行為中進行。

2. 儀式行為

（1）天子「臨軒」

朝賀與冊后典禮均在殿廷內舉行。此二類儀式的描述中,引文描述皇帝的行為時,使用「臨軒」一語。「臨軒」一詞,表述行為的詞彙是「臨」,「軒」原指車轅,這裡借殿前廊柱指稱殿廷,是指地點。皇帝的行為集中體現在「臨」字。

〔註140〕《後漢書》志第五《禮儀中》劉昭注引蔡質《漢儀》,（宋）范曄撰,北京:中華書局,1965年,第3131頁。

〔註141〕《後漢書》志第五《禮儀中》劉昭注引《漢官典職儀式選用》,（宋）范曄撰,北京:中華書局,1965年,第3123頁。

〔註142〕《後漢書》志第六《禮儀下》劉昭注引丁孚《漢儀》,（宋）范曄撰,北京:中華書局,1965年,第3151頁。

「臨」，指監視、監臨。《說文》：「監臨也。」〔註143〕《詩・大雅・大明》「上帝臨女」鄭玄箋：「臨，視也。」〔註144〕「臨」更多被釋爲以高視下、以尊適卑之義。《左傳・昭公六年》「臨之以敬」孔穎達疏：「臨，謂位居其上，俯臨其下。」〔註145〕《論語・爲政》：「臨之以莊則敬」皇侃疏：「臨，謂以高視下也。」〔註146〕《禮記・曲禮下》「臨諸侯，畛於鬼神」孔穎達疏引鄭云：「以尊適卑曰臨。」〔註147〕

上述釋義表明，在古代政治語境中，「臨」多指稱帝王的行爲，且字義中包含濃厚的「上下」、「尊卑」關係。朝賀與冊后典禮中，用「臨」指稱「天子」的行爲，既指明了天子所處方位的空間屬性，即「以上視下」、「居高臨下」，同時也強調了「天子」與「群臣百官」的尊卑、上下關係。強調這種關係時，稱皇帝爲「天子」，更能凸顯皇帝替天監臨天下之義，彰顯皇帝的尊威之權。

（2）皇后「伏，起拜，稱臣妾」

冊后儀式中，皇后的儀式行爲有三，「伏」、「拜」、「稱臣妾」。

「拜」，與跪並用。「凡拜必先跪，不跪，則謂之揖」。拜禮是跪地俯首的拜手之禮，是表示臣服與禮敬的常用禮節。《白虎通義・姓名篇》：「人所以相拜者何？所以表情見意，屈節卑體，尊事人者也。拜之言服也。」〔註148〕《禮記・郊特牲》：「君再拜稽首，肉袒親割，敬之至也。敬之至也，服也。拜，服也。稽首，服之甚也。」〔註149〕

「伏」，是面向下、背朝上俯臥之狀。上文提到，「拜，服也。稽首，服之甚也」，是說「稽首」更能表示臣服之義，禮敬的程度更高，「尊」、「敬」

〔註143〕（漢）許慎撰，（清）段玉裁注：《說文解字注》第八篇上，鄭州：中州古籍出版社，2006年，第388頁。

〔註144〕《毛詩正義》卷十六，北京：中華書局（阮元刻《十三經注疏》），1980年，第508頁。

〔註145〕《春秋左傳正義》卷四三，北京：中華書局（阮元刻《十三經注疏》），1980年，第2043頁。

〔註146〕《論語注疏》卷二，北京：中華書局（阮元刻《十三經注疏》），1980年，第2463頁。

〔註147〕《禮記正義》卷四，北京：中華書局（阮元刻《十三經注疏》），1980年，第1260頁。

〔註148〕（清）陳立撰：《白虎通疏證》卷九，北京：中華書局，1994年，第414頁。

〔註149〕《禮記正義》卷二六，北京：中華書局（阮元刻《十三經注疏》），1980年，第1457頁。

之義更甚。「拜中惟稽首最重。諸侯於天子、臣於君乃有之。」〔註150〕「施之於極尊，故爲盡禮也。」〔註151〕

「伏」儘管不屬拜禮的範疇，但從姿勢來看，「伏」比「稽首」更隆重。「伏」者呈俯臥狀，上身完全向前匍匐在地。而「稽首」只是「拜頭至地也」〔註152〕，「拱手下至於地，而頭亦下至於地」且手仍不分散，即「手前於膝，頭又前於手」〔註153〕。此外，「稽首」是臣對君的常行之禮，「伏」在君臣之禮中並不常用，可見「伏」所表達的臣服與尊敬之義已至極。

皇后向皇帝行「伏」、「跪拜」之禮後，繼而「稱臣妾」。「臣妾」，在漢代並非女性的專稱。《漢書》中「臣妾」稱謂，既指漢朝統轄範圍內的所有百姓，「舟車所通，盡爲臣妾」〔註154〕、「夫大王以千里爲宅居，以萬民爲臣妾，此高皇帝之厚德也」〔註155〕、「陛下以四海爲境，九州爲家，八（藪）爲囿，江（漢）爲池，生民之屬皆爲臣妾」〔註156〕，也指歸順大漢的異族番邦，「南夷之君，西僰之長，常效貢職，不敢惰怠，延頸舉踵，喁喁然，皆鄉風慕義，欲爲臣妾」〔註157〕，「聞南夷與漢通，得賞賜多，多欲願爲內臣妾」，「相如使略定西南夷，邛、筰、冉、駹、斯榆之君皆請爲臣妾……還報，天子大說」。〔註158〕由此可知，「臣妾」一語，重點在「臣」而非「妾」。皇后對皇帝畢恭畢敬地自稱「臣妾」，表明冊后典禮中，二者的關係是君臣關係，而非夫妻關

〔註150〕（清）李鍾倫撰：《周禮纂訓》卷十三，（清）《文津閣四庫全書》96 冊，第 295 頁。

〔註151〕（宋）魏了翁撰：《尚書要義》卷十八，（清）《文津閣四庫全書》55 冊，第 181 頁。

〔註152〕《周禮·春官·大祝》鄭玄注「稽首」，《周禮注疏》卷二五，北京：中華書局（阮元刻《十三經注疏》），1980 年，第 810 頁。

〔註153〕（漢）許慎撰，（清）段玉裁注：《說文解字注》第八篇上，鄭州：中州古籍出版社，2006 年，第 381 頁。

〔註154〕《漢書·食貨志上》，《漢書》卷二四上，（漢）班固撰，北京：中華書局，1962 年，第 1143 頁。

〔註155〕《漢書·淮南屬王傳》，《漢書》卷四四，（漢）班固撰，北京：中華書局，1962 年，第 2138 頁。

〔註156〕《漢書·嚴助傳》，《漢書》卷六四上，（漢）班固撰，北京：中華書局，1962 年，第 2784 頁。

〔註157〕《漢書·司馬相如傳下》，《漢書》卷五七下，（漢）班固撰，北京：中華書局，1962 年，第 2577 頁。

〔註158〕《漢書·司馬相如傳下》，《漢書》卷五七下，（漢）班固撰，北京：中華書局，1962 年，第 2581 頁。

係。換而言之，「臣妾」稱謂既表達了皇后作爲皇帝臣僚的臣屬關係，同時藉由皇后之尊威彰顯皇帝之尊威。

（3）群臣「陪位」、「微行」、「以次出」

三種典禮中，都有群臣「陪位」的描述。何謂「陪位」？《漢書·王莽傳中》：「莽親執孺子手，流涕歔欷曰：『昔周公攝位，終得復子明辟，今予獨迫皇天威命，不得如意！』哀歎良久。中傅將孺子下殿，北面而稱臣。百僚陪位，莫不感動。」〔註159〕這是王莽攝政篡位中的陪位；東漢明帝宗祀光武皇帝於明堂時有「群僚藩輔，宗室子孫，眾郡奉計，百蠻貢職，烏桓、濊貊咸來助祭，單于侍子、骨都侯亦皆陪位」〔註160〕；東漢安帝被封爲長安侯時有「皇太后御崇德殿，百官皆吉服，群臣陪位」〔註161〕；大喪亦有「群臣陪位者皆重行，西上」〔註162〕；大射禮亦設陪位，「六年春，行大射禮，陪位頓仆，乃策罷之」〔註163〕。由上可知，「陪位」是指國家禮儀活動中出席贊禮者。

朝賀與冊后典禮結束時，陪位群體在「黃門鼓吹三通」之儀後，「以次拜，微行出」、「群臣以次出」。這裡「次」指官秩差次，即「卑官在前，尊官在後」。通過退場的先後順序，強化官階品級的高低上下，使儀式參與者通過儀式行爲將尊卑秩序得以內化。此舉不僅有利於鞏固統治秩序，同時也在維護皇權至上方面發揮著重要作用。

（4）「黃門鼓吹三通」

在典禮中，「黃門鼓吹三通」的功能性並不在音樂本身，儀式參與者的關注點不在音樂的表現形式。綜合「黃門鼓吹三通」之儀與上述儀式行爲的互動關係可知，以上三種典禮中黃門鼓吹的功能與意義主要有二：

其一，爲輔助儀式的完成，不具有觀賞性，只是在儀式中起引導的作用，維持儀式程序的銜接與遞進。朝賀與冊后典禮中，「黃門鼓吹三通」暗示整個儀式的結束，提示臣僚按照尊卑秩序退出殿廷；舉哀發喪典禮，「黃門鼓吹三

〔註159〕（漢）班固撰：《漢書》卷九九中，北京：中華書局，1962年，第4100頁。

〔註160〕（宋）范曄撰：《後漢書》卷二《明帝紀》，北京：中華書局，1965年，第100頁。

〔註161〕（宋）范曄撰：《後漢書》卷五《安帝紀》，北京：中華書局，1965年，第203頁。

〔註162〕（宋）范曄撰：《後漢書》志第六《禮儀下》，北京：中華書局，1965年，第3142頁。

〔註163〕（宋）范曄撰：《後漢書》卷四四《張敏列傳》，北京：中華書局，1965年，第1504頁。

通」提示天子舉哀之儀的開始。

其二，象徵權力與尊威，宣揚「威」、「忠」等觀念。黃門鼓吹作爲鼓吹之一種，「黃門」是這類鼓吹的標誌性特徵。「黃門」，不僅是隸屬少府的官署名稱，也有「宮禁之中」之義。杜佑《通典・職官三》：「凡禁門黃闥，故號黃門。」〔註164〕可知，作爲官署的「黃門」與「禁中」關係密切。「禁中」是指皇帝起居之所，是皇帝私密性空間的核心，只有與皇帝最親近之人才得以進出。蔡邕《獨斷》卷上：「漢天子正號曰皇帝……所居曰禁中，後曰省中。」「禁中者，門戶有禁，非侍御者不得入，故謂禁中。」〔註165〕從「黃門」與「禁中」的關係不難看出，黃門職官與皇帝親近關係可見一斑。因此，漢代職官中有「黃門」二字的官員是貼身侍奉皇帝之人，與皇帝非常親近。〔註166〕「黃門鼓吹」，顧名思義，是指由黃門樂人表演的鼓吹樂。進而言之，黃門鼓吹是專供皇帝（后）使用的鼓吹品類，是天子的專用之物。那麼，在典禮中藉由「黃門鼓吹三通」之儀樹立天子尊威之象，象徵天子權力的用意可想而知。下文圍繞冊后與舉哀發喪典禮進一步申述「黃門鼓吹三通」的象徵之義。

冊后禮是冊命禮的一種。對於妃嬪而言，漢代冊命禮儀僅施用於後宮之主，其他嬪妃並無冊立儀式，可見皇后在後宮中的特殊地位。對於整個皇宮而言，漢代冊命禮僅冊后禮儀有「黃門鼓吹三通」之儀，冊皇太子與冊諸侯王之禮則無。由此而知，「黃門鼓吹三通」之儀凸顯了皇后「秩比國王」、「皇后之尊，與帝齊體」的特殊地位，賦予皇后合法性與權威性。更爲重要的是，「黃門鼓吹三通」之儀將皇后與皇太子、諸侯王區辨來看，實際上是藉由皇后的「尊」、「威」象徵皇帝之「尊」、「威」。因爲，皇后的「尊」、「威」之權源於皇帝，這一點通過皇后「伏，起拜，稱臣妾」之行爲儀止表現的淋漓盡致。

就發喪典禮而言。據《晉書・禮制》載：「漢魏故事，將葬，設吉凶鹵簿，皆有鼓吹。」〔註167〕可知，漢代喪葬通常設鼓吹。但，「黃門鼓吹」作爲鼓吹之一種，在漢代文獻中僅見陰太后與和熹鄧皇后發喪有「黃門鼓吹」，皇后和

〔註164〕（唐）杜佑撰：《通典》卷二一，北京：中華書局，1992年，第549頁。

〔註165〕（漢）蔡邕撰：《獨斷》卷上，上海：上海古籍出版社，1990年，第2～3頁。

〔註166〕陳維昭：《漢代「黃門」考》，《南京師大學報》（社會科學版）2010年5月，第76～77頁。

〔註167〕（唐）房玄齡撰：《晉書》卷二十《禮志中》，北京：中華書局，1974年，第626頁。

皇帝同尊，漢天子大喪也設黃門鼓吹無疑。也就是說，天子、皇后、太后的喪葬典禮使用「黃門鼓吹」，而其他喪葬僅使用鼓吹。這種有區別的鼓吹樂使用，進一步明確了「黃門鼓吹」對皇權的象徵與宣揚。

第三節　出行儀仗的教化意涵

帝王出行儀仗，稱「鹵簿」。漢蔡邕《獨斷》曰：「天子出，車駕次第謂之鹵簿。」大駕祀天秦漢以降，鹵簿不僅為皇帝提供出行便利、保障出行安全，還產生了更為重要的職能，即通過樹立並彰顯帝王的威儀之象，以滿足皇權獨尊的要求並體現皇權至高無上的地位。「今樂遠出以露威靈」〔註168〕。

鹵簿作為古代輿服制度的主要內容，還具有表彰「上下有序」的等級制度，發揮功德、仁聖等倫理說教的作用。《後漢書‧輿服志上》：「夫禮服之興也，所以報功章德，尊仁尚賢。故禮尊（尊）貴貴，不得相踰，所以為禮也。非其人不得服其服，所以順禮也。順則上下有序，德薄者退，德盛者縟。故聖人處乎天子之位，服玉藻邃延，日月升龍，山車金根飾，黃屋左纛，所以副其德，章其功也。賢仁佐聖，封國（愛）（受）民，黼黻文繡，降龍路車，所以顯其仁，光其能也。」〔註169〕

漢天子鹵簿有大駕、法駕、小駕三種編制。《漢官儀》曰：「天子車駕次第謂之鹵簿。有大駕、法駕、小駕。」〔註170〕其中大駕與法駕均設黃門鼓吹。下文圍繞大駕、法駕的使用與構成探討出行鹵簿儀仗蘊含的「尊」、「威」等意涵。

一、大駕與法駕的使用、構成及其特徵

（一）大駕與法駕的使用

西漢時期，大駕鹵簿通常用於甘泉、汾陰郊祀。《西京雜記》卷五：「漢朝

〔註168〕（漢）班固撰：《漢書》卷八七《揚雄傳下》，北京：中華書局，1962年，第3558頁。

〔註169〕（宋）范曄撰：《後漢書》志二九，北京：中華書局，1965年，第3640頁。

〔註170〕（宋）范曄撰：《後漢書》卷十下《皇后紀》劉昭注，北京：中華書局，1965年，第442頁。

興駕祠甘泉汾陰，備千乘萬騎，太僕執轡，大將軍陪乘，名爲大駕。」〔註171〕校獵等出行則用法駕。班固《西都賦》曰：「於是乘輿備法駕，帥群臣，披飛廉，入苑門（校獵）……。」〔註172〕

至東漢，大駕僅用於大行，郊祀則改用法駕，與校獵及皇后先蠶同。《後漢書‧輿服志》曰：「乘輿大駕……西都行祠天郊，甘泉備之。官有其注，名曰甘泉鹵簿。東都唯大行乃大駕。」〔註173〕「行祠天郊以法駕」〔註174〕，「中宮初建及祀先蠶，皆用法駕」〔註175〕。

大駕與法駕鹵簿的規模，《後漢書‧輿服志》也有記載，「乘輿大駕，公卿奉引，太僕御，大將軍參乘。屬車八十一乘，備千乘萬騎。……乘輿法駕，（公）卿不在鹵簿中。河南尹、執金吾、洛陽令奉引，奉車郎御，侍中參乘。屬車（三）十六乘。」〔註176〕

（二）大駕的構成

大駕鹵簿的具體組成，《西京雜記》卷五記載了漢大駕鹵簿中的儀仗用車、隨行官吏與侍衛武官、衛士等的名稱、人數及其排序方位，以及駕、騎等侍從方式。此外，蔡邕《獨斷》、應劭《漢官儀》及《漢官鹵簿圖》、《後漢書‧百官志》及《輿服志》中也有零星記載。現綜合上述史料，繪製漢天子大駕鹵簿儀仗方陣圖如下：

一、導引儀仗
司馬車（駕四）
辟惡車（駕四）
記道車（駕四）
靖室車（駕四）
象車鼓吹（13 人）

〔註171〕（晉）葛洪撰：《西京雜記》卷五，西安：三秦出版社，2006 年，第 219 頁。

〔註172〕（宋）范曄撰：《後漢書》卷四十《班固傳上》，北京：中華書局，1965 年，第 1347 頁。

〔註173〕（宋）范曄撰：《後漢書》志第二九，北京：中華書局，1965 年，第 3648 頁。

〔註174〕（宋）范曄撰：《後漢書》志第二九，北京：中華書局，1965 年，第 3650 頁。

〔註175〕（唐）房玄齡撰：《晉書》卷二五《輿服志》，北京：中華書局，1974 年，第 765 頁。

〔註176〕（宋）范曄撰：《後漢書》志第二九，北京：中華書局，1965 年，第 3648～3649 頁。

二、奉引方陣		
式道候（1人）（駕） 長安都尉（2人）（騎） 長安亭長（5人）（駕）		式道候（1人）（駕） 長安都尉（2人）（騎） 長安亭長（5人）（駕）
長安令（駕三）		
京兆掾史（1人） （駕一）	京兆掾史（1人） （駕一）	京兆掾史（1人） （駕一）
京兆尹（駕四）		
司隸部京兆從事，都部從事 （駕一）	司隸部京兆從事，都部從事 （駕一）	司隸部京兆從事，都部從事 （駕一）
司隸校尉（駕四）		
廷尉（駕四）		
太僕宗正引從事（駕四）		太僕宗正引從事（駕四）
太常（駕四）	光祿（駕四）	衛尉（駕四）
太尉外部都督令史、賊曹屬、倉曹屬 （駕一）		戶曹屬、東操掾、西曹掾 （駕一）
太尉（駕四）		
太尉舍人忌酒（駕一）		太尉舍人忌酒（駕一）
司徒列從（騎）		
令史持戟吏（8人）		
太尉王公（騎）		
令史持戟吏（8人）		
鼓吹一部（7人）		
三、中護軍警衛方陣		
中護軍（騎）		
鼓吹一部（7人） 載楯弓矢	鼓吹一部（7人） 載楯弓矢	鼓吹一部（7人） 載楯弓矢
步兵校尉（駕一）		長水校尉（駕一）
鼓吹一部（7人）		鼓吹一部（7人）
隊（50匹）		隊（50匹）
騎隊（5）		騎隊（5）
前軍將軍		前軍將軍

鼓吹一部（7人）			鼓吹一部（7人）		
戟楯弓矢		戟楯弓矢	戟楯弓矢		戟楯弓矢
射聲翊軍校尉（駕三）			射聲翊軍校尉（駕三）		
鼓吹一部（7人）			鼓吹一部（7人）		
戟楯弓矢	戟楯弓矢	戟楯弓矢	戟楯弓矢	戟楯弓矢	戟楯弓矢
驍騎將軍（駕三）			游擊將軍（駕三）		
鼓吹一部（7人）			鼓吹一部（7人）		
戟楯弓矢		戟楯弓矢	戟楯弓矢		戟楯弓矢
四、金根車方陣					
黃門前部鼓吹					
左一部（13人）（駕四）			右一部（13人）（駕四）		
前黃門麾騎					
四校尉			四校尉		
護駕御史（騎）			護駕御史（騎）		
御史中丞（駕一）					
謁者僕射（駕四）					
武剛車（駕四）					
九遊車（駕四）					
雲罕車（駕四）					
皮軒車（駕四）					
闟戟車（駕四）					
鸞旗車（駕四）					
建華車（駕四）					
虎賁中郎將車（駕二）					
護駕尙書郎（1人）（騎）		護駕尙書郎（1人）（騎）		護駕尙書郎（1人）（騎）	
護駕尙書（3人）（騎）					
相風烏車（駕四）					
六校尉			六校尉		
殿中御史（騎）			殿中御史（騎）		
興兵中郎（騎）					
高華車					

畢罕車			畢罕車		
御馬		御馬		御馬	
節（8）			節（8）		
華蓋					
八校尉			八校尉		
剛鼓					
金根車					
左衛將軍			右衛將軍		
二十校尉	二十校尉	二十校尉	二十校尉	二十校尉	二十校尉
……					
金鉦、黃鉞					
黃門鼓車					
……					
豹尾車					
……					
黃門後部鼓吹					
左一部（13人）			右一部（13人）		

（三）大駕構成的特徵分析

由上表可看出，漢天子大駕鹵簿儀仗具三方面主要特徵：車乘種類眾多；隨行官員的品階與排序相對應；鼓吹與黃門鼓吹的配備不同。下文逐次論之。

1. 車駕種類、功能與分布

漢天子大駕鹵簿用車種類十分多樣，《西京雜記》明確記載的車名多達二十一種，依次是司馬車、辟惡車、記道車、靖室車、象車、武剛車、九遊車、雲罕車、皮軒車、闟戟車、鸞旗車、建華車、相風烏車、高華車、畢罕車、華蓋車、金根車、金鉦車、黃鉞車、黃門鼓車、豹尾車。

上述車輿的功能多樣。記道車提示車駕行進里數〔註177〕；靖室車穩定秩

〔註177〕《玉海》卷七九「記里鼓車」條：「崔豹《古今注》曰：大章車所以記道里，起於西京，亦曰記里車。……漢甘泉鹵簿、晉中朝大駕有之，並駕四，漢曰『記道車』。」（宋）王應麟撰，南京：江蘇古籍出版社，1987年，第1469頁。

－203－

序；象車載鼓吹製造聲響，警示、威儡路人；九遊車、雲罕車張懸旌旗；闟
戟車、金鉦車、黃鉞車承載器物〔註178〕；畢罕車裝載帝王校獵用具〔註179〕；
武剛車，「兵車也」〔註180〕，作戰先驅之車〔註181〕，既有防護車蓋，又設遠
射強弩，防衛與禦敵功能十分強勁。司馬車象徵司馬大將軍，展示君威，護
祐皇帝；辟惡車祓除不祥〔註182〕。

上述車輿不僅功能多樣，所用裝飾也五花八門。既有用豹尾裝飾之車，
如「豹尾車」；〔註183〕用鸞鳥裝飾之車，如「鸞旗車」；〔註184〕用虎皮裝飾之

〔註178〕闟戟，兵器名，指長戟。《史記·商君列傳》：「持矛而操闟戟者旁車而趨。」
《史記》卷六八，（漢）司馬遷撰，北京：中華書局，1959年，第2235頁。
金鉦，樂器名，銅製，形似鍾而狹長，有長柄可執，口向上以物擊之而鳴，
在行軍時敲打，用以節止步伐。《詩·小雅·采芑》「鉦人伐鼓」毛傳：「鉦以
靜之，鼓以動之。」孔穎達疏：「《説文》云：『鉦，鐃也。似鈴，柄中上下通。』
然則鉦即鐃也」。《毛詩正義》卷十，北京：中華書局（阮元刻《十三經注
疏》），1980年，第426頁。黃鉞，飾以黃金的長柄斧子，天子所用。《史記·
殷本紀》：「湯自把鉞以伐昆吾，遂伐桀。」《史記》卷三，（漢）司馬遷撰，
北京：中華書局，1959年，第95頁。

〔註179〕「畢」與「罕」本是二物。「畢」既指捕獵用具，段玉裁注《說文解字》曰：
「《小雅》毛傳曰：畢，所以掩兔也。《月靈》注曰：網小而柄長謂之畢。《鴛
鴦》傳云：畢掩而羅之。然則不獨掩兔，亦可以掩鳥，皆以上覆下也。」《説
文解字注》第四篇下，（漢）許慎撰，（清）段玉裁注，鄭州：中州古籍出版
社，2006年，第158頁。「畢」也是二十八星宿之一，畢星之狀如同叉，《步
天歌》：「（畢）恰似爪叉八星出，……畢口斜對五車口。」《文獻通考》卷二
七九，（元）馬端臨撰，北京：中華書局，1986年，第2218頁。「罕」，帶有
長柄的網具，與畢相似，故常與「畢」連稱。《吳都賦》注曰：「畢罕皆鳥網
也。按罕之制，蓋似畢，小網長柄。」也有以「畢」釋「罕」者，司馬相如
《上林賦》「載雲罕，掩群雅」，張揖注云：「罕，畢也」，文穎注曰：「即天畢，
星名。前有九斿雲畢至車。」《史記》卷一一七，（漢）司馬遷撰，北京：中
華書局，1959年，第3041～3042頁。

〔註180〕《漢書·衛青傳》：「……青軍出塞千餘里，見單于兵陣而待，於是青令武剛
車自環為營」，張晏注：「兵車也。」《漢書》卷五五，（漢）班固撰，北京：
中華書局，1962年，第2484～2485頁。

〔註181〕《後漢書·輿服志》「輕車，古之戰車也。洞朱輪輿，不巾不蓋，……吳孫《兵
法》云『有巾有蓋，謂之武剛車。』武剛車者，為先驅。」《後漢書》志第二
九，（宋）范曄撰，北京：中華書局，1965年，第3650頁。

〔註182〕《古今注》卷上：「辟惡車，秦制也。桃弓葦矢，所以祓除不祥也。」（晉）
崔豹撰，北京：中華書局，1985年，第1頁。

〔註183〕《後漢書·輿服志上》：「最後一車懸豹尾，豹尾以前比省中。」《後漢書》志
第二九，（宋）范曄撰，北京：中華書局，1965年，第3649頁。

〔註184〕「鸞旗，以銅作鸞鳥車衡上。」《後漢書》志第二九《輿服上》劉昭注引胡廣，
（宋）范曄撰，北京：中華書局，1965年，第3649頁。

車，如「皮軒車」；〔註185〕更有用金裝飾之車，如「金根車」。

此外，上述車輿使用馬匹的規格較爲一致，大多用四匹馬駕車，即「駕四」。秦漢車輿制度中，「駕四」屬第二等級。第一等級是「駕六」，天子專用。

上述車輿主要分布在「導駕儀仗」與「金根車方陣」中。「導駕儀仗」用車五種，依次是司馬車、辟惡車、記道車、靖室車、象車。其餘十四類車全部設在「金根車方陣」中，依次包括武剛車、九遊車、雲罕車、皮軒車、闟戟車、鸞旗車、建華車、相風烏車、高華車、畢罕車、華蓋、金根車、金鉦、黃鉞、黃門鼓車、豹尾車。

2. 隨駕人數、角色與侍從方式

（1）隨駕人數的統計

①「導引儀仗」人數統計

此方陣由五輛車駕構成。司馬車、辟惡車、記道車與靖室車，每車一人奉引，合計四人。象車載鼓吹樂人十三人。可知「導引儀仗」人數共十七人。

②「奉引方陣」與「中護軍警衛方陣」人數統計

據《西京雜記》載，此二方陣部分官員人數明確，如「式道候二人」、「長安都尉四人」、「長安亭長十人」，但部分人員人數的描述並不清晰，如「持戟吏」、「戟楯刀楯」與「鼓吹」組合。該組合不僅出現在「奉引方陣」陣尾，更是大量出現在「中護軍警衛方陣」，「中護軍警衛方陣」可說完全是由這種組合構成的方陣。可見弄清該組合的人數對於「奉引方陣」與「中護軍警衛方陣」的人數至關重要。

《西京雜記》關於此組合的描述並不清晰，參考《晉書》載《中朝大駕鹵簿》中相關語句可知，此組合即「鹵簿鼓吹」。下列表對照之。

駕	人數	車駕規格	騎	人數
式道候	2	1	長安都尉	4
長安亭長	10	?	司徒列從	1
長安令	1	3	太尉王公	1
京兆掾史	3	1	中護軍	1
京兆尹	1	4	前黃麾	1

〔註185〕「皮軒，以虎皮爲軒。」《後漢書》志第二九《輿服上》劉昭注引胡廣，（宋）范曄撰，北京：中華書局，1965 年，第 3649 頁。

司隸部京兆從事	1	1	護駕御史	1	
都部從事	1	1	護駕尚書郎	3	
司隸校尉	1	4	護駕尚書	3	
廷尉	1	4	殿中御史	1	
太僕宗正引從事	1	4	興兵中郎	1	
太常	1	4			
光祿	1	4			
衛尉	1	4			
太尉外部都督令史	1	1			
賊曹屬	1	1			
倉曹屬	1	1			
戶曹屬	1	1			
東曹掾	1	1			
西曹掾	1	1			
太尉	1	4			
太尉舍人祭酒	1	1			
步兵校尉	1	1			
長水校尉	1	1			
前軍將軍	1	1			
射聲翊軍校尉	1	3			
驍騎將軍	1	3			
游擊將軍	1	3			
御史中丞	1	1			
謁者僕射	1	4			
虎賁中郎將	1	2			

　　由上表可看出，《西京雜記》「漢大駕鹵簿」與《晉書》「中晉大駕鹵簿」，明顯不同的是「騎隊」與「前軍將軍」在鹵簿中所處位置，而且《晉書》對人數及其方位排列的描述更細緻，《西京雜記》的部分語句有語句前後倒置之嫌。基於此，本文以《晉書》為參照，對《西京雜記》中的記載進行補充。

　　第一，《西京雜記》「司徒引從，如太尉王公，騎令史持戟吏亦各八人，鼓吹一部」句中「亦各八人」，指「司徒引從」與「太尉王公」分別配備持戟

吏八人。據《晉書》「鼓吹各一部，各七人」〔註186〕可知，「司徒列從」與「太尉王公」應各有鼓吹一部，《西京雜記》中「鼓吹一部」漏「各」字與「各七人」。由此計算，《西京雜記》此句中涉及人數共三十二人，其中，司徒引從一人，太尉王公一人，持戟吏十六人，鼓吹樂人十四人。

　　第二，《西京雜記》「中護軍，騎，中道，左右各三行，戟楯弓矢，鼓吹各一部」句，「左右各三行」漏「鹵簿」二字，「戟楯弓矢」也應是「戟楯在外，弓矢在內」的排列。此外，《晉書》「鹵簿左右各二行，戟楯在外，弓矢在內」〔註187〕句，應理解爲，戟楯、弓矢是「鹵簿左右各二行」的具體內容。那麼，《西京雜記》中「中護軍」配備「鹵簿左右各三行」。每行鹵簿分別包括三行戟楯與三行弓矢。因戟楯與弓矢每行多少吏卒，並無文獻記載。故《西京雜記》此句中，可知人數爲二十二人，中護軍一人，鼓吹樂人即十四人。另有三行戟楯與三行弓矢吏卒。

　　第三，《西京雜記》「步兵校尉，長水校尉，駕一，左右」句，據《後漢書》載，此二校尉與其他校尉相同，也配備鼓吹。〔註188〕也就是說，漢大駕鹵簿的步兵校尉與長水校尉配備的鹵簿鼓吹與《晉書》描述同，即「次步兵校尉在左，長水校尉在右，並駕一。各鹵簿左右二行，戟楯在外，刀楯在內，鼓吹各一部，七人。」〔註189〕步兵校尉配備鹵簿「左右二行」，包括戟楯二行，弓矢二行，鼓吹一部；長水校尉與此同。照此計算，《西京雜記》此句中可知人數十六人，步兵校尉一人，長水校尉一人，鼓吹樂人十四人。另有四行戟楯與四行弓矢吏卒。

　　第四，《西京雜記》「隊百匹，左右。騎隊十，左右各五」句，參照《晉書》「騎隊，五在左，五在右，隊各五十匹，命中督二人分領左右」〔註190〕

〔註186〕　（唐）房玄齡撰：《晉書》卷二五《輿服志》，北京：中華書局，1974年，第757頁。

〔註187〕　（唐）房玄齡撰：《晉書》卷二五《輿服志》，北京：中華書局，1974年，第757頁。

〔註188〕　《後漢書‧百官志》注：「案大駕鹵簿，五校在前，各有鼓吹一部。」《後漢書》志第二七《百官四》，（宋）范曄撰，北京：中華書局，1965年，第3613頁。

〔註189〕　（唐）房玄齡撰：《晉書》卷二五《輿服志》，北京：中華書局，1974年，第757～758頁。

〔註190〕　（唐）房玄齡撰：《晉書》卷二五《輿服志》，北京：中華書局，1974年，第758頁。

句，應調整爲「騎隊十，左右各五，隊百匹，左右」，至於由何種官員分領無從得知，但至少左右兩隊應分設一官員領隊。照此計算，十組騎隊分左右兩邊，每邊五組騎隊。左右「對各五十匹」，可知每組騎隊十匹。一匹一人，每組騎隊共十人，十組騎隊共一百人。也就是說，《西京雜記》此句涉及人數一百零二人，其中領隊官員兩人，騎隊一百人。

第五，《西京雜記》「前軍將軍，左右各二行，戟楯刀楯，鼓吹各一部，七人」句有「鼓吹各一部」，據每位將軍配備一部鼓吹的規制可知，此處不止前軍將軍，應還有左軍將軍，如《晉書》所載，「次左軍將軍在左，前軍將軍在右，並駕一。皆鹵簿左右各二行，戟楯在外，刀楯在內，鼓吹各一部，七人」〔註191〕。另，《西京雜記》「左右各二行」應補充爲「皆鹵簿左右各二行」。可知，左軍將軍配備兩行戟楯、兩行刀楯與一部鼓吹，前軍將軍與此同。照此計算，《西京雜記》此句可知人數十六人，其中，左軍將軍一人，前軍將軍一人，鼓吹樂人十四人。另有四行戟楯與四行刀楯吏卒。

第六，《西京雜記》「射聲翊軍校尉，駕三，左右三行，戟楯刀楯，鼓吹各一部，七人」句，參考《晉書》「次射聲校尉在左，翊軍校尉在右，並駕一。各鹵簿左右各二行，戟楯在外，刀楯在內，鼓吹各一部，七人」〔註192〕，應調整爲「射聲、翊軍校尉，駕三，各鹵簿左右三行，戟楯刀楯，鼓吹各一部，七人」。射聲校尉有三行戟楯、三行刀楯與一部鼓吹，翊軍校尉與此同。可知，《西京雜記》此句可知人數十六人，其中射聲校尉一人，翊軍校尉，鼓吹樂人十四人。另有六行戟楯與六行刀楯吏卒。

第七，《西京雜記》「驍騎將軍，游擊將軍，駕三，左右二行，戟楯刀楯，鼓吹各一部，七人」句中「左右二行」應爲「皆鹵簿左右二行」。意即，驍騎將軍配備二行戟楯、二行刀楯與一部鼓吹，游擊將軍與此同。那麼，《西京雜記》此句可知人數十六人，驍騎將軍一人，游擊將軍一人，鼓吹樂人十四人。另有四行戟楯與四行刀楯吏卒。

綜上所述，「奉引方陣」人數共六十九人，其中，官員三十九人，持戟吏卒十六人，鼓吹樂人十四人。「中護軍警衛方陣」可知人數一百八十八人，包

〔註191〕（唐）房玄齡撰：《晉書》卷二五《輿服志》，北京：中華書局，1974年，第758頁。

〔註192〕（唐）房玄齡撰：《晉書》卷二五《輿服志》，北京：中華書局，1974年，第758頁。

括官員十一人、騎隊一百人、鼓吹樂人七十人，另有二十一行戟楯與二十一行刀楯。

　　③「金根車方陣」人數統計

　　在統計此方陣人數之前，先參考《晉書》「中朝大駕鹵簿」對《西京雜記》中涉及人數記載的缺省文字進行增補。

《西京雜記》「漢大駕鹵簿」	《晉書》「中朝大駕鹵簿」
「自此分為八校，左四，右四。」	「八校尉佐仗，左右各四行，外大戟楯，次九尺楯，次弓矢，次弩，並熊渠、伙飛督領之。」
「自此分為十二校，左右各六。」	
「自此分為十六校，左八右八。」	
「自此分為二十校，滿道。」	
「節十六，左八，右八。」	「次御史，中道，左右節郎各四人。」

　　對照上表文字可知，《西京雜記》載「八校」、「十二校」、「十六校」、「二十校」應是《晉書》「中朝大駕鹵簿」載「八校尉佐仗」，是指由戟楯與弓矢組成的儀仗，與「奉引方陣」、「中護軍警衛方陣」中戟楯刀楯吏卒同，並左右各分設一職官領隊。如此可知，此方陣中有五十六行戟楯刀楯吏卒及八名領隊職官。

　　由此可知，「金根車方陣」中，官職明確的人數有三十三人，官職不明確的有校尉佐仗領隊八人。另十六種車駕，每車一人奉引，共十六人。又「黃門前部鼓吹」與「黃門後部鼓吹」中黃門鼓吹樂人五十二人。此方陣合計人數一百零九人，以及五十六行戟楯刀楯吏卒。

　　綜上所述可知，據不完全統計，漢天子大駕鹵簿隨從人員共四百二十九人，另加二十一行戟楯吏卒與二十一行刀楯吏卒。其中，「導引儀仗」十七人，「奉引方陣」六十九人，「中護軍警衛方陣」二百一十四人，「金跟車方陣」一百零九人。此外，「中護軍警衛方陣」中設有二十一行戟楯吏卒與二十一行刀楯吏卒，「金根車方陣」中設有五十六行戟楯刀楯吏卒。

　　2. 隨駕人員的角色、侍從方式、道路分布與所屬方陣

　　隨駕人員主要由三類人員組成：官員、持戟楯弓矢的吏卒、鼓吹樂人。其中，持戟楯弓矢的吏卒以步行為主，鼓吹樂人的情況在下文「鼓吹配備」詳述。此處主要討論官員的有關情況。

　　按照乘坐工具的不同，隨駕官員侍從方式可分兩類，「駕」與「騎」。在

《西京雜記》中，隨駕官員的部分官職明確，部分官職並無記載。

官職明確的官員，其人數與「駕」、「騎」方式、駕車規格、所屬方陣以及道路分布，統計如下表：

侍從方式	官職	人數	車駕規格	道路分布	方陣所屬
駕	式道候	2	1	左右	「奉引方陣」
	長安亭長	10	1〔註193〕	左右	「奉引方陣」
	長安令	1	3	中道	「奉引方陣」
	京兆掾史	3	1	左中右	「奉引方陣」
	京兆尹	1	4	中道	「奉引方陣」
	司隸部京兆從事	3	1	左中右	「奉引方陣」
	都部從事	3	1	左中右	「奉引方陣」
	司隸校尉	1	4	中道	「奉引方陣」
	廷尉	1	4	中道	「奉引方陣」
	太僕引從	1	4	左	「奉引方陣」
	宗正引從〔註194〕	1	4	右	「奉引方陣」
	太常	1	4	左	「奉引方陣」
	光祿	1	4	中道	「奉引方陣」
	衛尉	1	4	右	「奉引方陣」
	太尉外部都督令史	1	1	左	「奉引方陣」
	賊曹屬	1	1	左	「奉引方陣」
	倉曹屬	1	1	左	「奉引方陣」
	戶曹屬	1	1	右	「奉引方陣」
	東曹掾	1	1	右	「奉引方陣」
	西曹掾	1	1	右	「奉引方陣」
	太尉	1	4	中道	「奉引方陣」
	太尉舍人祭酒	2	1	左右	「奉引方陣」
	司徒引從	1	4	中道	「奉引方陣」

〔註193〕《西京雜記》未載長安亭長的車駕規模，此處據《晉書》「中朝大駕鹵簿」載洛陽亭長「駕一」推測得知。《晉書》卷二五《輿服志》，（唐）房玄齡撰，北京：中華書局，1974 年，第 757 頁。

〔註194〕《西京雜記》「太僕宗正引從事，駕四，左右」，據《晉書》載「太僕引從如廷尉，在中。宗正引從如廷尉，在右。」句應調整為「太僕引從、宗正引從，駕四，左右」。《晉書》卷二五《輿服志》，（唐）房玄齡撰，北京：中華書局，1974 年，第 757 頁。

	太尉王公	1	4	中道	「奉引方陣」
	步兵校尉	1	1	左	「中護軍警衛方陣」
	長水校尉	1	1	右	「中護軍警衛方陣」
	左軍將軍	1	1	左	「中護軍警衛方陣」
	前軍將軍	1	1	右	「中護軍警衛方陣」
	射聲校尉	1	3	左	「中護軍警衛方陣」
	翊軍將軍	1	3	右	「中護軍警衛方陣」
	驍騎將軍	1	3	左	「中護軍警衛方陣」
	游擊將軍	1	3	右	「中護軍警衛方陣」
	御史中丞	1	1	中道	「金根車方陣」
	謁者僕射	1	4	中道〔註195〕	「金根車方陣」
	虎賁中郎將	1	2	中道	「金根車方陣」
騎	長安都尉	4		左右	「奉引方陣」
	中護軍	1		中道	「中護軍警衛方陣」
	前黃麾	1		中道	「金根車方陣」
	護駕御史	2		左右	「金根車方陣」
	護駕尚書郎	3		左中右	「金根車方陣」
	護駕尚書	3		中道	「金根車方陣」
	殿中御史	2		左右	「金根車方陣」
	興兵中郎	1		中道	「金根車方陣」
	左節郎	8		左	「金根車方陣」
	右節郎	8		右	「金根車方陣」
	左衛將軍	1		左	「金根車方陣」
	右衛將軍	1		右	「金根車方陣」

由上表可知，官職明確的官員中，駕車官員明顯多於騎馬官員。駕車官員共三十四種，合計五十一人；騎馬官員僅十二種，合計三十五人。此外，駕車官員多位於「中道」，駕車官員中有十種官員位於「中道」，騎馬官員僅四種。另，駕車官員多分布在「奉引方陣」與「中護軍警衛方陣」中，騎馬官員多分布於「金根車方陣」中。「奉引方陣」中駕車官員有二十三種，騎馬官員僅一種；「中護軍警衛方陣」中駕車官員有八種，騎馬官員僅一種；「金根車方陣」中騎馬官員有八種，駕車官員僅三種。

〔註195〕《西京雜記》未記載謁者僕射車駕的道路分布，此處據車駕規格《晉書》「中朝大駕鹵簿」中「謁者僕射，駕駟，中道」推測得知。《晉書》卷二五《輿服志》，（唐）房玄齡撰，北京：中華書局，1974年，第758頁。

　　官職不甚明晰的官員，以各種車駕所載爲主。《後漢書・輿服志》：「（法駕）前驅有九斿雲罕，鳳皇闟戟，皮軒鸞旗，皆大夫載。」〔註196〕此類官員的人數、車駕規格、道路分布與所屬方陣的情況，統計如下表：

車名	車載人數	車駕規格	道路分布	所屬方陣
司馬車	1	4	中道	導引儀仗
辟惡車	1	4	中道	導引儀仗
記道車	1	4	中道	導引儀仗
靖室車	1	4	中道	導引儀仗
武剛車	1	4	中道	金根車方陣
九遊車	1	4	中道	金根車方陣
雲罕車	1	4	中道	金根車方陣
皮軒車	1	4	中道	金根車方陣
闟戟車	1	4	中道	金根車方陣
鸞旗車	1	4	中道	金根車方陣
建華車	1	4	中道	金根車方陣
相風烏車	1	4	中道	金根車方陣
高華車	1	4	中道	金根車方陣
畢車	1		左	金根車方陣
罕車	1		右	金根車方陣
華蓋	1		中道	金根車方陣
剛鼓	1		中道	金根車方陣
金根車	1	6〔註197〕	中道〔註198〕	金根車方陣
金鉦車	1	3	中道	金根車方陣
黃鉞車	1	1	左〔註199〕	金根車方陣
豹尾車	1	1	中道	金根車方陣

〔註196〕（宋）范曄撰：《後漢書》志第二九，北京：中華書局，1965年，第3649頁。
〔註197〕《後漢書・輿服志上》：「金根車……十有二斿，畫日月升龍，駕六馬」。《後漢書》志第二九，（宋）范曄撰，北京：中華書局，1965年，第3644頁。
〔註198〕《西京雜記》未載，此處據《晉書》「中朝大駕鹵簿」中「次金根車，駕六馬，中道」推測得知。《晉書》卷二五《輿服志》，（唐）房玄齡撰，北京：中華書局，1974年，第759頁。
〔註199〕《西京雜記》未載，此處據《晉書》「中朝大駕鹵簿」中「次黃鉞車，駕一，在左」推測得知。《晉書》卷二五《輿服志》，（唐）房玄齡撰，北京：中華書局，1974年，第759頁。

由上表可知，官職不明晰的官員所載車駕，86%都位於「中道」，並且，這些車駕多設於「金根車方陣」中。

3. 隨駕官員的品階與先後順序

據上文繪製漢大駕鹵簿之構成的圖示可見，天子大駕隨行官員主要分布在三個方陣中，此三方陣從前至後依次是「奉引方陣」、「中護軍警衛方陣」與「金根車方陣」。

先從「金根車方陣」說起。「金根車方陣」中，金根車即爲天子所乘之車，「天子駕六」，整個出行儀仗中唯獨金根車「駕六馬」，符合「天子所御駕六」之制，故金根車即漢大駕鹵簿中皇帝所乘之御車。皇帝御車「金根車」前面的職官，從前往後依次是護駕御史、御史中丞、謁者僕射、虎賁中郎將、護駕尚書郎、護駕尚書、殿中御史、興兵中郎與左右節郎。這些官吏，大多是省官，是平素與皇帝關係親密的官員，如護駕御史、御史中丞、護駕尚書郎、護駕尚書、殿中御史等。

關於「省官」與「省」，楊鴻年先生著《漢魏制度叢考》提出，漢朝中央職官的設置可分爲三類，一是省官，即在省中（禁中）工作或其關係與省中特別密切的官吏；二是宮官，設在省外宮中的官吏；三是外官，設在宮外的官吏。三種官吏的劃分，直接繫於漢代京城宮殿之建築結構及其與皇帝之距離的遠近。〔註200〕其中，以御史官員爲代表的「省官」是與皇帝距離最近的官吏。

楊先生還指出，「不僅臨時住所有省，行進當中亦有省。」〔註201〕天子行進中的「省中」就是大量省官所在的「金根車方陣」，這些官吏離皇帝的距離最近。《後漢書·輿服志》：「大駕屬車八十一乘……最後一車懸豹尾，豹尾以前皆省中。」〔註202〕劉昭注引胡廣曰：「施於道路，豹尾之內爲省中，故須過後，屯圍乃得解，皆所以戒不虞也。」〔註203〕可知，天子出行儀仗中的「省中」以豹尾車爲標記。

此外，「金根車方陣」中的左、右衛將軍位於皇帝御車「金根車」之後，是距離皇帝最近的武官，屬於禁衛武官。左、右爲將軍侍衛皇帝左右是最爲關鍵的。

〔註200〕楊鴻年著：《漢魏制度從考》，武漢：武漢大學出版社，1985年，第11頁。
〔註201〕楊鴻年著：《漢魏制度從考》，武漢：武漢大學出版社，1985年，第5頁。
〔註202〕（宋）范曄撰：《後漢書》志第二九，北京：中華書局，1965年，第3649頁。
〔註203〕（宋）范曄撰：《後漢書》志第二九，北京：中華書局，1965年，第3650頁。

　　相比禁衛武官而言，「金根車方陣」之前的「中護軍警衛方陣」則由大量非禁衛武官即將軍與校尉組成，他們配備大量兵器，如戟楯、刀楯之類。很顯然，此方陣的主要職責是保衛皇帝。但是，由於驍騎、游擊將軍等並不是與皇帝最親近的禁衛武官，故將這些將軍設置在「金根車方陣」之前，大概是為了既要使之起到保衛皇帝之目的，而又不致對君主構成威脅。另外，此方陣的另一功能則是展示武力。

　　「奉引方陣」位於儀仗的前端，由司隸校尉、廷尉、太僕、宗正、太常、光祿、太尉、司徒等公卿組成。這些大多是宮官或外官，相比「金根車方陣」中的省官而言，這些官吏與皇帝的距離更遠。但這些官吏又是參與朝堂議政時的主要群體，將此群體作為皇帝出行儀仗的「奉引」，則是藉由此種眾星捧月之勢顯示皇帝的威嚴。

4. 鼓吹與黃門鼓吹的配備

　　漢天子大駕鹵簿中配備的鼓吹樂有「鼓吹」和「黃門鼓吹」兩類。兩類鼓吹在諸多方面呈現出各自不同的特徵，如部數、人數、在儀仗中的位置、配備的官員以及樂人的侍從方式等。下文逐次論述。

　　（1）鼓吹與黃門鼓吹的部數與人數

　　整個大駕鹵簿中，鼓吹共十二部，每部七人，鼓吹樂人合計八十四人。

　　黃門鼓吹的部數，《西京雜記》僅提及「黃門前部鼓吹」，既有「前部」自當有「後部」。儘管漢代儀仗鼓吹的情況文獻再無其他記載，但從《晉書・輿服志》記載「中朝大駕鹵簿」的詳細情況「黃門前部鼓吹，左右各一部，十三人，駕四」〔註204〕，「黃門後部鼓吹，左右各十三人」〔註205〕可知，《西京雜記》漏載了「黃門後部鼓吹」。

　　不難看出，鼓吹與黃門鼓吹的規模明顯不同，每部鼓吹有七人，每部黃門鼓吹則有十三人。以此推論，「象車鼓吹，十三人」句描述的是十三人組成的鼓吹，應是黃門鼓吹。

　　由此計算，整個大駕鹵簿中，黃門鼓吹共五部，每部十三人，黃門鼓吹樂人共六十五人。

　　（2）鼓吹與黃門鼓吹在儀仗中的位置

　　十二部鼓吹，僅兩部分布在「奉引方陣」的陣尾，其餘十部全設在「中

〔註204〕（唐）房玄齡撰：《晉書》卷二五，北京：中華書局，1974年，第758頁。
〔註205〕（唐）房玄齡撰：《晉書》卷二五，北京：中華書局，1974年，第760頁。

護軍警衛方陣」。

五部黃門鼓吹，一部位於「導引儀仗」，另四部設在「金剛車方陣」，陣前兩部，陣尾兩部。

（3）配備鼓吹與黃門鼓吹的官員

配備鼓吹的官吏非常明確。司徒引從、太尉王公「鼓吹（各）一部」；中護軍「（左右）鼓吹各一部」；步兵校尉、長水校尉「鼓吹各一部」；左軍將軍、前軍將軍「鼓吹各一部」；射聲校尉、翊軍校尉「鼓吹各一部」；驍騎將軍、游擊將軍「鼓吹各一部」。

與鼓吹的配備不同，黃門鼓吹並未配備給指定官員，《西京雜記》的描述是「象車（黃門）鼓吹，十三人」、「黃門前部鼓吹，左右各一部，十三人」、「黃門後部鼓吹，左右各一部，十三人」。我們推想，黃門鼓吹應是專門配給皇帝的。

（4）鼓吹與黃門鼓吹的侍從方式

黃門鼓吹的侍從方式，是「駕」。《西京雜記》稱「象車（黃門）鼓吹」、「黃門前部鼓吹……駕四」、「黃門後部鼓吹……駕四」，明確提到黃門鼓吹樂人是乘車而行，且車駕規格是「駕四」，即四馬駕車。又有王先謙《後漢書集解》「後有金鉦、黃鉞，黃門鼓車」引黃山注：「此車載黃門鼓吹樂人也。漢樂人皆曰鼓員，見《前書·禮樂志》。故車亦曰鼓車，實即鼓吹車。」〔註206〕由此可知，黃門鼓吹樂人確實是乘車而行。

關於鼓吹樂人的侍從方式，文獻並未提及，但《西京雜記》總將鼓吹與持戟吏卒或持戟楯、弓矢、刀楯吏卒相提並論。而持這些兵器的吏卒都是步行，由此推測鼓吹樂人也應是步行侍從。

二、大駕與法駕中的「尊」「威」

天子出行儀仗，作爲皇家禮儀的重要組成部分，體現的是帝王至高無上的地位與權力。皇帝的至尊與威勢通過隨行浩浩蕩蕩的龐大儀仗隊伍得以襯托，通過象徵力量與權威的車輿得以表現，通過喧鬧震天的鹵簿鼓吹得以凸顯。正因爲天子出行儀仗是展示帝王「尊」「威」的有效途徑，以歌頌、誇耀天子文治武功的宮廷文學漢賦，則藉由天子出行儀仗壯觀場景的描寫對天子歌功頌德。在漢賦四大家司馬相如、揚雄、班固、張衡的作品中，不乏天子

〔註206〕（清）王先謙撰：《後漢書集解》志第二九，北京：中華書局，1984年，第1347頁。

出行場面的描繪。從這些文字中，也能窺見出行場面的浩蕩威武。

1. 車輿中的「尊」與「威」

在古代社會，車輿的作用不止於交通工具而已，更是一種政治符號，象徵天子「至尊」的政治權力。蔡邕《獨斷》闡釋秦漢皇帝被稱為「車駕」、「輿駕」、「乘輿」時說：「漢天子正號曰皇帝……史官記事曰上，車馬衣服器械百物曰乘輿，所在曰行在所，所居曰禁中……天子至尊，不敢褻瀆言之，故託之於乘輿也。……天子以天下為家，不以京師宮室為常處，則當乘車輿以行天下，故群臣託乘輿以言之，或謂之事駕。」〔註207〕與此同時，車輿還代表著武力與威勢。從戰爭形態上看，古代戰爭以車為主，車轍所及即是勢力所及，所謂「日月所照，舟輿所載」〔註208〕。擁有車輿規模的大小，是評判國力大小的重要標準。《漢書‧刑法志》：「一同百里，提封萬井；……兵車百乘，此卿大夫埰地之大者也，是謂百乘之家。一封三百一十六里，……兵車千乘，此諸侯之大者也，是謂千乘之國。天子畿方千里，……戎馬四萬匹，兵車萬乘，故稱萬乘之主。」〔註209〕

車輿作為漢天子出行儀仗的中心，「千乘萬騎」的車輿規模與排場不僅炫耀著強盛國力，皇帝作為儀仗的核心，這種展演更是凸顯了皇帝個人作為國家之主、天下之主的權勢與尊威。

（1）皇帝御車與「尊」

金根車乃皇帝御車，以金為飾，象徵至高無上的尊威，是車之「最尊」。「後漢光武平公孫述，始獲葆車輿輦，因舊制金根車，擬周之玉輅，最尊者也。」〔註210〕

金根車的「最尊」，主要體現在車駕規格與文飾。大駕鹵簿中的所有車駕，唯獨金根車是六馬車駕，其餘所有車輛至多四馬車駕。蔡邕《獨斷》：「上所乘曰金根車，駕六馬。」〔註211〕《逸禮‧王度記》：「天子駕六馬，諸侯駕四，

〔註207〕（漢）蔡邕撰：《獨斷》卷上，上海：上海古籍出版社，1990年，第1～2頁。

〔註208〕（漢）司馬遷撰：《史記》卷六《秦始皇本紀》，北京：中華書局，1959年，第245頁。

〔註209〕（漢）班固撰：《漢書》卷二三，北京：中華書局，1962年，第1081～102頁。

〔註210〕（宋）鄭樵撰：《通志二十略‧器服略第二》，北京：中華書局，1995年，第846頁。

〔註211〕（漢）蔡邕撰：《獨斷》卷下，上海：上海古籍出版社，1990年，第17頁。

大夫三，士二，庶人一。」〔註212〕

　　金根車的材質與裝飾也極其華麗，等級最高。《後漢書・輿服志》：「輪皆朱班重牙，貳轂兩轄，金薄繆龍，爲輿倚較，文虎伏軾，龍首銜軛，左右有吉陽筩，鸞雀立衡，虡文畫輈，羽蓋華蚤，建大旂，十有二斿，畫日月升龍，駕六馬，象鑣鏤鍚、金（鋄）方釳，插翟尾，朱兼樊纓，赤罽易茸，金就十有二，左纛以氂牛尾爲之，在左騑馬軛上，大如斗，是爲德車。」〔註213〕

　　天子車駕的「至尊」，還藉由車駕通常經過的城門被稱爲「門之最尊」得以體現。《後漢書》載：「蔡邕曰：『平城門，正陽之門，與宮連，郊祀法駕所從出，門之最尊者也。』」〔註214〕

　　（2）皇帝屬車與「威」

　　天子出行儀仗中，除皇帝御車金根車外，還有大量屬車。這些屬車或通過所載之物，或藉由裝飾物的寓意，成爲帝王的象徵，成爲彰顯帝王「威」勢之物。

　　華蓋車，崔豹《古今注・輿服》云：「華蓋，黃帝所作也，與蚩尤戰於琢鹿之野，常有五色雲氣，金枝玉葉，止於帝上，有花葩之象，故因而作華蓋也。」〔註215〕將華蓋車上溯至黃帝時期，並將其與黃帝戰勝蚩尤之事相聯繫，可見華蓋車也是帝王之物，成爲帝王的象徵。

　　畢罕車，也是帝王的象徵。帝王出行設「左罕右畢」之儀，是與天文星象相應之舉措。中國古代二十八宿中，有畢宿和昴宿，屬西方七宿。昴星在北，畢星在南，其間曰「天街」，天街是日月五星出入要道。「昴畢之間，日、月、五星出入要道，若津梁也。」〔註216〕日月、五星出行有畢昴夾道，對應至人間，帝王出行也應設「左罕右畢」之儀。〔註217〕此外，畢罕由捕獵工具演變爲儀仗之具，成爲一種符號與標誌：擁有畢罕之義與古代操持儀仗中的斧鉞一樣，象徵著征伐與生殺大權。《後漢書・蘇竟傳》：「畢爲天網，主網羅

〔註212〕（宋）王應麟撰：《玉海》卷五七，南京：江蘇古籍出版社，1987年，第1089頁。

〔註213〕（宋）范曄撰：《後漢書》志第二九，北京：中華書局，1965年，第3644頁。

〔註214〕《後漢書》卷八《靈帝紀》劉昭注引，（宋）范曄撰，北京：中華書局，1965年，第339頁。

〔註215〕（晉）崔豹撰：《古今注》，北京：中華書局，1985年，第3頁。

〔註216〕《史記》卷二七《天官書》「昴、畢間爲天街」索引孫炎雲，（漢）司馬遷撰，北京：中華書局，1959年，第1306頁。

〔註217〕秦建明：《唐墓壁畫與畢罕》，載《乾陵文化研究》第三輯，西安：三秦出版社，2007年，第82頁。

無道之君，故武王將伐紂，上祭於畢，求助天也。」〔註218〕

黃鉞車，承載「鉞」之車。「鉞」，古兵器，形似斧而較大，盛行於殷周時，多用於禮儀。《書・顧命》：「一人冕執鉞，立於西堂。」〔註219〕《史記・殷本紀》：「湯自把鉞以伐昆吾，遂伐桀。」〔註220〕加冕之君王執鉞，湯用鉞伐桀取得政權，這些記述都說明，「鉞」乃帝王之器具，也是帝王的象徵。

儀仗中還通過設置強勁有力的戰車彰顯皇帝的威嚴，如武剛車。武剛車並非一般的戰車，而是作戰先驅之車。《後漢書・輿服志》：「輕車，古之戰車也。洞朱輪輿，不巾不蓋，……吳孫《兵法》云『有巾有蓋，謂之武剛車。』武剛車者，爲先驅。」〔註221〕武剛車既有防護車蓋，又設遠射強弩，防衛與禦敵功能十分強勁。《漢書・衛青傳》還記載了武剛車之實用戰例，「青出塞千餘里，見單于兵陣而待，於是青令武剛車自環爲營。」〔註222〕推知此種戰車確實功力不凡，戰果累累。

儀仗進行途中，爲凸顯帝王車駕的訓練有素、威儀有嘉，還設置了指揮車以統一行進步調，如金鉦車與黃門鼓車。「鉦」，樂器名，銅製，形似鍾而狹長，有長柄可執，口向上以物擊之而鳴，在行軍時敲打。鉦，古代樂器，形似鍾而狹長，有柄，擊之發聲，用銅製成。行軍時用以節步止伐。《詩・小雅・采芑》「鉦人伐鼓」毛傳：「鉦以靜之，鼓以動之。」〔註223〕

2. 隨從與鼓吹中的「尊」與「威」

天子出行儀仗的「尊」「威」之象，不僅藉由千乘萬騎得以打造，眾多隨從人員也是造就這種景象的重要因素。漢賦中對天子出行場面的描寫，都有關於隨從人員眾多的場景描繪。揚雄《甘泉賦》「敦萬騎於中營兮，方玉車之千乘」〔註224〕，上萬騎兵集結在皇上所處的中軍隊伍，成千輛玉飾的車子並

〔註218〕（宋）范曄撰：《後漢書》卷三十上，北京：中華書局，1965 年，第 1045頁。

〔註219〕《尚書正義》卷十八，北京：中華書局（阮元刻《十三經注疏》），1980 年，第 240 頁。

〔註220〕（漢）司馬遷撰：《史記》卷三，北京：中華書局，1959 年，第 95 頁。

〔註221〕（宋）范曄撰：《後漢書》志第二九，北京：中華書局，1965 年，第 3650 頁。

〔註222〕（漢）班固撰：《漢書》卷五五，北京：中華書局，1962 年，第 2484 頁。

〔註223〕《毛詩正義》卷十，北京：中華書局（阮元刻《十三經注疏》），1980 年，第 426 頁。

〔註224〕（漢）班固撰：《漢書》卷八七上《揚雄傳上》，北京：中華書局，1962 年，第 3524 頁。

頭前進；《羽獵賦》「萃從允溶，淋漓廓落，戲八鎮而開關；飛廉、雲師，吸嗅潚率，鱗羅布列，攢以龍翰」〔註 225〕，隨從會聚，人數眾多，隊伍龐大，指揮著八方的動靜。風伯、雲師，都不住喘氣，士卒們如魚鱗般密密排列，集中在一起，就彷彿是龍之鬚。

隊伍中大批人、車、馬及鼓樂造成的巨大聲響，漢賦中將其形容爲震天動地。揚雄《河東賦》「千乘霆亂，萬騎屈橋，嘻嘻旭旭，天地稠嶅。簸丘跳巒，湧渭躍涇」〔註 226〕，成千輛車如雷霆般轟隆隆奔馳，上萬匹馬昂首前進，儘管騎手們都怡然自得，然已震得天搖地動，簡直要使丘山動盪，涇渭之水沸揚。揚雄《羽獵賦》「洶洶旭旭，天動地岋」〔註 227〕，這種聲響十分猛烈，山搖地動。張衡《西都賦》「千乘雷動，萬騎龍趨」〔註 228〕說，天子御車之後有眾多的兵車和騎兵緊緊跟隨，車馬聲就似雷聲一樣轟隆隆地碾過大地，騎兵象龍飛一樣迅疾向前。

正如《西京雜記》中記述的大駕鹵簿，天子出行，上自公卿、下至士族，都參與到天子出行的隊伍中。大駕由大將軍參乘，其餘公卿陪同。漢代大將軍「內秉國政，外則仗鉞專征，其權任出宰相之右」〔註 229〕。即使是法駕，也有地方官吏隨從。「大駕、法駕出，射聲校尉、司馬（史）（吏）士載，以次屬車，在鹵簿中。」〔註 230〕天子六駕，前有儀仗導引，後有扈從護駕，側有大臣陪從，「於是乘輿鳴和，按節發軔，列翠蓋，方龍輈。被五路之時副，攬三辰之旗斿。傅說作僕，羲和奉時。千乘雷駭，萬騎星鋪。絡繹相屬，揮沫揚鑣。」〔註 231〕整個隊伍，車輛眾多，隨從官吏、護衛以及吏卒，常是浩

〔註 225〕（漢）班固撰：《漢書》卷八七上《揚雄傳上》，北京：中華書局，1962 年，第 3546 頁。

〔註 226〕（漢）班固撰：《漢書》卷八七上《揚雄傳上》，北京：中華書局，1962 年，第 3536 頁。

〔註 227〕（漢）班固撰：《漢書》卷八七上《揚雄傳上》，北京：中華書局，1962 年，第 3546 頁。

〔註 228〕（清）陳元龍編：《歷代賦彙》（第 3 冊），南京：江蘇古籍出版社，2004 年，第 344～345 頁。

〔註 229〕（元）馬端臨撰：《文獻通考》卷五九，北京：中華書局，1986 年，第 533 頁。

〔註 230〕（宋）范曄撰：《後漢書》志二九《輿服上》，北京：中華書局，1965 年，第 3650 頁。

〔註 231〕（漢）傅毅《洛都賦》，《歷代賦彙》（第 3 冊），（清）陳元龍編，南京：江蘇古籍出版社，2004 年，第 377 頁。

浩蕩蕩，絡繹不絕，氣勢浩大，蔚然壯觀。

天子出行儀仗，不僅藉由浩蕩的隊伍給人視覺上的震撼與衝擊，更通過儀仗中的鼓吹製造喧鬧震天的聲響，給人聽覺上的震撼。

鼓吹是天子大駕「中護軍警衛方陣」與「金根車方陣」中的重要組成部分。對於「中護軍警衛方陣」而言，此方陣是由將軍和校尉組成，每位將軍、校尉都配備有鼓吹，每部鼓吹都與數行持戟楯、刀楯或弓矢等兵器的吏卒搭成組合。在這種搭配中，鼓吹的巨大聲響一方面從聽覺震懾觀者，另一方面則通過聲響將觀者的眼光聚集到鼓吹樂周圍的大量兵器以及威武的將軍、校尉身上。對於「金根車方陣」而言，方陣前有黃門前部鼓吹，方陣後有黃門後部鼓吹，皇帝御車金根車居方陣中心位置。而黃門鼓吹則藉由車駕與「中護軍警衛方陣」中的鼓吹樂區分開來，顯示出這些在車駕上的鼓吹樂是皇帝的御用鼓吹。

鼓吹樂在西漢時期，最初僅限於天子一人使用，且主要用於天子出行儀仗，即鹵簿鼓吹。即使假借給邊境刺史與將軍，也是命邊境刺史與將軍利用鼓吹替代皇帝在邊境振威。《太平御覽》卷五六七：「《晉中興書》曰：漢武帝時，南平百越。始置交趾……凡七郡。……宜加威重，故刺史輒假節，七郡皆加鼓吹。」〔註232〕《北堂書鈔》卷一三〇引《晉中興書》為「以州邊遠，宜振威重。七郡皆假以鼓吹。」〔註233〕這裡明確提到，「假以鼓吹」的真實目的是「宜振威重」。由此可知，漢代鼓吹樂最初的主要功能，就是顯耀君威、顯耀國威。

綜上所述，漢天子出行儀仗具有濃厚的炫耀功能。不僅藉由大批朝廷命官隨從天子出行，呈現出眾星捧月之勢，炫耀皇帝至尊的權威；而且通過「千乘萬騎」的車駕隊伍，展示天子治下的國家實力強盛，訓練有素，威儀有加，以此凸顯皇帝尊威；更為重要的是，出行儀仗除了在視覺上用威儀浩蕩的隊伍震懾觀者，還利用喧鬧震天的鼓吹樂驚動整個京城。

天子出行儀仗確實達到了預期效果與目的，熱鬧隆重的車駕出行場面，常常引起路人百姓爭相圍觀。《後漢書·銚期傳》曰：「光武趨駕出，百姓聚觀，喧呼滿道，遮路不得行，期騎馬奮戟，瞋目大呼左右曰『蹕』，眾皆披

〔註232〕（宋）李昉撰：《太平御覽》卷五六七，上海：上海古籍出版社，2004年，第2562頁。

〔註233〕（唐）虞世南撰：《北堂書鈔》卷一百三十，天津：天津古籍出版社，1988年，第1156頁。

麋。」〔註 234〕這裡提到，「百姓聚觀，喧呼滿道，遮路不得行」，壯觀的天子車駕對於百姓而言，如同觀看盛大的表演，吸引力極為巨大。而這也正是天子浩蕩出行的最終目的，即向天下人展示自己的尊威之象並使其臣服。

本章小結

　　漢代宮廷非祭祀音樂活動大致可分三項，宴饗音樂活動，典禮音樂活動與出行鹵簿儀仗。與祭祀音樂活動側重「人神溝通」以彰顯帝王權威、訓誡臣僚尊君忠君的策略不同，非祭祀音樂活動並無神靈降臨，完全在君臣之間展開。此時，皇帝作為活動現場的權威之最，務須憑藉己身與神靈的溝通來樹立至高無上之威權，權威的彰顯與建構以及教化旨意的傳達，主要藉由場所、樂舞、樂章、樂儀以及出行儀仗等媒介來完成。

　　就場所而言。漢代「宮殿」取代「郊」與「廟」，成為朝廷最主要的禮儀場所，西周「廟」內舉行的諸多禮儀，如即位、加冠、婚禮、朝禮、聘禮、冊命等，被漢代移至宮殿中進行。使漢代宮殿成為非祭祀音樂活動的最主要場所。正因如此，漢代宮殿建築自高祖始，就形成了「非令壯麗無以重威」的建築原則。例如：崇尚高臺厚基以建立帝王的霸權之位與威武氣勢。傾力打造前殿，在布局上使其居中，使其他建築與前殿形成「眾星環繞」之象；在規模與裝飾上，使其「度為千門萬戶」且「遊觀侈靡，窮妙極麗」。顯然，漢代宮殿是建構帝王之「威」的重要場所。

　　除宮殿外，非祭祀音樂活動的場所還有位於王都之外的皇家苑觀，以天子校獵宴饗、會見外賓使者的上林平樂觀為代表。此類場所因地域開闊，不僅適合舉行規模極大的音樂活動如角抵百戲等，也能容納更多觀者，同時更有利於向外賓使者以及百姓民眾誇耀王朝氣魄以產生威懾之效的場所。皇帝則藉由苑觀建築的特徵，在觀上居高臨下，「於上觀望」，不僅能夠營造帝王高高在上之「威」，繼而使在下仰望之臣民產生臣服之「忠」。

　　就樂舞而言。漢代宮廷宴饗樂舞作為政治性宴饗，明顯有別於純粹歡愉

〔註234〕　（宋）范曄撰：《後漢書》卷二十，北京：中華書局，1965 年，第 731 頁。
　　　　　另，為保證皇帝車駕的順暢與安全，車駕前段還安排式道候負責清道。《後漢書·百官志》「右屬執金吾」本注曰：「本有式道、左右中候三人，六百石。車駕出，掌在前清道⋯⋯。」《後漢書》志第二七，（宋）范曄撰，北京：中華書局，1965 年，第 3606 頁。

享樂的私人宴飲，而成為統治者傳達與宣揚教化旨意的有效媒介。以朝賀宴饗為例，朝賀是彰顯帝王至高無上之權威的政治儀式，來朝者既有王公大臣，也有地方郡國計吏，更有異族番邦的使者。面對身份如此繁複的來朝者，朝賀宴饗將四海之內的樂舞齊聚一堂，既有象徵四夷番邦之臣服的「四夷之樂」，也有採自全國各地的地方音樂，還有承襲自西周的《韶》《武》之樂。這些來源豐富的樂舞，實際是藉由朝賀活動，推崇並落實「四海之內合敬同愛」的具體舉措，同時也是勸諫與強化異族番邦的歸順臣服之心。此外，某些舞具也被賦予了特殊的象徵意義，從而成為皇帝向臣僚灌輸忠君忠職教化旨意的介質，如《槃》舞之「槃」與「承受」、「擔當」之心；《鞞》舞之「鞞」有聽從號令、遵從君命之義。再有，某些樂舞的主題與素材，也與強化君「威」觀念密切相關，如《巴渝》舞，不僅以巴人協助高祖定三秦之戰事為素材，而且藉由宏大的舞蹈場面與「武王伐紂歌」相類似，從而強調高祖平定天下建立漢朝是造福天下百姓之事，既是上天授意，也是順應民心，如此才有巴人相助，屢戰屢勝。宴饗場合中的此舞表演，不僅讓後人銘記先祖創建王朝的篳路藍縷，更藉由此舞昭告世人，漢天子不僅德被四海，使天下「慕義內附」，漢天子之「威儀」還有強大的武力後盾，即漢家王朝的威武之師。

就樂章而言。鼓吹曲辭是宮廷宴饗與帝王出行音樂活動的重要內容。本文以為，此類特定的活動場合無疑賦予了歌辭以某些特定的教化意涵。例如：《朱鷺》篇藉由朱鷺、建鼓等物宣揚並強化皇帝之「威」權，同時規訓臣僚忠於職守，敢於直諫；《思悲翁》與《戰城南》篇將帝王創業艱難作為篇章主題，其用意通過戰敗、陣亡之事描述帝業之艱難，告誡後人謹記功業來之不易，應當盡心竭力，兢兢業業；《艾如張》篇表彰天子順應四時治天下有成，通過四時和順之景象頌揚天子治世之功，繼而樹立天子之威嚴；《上之回》篇歌頌漢武帝行幸回中宮與戰匈奴之事，藉由天子一聲令下即刻使「百官疾驅馳」顯示皇帝之威，更通過匈奴、月支等異國的臣服來凸顯皇帝之威。等等。

就樂儀而言。「黃門鼓吹三通」是漢代代國家重要典禮活動中的常設之儀，此樂儀配合天子「臨軒」、皇后「伏、拜、稱臣妾」、群車「陪位、微行、以次出」等儀節，一方面藉由臣僚畢恭畢敬的「服從」與「忠君」，將帝王「尊」「威」之象推至至高點。反而言之，也是藉由帝王「尊」與「威」之打造，強化臣僚的「忠君」、「尊君」觀念。此外，「黃門鼓吹三通」之儀在典禮中扮演著發號施令的功能，如宣布儀式結束、提示臣僚依尊卑秩序離殿、宣布天

子舉哀之儀的開始等。顯然，「黃門鼓吹三通」之儀，一方面因其「黃門」屬性而象徵著皇權，另一方面則藉由儀式功能，彰顯著皇至上權的無處不在。

就儀仗而言。鹵簿儀仗是漢代帝王彰顯帝王尊威之象訓誡臣僚忠君尊君的重要途徑。首先，漢天子出行儀仗不僅藉由大批朝廷命官隨從天子出行，呈現出眾星捧月之勢，炫耀皇帝至尊的權威；而且通過「千乘萬騎」的車駕隊伍，展示天子治下的國家實力強盛，訓練有素，威儀有加，以此凸顯皇帝尊威；其次，出行儀仗中，還藉由鼓吹樂人的侍從方式，將臣僚配備的鼓吹與皇帝專享的鼓吹區辨來看，臣僚配備的鼓吹樂人與持兵器的吏卒組合，採用步行的方式，而皇帝專享的黃門鼓吹樂人則是乘車從行。顯然，君尊臣卑、皇權至上在此侍從方式的規定中進一步得到強化。再次，天子出行儀仗不僅在視覺上用威儀浩蕩的隊伍震懾觀者，還利用喧鬧震天的鼓吹樂驚動整個京城。皇帝的「尊」「威」與臣僚的「忠」「服」，藉由浩浩蕩蕩的龐大儀仗隊伍展現的一覽無餘。

綜而觀之，以宴饗、典禮與出行為代表的漢代宮廷非祭祀音樂活動的教化意涵，重點是帝王之「尊」「威」與臣民之「忠君」與「尊君」。

結論 「威」與「忠」：漢代宮廷音樂活動的教化核心

　　本文考察了漢代宮廷祭祀之郊廟音樂活動與非祭祀之宴饗、典儀、出行音樂活動的教化意涵。本研究基於對宮廷音樂活動的如下三點認識：其一，宮廷音樂活動由音樂、儀式與教化三者組成，三者缺一不可；其二，宮廷音樂活動是宮廷禮儀活動的重要組成部分之一；其三，宮廷音樂活動具有濃重的政治涵義。由從此角度講，在宮廷音樂活動中，音樂與儀式是手段，教化是目的。由此認識為基礎，本文對宮廷音樂活動進行了三個維度的考察，主要圍繞音樂之「樂舞」、「樂章」與「樂儀」，儀式之「場所」與「儀節」展開，以及音樂和儀式中表現出來的教化意涵。通過分析和綜合上述維度中音樂活動的相關要素，本文提煉出宮廷祭祀的郊廟音樂活動與非祭祀的宴饗、典儀、出行等音樂活動的主要教化意涵，它們可以分別用「德」、「孝」、「忠」、「尊」、「威」、「和」觀念加以概括。如果將這些教化觀念與此前周代的情況加以比較，則可注意到它們間存在的聯繫，然而如果從宮廷音樂活動中的重要性看，漢代宮廷音樂對上述教化的側重點有所不同，因此與周代相比，在排序上也顯示出區別，即忠、尊、威、德、孝與和。

　　通過研究本文發現，漢代宮廷音樂活動中的這些教化意涵，呈現出兩方面的特徵。一、教化意涵在各種宮廷音樂活動中的分布；二、各教化意涵之間存在某些內在關聯。下文首先討論此二方面的特徵，繼而結合漢代大一統政治統治秩序的建構，分析此二特徵出現的社會原因。

一、不同教化意涵在漢代宮廷音樂活動中的分布情況

漢代宮廷音樂活動主要有兩大類，祭祀音樂活動與非祭祀音樂活動。其中，非祭祀音樂活動主要包括宴饗、典禮與出行三項。「忠」、「孝」、「德」、「尊」、「和」、「威」在這兩類四項宮廷音樂活動中的分布情況如下表：

	祭祀音樂活動	非祭祀音樂活動		
	郊廟	宴饗	典禮	出行
忠	★	★	★	★
尊	★	★	★	★
威		★	★	★
德	★	★		
和		★		
孝	★			

此表反映出的情況有以下幾點：

1.不同教化意涵在各項活動中的覆蓋率，由高至低可作如下排列：「忠」與「尊」居首位，此二者同時出現在漢代宮廷二類四項宮廷音樂活動中；其次是「威」，全面覆蓋了非祭祀類的三項音樂活動；再次是「德」，既是郊廟祭祀音樂活動的教化意涵，也有非祭祀中宴饗音樂活動的教化意涵；最後是「孝」與「和」，「孝」僅出現在祭祀類的廟祭音樂活動中，「和」僅出現在非祭祀類的宴饗音樂活動中。

2.祭祀活動與非祭祀活動所強調的教化意涵，既有相同，也有不同。相同的教化意涵有三種，「忠」、「尊」與「德」；不同的教化意涵亦有三種，「威」、「和」與「孝」。

3.結合周代宮廷音樂活動的教化目的來看，上表亦呈現出漢代宮廷音樂活動教化意涵對傳統的承襲與改造。就承襲而言，「德」與「孝」作爲周代宮廷音樂的主要教化意涵，在漢代宮廷音樂活動中有所保留。就改造而言，主要體現在三個方面：其一，漢代宮廷音樂活動新增了「忠」與「威」兩種教化意涵；其二，儘管「德」與「孝」仍然是漢代宮廷音樂活動的教化意涵，但相較周代而言，此二種教化意涵明顯出現弱化的趨勢，更爲重要的是，漢代「德」「孝」的內涵明顯有別於周代。其三，儘管「和」與「尊」，也曾是周代宮廷音樂活動的教化意涵，但此二者不僅在漢代宮廷被推崇的程度截然相

反，而且此二者的具體內涵也明顯有別於周代。

　　總而言之，漢代宮廷音樂活動的主要教化意涵，相比周代而言，變化的部分明顯大於承襲的部分。即使是承襲，也在承襲的基礎上進行了改造，如「德」、「孝」、「和」、「尊」等傳統教化意涵的內涵發生了明顯變化。基於此，下文首先解讀上述教化概念的涵義，並對其相互間的關係進行分析。

二、不同教化概念的涵義及其相互關係之分析

　　漢代宮廷音樂活動的教化意涵主要包括六個概念，「忠」、「尊」、「威」、「德」、「孝」與「和」。除「忠」與「威」之外，其餘四個概念都曾是周代宮廷音樂活動的教化意涵。因此，在解讀上述概念時，有必要結合周代的有關情況。

（一）不同教化概念的涵義分析

1.「忠」

　　「忠」，原初義是「敬」、「盡心」。戰國以前，「忠」之「敬」與「盡心」，對個人而言，主要表現為表裏如一，言必由中，即「外內倡和」〔註1〕之義；對他者而言，既表現為忠於職守，盡心做事，也包括忠於與己交往之人，即孔子所言「居處恭，執事敬，與人忠」〔註2〕。所謂「與人忠」，既指「（聖王）忠於民」〔註3〕，也指王與臣「死不忘衛社稷」〔註4〕、「臨患不忘國」〔註5〕，

〔註1〕《左傳・昭公十二年》：「外內倡和為忠」。《春秋左傳正義》卷四五，北京：中華書局（阮元刻《十三經注疏》），1980 年，第 2063 頁。
〔註2〕《論語・子路》，《論語注疏》卷十三，北京：中華書局（阮元刻《十三經注疏》），1980 年，第 2507 頁。
〔註3〕《左傳・桓公六年》記載隨國賢臣季梁之語：「夫民，神之主也。是以聖王先成民，而後致力於神。」《春秋左傳正義》卷六，北京：中華書局（阮元刻《十三經注疏》），1980 年，第 1750 頁。「所謂道，忠於民而信於神也。」《春秋左傳正義》卷六，北京：中華書局（阮元刻《十三經注疏》），1980 年，第 1749 頁。
〔註4〕《左傳・襄公十四年》記載，楚國令尹公子囊彌留之際囑告他的兒子庚一定要把國都郢城的城牆修築好。後人據此評論道：公子囊臨死不忘國家安危，毫無疑問是「忠」的表現。「楚子囊還自伐吳，卒，將死，遺言謂子庚必城郢。君子謂子囊忠，君薨不忘增其名，將死不忘衛社稷，可不謂忠乎？忠，民之望也。」，《春秋左傳正義》卷三二，北京：中華書局（阮元刻《十三經注疏》），1980 年，第 1959 頁。
〔註5〕《左傳・昭公元年》記載，魯國叔孫豹參加諸侯會盟期間曾受到楚國人的威脅，叔孫豹為了維護國家尊嚴，不卑不亢，機智應對，楚國人趙孟感慨：「臨患不忘國，忠也。」《春秋左傳正義》卷四一，北京：中華書局（阮元刻《十三經注疏》），1980 年，第 2020 頁。

即「忠於公室」〔註6〕，當然也包括臣下對君上，即孔子所言：「君使臣以禮，臣事君以忠。」〔註7〕

不難看出，戰國以前，「忠」的涵義及其適用範圍相當廣泛，可謂是對每個人所提出的道德要求。戰國以降，這種情況發生了巨大變化：「忠」的規範逐漸單一化，「忠君」成爲其核心內涵。具體表現爲：其一，「忠臣」一詞高頻率出現，「忠」完全演變爲對臣民的規範，君主「忠於民」的觀念已從「忠」的含義中被剔除；其二，「君使臣亦禮」不再是「臣事君以忠」的前提條件，「忠君」成爲對臣下的單方面要求。

至秦漢，伴隨中央集權的不斷加強，戰國時期「忠」的內涵不僅得到承襲，還表現出進一步強化的趨勢。正如王子今先生指出，「（『忠』）體現爲臣對於君的絕對服從。這種規範到了漢代確定以『君爲臣綱』爲基本點的『三綱五常』之後，更爲凝固化。」正是基於大一統政治體制的建構，「忠」受到漢王朝的特別推崇，一躍而成爲社會政治生活中具有指導意義的原則性規範。

2. 尊

「尊」，最初指酒器，《說文・酋部》：「尊，酒器也。」〔註8〕周代有「六尊」，都是禮儀場合所用之禮器。「周禮六尊……以待祭祀賓客之禮。」「尊」引申爲「恭敬」之義，則與禮儀場合奉持酒尊之舉有關。「尊者，恭敬奉持之意。」

在先秦，「尊」之「恭敬」涵義，首先是指「尊鬼神」。《周禮・天官・小宰》「凡祭祀，贊玉幣爵之事，祼將之事」鄭玄注曰：「天地大神至尊不祼，莫稱焉。」〔註9〕這裡明確指出，「至尊」者是「天地大神」。〔註10〕其次，還

〔註6〕 《左傳・僖公九年》「公家之利，知無不爲，忠也。」《春秋左傳正義》卷十三，北京：中華書局（阮元刻《十三經注疏》），1980年，第1801頁。

〔註7〕 《論語・八佾》，《論語注疏》卷三，北京：中華書局（阮元刻《十三經注疏》），1980年，第2468頁。

〔註8〕 （漢）許慎撰，（清）段玉裁注：《說文解字注》第十四篇下，鄭州：中州古籍出版社，2006年，第752頁。

〔註9〕 《周禮注疏》卷三，北京：中華書局（阮元刻《十三經注疏》），1980年，第654頁。

〔註10〕 關於先秦「尊」與「鬼神」的聯繫，劉昉：《古代禮學「尊尊」觀念釋義》文有詳細討論。該文指出，「這種『尊鬼神』的觀念在《儀禮》中也可以找到，尊者包括了『神』和『祝』，『神』指天神和人鬼，『祝』則是人與神溝通的中介。可見，『尊』與敬鬼神是緊密聯繫在一起的。」《雲南大學學報》（社會科學版）第11卷第3期，第55頁。

有因「爵、德、齒」而成爲至尊者，「天下之達尊者三，曰爵也，德也，齒也」〔註11〕。可見，爵位、德行與年長也是成爲天下至尊的前提條件。此外，先秦之「尊」，往往與「親」相聯繫，即有「親親尊尊」之說。由上可知，先秦之「尊」既指「天地大神」至尊，也指「爵、德、齒」至尊。這種現象反映出，先秦「尊」的內涵並無明確的指向。

　　至秦漢，這種情況發生了明顯轉變。隨著中央集權的建立，帝王至高無上之「尊」位需要強化，此時天子成爲天下至「尊」。與此同時，臣民「尊」的對象也得以進一步明確，即天子。〔註12〕

　　由上可知，「尊」觀念的內涵，由先秦之尊「鬼神」或「爵、德、齒」等逐漸演變爲秦漢之尊「君」，最終被納入政治制度的框架中，成爲中央集權體制下的重要政治倫理規範。

3. 威

　　「威」，在周代主要有三層涵義。第一，與「儀」同義，即「威儀」，正如「言禮，據其始爲本；言儀，據威儀爲先」、「經禮三百，威儀三千」〔註13〕之說，具體是指各種行禮之儀。如「祼將之儀」即「奉玉送祼之威儀」〔註14〕；「肄儀爲位」即「數者禱祠，皆須豫習威儀乃爲之，故云肄儀」〔註15〕；「詔法儀」即「經三事，皆有法度威儀，故須大僕告之」〔註16〕；「有人舞」鄭玄注「人舞無所執，以手袖爲威儀」〔註17〕；「朋友攸攝，攝以威儀」〔註18〕等等。第二，與刑罰有關。「刑罰，以馭其威」賈公彥疏曰：「謂有罪刑之，有

〔註11〕　《周禮・天官・大宰》，《周禮注疏》卷二鄭玄注，北京：中華書局（阮元刻《十三經注疏》），1980 年，第 646 頁。

〔註12〕　劉昉：《古代禮學「尊尊」觀念釋義》，《雲南大學學報》（社會科學版）第十一卷第三期，第 55 頁。

〔註13〕　《周禮・春官・御史》，《周禮注疏》卷二七鄭玄注，北京：中華書局（阮元刻《十三經注疏》），1980 年，第 822 頁。

〔註14〕　《周禮・春官・鬱人》，《周禮注疏》卷十九賈公彥疏，北京：中華書局（阮元刻《十三經注疏》），1980 年，第 770 頁。

〔註15〕　《周禮・春官・小宗伯》，《周禮注疏》卷十九賈公彥疏，北京：中華書局（阮元刻《十三經注疏》），1980 年，第 768 頁。

〔註16〕　《周禮・夏官・大僕》，《周禮注疏》卷三一賈公彥疏，北京：中華書局（阮元刻《十三經注疏》），1980 年，第 851 頁。

〔註17〕　《周禮・春官・樂師》，《周禮注疏》卷二三鄭玄注，北京：中華書局（阮元刻《十三經注疏》），1980 年，第 793 頁。

〔註18〕　《詩經・大雅・既醉》，《毛詩正義》卷十七，北京：中華書局（阮元刻《十三經注疏》），1980 年，第 536 頁。

功賞之，使人入善畏威」〔註19〕；「胥，守門察僞詐也。必執鞭度，以威正人眾也」〔註20〕；「薄刑用鞭撲，以威民」〔註21〕；「古者取囚要辭皆對坐，治獄之吏皆有嚴威」〔註22〕等等。第三，與軍事有關，指威懾敵人。「引之者，證軍師有釁鼓之事。所引之辭者，將以登軍師有必取威於天下，欲使敵人畏之也。所以必有征伐四方之事，故須用血以釁於，鼓故有釁鼓之事。」〔註23〕「秋以出兵爲名，秋嚴尚威故也。」「揚軍旅，爲之威武以觀敵。」〔註24〕

由上可知，在周代，「威」通常與「儀」同義，指行禮之威儀，其行爲主體包括所有行禮之人；「威」作威懾之義講時，既指實施刑罰威懾民眾，也指出兵征戰威懾敵人。其行爲主體既指天子，也指行刑罰之人，還包括出徵眾將士。此外，周代之「威」還與「德」有關，即「德所威則人皆畏之」〔註25〕，

戰國以降，「威」作爲「權勢」之術的核心，逐漸被視爲帝王得天下、治天下的關鍵。《國語・晉語八》「欒書實覆宗，弒厲公以厚其家，若滅欒氏，則民威矣。」韋昭注：「威，畏也。」〔註26〕《韓非子・人主》「所謂威者，擅權勢而輕重者也」〔註27〕；《史記・陳涉世家》「此教我先威眾爾」〔註28〕；《大戴禮記・少閒》「以示威於天下也」〔註29〕等等。這裡，「威」主要指「權勢」、「震懾，使知畏懼而服從」、「（使）畏懼，敬畏」、「威嚴」。

〔註19〕 《周禮・天官・大宰》，《周禮注疏》卷二，北京：中華書局（阮元刻《十三經注疏》），1980 年，第 646 頁。

〔註20〕 《周禮・地官・司市》，《周禮注疏》卷十四鄭玄注，北京：中華書局（阮元刻《十三經注疏》），1980 年，第 734 頁。

〔註21〕 （戰國）左丘明撰：《國語》卷四《魯語上》，上海：上海古籍出版社，1978 年，第 107 頁。

〔註22〕 （清）李鍾倫撰：《周禮纂訓》卷一九，《文淵閣四庫全書》本，第 351 頁。

〔註23〕 《周禮・春官・喪祝》，《周禮注疏》卷二六賈公彥疏，北京：中華書局（阮元刻《十三經注疏》），1980 年，第 815 頁。

〔註24〕 《周禮・夏官・環人》，《周禮注疏》卷三十，北京：中華書局（阮元刻《十三經注疏》），1980 年，第 844 頁。

〔註25〕 《禮記・表記》引《甫刑》「德威惟威，德明惟明」孔穎達疏，《禮記正義》卷五四，北京：中華書局（阮元刻《十三經注疏》），1980 年，第 1642 頁。

〔註26〕 （戰國）左丘明撰：《國語》卷十四，上海：上海古籍出版社，1978 年，第 301 頁。

〔註27〕 （清）王先慎撰：《韓非子集解》卷二十，北京：中華書局，1998 年，第 470 頁。

〔註28〕 （漢）司馬遷撰：《史記》卷四八，北京：中華書局，1959 年，第 1950 頁。

〔註29〕 （漢）戴德撰：《大戴禮記》卷十一，臺北：商務印書館，1937 年，第 189 頁。

4. 德

與宮廷音樂活動有關的「德」屬政治道德的範疇，主要指王德。對王德的重視，是周朝建立以來的傳統。周人意識到君主個人德行與政治的道德性格對於確立政權合法性的意義以及維持政治穩定性的重要作用。〔註30〕因此，周代宮廷音樂活動中，無論是郊廟祭祀，還是宮廷宴饗，無論是樂舞還是樂曲，歌頌王德是永恆的主題。並且，周代之「王德」，主要指先王之德，而非嗣王之德。

至漢代，周人「以德受命」之觀念得以承襲，歌頌王德仍然被作爲郊廟祭祀的主題，宴饗活動中也偶有出現。但，漢代郊廟祭祀活動中頌揚之「德」，與周代仍有區別，即凸顯嗣王之德。如漢武帝大力「修郊祀」並創製郊祀樂，樂章所歌之事盡是漢武帝個人的文治武功。這種變化，同樣歸因於先秦至秦漢社會政治體制的轉型。西周宗法制下，統治集團屬於大型血親集團，在崇拜宗族或家族的集體祖先的觀念支配下，當權者個人只是這個血親集團或宗族中的代表而已；伴隨中央集權的建立，權力逐漸收歸皇帝個人，當權者個人的權力成爲首要被推崇和凸顯的對象。這種轉變無疑會使「王德」的內涵有所改變。

5. 孝

「孝」，《說文・老部》：「孝，善事父母者。從老省，從子，子承老也。」〔註31〕《爾雅・釋訓》：「善父母爲孝」。〔註32〕這裡將「孝」視爲子女對父母的一種善行和美德。此外，結合「孝」的起源可知，「孝」還與尊祖祭祖之類的祖先崇拜有關。由此可知，「孝」既表現爲子女對在世父母的孝，也表現爲後人對先祖的祭享與供奉。

在西周宗法制度下，與權力直接對應的是嫡庶之制、昭穆之序。而這些在道德規範上的表現，就是「孝」，即尊祖敬宗。此外，以宗法血親製爲基礎的分封制，使得君臣之間也是血親關係。也就是說，以血緣爲基礎的「孝」作爲家庭倫理的範疇，同樣適用於不僅周代統治集團內部君臣關係的維繫，

〔註30〕 陳來：《古代宗教與倫理——儒家思想的根源》，北京：三聯書店，2009年，第296頁。
〔註31〕 （漢）許慎撰，（清）段玉裁注：《說文解字注》第八篇上，鄭州：中州古籍出版社，2006年，第389頁。
〔註32〕 《爾雅注疏》卷四，北京：中華書局（阮元刻《十三經注疏》），1980年，第2591頁。

轉變為政治倫理。

戰國至秦漢，隨著國家機構的發展，漢代所建立的選舉制度使得多數官員來自皇家以外的私家，而非來自皇家的家臣體系。繼而出現的情況是，皇帝與臣僚之間，血緣關係被淡化。如何藉由「孝」的道德感情將「孝」擴及到非血緣維繫的君臣關係層面？「忠孝同質說」應運而生。在這種觀念的支配下，人們認為，政治世界的原理是家內秩序原理的同質性衍伸，君臣關係等同於父子關係，故「孝」可移為「忠」。也就是說，「移孝為忠」的邏輯起點是，「忠」與「孝」的不同只是致敬的對象不同而已，其蘊含的道德感及其規範是相同的。

6. 和

「和」作為一個倫理範疇，其基本品質主要包括三個層次：人格和諧、人與自然的和諧、人與人的和諧。〔註33〕漢代宮廷宴饗音樂活動所強調的，主要是指人與人的和諧。「和」的本義是調和與相應。「調和」強調了差異是「和」存在的前提，「相應」強調社會各階層之人應使自己的行為舉止與身份相符，即遵守本分。對於統治者而言，只有避免社會各種關係失「和」才能穩定統治秩序。因此，大力宣揚「和」的觀念，使臣民謹遵天尊地卑、君臣有別的教導並恪守「無相僭越」的行為舉止規範，繼而構建有秩序而和諧的社會。東漢王充《潛夫論》曰：「三才異務，相待而成，各循其道，和氣乃臻，機衡乃平。」〔註34〕顯然，漢代帝王在宴饗音樂活動中推崇「和」的觀念，其用意是訓誡臣僚。也就是說，宴饗音樂活動中的「和」，主要主體是臣僚。

（二）「忠」、「尊」、「威」的關係分析

通過上述解讀可知，漢代宮廷音樂活動的主要教化意涵中，承襲自周代的「尊」、「德」、「孝」、「和」觀念，其涵義一致呈現出與周代的明顯差異。更值得關注的是漢代宮廷音樂活動中新增的兩種教化意涵，「忠」與「威」。另，由於「尊」與「忠」在活動中具有相同的覆蓋率，故下文重點探討「忠」與「威」關係的同時，也會關注「尊」與此二者關聯。

〔註33〕傅永聚主編：《中華倫理範疇——和》，北京：中國社會科學出版社，2006年，第9頁。

〔註34〕（漢）王符撰：《潛夫論》卷八，上海：上海古籍出版社，1978年，第431頁。

1. 從行為主體看

「忠」與「威」的行為主體很明確：前者是指臣民，「忠」是對臣的倫理規範與要求，臣民必須忠於帝王；後者是指帝王，帝王建立「威」權以統治天下臣民。「尊」的行為主體，既指臣民，也指帝王。臣民作為行為主體是，是「尊君」之義；帝王作為行為主體時，是「獨尊」之義。

2. 從覆蓋的音樂活動的種類與社會性質看

「忠」與「尊」不僅出現在郊廟祭祀活動中，而且出現在非祭祀的宴饗、典禮與出行音樂活動中。「威」則出現在非祭祀的宴饗、典禮與出行音樂活動中。這種分布極富深意。尤其是「忠」與「威」這兩種全新的教化意涵的分布。

先說祭祀活動。天地祭祀與祖先祭祀是古代社會體現帝王權力來源的合法性與正當性的重要活動，在此類活動中，天地與先祖作為至高權力的來源，理應是活動現場的至「尊」。正因如此，周代郊廟祭祀音樂活動通過強調先王之「德」，以示配天受命，昭告天下人，周天子藉由王德從天地、先祖神靈處獲得了治天下的權力。但是，這種情況在漢代，卻呈現出微妙變化。漢代宮廷郊廟祭祀活動中，儘管仍有「德」的存在，但，「忠」也出現了。正如前文所述，帝王是「忠」的指向，而非「鬼神」。也就是說，「忠」意涵的出現，在原本用於凸顯天地、先祖之「至尊」的禮儀活動中，置入了帝王之「獨尊」的觀念與表象，並以此訓誡臣僚「忠」於帝王。

再說非祭祀音樂活動。非祭祀活動完全在君臣之間展開，是建構君臣關係的重要禮儀活動。在周代，此類性質的活動以宴饗為主，宴饗活動則以「孝」、「德」、「和」、「親親尊尊」等觀念為主要教化目的，將「孝」、「德」、「和」、「尊」視為維繫君臣關係的重要紐帶。至漢代，這種情況發生巨大變化。一方面，非祭祀音樂活動的種類發生了變化。漢代非祭祀活動不僅有宴饗活動，除此之外還新增了出行音樂活動與凸顯帝王權力的典禮音樂活動（如天子冊后、天子受天下朝賀、天子舉哀發喪）。另一方面，教化意涵也發生了巨大變化。作為統治權勢之術的「威」，在周代宮廷音樂活動中並未出現，卻同時出現在漢代三種非祭祀活動中。以上兩方面的變化，可以作如下理解：「威」是伴隨漢代新增的宮廷音樂活動而產生的。由此推知，無論是新增的音樂活動，還是新增的教化意涵，都足以說明這類音樂活動及其教化意涵，備受統治者重視。

綜合上述兩個方面，我們推知，漢代宮廷音樂活動中，「忠」與「威」二者的邏輯關係應該是，帝王首先樹立「威」權，繼而以此為資本，教化臣民忠於己。「尊」在其中，則承擔著兩種功能。其一，帝王樹立權威之時，獨尊之位應運而生；其二，由於帝王的權威之象，臣民產生「尊君」之感。

此外，「德」與「威」的內涵與指向也具有某種一致性。在古代政治文化語境中，二者都是帝王所具有的品質，但並不能據此作出如下理解：宮廷音樂活動宣揚的「德」「威」觀念是對帝王的要求與規訓。因為宮廷音樂活動的開展存在一個前提：活動開展的主導者是帝王。帝王開展活動的目的很明確，即教化臣民。也就是說，帝王藉由宮廷音樂活動宣揚自己的「德」與「威」，其最終目的都是為了讓臣民臣服歸順。

所不同的是，「德」是周代宮廷音樂活動的核心，強調與凸顯的是「以德保民」，周王通過己之「德」，一方面使下民臣服，同時也以此為下民樹立典範，教化下民養成各種善德。至漢代，這種情況既有承襲也有調整。其一，漢代承襲了西周的傳統，將「德」視為受天命以支配天下的要件（儘管「德」的含義有所變化）〔註35〕，「德」還被視為帝王教化臣民的前提，正所謂「君之所為，百姓之所從也」〔註36〕。其二，歷經「春秋五霸」、「戰國七雄」時代，在藉由祭祀權奪取天下的理念之外，出現了「欲以力征經營天下」建獨立王權的策略。〔註37〕在此策略之下，對於帝王而言，「威」逐漸成為除「德」之外的另一統治要件。通過威嚴與權勢的彰顯，以此威懾臣民，使之臣服。也就是說，儘管「德」在漢代宮廷音樂活動中仍然被提倡，但與此同時，權威與權勢成為統治者治理天下、使下民臣服的主要利器。

三、「威」與「忠」是漢代宮廷音樂活動的教化核心

通過上文討論，我們以為，「忠」與「威」觀念是漢代宮廷音樂活動的教化核心。

就「忠」而言，郊祀音樂活動通過祭壇設置與參與者的空間分配，彰顯

〔註35〕 王健文著：《奉天承運——古代中國的「國家」概念及其正當性基礎》，臺北：東大圖書股份有限公司，1995 年，第 65～90 頁。

〔註36〕 《禮記·哀公問》，《禮記正義》卷五十，北京：中華書局（阮元刻《十三經注疏》），1980 年，第 1611 頁。

〔註37〕 甘懷真：《天下概念成立的再探索》，刊於《北京大學中國古文獻研究中心集刊》第九輯，2010 年 6 期，第 17 頁。

皇權獨尊，告誡臣僚「忠」與皇帝一人；廟祭音樂活動將非血親群體「公卿百官」作為主要教化對象，強調「移孝為忠」；宴饗、典儀音樂活動的頻繁舉行，使宮殿替代郊與廟而成為最重要的活動場所，這類場所是彰顯皇權世俗性的空間，在此頻繁舉行各種音樂活動，其目的在於凸顯皇權獨尊，通過空間與參與者行為之間的互動構建出對「忠」觀念的推崇與強化。

即使是「德」與「孝」的提倡，其最終指向也是「忠」。先說「德」。無論是《郊祀十九章》還是《安世房中歌》，「德」的行為主體都是當朝皇帝。《安世房中歌》是漢高祖時唐山夫人所作，其中所述帝德也是高祖的功績。而西周時期，王德作為「德」的核心，主要是指先祖之德。也就是說，「德」內涵從西周至漢代，呈現出依附先祖（神聖性）向凸顯皇帝個人功績（世俗性）的轉變趨勢。此外，漢代帝德、西周王德與天（命）之間的關係有所不同。西周王德（先祖之德）強調的是「以德配天」，即因為「德」而受天命。而在漢代宮廷音樂活動中，「德」與天命的關係並未被強調，帝德與天的關係不再以依附性為主，漢統治者只是將天降祥瑞作為弘揚皇帝有德的途徑與策略。

再說「孝」。漢代宮廷音樂活動中的「孝」，與西周也有所不同。西周時期，「孝」的基礎是「親」，即血緣關係。而漢代「孝治天下」之「孝」，顯然不再侷限於家庭倫理範疇，更多地被用於政治倫理範疇，強調君臣關係。皇帝宗廟祭祖音樂活動中，非血緣關係的公卿大臣作為被教化的主要對象、非血緣關係的功臣作為祖先配享以及宗廟設置不再以昭穆（血親關係的集中體現）作為標準等等，都表明，宗廟祭祖儘管是昭孝之舉，但由於漢代統治者在「孝」觀念中已經灌注了「忠」的因素，由此通過「孝」來強調「忠」。

就「威」而言，作為漢代新增宮廷音樂活動的主要教化意涵，充分說明統治者對這種教化意涵的需要與推崇。即使是出現頻率最高的「尊」，也與「威」的教化指向密切相關。無論是樂舞、樂章與樂儀，還是場所與儀節，都是強調皇帝獨尊之威勢的媒介。如「郊」與「殿廷」，前者昭告皇權合法性，後者彰顯皇權獨尊，二者都具有推崇皇權使臣民對其忠一不二的象徵意義。如出行儀仗與鼓吹，皇帝出行的大駕儀仗，如同「流動的朝堂」與「省中」，將宮廷內朝堂之上的帝王尊威移至皇宮之外，使皇帝的尊威之象通過隊伍的行進散播至皇宮之外的百姓群體中。皇帝的尊威之象作為威懾臣民的利器，不僅藉由皇宮內的各種宮廷音樂活動對臣僚發生作用，而且藉由出行儀仗對皇宮外的百姓發生作用。出行儀仗隊百姓發生作用的手段，不僅通過龐大浩蕩的

隊伍，裝飾各式各樣的車輿及兵器旗幟作用於觀者的視覺，更通過喧鬧震天的鼓吹樂，同時對觀者的聽覺發生作用。如此精心設計的出行鼓吹儀仗，無疑是構建帝王獨尊與權威之象，以此訓誡百姓「忠」於天子，忠於漢朝並以之爲榮的有效媒介。

四、漢代宮廷音樂活動核心教化意涵之產生的社會原因

通過前文討論可知，漢代宮廷音樂活動的教化意涵對周代宮廷音樂活動教化意涵的改造，都直接源於社會轉型之需。

先秦至秦漢，社會發生巨大轉型，宗法封建制爲郡縣制所取代，隨之而來的是漢代中央集權的不斷加強。在先秦，宗法血緣群體是社會的基礎，家庭與家庭成員之間的倫理道德規範，適用於整個社會的秩序建構，故父子、兄弟以及族人之間的「親」以及以此爲基礎的「孝」觀念，被視爲人倫道德規範的主要內容。戰國末期，社會結構發生巨大變化。地緣關係取代了血緣關係，宗法血緣關係從行政系統中被分離出去，郡與縣在列國普遍出現，郡縣作爲地方政府直接聽命於國君。傳統世族世官世襲制迅速瓦解，由全新的官僚體制所取代。伴隨這一變化，中央集權君主專制政體的逐漸確立，新的政體需要一套與之相適應的倫理道德規範。故「親」「孝」在人倫關係中的基礎地位被「忠」所替代。

與此同時，帝王教化臣民的前提，也隨著社會政治體制的轉型而發生了變化。周代，天子以「德」配天，以「德」保民，周王之「德」是教化民眾的前提；至漢代，歷經戰國「春秋五霸」、「戰國七雄」時代，在藉由祭祀權奪取天下的理念之外，出現了「欲以力征經營天下」建獨立王權的策略。與此相應，「威」作爲帝王教化民眾的前提被提了出來。

漢代「忠」、「威」觀念取代西周「孝」、「德」觀念成爲漢代宮廷音樂活動的核心教化意涵，與整個漢代教化觀念的轉變也是一致的。戰國時期，孟子在繼承孔子仁政王道學說基礎上，提出五倫說，「父子有親，君臣有義，夫婦有別，長幼有序，朋友有信」〔註38〕。至戰國末期，荀子對人倫關係的次序進行了調整，「若夫君臣之義，父子之親，夫婦之別，則日切瑳而不捨也」。

〔註38〕 《孟子・滕文公章句上》，《孟子注疏》卷五下，北京：中華書局（阮元刻《十三經注疏》），1980 年，第 2705 頁。

〔註 39〕也就是說，漢以前，君臣（忠）與父子（親）在人倫中的位序先後關係已經開始鬆動，呈現出變化的趨勢。

進入漢代，漢初陸賈沿襲先秦孟子的觀點，提出「知有父子之親，君臣之義，夫婦之道，長幼之序」〔註 40〕；稍晚於陸賈的賈誼，提出「君臣、上下、父子、兄弟，非禮不定」〔註 41〕；至漢中期的董仲舒，提出「三綱」之說，「王道之三綱，可求於天」〔註 42〕，「君臣、父子、夫婦之義，皆取諸陰陽之道。君爲陽，臣爲陰；父爲陽，子爲陰；夫爲陽，妻爲陰。」〔註 43〕東漢章帝時的《白虎通義》中，仍然強調的是董仲舒的「三綱」之說，「三綱者，何謂也？謂君臣、父子、夫婦也。」〔註 44〕由此可知，人倫關係中君臣（忠）與父子（親）二者間的主次關係，在戰國時期呈現出變化的趨勢，至漢代，前者爲主後者爲次的關係最終得以確定。

總而言之，通過研究，本文得出如下三點基本認識：一、漢代宮廷音樂活動，本質上講是一種社會政治活動，具有濃重的教化內涵。甚至可以說，教化是漢代宮廷音樂活動的主要目的。二、漢代統治者爲了強化與鞏固「大一統」的社會政治結構，需要一套與之相適應的政治倫理規範，由此，對周代的「教化」觀念有所改造，將西周「教化」重「親」「孝」與「德」，轉變爲重「忠」與「威」。「忠」與「威」之所以成爲漢代宮廷音樂活動教化意涵的核心，有著深層的社會政治原因。三、漢代宮廷音樂活動作爲統治者貫徹落實政治倫理規範的重要途徑之一，藉由各種禮儀場所，音樂中的樂舞、樂曲、樂儀、樂章等活動要素的調整，並借其教化的意涵，共同參與到政治「大一統」的建構之中。漢代宮廷音樂活動對於漢代「大一統」的政治建構的作用是難以替代的。

〔註 39〕　《荀子・天論》，《荀子集解》，（清）王先謙撰，北京：中華書局，1988 年，第 316 頁。

〔註 40〕　王利器撰：《新語校注》，北京：中華書局，1986 年，第 9 頁。

〔註 41〕　（漢）賈誼撰：《新書》卷六《禮》，北京：中華書局，2000 年，第 214 頁。

〔註 42〕　蘇輿撰：《春秋繁露義證》，北京：中華書局，1992 年，第 351 頁。

〔註 43〕　蘇輿撰：《春秋繁露義證》，北京：中華書局，1992 年，第 350 頁。

〔註 44〕　《白虎通義・三綱六紀》，《白虎通疏證》卷八，（清）陳立撰，北京：中華書局，1994 年，第 373 頁。

參考文獻

一、古代著作

經：

1. 《十三經注疏》（附校勘記），（清）阮元校刻，北京：中華書局，1980年。
2. 伏勝撰：《尚書大傳》，《四部叢刊》，景清刻左海文集本。
3. 許慎撰：《説文解字》，段玉裁注，鄭州：中州古籍出版社，2006年。
4. 劉熙撰：《釋名》卷五，《四部叢刊》，景明翻宋書棚本。
5. 王先謙撰：《釋名疏證補》，北京：中華書局，2008年。
6. 魏了翁撰：《尚書要義》，《文津閣四庫全書》本。
7. 朱熹集注：《詩集傳》，上海：上海古籍出版社，1958年。
8. 馬瑞辰撰：《毛詩傳箋通釋》，北京：中華書局，1989年。
9. 高亨著：《詩經今注》，上海：上海古籍出版社，1980年。
10. 戴德撰：《大戴禮記》，高明注譯，天津：天津古籍出版社，1988年。
11. 魏了翁撰：《儀禮要義》，《文津閣四庫全書》本。
12. 孫詒讓撰：《周禮正義》，北京：中華書局，1987年。
13. 李鍾倫撰：《周禮纂訓》，《文津閣四庫全書》本。
14. 敖繼公撰：《儀禮集説》，（清）通志堂經解本。
15. 汪克寬撰：《經禮補逸》，（清）通志堂經解本。
16. 金鶚撰：《求古錄禮説》，（清）光緒二年孫熹刻本。
17. 秦蕙田撰：《五禮通考》，《文津閣四庫全書》本。
18. 王與之撰：《周官訂義》，《文淵閣四庫全書》本

19. 孫星衍等輯：《漢官六種》，北京：中華書局，1990年。

史：

1. 《國語》，上海：上海古籍出版社，1978年。
2. 《逸周書》，黃懷信匯校集注，上海：上海古籍出版社，1995年。
3. 司馬遷撰：《史記》，北京：中華書局，1959年。
4. 班固撰：《漢書》，北京：中華書局，1962年。
5. 蔡邕撰：《東漢觀記》，吳樹平校注，鄭州：中州古籍出版社，1987年。
6. 范曄撰：《後漢書》，北京：中華書局，1965年。
7. 陳壽撰：《三國志》，北京：中華書局，1964年。
8. 袁弘撰：《後漢紀》，《四部叢刊》，景明嘉靖刻本，
9. 常璩撰：《華陽國志》，劉琳校注，成都：巴蜀書社，1984年。
10. 沈約撰：《宋書》，北京：中華書局，1974年。
11. 蕭子顯撰：《南齊書》，北京：中華書局，1972年。
12. 房玄齡等撰：《晉書》，北京：中華書局，1974年。
13. 杜佑撰：《通典》，北京：中華書局，1982年。
14. 魏徵等撰：《隋書》，北京：中華書局，1973年。
15. 魏收撰：《魏書》，北京：中華書局，1974年。
16. 劉昫等撰：《舊唐書》，北京：中華書局，1975年。
17. 徐天麟撰：《西漢會要》，北京：中華書局，1955年。
18. 徐天麟撰：《東漢會要》，上海：上海古籍出版社，1978年。
19. 王益之撰：《西漢年紀》，（清）同治退補齋本。
20. 鄭樵編：《通志二十略》，北京：中華書局，1995年。
21. 馬端臨撰：《文獻通考》，（清）浙江書局本。
22. 王圻撰：《續文獻通考》，（明）萬曆三十年松江府刻本。
23. 王先謙撰：《後漢書集解》，北京：中華書局，1984年。
24. 王先謙校：《水經注》，成都：巴蜀書社，1985年。
25. 何清谷撰：《三輔黃圖校釋》，北京：中華書局，2005年。
26. 瀧川龜太郎考證：《史記會注考證》，北京：文學古籍刊行出版社，1955年。

子：

1. 孔鮒撰：《孔叢子》，北京：中華書局，1985年。
2. 管仲撰：《管子》，黎翔鳳校注，北京：中華書局，2004年。

3. 李耳撰：《老子》，高亨正詁，北京：中國書店，1988 年。

4. 墨子撰：《墨子》，孫詒讓間詁，（清）光緒三十三年刻本。

5. 荀況撰：《荀子》，（清）王先謙集解，北京：中華書局，1988 年。

6. 呂不韋撰：《呂氏春秋》，陳其猷校釋，上海：上海古籍出版社，2002 年。

7. 韓非撰：《韓非子》，《四部叢刊》，（清）景宋鈔校本。

8. 陸賈撰：《新語》，王利器校注，北京：中華書局，1986 年。

9. 賈誼著：《新書》，北京：中華書局，1985 年。

10. 劉安撰：《淮南子》，張雙棣校釋，北京：北京大學出版社，1997 年。

11. 董仲舒撰：《春秋繁露》，蘇輿義證，北京：中華書局，1992 年。

12. 桓寬撰：《鹽鐵論》，《四部叢刊》，景明嘉靖刻本。

13. 劉向撰：《說苑》，盧元駿注譯，臺北：臺灣商務印書館，1979 年。

14. 劉歆撰：《西京雜記》，北京：中華書局，1985 年。

15. 《山海經》，袁珂校注，上海：上海古籍出版社，1980 年。

16. 班固撰：《白虎通義》，陳立疏證，北京：中華書局，1994 年。

17. 王符撰：《潛夫論》，上海：上海古籍出版社，1978 年。

18. 蔡邕撰：《獨斷》，北京：中華書局，1985 年。

19. 應劭撰：《風俗通義》，王利器校注，北京：中華書局，1981 年。

20. 虞世南撰：《北堂書鈔》，天津：天津古籍出版社，1988 年。

21. 崔豹著：《古今注》，北京：中華書局，1985 年。

22. 封演撰：《封氏聞見記校注》，趙貞信校注，北京：中華書局，2005 年。

23. 蘇鶚撰：《蘇氏演義》，《唐宋史料筆記叢刊》，北京：中華書局，2012 年。

24. 王應麟編：《玉海》，《文淵閣四庫全書》本。

25. 王欽若編：《冊府元龜》，北京：中華書局，1960 年。

26. 李昉等撰：《太平御覽》，北京：中華書局，1960 年。

27. 馮孫翼輯：《桓子新論》，北京：中華書局，1985 年。

28. 陳澧撰：《東塾讀書記》，世界書局，1936 年。

集：

1. 劉勰撰：《文心雕龍》，范文瀾注，北京：人民文學出版社，1962 年。

2. 郭茂倩編：《樂府詩集》，北京：中華書局，1979 年。

3. 陸世義著：《陸桴亭思辨錄輯要》，北京：商務印書館，1936 年。

4. 陳元龍編：《歷代賦彙》，南京：江蘇古籍出版社，2004 年。

5. 陳沆撰：《詩比興箋》卷一，北京：中華書局，1959 年。

6. 莊述祖撰：《漢鼓吹鐃歌句解》，《珍藝宦遺書本》。

7. 王先謙撰：《漢鐃歌釋文箋正》，臺北：廣文書局有限公司，1978 年。

二、今人著述

1.音樂類

1. 倪永震：《周樂之研究》，臺南：華夏圖書出版社，1980 年。

2. 楊蔭瀏：《中國古代音樂史稿》，北京：人民音樂出版社，1981 年。

3. 蕭亢達：《漢代樂舞百戲藝術研究》，北京：文物出版社，1991 年。

4. 李建民：《中國古代遊藝史：樂舞百戲與社會生活之研究》，臺北：東大圖書股份有限公司，1993 年。

5. 李純一：《中國上古出土樂器綜論》，北京：文物出版社，1996 年。

6. 王運熙：《樂府詩述論》，上海：上海古籍出版社，1996 年。

7. 李榮有：《漢畫像的音樂學研究》，北京：京華出版社，2001 年。

8. 劉德玲：《兩漢雅樂論述——以典禮音樂為主的考察》，臺北：文津出版社，2002 年。

9. 張樹國：《樂舞與儀式》，天津：天津古籍出版社，2003 年。

10. 江文也著，楊儒賓譯：《孔子的樂論》，上海：華東師範大學出版社，2008 年。

11. 錢志熙：《漢魏樂府的音樂與詩》，鄭州：大象出版社，2009 年。

12. 王福利：《郊廟燕射歌辭研究》，北京：北京大學出版社，2009 年。

13. 李方元：《中國宮廷音樂與書寫》，重慶：西南師範大學出版社，2014 年。

2.禮樂教化與樂教類

1. 劉象山：《禮樂與民生》，臺北：幼獅書店，1972 年。

2. 何名忠：《中華文化與中國樂教》，臺北：中華樂器學會，1977 年。

3. 張蕙慧：《中國古代樂教思想論集》，臺北：文津出版社，1991 年。

4. 蘇志宏：《秦漢禮樂教化論》，成都：四川人民出版社，1991 年。

5. 陳其偉：《中國音樂教育史略》，北京：中國文學出版社，1993 年。

6. 金忠明：《樂教與中國文化》，上海：上海人民出版社，1994 年。

7. 楊向奎：《宗周社會與禮樂文明》，北京：人民出版社，1997 年。

8. 楊華：《先秦禮樂文化》，武漢：湖北教育出版社，1997 年。

9. 祁海文：《禮樂教化：先秦美育思想研究》，合肥：齊魯書社，2001 年。

10. 祁海文：《儒家樂教論》，鄭州：河南人民出版社，2004 年。

11. 聶振斌：《中國古代美育思想史綱》，鄭州：河南人民出版社，2004 年。

12. 江林：《〈詩經〉與宗周文明》，上海：上海古籍出版社，2010 年。

13. 陳致：《詩書禮樂中的傳統》，上海：上海人民出版社，2012 年。

14. 陳莉：《禮樂文化與先秦兩漢文藝思想研究》，北京：中央民族大學出版社，2013 年。

15. 劉芊：《禮樂餘響：朱載堉與儒家樂教》，北京：文物出版社，2015 年。

3.禮儀類

1. 楊鴻年：《漢魏制度從考》，武漢：武漢大學出版社，1985 年。

2. 陳漢平：《西周冊命制度研究》，上海：學林出版社，1986 年。

3. 詹鄞鑫：《神靈與祭祀》，南京：江蘇古籍出版社，1992 年。

4. 張鶴泉：《周代祭祀研究》，臺北：文津出版社，1992 年。

5. 錢玄：《三禮通論》，南京：南京師範大學出版社，1996 年。

6. 朱筱新：《中國古代的禮儀制度》，北京：商務印書館，1997 年。

7. 胡戟：《禮儀志》，上海：上海人民出版社，1998 年。

8. 劉慶柱：《古代都城與帝陵考古學研究》，北京：科學出版社，2000 年。

9. 楊志剛：《中國禮儀制度研究》，上海：華東師範大學出版社，2001 年。

10. 楊鴻勳：《宮殿考古通論》，北京：紫禁城出版社，2001 年。

11. 陳戍國：《中國禮制史·先秦卷》，長沙：湖南教育出版社，2002 年。

12. 陳戍國：《中國禮制史·秦漢卷》，長沙：湖南教育出版社，2002 年。

13. 張光直著，郭淨譯：《美術、神話與祭祀》，瀋陽：遼寧教育出版社，2002 年。

14. 姜波：《漢唐都城禮制建築研究》，北京：文物出版社，2003 年。

15. 鄭依憶：《儀式、社會與族群——向天湖賽夏族的兩個研究》，臺北：允晨文化實業股份有限公司，2004 年。

16. （英）菲奧納·鮑伊著，金澤登譯：《宗教人類學導論》，北京：中國人民大學出版社，2004 年。

17. 劉源：《商周祭祖禮研究》，北京：商務印書館，2004 年。

18. 王柏中：《神靈世界：秩序的建構與儀式的象徵——兩漢國家祭祀制度研究》，重慶：民族出版社，2005 年。

19. （美）巫鴻著，鄭岩等譯：《禮儀中的美術——巫鴻中國古代美術史文編》，北京：三聯書店，2005 年。

20. 曹勝高：《漢賦與漢代制度：以都城、校獵、禮儀爲例》，北京：北京大學出版社，2006 年。

21. （英）維克多・特納著，趙玉燕等譯：《象徵之林——恩登布人儀式散論》，北京：商務印書館，2006 年。

22. 郭善兵：《中國古代帝王宗廟禮制研究》，北京：人民出版社，2007 年。

23. （美）維克多・特納著，劉衍等譯：《戲劇、場景及隱喻：人類社會的象徵性行為》，北京：民族出版社，2007 年。

24. 甘懷真：《皇權，禮儀與經典詮釋——中國古代政治史研究》，上海：華東師範大學出版社，2008 年。

25. 楊寬：《中國古代陵寢制度史研究》，上海：上海人民出版社，2008 年。

26. 劉慶柱、李毓芳：《漢長安城考古與漢文化：漢長安城與漢文化——紀念漢長安城考古五十週年國際學術研討會論文集》，北京：科學出版社，2008 年。

27. 楊英：《祈望和諧：周秦兩漢王朝祭禮的演進及規律》，北京：商務印書館，2009 年。

28. 雷聞：《郊廟之外：隋唐國家祭祀與宗教》，北京：三聯書店，2009 年。

29. 李菲：《嘉絨跳鍋莊——墨爾多神山下的舞蹈儀式與族群表述》，北京：北京大學出版社，2014 年。

30. 田天：《秦漢國家祭祀史稿》，北京：三聯書店，2014 年。

31. 李澤厚：《由巫到禮：釋禮歸仁》，北京：三聯書店，2015 年。

4.教育（化）類

1. 林曜濱：《先秦儒家詩教研究》，臺北：天工書局，1990 年。

2. （德）卡爾・雅斯貝爾斯著，鄒進譯：《什麼是教育》，北京：三聯書店，1991 年。

3. 王炳照、閻國華：《中國教育思想通史・第二卷》，長沙：湖南教育出版社，1994 年。

4. 朱漢民：《忠孝道德與臣民精神——中國傳統臣民文化論析》，鄭州：河南人民出版社，1994 年。

5. 孫培青：《中國教育史》，上海：華東師範大學出版社，2000 年。

6. 彭安玉、胡阿祥：《政治與道德教化》，南京：江蘇古籍出版社，2002 年。

7. 肖群忠：《中國孝文化研究》，臺北：五南圖書出版股份有限公司，2002 年。

8. 金生鈜：《德性與教化：從蘇格拉底到尼采——西方道德教育哲學思想研究》，長沙：湖南大學出版社，2003 年。

9. 吳曉蓉：《教育，在儀式中進行：摩梭人成年禮的教育人類學分析》，重慶：西南師範大學出版社，2003 年。

10. 顏紹元：《千秋教化》，福州：福建人民出版社，2004 年。

11. （德）恩斯特‧卡希爾著，甘陽譯：《人論》，上海：上海譯文出版社，2004 年。

12. 高明士：《中國中古的教育與學禮》，臺北：國立臺灣大學出版社中心，2005 年。

13. （美）高彥頤著，李志生譯：《閨塾師──明末清初江南的才女文化》，南京：江蘇人民出版社，2005 年。

14. 李景林：《教化的哲學──儒家思想的一種新詮釋》，哈爾濱：黑龍江人民出版社，2006 年。

15. 林素娟：《空間、身體與禮教規訓──探討秦漢之際的婦女禮儀教育》，臺北：學生書局，2007 年。

16. 羅章：《放歌山之阿──重慶酉陽土家山歌教育功能研究》，桂林：廣西師範大學出版社，2007 年。

17. 張惠芬、謝長法：《中國古代教化史》，太原：山西教育出版社，2009 年。

18. 馮秀軍：《教化‧規約‧生成：古代中華民族精神化育研究》，北京：中國社會科學出版社，2009 年。

19. 陳嘉映主編：《教化：道德觀念研究》，上海：華東師範大學出版社，2009 年。

20. 李世萍：《漢代教化的多維研究》，北京：知識產權出版社，2013 年。

21. 梁其姿：《施善與教化：明清時期的慈善組織》，北京：北京師範大學出版社，2013 年。

22. 黃書光等：《變遷與轉型：中國傳統教化的近代命運》，上海：上海教育出版社，2014 年。

23. 李建國：《教化與超越：中國道德教育價值取向的歷史嬗變》，北京：中國社會科學出版社， 2014 年。

5.社會歷史類

1. 杜正勝：《編戶齊民──傳統政治社會結構之形成》，臺北：聯經出版事業公司，1990 年。

2. 王健文：《奉天承運──中國古代的「國家」概念及其正當性基礎》，臺北：東大圖書公司，1995 年。

3. 王子今：《「忠」觀念研究──一種政治道德的文化源流與歷史演變》，長春：吉林教育出版社，1999 年。

4. 李開元：《漢帝國的建立與劉邦集團》，上海：三聯書店，2000 年。

5. 金澤：《宗教禁忌與神聖的空間》，北京：社會科學文獻出版社，2002 年。

6. 劉厚琴：《儒學與漢代社會》，濟南：齊魯書社，2002 年。

7. 錢穆：《秦漢史》，上海：三聯書店，2005 年。

8. 張繼海：《漢代城市社會研究》，北京：社會科學文獻出版社，2006 年。

9. （日）渡邊信一郎著，徐沖譯：《中國古代的王權與天下秩序——從日中比較史的視角出發》，北京：中華書局，2008 年。

10. （英）魯惟一著，王浩譯：《漢代的信仰、神話和理性》，北京：北京大學出版社，2009 年。

11. 管東貴：《從宗法封建制到皇帝郡縣制的演變》，北京：中華書局，2010 年。

12. （日）尾形勇著，張鶴泉譯：《中國古代的「家」與「國家」》，北京：中華書局，2010 年。

13. 邢義田：《天下一家：皇帝、官僚與社會》，北京：中華書局，2011 年。

14. 余英時：《論天人之際：中國古代思想起源試探》，北京：中華書局，2014 年。

三、論文

1.博士學位論文

1. 許繼起：《秦漢樂府制度研究》，揚州大學，2002 年。

2. 劉錦春：《儀式、象徵與秩序——對民俗活動「旺火」的研究》，南開大學，2005 年。

3. 杜鵑：《漢代樂舞研究》，吉林大學，2006 年。

4. 李俊方：《漢代皇帝施政禮儀研究》，吉林大學，2006 年。

5. 劉厚琴：《漢代倫理與制度關係研究》，山東大學，2006 年。

6. 裴傳永：《中國傳統忠德觀的歷時性考察》，山東大學，2006 年。

7. 李宏峰：《禮樂張力下的音樂體認——以春秋戰國禮樂關係爲中心》，中國藝術研究院，2007 年。

8. 馬海敏：《〈詩經〉燕饗詩考論——周代燕饗禮制度與燕饗詩關係研究》，首都師範大學，2007 年。

9. 廖小東：《政治儀式與權力秩序——古代中國「國家祭祀」的政治分析》，復旦大學，2008 年。

10. 黃雪梅：《雲南大理白族祖先崇拜中的孝道化育機制研究》，西南大學，2008 年。

11. 李學娟：《兩漢教化研究》，山東大學，2009 年。

12. 成守勇：《禮樂生活——以文本〈禮記〉爲中心》，華東師範大學，2009 年。

13. 曹貞華:《西周至唐宮廷雅樂研究》,中國藝術研究院,2009 年。

14. 馬福貞:《節日與教化——古代歲時俗信性質和社會化教育功能研究》,河南大學,2009 年。

15. 張書豪:《西漢郊廟禮制與儒學》,國立臺灣師範大學,2010 年。

16. 田增志:《文化傳承中的教育空間與教育儀式——中國廟學教育之文化闡釋與概念拓展》,中央民族大學,2010 年。

17. 江淨帆:《空間中的社會教化——以喜洲白族傳統民居為例》,南開大學,2010 年。

18. 鄧樺:《雲南文山藍靛瑤「度戒」儀式教育過程的研究》,西南大學,2011 年。

19. 陳惠玲:《兩漢祀權思想研究——以〈春秋〉與〈禮記〉中郊廟二祭之經典詮釋為例》,臺灣國立清華大學,2012 年。

20. 張騰輝:《從「帝都」到「天下」——秦漢都城空間形態與空間性質的嬗變》,復旦大學,2012 年。

2.碩士學位論文

1. 李宏峰:《漢代喪儀音樂中禮、俗關係的演變與發展》,中國藝術研究院,2004 年。

2. 張芳溢:《〈全漢賦〉音樂史料初步整理與研究》,天津音樂學院,2007 年。

3. 唐文勝:《論儒家教化思想》,安徽大學,2003 年。

4. 張鵬:《論董仲舒的大一統政治思想》,遼寧師範大學,2003 年。

5. 張富泰:《東漢時期的宗廟與政權正當性》,臺灣國立成功大學,2009 年。

6. 成舒宇:《兩漢皇家祭祖考述》,西北大學,2010 年。

7. 楊娟:《漢代祭祖典禮考述》,浙江大學,2011 年。

8. 楊豔芳:《〈後漢書・輿服志〉探析》,河南師範大學,2011 年。

3.期刊論文:

1. 李方元:《周代宮廷雅樂的歷史淵源及成因》,《音樂藝術》1993 年 3 期。

2. 張強:《〈安世房中歌〉教化思想考論》,《江蘇社會科學》2000 年 4 期。

3. 朱嵐:《西周孝觀念的確立及其基本特徵》,《齊魯學刊》2000 年 4 期。

4. 李方元:《周代宮廷雅樂面貌及其特徵》,《雲南藝術學院學報》2002 年 2 期。

5. 宋新:《漢代鼓吹樂的淵源》,《中國音樂學》2005 年 3 期。

6. 錢志熙:《周漢「房中樂」考論》,《文史》2007 年 2 輯。

7. 黎國韜：《漢唐鼓吹制度沿革考》，《音樂藝術》2009 年 5 期。

8. 孫曉輝：《論古代儀式與中國雅樂——以南郊樂儀爲例》，收於曹本冶編：《大音：音樂學、宗教性、人類學之間的對話》，上海：上海音樂學院出版社，2009 年。

9. （日）渡邊信一郎撰，周長山譯：《元會的建構——中國古代帝國的朝政與禮儀》，收於劉永華主編：《中國社會文化史讀本》，北京：北京大學出版社，2011 年。

10. 薛小林：《從車駕出行看漢代地方官員的禮儀與權力》，《理論學刊》2011 年 1 期。

11. 李榮有：《漢畫鐘鼓之樂與禮樂文化考論》，《天津音樂學院學報》2012 年 2 期。

12. 李志剛：《周代宴饗禮的功能》，《古代文明》2012 年 4 期。

13. 程萬里：《基於宗廟祭祀場域的圖像形態及其功能研究》，《學術論壇》2012 年 12 期。

14. 何建軍：《禮者體也：先秦典籍中關於身體與禮的討論》，《文化與詩學》第 2 輯，2013 年

15. 姜曉東：《〈漢鼓吹鐃歌十八曲〉四首簡釋》，《樂府學》第八輯，2013 年。

16. 付林鵬：《樂儀之教與周代的君子威儀》，《中國文化輯刊》2014 年秋之卷。

17. 彭林：《詩教與樂教》，《中國音樂》2014 年第 4 期。

18. 陶成濤：《作爲儀仗樂隊性質的黃門鼓吹》，《黃鍾》2014 年第 3 期。

4.論文集

1. 黃應貴：《空間、力與社會》，臺北：中央研究院民族學研究所，1995 年。

2. 郭於華：《儀式與社會變遷》，北京：社會科學文獻出版社，2000 年。

3. 臺靜農：《兩漢樂舞考——臺靜農論文集》，合肥：安徽教育出版社，2002 年。

4. 陳嘉映：《教化道德觀念研究》，上海：華東師範大學出版社，2009 年。

5. 林萃青：《理論與描述——宋代音樂史論文集》，上海：上海音樂學院出版社，2012 年。

6. 余欣：《中古時代的禮儀、宗教與制度》，上海：上海古籍出版社，2012 年。

四、工具書

1. 中國大百科全書總編輯委員會《本卷》編輯委員會編：《中國大百科全書·教育卷》，北京：中國大百科全書出版社，1985 年。

2. 教育大辭典編纂委員會編：《教育大辭典》第一卷，上海：上海教育出版社，1990 年。

3. 漢語大字典編輯委員會編撰：《漢語大字典》（縮印本），湖北辭書出版社、四川辭書出版社，1992 年。

4. 宗福邦、陳世鐃、蕭海波主編：《故訓匯纂》，北京：商務印書館，2003 年。

5. 中國畫像石全集編輯委員會：《中國美術分類全集・中國畫像石全集》（8 卷本），河南美術出版社、山東美術出版社，2000 年。

6. 金維諾總主編：《中國美術全集・畫像石畫像磚》，合肥：黃山書社，2009 年。

五、外文文獻

1. George Kuwayama，*The Great Bronze Age：An Exhibition from the People's Repulic of China*，University of Washington Press，1983.

2. David Hall and Roger Ames，Thinking from the Han：*Self，Truth，and transcendence in Chinese and Western Culture*，Albany：State University of New York Press，1998.

3. Bryan Van Norden，*Confucius and the Analects*，Oxfird：Oxford University Press，2002.

4. Mark Edward Lewis，*The Construction of Space in Early China*，Albany：State University of New York Press，2006.

5. Elmer John Thiessen，*Initiation.Indoctrination.and Education*，Canadian Journal of Education／Revue canadienne de l'éducation.Vol.10，No.3（Summer，1985），pp.229～249.

6. José MacEda，*The Structure of Principal Court Musics of East and Southeast Asia*，Asian Music Vol.32，No.2（Spring-Summer，2001），pp.143～178.

7. Hou Xudong and Howard L.Goodman，*Rethinking Chinese Kinship in the Han and the Six Dynasties：A Preliminary Observation*，Asia Major Third Series Vol.23，No.1，（2010），pp.29～63.

後　記

　　又到了再次撰寫後記的時刻。因不願重複六年前碩士畢業論文後記寫作的窘境（論文完成後兩個多月才將後記完成），故博士期間的多個無眠之夜，總會不由自主地在腦海中打起草稿。碩士及博士階段的後記寫作難以下筆的主要原因，是：對於導師李方元教授，我的感激與內疚交織出一份無比複雜的心情。

　　在這有限的四年裏，得益於李老師的悉心指導，我最大的收穫莫過於：領略了現代學術的巨大張力與魅力。現代學術的基點在於：從根本上對源於西方啓蒙理性的各種觀念進行批判與反思，即所謂「解構」。現代學術的視角與觀點總能讓人耳目一新、爲之一振，過後就是對此生發出濃厚興趣。李老師對我的培養，即側重於此：引領我進入現代學術的汪洋大海之中，學會從中吸取養分。具體來說，即學會借鑒現代學術的視角與觀念，培養與提高發現問題、思考問題與解決問題的能力。

　　作爲全權處理李老師購書事宜的我，比旁人更清楚，李老師發現問題、思考問題及解決問題的能力之所以如此強大的原因：李老師的購書清單，涉獵了所有人文學科。歷史學、人類學、社會學、哲學、美學、教育學、心理學、宗教學……更爲關鍵的是，李老師對上述學科學術前沿的把握能力更是驚人：他總能從字裏行間詮釋出啓發他發現、思考及解決音樂史、音樂教育、民族音樂學、音樂表演乃至美育、藝術教育等學術問題的視角以及途徑，也就是李老師經常提到的「融會貫通」！這些能力與造詣讓作爲學生的我，除了瞻仰、折服與欽佩之外，就是慚愧與內疚：跟隨李老師學習時間最長的學生，是我（從本科大三學年直至博士階段）；讓李老師費心費神最多的學生，

還是我（四年以來「一對一」「每週一課」的系統指導）。但因自身資質愚鈍與理論基礎薄弱，總讓老師在同一個問題上反覆講解與強調。在極其浮躁的當下社會，李老師的學術造詣與學術境界，以及四年「一對一」「每週一課」的系統指導，無時無刻不在感染和督促我，要學會有效利用「校園」這一空間來褪去內心的浮躁，從而摒棄雜念、靜心學習。

在李老師的系統規劃下，我的第一學年以現代學術前沿閱讀爲主。這一階段至關重要，是整個博士學習階段的基礎，也意味著「博士」這一新階段的開始。李老師一直強調，學會「閱讀」是學術研究的基礎與開始。第二學年以選題的思考與擬定爲主。這一階段讓我最困惑的莫過於一個問題：究竟要解決什麼問題？如何問題聚焦？旁聽西民中心一次次博士生開題與答辯，我聽到最多的質疑也是這個問題。我們自認爲已經提出（解決）的一系列問題，在評委專家與導師的眼中，仍然不是整個研究所要解決的根本問題。在李老師的反覆質疑與反覆講解過程中，我似乎領悟到，這個根本問題應該是與整個學科相關聯的問題，而非具體現象層面的問題。第三、四學年以論文撰寫爲主。這一階段於我而言，有兩個難關。其一，古代文獻的爬梳。我的碩士階段關注的是中國近現代音樂史，古代文獻於我而言，是全新的考驗。得益於碩士一年級李老師開設的文獻課，讓我對古代文獻的系統知識有所瞭解，只是進度與細緻程度差強人意。其二，意義層面的挖掘。我的思維特徵容易侷限於從現象到現象，從形式特徵到形式特徵，似乎總無法抽象到意義層面。這個難關可謂整個博士階段的「瓶頸」。在李老師的耐心講解與思想開導下，至今終於稍有突破。但融會貫通的能力仍然十分欠缺。

四年學習，深深印在我頭腦中的是一系列關鍵字：描述、意義、象徵、關係、問題、闡釋、框架、操作性概念！通過學習階段的閱讀、開題與寫作，我嘗試著理解並運用上述概念（儘管十分生疏）。與此同時，我逐漸意識到，這些概念是離開導師後自我學習與學術研究的基礎與方向。

四年間，「每週一次」的上課模式，被同學戲稱爲「尊享 VIP 級」的待遇。確實，同學所接受的培養模式主要是導師將其門下子弟齊聚一堂，或每週一次，或每月一次，甚至一學期一次的情況也時有發生。與之相比，我幸運許多。我與李老師每週會面的主要內容，大致包括如下三方面：其一，我彙報本周的學習情況；其二，李老師針對我的彙報進行講解與指導；其三，針對專門的文章或著作，李老師指導我閱讀。每週會面的時間，從進校始，就被

安排在週末，或週六或週日。這種會面，即使是李老師住院期間也未曾中斷。2014 年 5 月，李老師因病住院治療一周之久。期間的一個週六下午，我被叫到醫院病房，授課主題是提莫西·賴斯撰《音樂的屬性》一文。與往常一樣，先由我彙報閱讀收穫，談自己的理解。繼而是李老師的講解。這次醫院病房的授課場景，至今記憶猶新。我想，李老師的這種言傳身教，讓我不得不思考：日後走上工作崗位，究竟應該如何看待「教師」這一職業？如何理解「教育」這一事業？李老師以身示範樹立的典型，給了我最好的回答。

按常理，此篇博士論文應是學生向老師致謝的最好方式，即通過此文反映出學生在學術能力上的成長與提高。對此，我深感慚愧與不安：文章中問題多多，一方面體現出自己的基礎甚為薄弱；另一方面則反映出自己在學習過程中仍然過於浮躁。但，李老師自身的「不斷學習」就已告訴我：四年的學習極為有限，學術之路漫漫，畢業之後的自我學習才是「起飛」的關鍵。

師母李渝梅老師於我而言，亦是良師，亦是益友。李渝梅老師對我的關心與照顧，自碩士一直至今。博士期間，得知我腸胃不佳，李老師手抄各種穴位教我調治；得知我精神壓力極大，李老師抽空來到宿舍給我開導，這番開導讓我銘記於心：「任何時候都不要被自己的內心打倒」；得知我畢業工作去向的想法與意願，李老師幫我出謀劃策……。2014 年隨同李方元老師前去宜賓學院講學期間，我與李渝梅老師一路暢談，各種話題，關於性格、關於心態、關於家庭、關於婚姻……。李老師的提點，是對我學術之外生活之中的提點，是極其寶貴的提點。李渝梅老師，感謝您，感謝您這些年來的對我的關心和照顧！

感謝教育學部謝長法教授、張學敏教授、朱德全教授，音樂學院鄭茂平教授、蒲亨強教授在開題及預答辯過程中提出的寶貴意見。感謝遠在太平洋彼岸的學長栗建偉博士，在關鍵時刻給我的答疑解惑。感謝西南大學音樂學院的學妹何玉與唐萱，她們在校期間與我的各種交流，讓我感受到重返校園的美好；感謝李豔梅、劉莎、韓朝等同學，在我身體不適階段給我提供的幫助。

最後，我要感謝我的家人！我的母親，識字不多，更不會講大道理，只是說：想讀就去讀吧。接下來，就會用各種方式默默地支持。無論是碩士備考階段，還是讀博期間，母親對我起居飲食的照料，不僅是任勞任怨，而且面對我情緒不好時的脾氣，她也從未有過指責。事後跟她提起，她總是說，

知道你壓力大。一路走來，面對母親，更多的也是慚愧，只能通過自己的提高與進步來回饋她的恩情。我的愛人，在我讀博期間，不僅包攬了各種生活瑣事，更是我學習過程中興奮激動、沮喪迷茫之時的傾訴對象，面對我情緒的跌宕起伏，他給予了最大的包容和理解，如同臂膀支撐著我一路向前。現如今，他已如願進入學術殿廷深造求索，願他釋重向前，收穫自己的一片天地！

2015.4.14

北碚杏園